Armin Fuhrer

Christian Wulff

Die Biografie

Armin Fuhrer

Christian Wulff

Die Biografie

OLZOG

Bibliografische Information Der Deutschen Bibliothek

Die Deutsche Bibliothek verzeichnet diese Publikation in der Deutschen Nationalbibliografie; detaillierte bibliografische Daten sind im Internet über http://dnb.ddb.de abrufbar.

Bildnachweis:
Joachim Giesel, Hannover: S. 33; Marc Lüpkemann, Wunstorf: S. 154; Press Service Frank Ossenbrink, Bonn/Berlin: S. 221, 223; Privat: S. 21, 67, 87; ullstein bild, Berlin: S. 106, 117, 129, 139, 157, 182, 189, 218, 241, 254, 257

ISBN 978-3-7892-8267-6

2., aktualisierte Auflage

Internet: http://www.olzog.de

Umschlagentwurf: Atelier Versen, Bad Aibling,
unter Verwendung eines Fotos von ullsteinbild, Berlin (Klar)
Satz: Fotosatz & Werbetechnik Reinhard Amann, Aichstetten
Druck- und Bindung: HOLZMANN DRUCK GMBH, Bad Wörishofen
Printed in Germany

Inhalt

1. Wut im Bauch

Es ist ein sengend heißer Tag in Berlin, eine drückende Schwüle hat sich breitgemacht über der Hauptstadt. Christian Wulff hat die „Focus"-Korrespondenten Margarete von Ackeren, Kayan Özgenc und Armin Fuhrer zum Interview gebeten. Gerade kommt er aus dem Kanzleramt, wo die Ministerpräsidenten der Länder mit Bundeskanzlerin Angela Merkel konferiert haben. Wulff kennt die drei Journalisten seit Jahren, so ist die Atmosphäre recht locker und ganz entspannt. Aber auch sie bekommen zu spüren, was den niedersächsischen Landeschef in diesen Tagen tief berührt, ja schockiert: seine Wut über die Journalisten. Seit er eine Woche zuvor von Union und FDP zum Kandidaten für die Wahl zum Bundespräsidenten ausgerufen wurde, ist er einer Medienkampagne ausgesetzt, wie er sie sich wohl nicht hätte vorstellen können. Dabei geht es eigentlich gar nicht um ihn, sondern um den Kandidaten der Gegenseite, Joachim Gauck. Wie einen Messias feiern die meisten Medien den ehemaligen Pfarrer aus Rostock, der dem SED-Regime als Bürgerrechtler gegenüber standhaft war und sich von 1991 bis 2000 als Leiter der Stasi-Unterlagenbehörde für die Demokratie verdient gemacht hat. Überparteilich sei er doch, deshalb müsse man ihn wählen; ein überparteiliches Angebot an alle. Wulff dagegen: Ausgekungelt im engsten Führungskreis der Regierungsparteien, ein Parteisoldat, eine rein taktische Lösung zur Stabilisierung der wankenden schwarz-gelben Koalition. Dass Gauck genauso von den rot-grünen Spitzen ausgekungelt wurde, dass seine Nominierung nur dazu erfolgt, Unruhe in die Reihen der Gegner zu bringen – geschenkt. Gauck genießt Sympathien bis weit in das bürgerlich-liberale Lager hinein.

Die Medien, auch die bürgerlichen, eher Unions-nahen, schlagen sich bis auf ganz wenige Ausnahmen auf seine Seite. „Yes we Gauck", titelt „Bild am Sonntag", „Es ist Sonne über Berlin" schreibt das Feuilleton der „Frankfurter Allgemeinen Sonntagszeitung" und der „Spiegel" findet schlicht, dass Gauck „der bessere Präsident" sei. Einhergehend damit gibt es Kommentare zum „Parteisoldaten" Wulff, den CDU-Karrieristen, den Merkel nun ins Schloss Bellevue wegloben wolle.

Dazu werden die alten, überwunden geglaubten Klischees vom „Liebling der Schwiegermütter“, vom „Langeweiler“ und vom „Softie“ aus den untersten Schubladen wieder hervorgekramt. Zugleich sind sich die Journalisten einig, dass Merkel mit Wulff nach dem angekündigten Rücktritt des Hessen Roland Koch und der Wahlschlappe des Nordrhein-Westfalen Jürgen Rüttgers wenige Wochen zuvor, auch noch den letzten Konkurrenten um die Macht elegant aus dem Weg räumt, indem sie ihn ins Schloss Bellevue hinauf lobt. Dass schon hierin ein krasser Widerspruch liegt, merken die professionellen Meinungsmacher gar nicht. Doch wie sollte ein „Softie“ ein ernsthafter Konkurrent der Kanzlerin sein? Es ist eine Medien-Kampagne, wie sie die Republik wohl noch nie gesehen hat, gewiss kein Ruhmesblatt, eher ein Tiefpunkt des hauptstädtischen Rudeljournalismus.

Christian Wulff fühlt sich tief getroffen. Er fühlt sich ungerecht behandelt, despektierlich und herablassend – obwohl er weiß, dass der plötzlich so beliebte Gauck in erster Linie eine Projektionsfläche für den ständig wachsenden Frust über die Parteien, die Politik allgemein und die schwarz-gelbe Bundesregierung im besonderen darstellt und er selbst viel davon stellvertretend für Merkel abbekommt. „Soll ich mich jetzt etwa entschuldigen, weil ich Parteipolitiker bin?“, fragt er in die Runde. Er lenkt das Gespräch auf die Rolle der Medien und der sonst so beherrschte Mann kann seine Verbitterung und Empörung nicht verbergen. Öffentlich möchte er all das so deutlich nicht sagen. Er weiß, dass Journalisten gerne austeilen, aber selbst nicht einstecken können und zur Selbstkritik nur selten in der Lage sind. Doch eins scheint klar: Erst einmal ins Schloss Bellevue gewählt, wird hier eines seiner ersten Themen liegen.

Er ist nett, er trumpft nicht auf, spaltet nicht, sucht selten die Konfrontation; er hat seinen Ruf als Liebling der Schwiegermütter und als Langeweiler weg. Er hat keine Brüche im Leben und ist stolz darauf. Sein Start als Ministerpräsident ist erfolgreich. Seine politischen Grundsätze speisen sich nicht nur, aber mehr als bei heutigen Politikern üblich, aus persönlich Erlebtem. Er pflegt unter den Stichworten Ehrlichkeit, Glaubwürdigkeit, Vertrauen einen Stil in der Politik, wie ihn die Generation Gerhard Schröders und Joschka Fischers, die gemeinhin die der „68er“ genannt wird, eher nicht hochhält. Lange wird er dafür belächelt und von den Medien nicht für voll genommen, doch heute kommt dieser Stil an bei den Menschen. Die „Zeit“ sieht in ihm schon im Herbst 2004, da ist er gerade einmal anderthalb Jahre im Amt als Ministerpräsident, eine

„sanfte Gefahr“ für Angela Merkel. Für die „taz“ ist er der „gefühlte Kanzlerkandidat“ und „die Heidi Klum der CDU: natürlich, erfolgreich, ein Modell aus und für Deutschland“. Fehlt nur noch eine weitere Ähnlichkeit zwischen dem Politiker und dem Supermodel: Beide sind blond.

Christian Wulff selbst vergleicht sich übrigens öffentlich – wenn schon, denn schon – mit Tennis-As Steffi Graf, denn „die ist erfolgshungrig, kämpferisch, sympathisch, nett, manchmal etwas unterschätzt“. Das wurde er selbst auch lange. Seit dem Einzug in die Staatskanzlei widerfährt ihm das Gegenteil. Ständig muss er beteuern, dass er loyal zu Angela Merkel steht und dass er nicht Bundeskanzler werden will. Und doch ist er für viele – nicht nur in der eigenen Partei – der Reservekanzler der CDU für den Fall, dass die große Koalition mit Angela Merkel vorzeitig scheitert. Auf dem Weg nach oben haben ihm Gegner innerhalb und außerhalb der Partei Steine in den Weg gelegt, andere haben ihm geholfen. Und wenn es für Christian Wulff nie die eine Vaterfigur gab oder den einen Politiker, in dessen Windschatten er sich nach oben hätte kämpfen können, so gibt es doch Menschen, die Einfluss auf ihn hatten oder Vorbilder waren. Steffi Graf und Heidi Klum gehören nicht dazu, wohl aber Helmut Kohl oder Nelson Mandela.

Er wird durch eine schwer kranke Mutter schon in jungen Jahren auf eine harte Bewährungsprobe gestellt, die entscheidend ist für seine Seriosität und seine frühe Reife, die seinen Alterskollegen ebenso auffällt wie den politischen Förderern in dieser frühen Zeit. Den Erfolg hat er sich schwer erkämpfen müssen – von Kindesbeinen an. Das hat ihn geprägt, aber nie ungeduldig gemacht. Gerade die Geduld, die Fähigkeit zu warten, sich im rechten Augenblick im Hintergrund zu halten, zeichnet ihn gegenüber anderen Politikern aus. Er ist ehrgeizig, darin aber nicht aufdringlich. Er hat Machtbewusstsein, aber nicht zu ausgeprägt. Er kann kämpfen, aber hält sich an Grenzen. Und er hat etwas, was anderen Politikern zwischen dem Hecheln nach der Schlagzeile von morgen und dem Streben nach dem Gewinn der nächsten Wahl häufig fehlt: Er hat einen inneren Kompass, der ihn in seinen Überzeugungen leitet und dem er vertraut. Über ihn verfügte er schon als Schülersprecher am Ernst-Moritz-Arndt-Gymnasium in Osnabrück. So ist Christian Wulff seinem Weg von seiner Zeit als Schülersprecher bis zu seiner Zeit als Ministerpräsident treu geblieben.

Und das, obwohl Politiker in Deutschland heute unter gänzlich anderen Voraussetzungen Politik machen als zu der Zeit, als der 16-jährige Christian in der Schule seine ersten Fußstapfen in der „Politik“ hinterlassen hat.

Erstens gibt es heute, anders als insbesondere in den sechziger und siebziger Jahren wegen der schwierigen ökonomischen Situation nichts mehr zu verteilen. Im Gegenteil müssen Politiker *zweitens* Wirtschaft und Gesellschaft dringend reformieren. „Reformen" aber werden von der Bevölkerung nur noch als schmerzhafte Einschnitte, als Verschlechterungen und Verzicht wahrgenommen. Vor solch einem Hintergrund hat die heutige Generation der 40- bis 50-jährigen Politiker *drittens* kein Generationenprojekt mehr, wie es die Nachkriegspolitiker mit dem Wiederaufbau des zerstörten Deutschlands hatten. Oder die „68er" mit ihrem Abschütteln althergebrachter Traditionen und der „Nie-wieder-Ausschwitz"-Ideologie und die Generation, in der die Grünen das Licht der Welt erblickten, mit dem Kampf gegen die Umweltzerstörung hatten. Sparen, Reformieren, Sanieren – solche Stichwörter können die Herzen nicht erwärmen. Es sind schlichte Sachzwänge, für die niemand Emotionen aufbringen kann.

Viertens haben sich in den Deutschen Zukunftsangst und Pessimismus eingenistet, die in erster Linie aus den genannten ökonomischen und gesellschaftlichen Problemen herrühren und die die Politik teils schürt, teils nicht erfolgreich zu bekämpfen vermag. Diese Gemengelage überfordert derzeit, so scheint es, Politiker und politische Institutionen gleichermaßen. Das wiederum führt *fünftens* zu einem Vertrauensverlust der Wähler gegenüber der Politik. Deren Schwierigkeit bei der Bewältigung der Probleme dürfte dabei mittel- oder längerfristig einen größeren Stellenwert haben als Skandale und Affären einzelner Politiker, wiewohl diese regelmäßig auf die ganze politische Klasse projiziert werden.

Die Dramatik dieses Vertrauensverlustes ist gar nicht zu unterschätzen, was aber im tagespolitischen Geschäft geschieht, weil es sich um einen seit Jahren ablaufenden schleichenden Prozess handelt. „Unter der Oberfläche brodelt es gewaltig", meint der Duisburger Politikwissenschaftler Karl-Rudolf Korte. Umfragen ergeben regelmäßig, dass das Vertrauen der Menschen in die Politik und die Politiker inzwischen tief erschüttert ist. Dabei handele es sich um mehr als um die übliche Politik- und Parteienverdrossenheit. „Mittlerweile verachten die Bürger ihre öffentlichen Repräsentanten", so Korte. Partei-Eliten würden zynisch belächelt, die Mehrheit pflege eine zynische Politikverachtung, Politiker gelten als Betrüger, die nur in die eigene Tasche wirtschaften, aber bei der Lösung der wirtschaftlichen und gesellschaftlichen Probleme versagen.

Die Folge dieser Entwicklung beschreibt Korte eindringlich. Misstrauen gegenüber Politikern (und politischen Institutionen), das über längere

Zeiträume herrsche, zerstöre die Grundvoraussetzungen der Politik. „Vertrauen ist ein grundlegender Baustein demokratischer Gesellschaften, gerade in Zeiten wachsender Unsicherheit. Wahlen können nur funktionieren, wenn Vertrauen existiert – wenn die Wähler den politischen Akteuren und Parteien Vertrauen entgegenbringen, weil sie daran glauben, dass versprochene Leistungen nach der Wahl dann auch erbracht werden."

Christan Wulff hat bisher keinen Skandal gehabt. Er wirkt auf viele Menschen ungewöhnlich glaubwürdig. Sein Politikertypus könnte eine Antwort auf das Misstrauen in die Politik und die daraus drohenden Folgen werden. Wenn er auf diesem Weg erfolgreich bleibt, wird er sicher Nachahmer in seiner Partei finden. Auf jeden Fall scheint er mit seiner sachlichen, ruhigen, glaubwürdigen Art einem neuen Zeitgeist in Deutschland zu entsprechen. „Christian Wulff ist trendy", bringt das Münchner Magazin „Focus" im Frühjahr 2005 die Sache auf den Punkt. Und ebenfalls im Frühjahr 2005 kommt Wolfgang Kubicki, FDP-Mann, einst enger Weggefährte des verstorbenen Jürgen Möllemann und als Haudrauf bekannt, als jemand, der kein Mikrofon auslässt und sich für kaum eine Schlagzeile zu schade ist, zu dem selbstkritischen Urteil: „Politikertypen wie ich, die gerne polarisieren, sind beim Volk nicht mehr gefragt." Stattdessen würden „netten Harmonie-Vertretern" wie etwa Christian Wulff die Herzen der Wähler zufliegen.

2. Eine Jugend in Osnabrück

Dass es Christian Wulff schon als Jugendlichen in die Politik zieht, mag eine Wurzel in einem Vorfahren haben, der für den Wahlkreis Tecklenburg einst im preußischen Landtag saß. Viel direkteren Einfluss hat auf ihn aber ein Mensch, den er nie kennengelernt hat: sein Großvater väterlicherseits, Wilhelm Wulff; er starb 1955, vier Jahre vor Christians Geburt. Wilhelm Wulff war ein vielseitiger und beeindruckender Mensch. Volksschullehrer in Westerkappeln, einem kleinen Flecken nicht weit von Christians Geburtsstadt Osnabrück, aber anders als die drittgrößte Stadt Niedersachsens schon auf nordrhein-westfälischem Gebiet. Morgens um fünf ackerte er im Garten, ab sieben unterrichtete er seine Schüler, nachmittags schrieb er die Geschichte seines Heimatortes und die seiner Familie. Oder übte an der Kirchenorgel oder mit dem Kirchenchor, denn er war auch Organist von Westerkappeln und Leiter des Chors. Die Familienchronik befindet sich heute im Besitz seines Enkels – doch gelesen hat Christian Wulff sie nur in wenigen Ausschnitten. Denn sie ist in Sütterlin-Schrift verfasst, und der ist Wulff nicht mächtig.

Ehemalige Schüler des 1881 in Wersen bei Westerkappeln geborenen Wilhelm Wulff sind heute noch der Ansicht, er sei der beste Lehrer gewesen, der sie jemals unterrichtet habe. Er kümmerte sich um sie, Schüler mit guten Noten durften sich in seinem großen Garten Obst von Bäumen und Büschen pflücken, die Kleinen im Sommer im Gartenteich planschen. Man lebte ganz angenehm in einem geräumigen Haus, das die Familie sich leisten konnte, weil Wilhelm Wulffs Frau recht wohlhabend war. Es steht heute noch.

Die Zeiten aber waren hart: 1919 musste Wilhelm Wulff, gerade aus dem Krieg von der russischen Front zurückgekehrt, 196 Schüler unterrichten, 1945 teilte er sich den Unterricht von 245 Schülern mit zwei Kollegen. Als die Schule zum Lazarett umfunktioniert wurde, holte er seine Schüler einfach nach Hause, wo sie dann im Garten Biologie am konkreten Objekt lernen konnten. Andere Zeiten, andere Methoden: Waren die größeren Jungen besonders ungezogen, bekamen sie drei Schläge. Dann fragte Wilhelm seine Schüler: „Na, wie ist das werte Befinden?“ Worauf die zu antworten hatten: „Danke der werten Nachfrage.“ In Zeiten, in denen das Schlagen in der Schule zum Alltag gehörte, dürfte dieses eingespielte Ritual sein Ansehen bei den Schülern eher erhöht haben. Selbst bei denen, die sich noch den Allerwertesten rieben, weil sie gerade hatten dran glauben müssen.

Wilhelm Wulff liebte die deutsche Sprache, legte Wert auf die richtige Betonung beim Vortragen von Gedichten und auf eine schöne Handschrift seiner Schüler. Eigentlich überzeugter Protestant, verlagerte er sein Engagement nach seiner Pensionierung 1945 aus Protest ganz auf die Freimaurer, weil die Kirche ihm keine Pension für seine Tätigkeit als Organist zahlen wollte.

Praktisch nebenbei gründete Wilhelm Wulff mit einem Cousin ein Farbengeschäft in Lotte nahe Osnabrück: Farben Wulff am Bahnhof. Ein kleiner Tausendsassa also, von dem sich noch heute in Westerkappeln die Leute erzählen, denn er war im Ort bekannt wie ein bunter Hund und beliebt wie ein kleiner Dorfkönig. Befreundet war er auch mit Martin Niemöller. „Bei vielen hat er einen starken Eindruck hinterlassen. Er war ein großartiger Mann“, sagt Ursula Coenen, die ihn zwar nicht mehr als Lehrer erlebte, ihn aber als Nachbarn ihrer Eltern kennengelernt hat und die Erinnerung an ihn im Ort lebendig hält. Auch den kleinen Christian hat sie kennengelernt und als Einjährigen herumgetragen, ehe seine Mutter mit ihm und der 1957 geborenen Schwester Elisabeth wegzog.

Diese Vita, dieses vielseitige Leben seines unbekannten Großvaters, zieht schon den Jungen in den Bann, begierig saugt er die Erzählungen seines Vaters und der Leute auf, die den Großvater kannten. Und noch heute erzählt der Ministerpräsident von ihm fast wie von einem gut vertrauten Menschen.

Auch sein anderer Großvater, Walter Evers aus Bad Rothenfelde bei Osnabrück, der Vater seiner Mutter, hat bei Christian Wulff Eindruck hinterlassen. Er hatte sich 1927 mit einem Furnierhandel selbständig gemacht und die Firma trotz Inflation und Kriegswirren zu einem zeitweilig recht erfolgreichen Unternehmen gemacht. Der Anfang allerdings war schwer: Evers fuhr mit dem Fahrrad auf dem Packwagen der Bahn eine bestimmte Strecke mit, stieg dann aus und fuhr auf dem Rückweg die Tischlereien ab, um Aufträge an Land zu ziehen. Später reichte es zwar für ein Auto, aber oftmals nicht fürs Benzin. Das mussten dann die Kunden zahlen, die er mitnahm. Im Laufe der Jahre schaffte er es durch harte, zielstrebige Arbeit, in Osnabrück eine Lagerhalle zu errichten, in der er auch selbst Holz verarbeiten ließ. Seine Geschäfte wickelte er zunehmend in Hamburg ab, wohin er wie auch nach Frankreich regelmäßig fuhr. Paris hatte es ihm angetan, hier konnte er fünfe gerade sein lassen. Ganz anders bei der Arbeit: „Er konnte es überhaupt nicht vertragen, wenn er über den Tisch gezogen werden sollte", erinnert sich Heinrich Pohlmeyer, der Evers Anfang der fünfziger Jahre zunächst als Kunde kennen lernt und 1964 in die Firma eintritt. Bei den Preisverhandlungen bewies Walter Evers erstaunliches Sitzfleisch und eine raffinierte Taktik. Es ging eigentlich immer darum, wer am längsten aushielt – und das war fast immer Evers. Er hielt seine Gegenüber mit Wein, gutem Essen, Erzählungen und Bibelsprüchen so lange hin, bis die einfach nicht mehr konnten. Er kannte seine Kunden gut und wusste genau, wer welche Zigarrensorte rauchte. „Er war hart, aber fair. Sein Motto war: ‚Leben und leben lassen'", erinnert sich Heinrich Pohlmeyer. Er vertraute seinen Mitarbeitern blind und stellte sich bei Beschwerden rückhaltlos vor sie. Besonders erinnert Pohlmeyer sich daran, dass Evers ein „großer Förderer und Forderer" war. Seine Sprache und sein ganzes Auftreten waren klar und eindeutig.

Von seinem Enkel hatte er eine hohe Meinung: „Er hat immer gesagt: Von dem Christian werdet ihr eines Tages noch viel hören", so die Erinnerung seines ehemaligen Mitarbeiters. Pohlmeyer fühlt sich tatsächlich an seinen ehemaligen Chef erinnert, wenn er heute den niedersächsischen Ministerpräsidenten sieht. Nicht wegen der Optik – Walter Evers war ein dunkler Typ, Christian Wulff ist blond. „Aber als Persönlichkeit hat er viel von ihm mitbekommen. Er rastet wie sein Großvater so gut wie nie aus, er redet genauso überlegt, ist genauso korrekt und will alles geregelt wissen."

Evers ist vielleicht der Erste, der dem 14-Jährigen am vorletzten Tag seines Lebens näher bringt, dass ein Mensch in einem Geflecht vielfältigster Beziehungen lebt, in dem er seinen Teil an Verantwortung zu tragen hat. Am Tag vor seinem Tode – Christians Großvater liegt nach einem schweren Schlaganfall stark geschwächt im Krankenhaus, die engsten Angehörigen um sich versammelt – bittet er die anderen, kurz das Zimmer zu verlassen, weil er mit seinem Enkel alleine sprechen möchte. Kaum noch des Redens fähig, bittet er den Jungen: „Du musst in deinem Leben Verantwortung tragen und für andere da sein." Dass Christian schon sehr bald auf für einen Jugendlichen brutale Art dazu gezwungen wird, können beide noch nicht ahnen. Auch die Weitsicht des Sterbenden imponiert dem Jungen. „Die Firma wird noch zehn Jahre bestehen, wenn ich tot bin", prophezeit er auf dem Krankenbett. Fast genauso kommt es – das Unternehmen hält nach dem Tode seines Gründers noch bis 1986 durch, dann ist es pleite. Unnötig, wie Heinrich Pohlmeyer findet.

Wahrscheinlich spielen die beiden Großväter in Christian Wulffs Leben auch deshalb eine so große Rolle, weil er als Junge und Jugendlicher ständig auf der Suche nach einem Ersatz für den praktisch nicht existierenden Vater ist. Die Rolle übernehmen auch andere – Lehrer, Politiker –, aber immer nur für einen kurzen Zeitraum und ein wirklicher Ersatz sind sie nie. Denn mit einem geordneten Familienleben ist er nicht gesegnet. Ein Vater, der die Familie verlässt, ein Stiefvater, der es seinem Vorgänger nachmacht, eine schwer kranke Mutter und eine jüngere Schwester, für die der gerade einmal 16- oder 17-Jährige sorgen muss, kennzeichnen die Jahre seiner Jugendzeit.

Die Eltern, Dagmar Evers und Rudolf Wulff, heiraten 1956 mit einjähriger Verspätung. Die Eheleute in spe legen vor der Hochzeit ein Trauerjahr ein, wegen des Todes von Rudolfs Vater. Doch Dagmar findet in der Ehe von Anfang an nicht das, was sie gesucht hat. Ihr Mann ist mit 43 Jahren deutlich älter als die 27-Jährige, deren Mutter bei einem tragischen Verkehrsunfall ums Leben gekommen ist, auch ihr Vater ist schon verstorben. Dagmar sucht einen starken Halt, den ihr Rudolf offenbar nicht geben kann. Beide ziehen nach Westerkappeln ins Wulffsche Haus. In dem kleinen Dorf wird Dagmar nicht heimisch, zumal ihr auch die Schwiegermutter beständig das Leben schwer macht. Sie wohnt mit den frisch Vermählten unter einem Dach, aber das Zusammenleben der Generationen funktioniert nicht. Eigentlich ist die Ehe schon nach weniger als zwei Jahren, im Jahr der Geburt von Christians älterer Schwester Elisabeth 1957, am Ende. Doch geschieden wird sie erst 1961. Da ist Christian zwei Jahre alt.

Der macht als kleines Kind eine Erfahrung, die Anfang der sechziger Jahre viel ungewöhnlicher ist als heute: In der Familie fehlt der Vater. Nach der Trennung zieht die Mutter mit den beiden Kindern nach Osnabrück in eine kleine Wohnung am Saarplatz im vierten Stock. Später, 1968, nach der Geburt der jüngeren Schwester Natascha, folgt ein weiterer Umzug. Diesmal nach Atter, damals ein Vorort, heute ein Stadtteil von Osnabrück. Bis 1982 lebt die zeitweilig fünfköpfige Familie in dem kleinen Bungalow. Zuwachs erhält sie schon vor der Geburt Nataschas, denn die Mutter heiratet 1967 erneut. Ihr neuer Mann heißt Wolfgang Ueckmann und ist fünf Jahre jünger als sie. Auch diese Ehe geht nach einigen

Jahren in die Brüche, Wolfgang trennt sich 1974 von Dagmar, die seinen Namen bis zu ihrem Tod behalten wird. Geschieden wird auch sie mit Verspätung erst 1984, diesmal sind Unterhaltsansprüche der Grund. Denn da ist Dagmar schon schwer an Multipler Sklerose erkrankt und arbeitsunfähig. Es geht um Geld.

Das Verhältnis zu seinem Stiefvater ist in Ordnung, aber mehr auch nicht. „Wir haben uns gegenseitig akzeptiert", erinnert Christian Wulff sich. Es gibt aber auch durchaus schöne Momente, zum Beispiel gemeinsame Besuche von Autorennen. Nach der Scheidung stirbt der Kontakt ab. Erst mehr als 20 Jahre später, im Herbst 2005, sehen sich beide auf Initiative von Christian Wulff wieder. Erheblich komplizierter ist Christians Verhältnis zu seinem leiblichen Vater. Christian leidet darunter, ohne Vater aufzuwachsen, der ihm Halt, Rat und Orientierung gibt, vielleicht ein Freund ist und Strenge walten lässt, wenn es nötig scheint. Nach der Scheidung zieht er zur Mutter, der Vater darf ihn nur im Rahmen einer Besuchsregelung sehen. Es kommt, wie es kommen muss: Während der Junge die Mutter in allen erdenklichen Alltagssituationen mit dem üblichen Stress und Streit und mit Verboten erlebt, sind die Begegnungen mit dem Vater immer angenehm erfreulich, fast ein kleiner Urlaub. Man unternimmt nette Dinge, Christian bekommt Geschenke wie ein Transistorradio oder ein Tretauto. Das erbost seine Mutter, denn die legt mehr Wert darauf, dass Rudolf regelmäßig für den Unterhalt der Kinder aufkommt, was er nicht tut. Das Tretauto verkauft sie später. Das Verhältnis der Eltern ist denkbar schlecht. So versucht die Mutter, den Kontakt zwischen Vater und Sohn zu unterbinden. Einige Jahre bricht er völlig ab. Doch die Sache mit dem Vater lässt den Jungen nicht los. Mit elf macht er sich eines Nachmittags heimlich mit dem Fahrrad auf zu einem Besuch. Am Ende kommt die Mutter ihm auf die Schliche: Sein Vater hat Christian eine Dreigangschaltung für sein Fahrrad geschenkt, wie sie alle Jungen in dem Alter haben wollen, und lässt sie gleich in der Werkstatt montieren. Als die Mutter das mitbekommt, ist der Ärger groß. Den Kontakt zu seinem leiblichen Vater lässt sich der Junge von nun an aber nicht mehr verbieten.

Später, da erwacht Christian gerade politisch, sagt Rudolf Wulff seinem Sohn etwas, was diesen für sein Leben prägt. Selbst Sozialdemokrat – die Mutter tendiert zur CDU – gibt er dem 19-jährgen Christian am Tag der Bundestagswahl 1969 mit auf den Weg, dass es in erster Linie wichtig ist, sich überhaupt für Politik zu interessieren und sich selbst ein Bild zu machen, ganz gleich, für welche demokratische Partei man sich entscheide. Es ist die Bundestagswahl, bei der die NPD nur knapp an der Fünf-Prozent-Hürde scheitert. Dass es nicht um den Versuch einer Beeinflussung geht, sondern um einen wichtigen Rat, rechnet Christian Wulff seinem Vater hoch an. Es ist zu einer Maxime seines eigenen politischen Denkens geworden. Noch viel später, Anfang der achtziger Jahre, zieht Christian für kurze Zeit bei seinem Vater und dessen erblindeter Mutter ein, bevor er sich in Osnabrück eine Studentenbude besorgt. Der Kontakt zum Vater reißt nicht mehr ab. Ganz im Gegenteil – der Sohn greift ihm sogar vor dessen Tod noch eine Zeit lang finanziell unter die Arme.

Trotz ihrer zwei gescheiterten Ehen und des frühen Todes ihrer Eltern ist Dagmar eine lebensbejahende Frau. Sie liebt das Leben, geht gerne zum Frisör und schaut sich in den Boutiquen und Kaufhäusern Osnabrücks die neueste Damenmode an. Um ihre Kinder kümmert sie sich fürsorglich, unterstützt sie, wo sie nur kann. Die Kehrseite dieser ausgeprägten Fürsorge heißt Dominanz. Sie versucht eine Rolle zu spielen und Einfluss zu nehmen, die ihrem früh eigenständigen Sohn schon als Jungen zu weit geht. Auch dass sie oft zu einer gewissen Lautstärke neigt, geht dem eher stillen Filius manchmal gegen den Strich.

Doch dann, Christian ist gerade mal 16 Jahre alt, seine ältere Schwester Elisabeth 18 und Natascha sechs, ändert sich das Leben der Familie schlagartig. Ärzte stellen 1975 bei der Mutter Multiple Sklerose fest. Die Krankheit tritt zwei Jahre später in einen kritischen Zustand ein. 1978 ist die 49-Jährige gelähmt.

Multiple Sklerose ist eine heimtückische Krankheit, die besonders jüngere Erwachsene trifft. Als entzündliche und degenerative Erkrankung des zentralen Nervensystems ist sie nach der Epilepsie die zweithäufigste neurologische Erkrankung. Bei den Betroffenen treten unter anderem im Gehirn und zum Teil auch im Rückenmark Entzündungen auf. Ebenso kommt es zu einer verminderten Leitfähigkeit der Nervenbahnen, die Kribbeln, Lähmung, Spastiken, rasches Ermüden und Sehstörungen nach sich ziehen. Die Krankheit ist zwar nur in seltenen Fällen tödlich, bedeutet aber für die von ihr Befallenen unendliche Qualen.

Für Dagmar beginnt eine Leidenszeit, der erst der Tod fast 20 Jahre später ein Ende setzt. Die Kinder ziehen mit ihrer Mutter von Arzt zu Arzt, von Klinik zu Klinik, im Schwarzwald oder in Göttingen. Zahlreiche nervenaufreibende Untersuchungen haben am Ende ein fatales Ergebnis: Die Krankheit ist nicht mehr heilbar. Was tun? „Ich wollte den Laden zusammenhalten", sagt Christian Wulff. Eine eigentlich unmögliche Aufgabe für einen Jugendlichen, doch Christian packt sie an. Er pflegt die Mutter, trägt sie durch die Wohnung vom Sofa zum Rollstuhl, vom Rollstuhl ins Bett. Mit Hilfe des Jugendamtes, der Kirchengemeinde und der Nachbarn gelingt es tatsächlich, dass die kleine Familie noch Jahre zusammenbleiben kann. Die Nachbarn unterstützen Christian bei der Pflege und Betreuung, springen ein, wenn Not am Mann ist, kümmern sich auch um Natascha. Auch die Gesellschaft für Multiple Sklerose schickt Helfer, die für die Mutter kochen oder ihr vorlesen. Seine Dankbarkeit für diese Hilfe drückt Wulff später darin aus, dass er sich noch als Oppositionsführer zum Schirmherren des Bundesverbandes der Deutschen Multiple-Sklerose-Gesellschaft wählen lässt und öfters an Veranstaltungen teilnimmt, auf denen MS-Kranke sich austauschen und Hilfe suchen.

Doch die Hauptlast liegt nun bei dem heranwachsenden Sohn. Nebenbei übernimmt Christian Verpflichtungen für seine zehn Jahre jüngere Schwester, nimmt für sie sogar als 17-Jähriger in der Schule an Elternabenden teil. Monatelang liegt Dagmar zwischendurch auch immer wieder im Krankenhaus. Für Christian bedeutet dies – da ist er schon Student – tägliche Besuche am Krankenbett. Wenn die Mutter zu Hause ist, verlässt er abends, wenn seine Freunde Feten feiern bis in den Morgen, die Partys frühzeitig, um nach seiner Mutter zu sehen. Dass er tagsüber von der Uni oft zweimal nach Hause fahren muss, ist längst zur Gewohnheit geworden.

Bei Dagmar Wulff kommt unter dem Druck der Krankheit ein Charakterzug noch stärker zum Vorschein, den ihr Sohn schon zuvor bei ihr festgestellt hat. Sie verlässt sich stark auf die Unterstützung anderer Menschen, wozu ihr Zustand sie natürlich nötigt. Aber mehr noch – sie, die aus ihrer eigenen Jugend gewohnt ist, dass ihr Vater alle Hindernisse aus dem Weg räumt, bringt wenig Kampfesmut auf. Sie wartet auf ärztliche Hilfe, auf ihre Medikamente, auf die Unterstützung anderer, will sich selbst nicht helfen. Wenn man sie bei der Physiotherapie auffordert, den linken Arm zu heben, kommt sie dem nach – und behauptet gleichzeitig steif und fest, sie könne den Arm nicht bewegen. Später lernt Christian Wulff MS-Erkrankte kennen, wie er seine Mutter auch gerne gehabt hätte. Wenn man denen sagt, sie sollen den linken Arm heben, dann schaffen sie vielleicht gerade den kleinen Finger. Aber ihr Kommentar lautet: „Sehen Sie, das wird schon wieder viel besser." Trotzdem ist Christian Wulff keineswegs mit Bitterkeit erfüllt, wenn er von seiner Mutter spricht. „Wir hatten ein gutes und enges Verhältnis", sagt er dann. „Nur für eine Krankheit wie Multiple Sklerose war sie einfach nicht geschaffen."

Vor allem die Jahre zwischen 1978, als die Krankheit zur Lähmung führt, und 1983, als die Mutter ins Pflegeheim kommt, sind für ihren Sohn Jahre höchster Anstrengung und Entbehrung. Er macht in dieser Zeit Abitur, beginnt sein Studium und steigt als Mitglied im Bundesvorstand der Jungen Union in die Politik ein. Daran, dass es irgendwann einfach nicht mehr weitergehen könnte, denkt er nicht. Er sieht diese schwere Zeit als Bewährungsprobe. Und nimmt alle Hürden, was ihm jedes Mal neuen Mut macht. „Vor diese Hürde bist du gestellt, da musst du nun mal rüber", lautet das Leitmotiv des jungen Mannes. Am Jahresende, immer zu Weihnachten, zieht er sich zurück und denkt darüber nach, ob er irgendetwas hätte anders machen müssen im abgelaufenen Jahr. Oder ob er etwas verpasst hat, wenn er sich um seine Mutter kümmert, während die Freunde Feten feiern und in Urlaub fahren. Am Ende kommt er immer zu einem klaren Ergebnis: nein.

Seine Schwester Elisabeth zieht mit 13 Jahren zu ihrem leiblichen Vater und dessen Mutter. Sie hilft Christian entscheidend, als ihre Mutter Dagmar nicht mehr zu Hause gepflegt werden kann und in ein Pflegeheim zieht. Sie nimmt später Natascha zu sich in ihre Studentenwohnung in Osnabrück. Elisabeth ist inzwischen Privatdozentin an der Hochschule Vechta. Natascha studiert Literatur und Erziehungswissenschaften und promoviert zum Thema „Frauen und Orientalismus: Reisetexte französischsprachiger Autorinnen des 19. und 20. Jahrhunderts". Nach einem Aufenthalt an der Universität Mulhouse in Frankreich arbeitet sie an der Uni Bremen.

Christian Wulff redet nicht gerne über die Erlebnisse aus dieser Zeit, weder damals noch als Erwachsener. Viele wissen, dass da irgendwas mit einer kranken Mutter ist, kennen aber keine Details. „Er hat nichts geschenkt bekommen, das merkte man dem Jungen an", erinnert sich Matthias Wissmann, unter Helmut Kohl Bundesverkehrsminister und heute Bundestagsabgeordneter. Erst später erfährt Wissmann, der Wulff über die Junge Union kennengelernt hat, den Grund. Freunde merken aber natürlich, wenn Christian lange vor dem Ende einer Party mit seinem Mofa nach Hause muss, um die Mutter zu versorgen, oder nicht mit kann in den gemeinsamen Urlaub. Erstmals gibt er dem heutigen „Zeit"-Chefredakteur Giovanni di Lorenzo, der 1993 in der „Süddeutschen Zeitung" ein Porträt über den CDU-Spitzenkandidaten für die Landtagswahl im folgenden Jahr schreibt, einen kurzen Einblick. Eigentlich widerstrebt es ihm, überhaupt in der Öffentlichkeit darüber zu sprechen. Aber seine Berater geben ihm den Tipp, einmal einem vertrauenswürdigen Journalisten Einblick zu geben – wohl wissend, dass der erste Artikel immer in die Zeitungsarchive wandert und die nachfolgenden Werke beeinflusst. Erst zehn Jahre später, da ist er schon Ministerpräsident, stellt er sich den TV-Moderatoren Johannes B. Kerner und Reinhold Beckmann für Gespräche über diese Zeit zur Verfügung. Aber auch hier bleibt er letztlich an der Oberfläche. Noch heute tut er sich schwer mit dem Erzählen, stockt im Gespräch, wägt seine Worte ab, will nicht zuviel preisgeben. Mit seiner schweren Kindheit und Jugend hausieren geht Christian Wulff nicht. Da ähnelt er Berlins Regierendem Bürgermeister Klaus Wowereit, der auf ein ähnliches Schicksal zurückblickt. Andere, wie Gerhard Schröder, gehen erheblich offener mit ihrer Biografie um, bis hin zur wählerwirksamen Vermarktung.

Natürlich hat Christian Wulff auch schöne Erinnerungen an die Kindheit. Das erste, woran er sich überhaupt erinnern kann, sind die Spiele zu Hause mit seiner älteren Schwester. Dann der Elisabeth-Kindergarten. Umgekehrt erinnert sich auch eine ehemalige Erzieherin an den blonden Jungen; sie schreibt ihm viel später, da ist er schon ein bekannter Politiker, einen Brief mit einem alten Foto. Auch an den Tag, an dem die kleine Natascha geboren wird, denkt Wulff noch heute zurück. Die Schwiegermutter aus der zweiten Ehe seiner Mutter überbringt ihm die Nachricht von dem freudigen Ereignis. Der neunjährige Christian läuft zum Krankenhaus und stellt sich unter das Fenster, von dem aus seine Mutter ihm zuwinkt. In dieser Woche arbeitet er auf einer nahen Tankstelle, putzt die Fensterscheiben der Autos. „Schau, ich hab schon 9 Mark 60 eingenommen“, ruft er seiner Mutter zu, der die Szene ungemein peinlich ist, weil nicht jeder wissen soll, dass ihr Sohn sich nebenbei Geld verdient. Anschließend geht Christian auf den Sportplatz, um seinen Freunden stolz zu berichten, dass er nun ein großer Bruder ist. Die Arbeit an der Tankstelle lehrt den Jungen übrigens eine Erfahrung fürs Leben, die er auch als Politiker nie mehr vergisst: Oft sind es nicht die Autobesitzer mit den großen Scheiben, von denen er 50 Pfennig bekommt, sondern die mit den kleinen.

Nach der Zeit im Kindergarten besucht Christian die Elisabeth-Grundschule, die gleich nebenan liegt. Den ersten Schultag hat er noch gut in Erinnerung. Gleich in der ersten Stunde zeichnet die Lehrerin Frau Heine

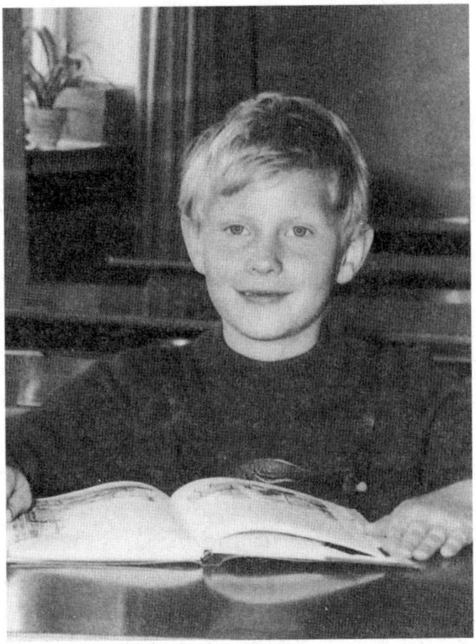

An den ersten Schultag denkt Christian Wulff noch heute gerne zurück.

etwas an die Tafel und zeigt danach den Schülern ihre Hand, die voll mit Kreide ist. „Iiiih“, ruft die ganze Klasse. Daraufhin erklärt die Lehrerin: „Das war der erste Buchstabe, den ihr gelernt habt“. Das gefällt Christian noch heute, wenn Lehrer mit einprägsamen Bildern arbeiten. Am ersten Tag geht's natürlich auch gleich zum Schulgottesdienst, schließlich ist die Elisabeth-Schule ein katholisches Bekenntnisinstitut. Sofort fällt dem Jungen auf, dass die Schulmöbel zu klein sind. Endlich zu Hause, plündert er sogleich seine Schultüte, die voll gestopft ist mit Süßigkeiten.

In der Grundschule ist Christian ein ganz normaler Schüler. Er beteiligt sich an den typischen Pausenaktivitäten: Murmelspiele und „Schallern“, ein Spiel, bei dem man Groschen möglichst nah an eine Wand werfen muss. Er macht auch den typischen Schülerunfug mit. Einmal gewinnt ein Mitschüler eine Wette gegen einen anderen: Dieser verschluckt einen Goldfisch aus dem Schulaquarium bei lebendigem Leibe, womit Christian nicht gerechnet hat. Es schockiert ihn, wozu ein Mitschüler fähig ist, um einen Wettgewinn einstreichen zu können. Oft vertreiben sich die Schüler auch die Zeit damit, Lehrer und Mitschüler mit Wasserpistolen zu erschrecken. „Ich glaube, da habe ich auch gerne mitgemacht.“ Seine

Lieblingsfächer sind Deutsch und Sachkunde, seine Stärken Kopfrechnen, Rechtschreibung und Malen mit Tuschfarben.

Nach vier Jahren ist die Grundschulzeit vorbei. Für Christian ein Segen, weil er nach dem Umzug nach Atter in der vierten Klasse einen langen Schulweg per Bus zu bewältigen hat. 1970 kommt er auf das traditionsreiche Ernst-Moritz-Arndt-Gymnasium (EMA). Rasch gewinnt er neue Freunde und baut guten Kontakt zu den Lehrern auf. Vor allem zu den männlichen, die für ihn manchmal ein bisschen Vaterersatz werden und die er als Autoritätspersonen akzeptiert. Aufmüpfigkeit ist seine Sache nicht. Die Schulhefte werden ordentlich geführt, die Hausaufgaben regelmäßig angefertigt. Eigentlich geht Christian Wulff gerne zur Schule – wären da nicht die Fächer, die ihm das Leben so schwer machen. Der künftige Politiker kündigt sich schon in seinen schulischen Stärken und Schwächen an: In den Fächern – wie Gemeinschaftskunde oder Deutsch –, in denen man argumentieren und streiten kann, ist er gut. In den Fächern – wie Mathematik und Naturwissenschaften –, in denen es nur die eine richtige Lösung gibt, ist er schlecht. Auch Chemie ist Christian ein wenig unheimlich, böse erwischt es ihn aber besonders in Englisch und Französisch. In Französisch bringt er sogar im Zeugnis eine sechs nach Hause und wird in der zehnten Klasse auf eine Ehrenrunde für ein weiteres Jahr am EMA verpflichtet. Wenn in solchen Fächern Klassenarbeiten angesetzt sind oder Christian fürchten muss, verstärkt vom Lehrer im Unterricht herangenommen zu werden, geht er mit einem mulmigen Gefühl zur Schule. Ja, er hat Angst.

Gerade den Französischlehrer, der ihm die Note sechs erteilt, achtet Christian indes besonders. Ende der neunziger Jahre, in Niedersachsen ist er da schon ein bekannter Politiker, wird Wulff bei dessen Pensionierung der Überraschungsgast sein. Sein ehemaliger Lehrer dankt es ihm mit Tränen in den Augen. Heute findet Wulff, dass die Lehrer, die ihre Schüler konsequent auf das Leben vorbereiten, die besten sind – auch wenn es manchmal schlechte Noten hagelt. Verkehrt, so findet er, sei es dagegen, wenn sich Lehrer mit ihren Schülern zu gemein machen, wozu vor allem jüngere Lehrer neigten.

Auch manche Lehrer erinnern sich gut an Christian Wulff. „Er war ein fleißiger Schüler, strebsam, aber kein Streber“, sagt Günter Auding, der Wulffs neuer Klassenlehrer in der zehnten Klasse wird, die der wegen ungenügender Leistungen wiederholen muss. Das habe daran gelegen, dass der junge Mann sich mit seinen zahlreichen Aktivitäten schlicht überfordert habe. Obwohl er in dieser Klasse nicht einmal Klassensprecher wird, denn der Job ist schon vergeben, als er dazu stößt. „Er nutzte seine Zeit sehr intensiv", erinnert sich Auding. Mit 16 Jahren gibt er die Mitarbeit an der EMMA, der Schülerzeitung, auf – wegen Überlastung mit anderen Ämtern, die er zu dieser Zeit schon bekleidet. An Montagen und Samstagen, an denen in diesen Jahren noch Unterricht stattfindet, muss er immer wieder einmal freigestellt werden, weil er Sitzungen in Bonn oder anderswo hat. Auf einer Klassenreise nach Berlin muss Auding seinen Schüler einen Tag beurlauben, ebenfalls wegen einer CDU-Vorstandssitzung in Bonn. Das imponiert den anderen natürlich, „aber Christian machte aus so was überhaupt kein Aufhebens", so Auding. Ein Spruch Audings bekommt zeitweilig eine gewisse Berühmtheit am EMA. Bei einer Französisch-Klassenarbeit sieht er Christian über die Schulter und entdeckt einen Fehler. „Herr Wulff, wenn Sie diesen Fehler Richard Jäger zeigen, wird der noch einen Grund mehr haben, die Todesstrafe wieder einzuführen." Der Lehrer spielt damit auf den einstigen CSU-Bundesjustizminister an, der noch in den sechziger Jahren für die Wiedereinführung der Todesstrafe eintrat, was ihm den Spitznamen „Kopf-ab-Jäger" einbrachte.

Christians Klasse, die 10Fb, hat Günter Auding als sehr gute Klasse in Erinnerung. Pfiffige Jungs, sagt er noch heute, und Christian gehört voll dazu. Die Schüler sind politisch stark interessiert. Im Sozialkundeunterricht wird mit großem Eifer über Willy Brandts Ostpolitik und die ersten Ansätze einer Umweltpolitik diskutiert. Auf einer Klassenfahrt nach Bremerhaven lernen die Schüler eine der ersten Müllverbrennungsanlagen kennen. Später, in der gymnasialen Oberstufe, als die Schüler sich ihre Fächer in einem bestimmten Rahmen nach Vorlieben und Stärken selbst wählen können, liefert Christian ein Glanzstück für seine Pfiffigkeit und zugleich für seine Fähigkeit, vorgegebene Strukturen zu durchschauen und zu nutzen, ab. Während Auding ihn in der Mittelstufe in seinen Lieblingsfächern Deutsch und Sozialkunde unterrichtet, soll er in der Oberstufe dem Schüler ausgerechnet Französisch beibringen. Christian belegt einen fünfstündigen Kurs als Leistungsfach, obwohl er eigentlich Französisch nur als Grundkurs hat, wofür drei Stunden pro Woche ausreichen. Doch an der Schule gibt es eine – juristisch feste – Regel: Nimmt ein Grundkursler an einem Leistungskurs teil, bekommt er automatisch drei Punkte gutgeschrieben. So dass er nur noch einen Punkt braucht, um auf die Mindestpunktzahl vier zum Bestehen des Kurses zu kommen. So rettet Christian sich auch in Französisch durchs Abitur, das er immerhin mit der Note 2,1 besteht.

Schon Jahre zuvor, ab 1973, entdeckt Christian Wulff seine Leidenschaft fürs Organisieren – und für die „Politik". Alles beginnt mit der Mitarbeit bei der EMMA, der Schülerzeitung seines Gymnasiums. Zu den Höhepunkten seines journalistischen Wirkens gehört auch ein Interview mit dem Trainer der deutschen Tischtennis-Nationalmannschaft, dem Schweden Christer Johannsen, der es immerhin als Spieler selbst auf fünf Weltmeister- und 13 Europameistertitel brachte und in Osnabrück lebt. Doch bald wechselt Wulff vom „Journalismus" zur „Politik". Er kandidiert 1975 für den Posten des Schülersprechers und wird prompt gewählt. Das Amt, sein erstes, behält er bis zum Abitur, mit zuletzt über 90 Prozent der Stimmen. Sieht man sich die Geschichte der Schule und die Struktur ihrer Schülerschaft an, ist das Ergebnis vielleicht gar nicht so überraschend. 1867 vom aufstrebenden Bürgertum Osnabrücks unter tätiger Mithilfe des Gründers der Nationalliberalen Partei in Preußen und Osnabrücker Oberbürgermeisters Johannes von Miquel (1829 bis 1901), der später als preußischer Finanzminister ein Steuersystem mit Einkommens- und Vermögenssteuer erfand, gegründet, besuchten das Gymnasium, das vor Wulffs Anfangszeiten eine reine Jungenschule war, vorwiegend Schüler aus bürgerlichem Hause. Solcherart Unterschiede hatten sich zwar in den siebziger Jahren des 20. Jahrhunderts weitgehend eingeebnet, doch ein relativ freiheitlicher Geist hatte sich an der Schule erhalten. Die „68er" hatten an der auch als „rotes EMA" bezeichneten Schule vielleicht mehr Einfluss als an den anderen Osnabrücker Gymnasien. Manche Schüler tendierten aber auch ein wenig zu stark nach rechts, erinnert sich Günter Auding, der jahrzehntelang als Lehrer am EMA wirkte. Die seien dann aber von der großen Mehrheit der Schüler immer wieder zurückgeholt worden.

Die Erinnerung an seine hervorragenden Wahlergebnisse macht Wulff nach späteren Niederlagen Mut. „Da, wo die Leute dich kennen, da wählen sie dich auch", sagt er sich. Schon hier liegt eine Wurzel für seine eigene, durchaus unbescheidene, aber ehrliche Überzeugung: erfolgreich Menschen überzeugen und beeinflussen zu können.

In seinem ersten Amt blüht Wulff förmlich auf. Und keine Frage: Es ist für den vaterlosen Jugendlichen auch eine Art Familienersatz. Er vermittelt lernschwachen Mitschülern Nachhilfe, versucht, Konflikte auszugleichen, vertritt die Schülerschaft gegenüber den Lehrern, organisiert

Schulpartys. Seinen Mitschülern rät er, Lehramtsreferendaren, die immer bevorzugtes Objekt von Streichen, Flegeleien und Aufmüpfigkeiten der Schüler sind, eine faire Chance zu geben. „Sonst werden die als Lehrer genau so, wie wir sie nicht haben wollen", schreibt er seinen Altersgenossen ins Stammbuch. Er organisiert Treffen der Klassensprecher und Schülervollversammlungen. Und legendäre Schulfahrten. Die Mitarbeiter der Deutschen Bundesbahn staunen nicht schlecht, als da ein blonder Schüler kommt und 800 Bahntickets reserviert: Wulff stellt Fahrten für 600 Schüler sowie 200 Lehrer und Eltern auf die Beine, nach Hannover, Hamburg, Amsterdam. „Die Leute von der Bahn fanden das faszinierend", sagt noch der Ministerpräsident mit unverhohlenem Stolz. Der Job des Schülersprechers fasziniert ihn noch heute, denn hier kann er das machen, was er besonders gerne tut: im konkreten Fall helfen, Einfluss ausüben und die Ergebnisse seines Wirkens begutachten. Für die Lösung solcher konkreten Fälle, zum Beispiel für in Not geratene Menschen, wird er viele Jahre später auch als Ministerpräsident immer Zeit haben. Wenn er für jemanden ganz direkt etwas tun kann, verschafft das Christian Wulff Befriedigung. Ganz gleich, ob er gerade Schülersprecher oder Landesvater ist. Nur seinen Mitarbeitern in der Staatskanzlei entlockt dieses Faible manchmal Stoßseufzer, weil sie dann finden, der Chef könnte seine Zeit öffentlichkeitswirksamer nutzen.

Im Mittelpunkt seiner Arbeit als Schülersprecher steht für Christian die praktische Arbeit für seine Mitschüler. Schon hier deutet sich seine Art an, Politik zu betreiben. „Kooperation statt Konfrontation", „solide Aktion statt blinder Aktionismus", „Schülervertretung um des Schülers willen und nicht zum Selbstzweck" – so beschreibt er im Jahresbericht des EMA zum Schuljahr 1976/77 seine Grundsätze. Aber zugleich gibt er seinem Amt eine geradezu demokratietheoretische Bedeutung, die wohl den meisten seiner 17-jährigen Altersgenossen schlicht eine Ebene zu hoch sein dürfte. Mit der Förderung der Schülervertretung leiste die Schule einen wesentlichen Beitrag dazu, „die Schüler zu selbständig denkenden und verantwortungsbewusst handelnden Bürgern eines demokratischen und sozialen Rechtsstaates zu bilden". Demokratisches Bewusstsein erwachse nicht nur aus der „im Unterricht mangelhaft vermittelten Einsicht allein, sondern bildet sich insbesondere im Handeln nach demokratischen Grundsätzen". Die Notwendigkeit der Schülervertretung – also mehr als nur eine Alibifunktion oder Existenzberechtigung – ergebe sich aus dem Bildungsauftrag der Schule, nach dem die Schüler befähigt werden sollten, die Grundrechte für sich und jeden anderen wirksam werden zu lassen, die sich daraus ergebende staatsbürgerliche Verantwortung zu verstehen und zur demokratischen Gestaltung der Gesellschaft beizutragen; Konflikte vernunftgemäß zu lösen; sich Informationen zu verschaffen und sich ihrer kritisch zu bedienen.

Auch der Schulleitung gibt der 17-Jährige Nachhilfe in Demokratie und Grundgesetz. Die Schule müsse Schülern „den Erfahrungsbereich und die Gestaltungsfreiheit bieten, die zur Erfüllung des Bildungsauftrages erforderlich sind, z.B. das Handeln in Toleranz und nach demokratischen Grundsätzen muss auch und gerade Schülern wieder erfahrbar sein". Christian fährt fort: „Das Grundgesetz darf nicht vor den Schultoren Halt machen: Um dies allerdings durchzusetzen, ist insbesondere bei der Frage der Herausgabe der Schülerzeitungen noch viel zu tun. Wie jede andere Publikation auch, sollten Schülerzeitungen nur den Pressegesetzen und nicht einer Begutachtung durch den Schulleiter unterliegen." Wie jede Schülerzeitungsredaktion haben auch die EMMA-Mitarbeiter immer wieder einmal Konflikte mit der Schulleitung.

Christians Mitschüler dürften sich vermutlich doch eher für andere Aktivitäten der insgesamt vier Schülervertreter interessieren. Vor allem für die Feten, die diese organisieren und die große Erfolge werden. Hier betätigt er sich auch erstmals als – überaus erfolgreicher – Haushaltspolitiker. Durch die Partys, zu denen auch Schüler anderer Schulen kommen und die laut EMA-Jahresbericht bald zu dem Geheimtipp in Osnabrücks Schülerschaft werden – gemeinsam mit der Diskothek „Earlybird" wird den Partygängern zwischen 17 und 22 Uhr ordentlich eingeheizt, ehe es in der letzten Stunde von der Musik her ruhiger und auf der Tanzfläche dunkler wird – fließen nämlich Einnahmen in die Kasse, die sich am Ende des Schuljahres 1976/77 erstmals zu einem Plus von 800 Mark aufhäufen. Ein Jahr später sind es bereits 3000 Mark. Geld, mit dem vor allem die ins Leben gerufenen Schularbeitsgemeinschaften – Schach, Keramik, Foto oder Sport – unterstützt werden. Ganz nebenbei gibt Christian seinen Mitschülern in seinem Tätigkeitsbericht auch noch eine praktische Einführung in die Finanzpolitik. Kostete der Eintritt für die Winterfete noch 99 Pfennig, so erhöht der Preis sich zur Sommerfete auf eine Mark – „logischerweise angesichts der Inflation".

Auch zur Bildungspolitik, in den siebziger Jahren ähnlich wie 30 Jahre später ein heiß diskutiertes Thema, bringt Christian zu dieser Zeit seine Gedanken zu Papier, natürlich in seinem Hausorgan, der EMMA. An den herrschenden Zuständen lässt er kein gutes Haar, unter einer echten Fundamentalkritik tut es der junge Mann nicht. Alle seien sich doch einig, schreibt er: Die Schule müsse reformiert werden. Alle stritten darüber, wie man am besten nach Leistungen differenzieren könne, wie man Durchlässigkeit schaffe, wie man eine Schule organisieren müsse. „Über den eigentlichen Kern, über das, *was* in der Schule gelehrt wird, spricht so gut wie niemand." Darin aber liege der entscheidende Fehler. Die Wurzel des Übels sei ja nicht im Organisatorischen des Schulwesens zu suchen, sondern in den „überalterten und überholungsbedürftigen Lehrinhalten". Der Autor hat konkrete Beispiele aus seinem Schulalltag zur Hand. Im Gemeinschaftskundeunterricht lernten die Schüler, welche Formen der Wahl es gebe und wie sich der Bundestag zusammensetze. „Wie man aber selbst politisch handeln kann, das sagt man uns nicht." Im Deutschunterricht werde es enorm wichtig genommen, ob ein Gedicht aus Stabreim oder Knittelversen bestehe. Der Inhalt komme erst an zweiter Stelle. In Geschichte seien trockene Zahlen immer noch Trumpf. Wer Daten beherrsche, dem sei eine gute Zensur sicher, geschichtliche Zusammenhänge aber würden selten deutlich gemacht.

Des Autors Schluss: „Wer die Schule wirklich reformieren will, muss bei den Lehrinhalten beginnen. Es müssen neue Lehrinhalte erarbeitet werden, und zwar gemeinsam von Wissenschaftlern, Politikern, Lehrern, Eltern und Schülern." Zu diesen Lehrinhalten gehörten die Persönlichkeitsbildung, die Ausbildung von Gemeinschaftsgeist und die Kritikfähigkeit sowie die Lust zum Lernen bei den Schülern. Viel Schuld an der Unvollkommenheit der Schule trügen die Eltern, die sich immer nur darum kümmerten, dass gelernt werde, aber nie darum, was ihre Kinder lernten. Zum Abschluss des Artikels fragt der Autor dramaturgisch durchaus geschickt: „Und was ist mit den Schülern? Haben die Schüler schon resigniert?"

Sein Engagement außerhalb des Lehrplans bringt ihm nicht bei allen Lehrern nur Lob ein. Manche Kollegen, so erinnert sich SPD-Mitglied Günter Auding, schauen durchaus mit scheelem Blick auf den engagierten Schüler. Für sie müssen dann kleine Missgeschicke wie dieses herhalten, um ihre Meinung zu festigen: Einmal muss Christian bei einer Veranstaltung ein Gedicht von Heinrich von Kleist rezitieren – und macht aus dem berühmten Heinrich in seiner Ansage versehentlich einen Friedrich. Seht her, er ist eben doch nur ein Schwätzer, der Christian Wulff, sagen dann die Kritiker im Lehrerzimmer. Andere loben ihn aber dafür, zumeist sind es die aus dem anderen politischen Lager, während konservative oder liberale Lehrer eher Probleme mit seinem vielfältigen Einsatz haben. Am Ende bekommt er aber von Schulleiter Wilhelm Schmidt, der auch ein SPD-Mann ist, ein „Gutachten über besondere Leistungen des Abiturienten Christian Wulff außerhalb der Gesamtqualifikation zur allgemeinen Hochschulreife“ ausgehändigt. Darin heißt es: „Christian hat in der Ausübung seines Sprecheramtes außergewöhnliche Fähigkeiten entwickelt. Sehr einsatzfreudig, verantwortungsbewusst und hilfsbereit, verständnisvoll und höflich im Umgang, ein gewandter Redner, geschickter Versammlungsleiter und guter Organisator, hat er in der Schülerschaft, besonders auch in den jüngeren Jahrgängen, eine breite Beteiligung an der Arbeit der Schülervertreter wecken können. Dabei zeigte er Einfallsreichtum und Durchsetzungskraft.“ Und weiter: „Außer seiner Vertrautheit mit rechtlichen Bestimmungen und der Sachlichkeit seines Argumentierens ist vor allem hervorzuheben, dass er stets bemüht war, Konflikte auf dem Wege des Zusammenwirkens zu lösen. Sein Vorbild hat den Geist der Schülerschaft sehr vorteilhaft beeinflusst, er hat angemessenes Rechtsbewusstheit und Gesprächsbereitschaft in Konfliktsituationen unter den Schülern verbreitet.“

Schon damals, so Günter Auding, sei ihm bei Christian Wulff etwas aufgefallen, was noch heute zu dessen Wesenszügen gehöre. „Er war schon damals sehr verbindlich, rastete nie aus.“ Das erschien einigen Schülern in den wilden siebziger Jahren als angepasst. Doch Auding ist sich sicher: „Er war nie liebdienerisch. Dann hätte ich ihn auch nicht gemocht.“

Der Posten des Schülersprechers ist eine gute Schule in der Schule. Man lernt argumentieren, diskutieren, Siege herauszuholen und Niederlagen zu verarbeiten. Christian beginnt, sich für Politik zu interessieren, Zeitungen zu lesen. Noch weiß er nicht, wo er hingehört. 1973 geht er das erste Mal zu einer Veranstaltung der Schüler Union (SU). Was er hört, gefällt ihm – Eintreten für das Grundgesetz, für den freiheitlichen Staat, für die soziale Marktwirtschaft. Die CDU-nahen Jungpolitiker wollen nicht wie ihre Kontrahenten von den damals ach so wilden Jungsozialisten gleich das ganze System in Frage stellen, sondern es nur moderat von innen heraus modernisieren. Was allerdings in den Augen eines konservativen Unionisten älteren Jahrgangs zu dieser Zeit schon fast nach Revolution klingt. Konrad Adenauers Wahlkampfschlager von 1957 „Keine Experimente“ wirkt in konservativen Kreisen auch – oder vor allem – der Niedersachsen-CDU noch immer nach. Schon glaubt Christian Wulff, seine politische Heimat gefunden zu haben. „Ich habe gedacht, da müssten Tausende in der Schüler Union sein." Die Wirklichkeit sieht nicht ganz so rosig aus – in ganz Osnabrück hat die noch recht neue Organisation vierzig Mitglieder. Zu Wulffs aktiven Zeiten werden es immerhin 200 sein.

Alsbald beginnt der junge Mann aber auch zu schwanken in seinen noch ungefestigten Überzeugungen. Angesagt sind in diesen Jahren ja eher linke Parolen, der „Marsch durch die Institutionen", das ganze 68er-Gehabe. Wulff fährt zu verschiedenen politischen Seminaren über Demokratie, Marktwirtschaft, Gesellschaft, das erste in Uelzen. Politik beginnt ihn zu faszinieren. Auf einer Wochenendveranstaltung zum Thema Marxismus lauscht er beeindruckt einem marxistischen Redner. Der erklärt seinen jungen Zuhörern, wie einfach die Welt ist: Das Volksvermögen ist ungerecht verteilt, einige wenige haben viel, die vielen anderen haben wenig. Wenn alle gleich viel haben, geht es allen gut. Das leuchtet dem 15-jährigen Schüler ein. Dann kommt ein Redner der anderen Seite, der diese Thesen auseinander nimmt, ganz nach dem Motto, wenn es allen gleich geht, geht es noch nicht allen automatisch gut. Eher im Gegenteil. Das leuchtet seinem Zuhörer noch mehr ein. Von nun an ist er standhaft in seinen christdemokratischen Überzeugungen, zumal er sich auch für religiöse Fragen interessiert und gläubig ist. Dass er vielleicht doch in der falschen Partei ist, wird Christian Wulff nur noch einmal, 25 Jahre später, denken. Aber nicht aus ideologischen Gründen, sondern aus tiefem Frust über die Spendenaffäre der CDU und Helmut Kohl. Ein kurzer Gedanke, der sich alsbald wieder verflüchtigt.

In der Schüler Union findet Wulff zunehmend ein neues Betätigungsfeld. Auch hier organisiert er gerne, auch wieder Veranstaltungen und Feste. Nicht immer mit Erfolg. 1979 stellt er ein Festival auf die Beine, mit zwei Rockbands. Mit von der Partie im Organisationskomitee sind Beate Baumann, Angela Merkels heutige Büroleiterin, und Mathias Middelberg, den Wulff 2004 zu seinem Referatsleiter für Wirtschaft in der Staatskanzlei macht. Alles ist gut organisiert, alles ist da – nur die Gäste bleiben aus. Das Festival wird zu einer veritablen Pleite, eine geplante Verlosung wird kurzfristig vor Ort abgesagt. Der Käse, den eine Molkerei als Preis gespendet hat, landet bei Middelberg zu Hause auf dem Frühstückstisch. Als man davon bei der Molkerei erfährt, ist man nicht amüsiert.

Wie in seinem Amt als Schülersprecher geht es Christian Wulff und seinen jugendlichen Kombattanten nicht um ideologische Fragen, wie sie zu dieser Zeit en vogue sind, sondern um praktische Politik. „Wir wollten etwas für unsere Mitschüler tun, nicht für das Chile-Unterstützungskomitee", erinnert sich Ingo Dauer, der sich zu dieser Zeit mit Wulff anfreundet. Dauer hatte 1973 zu den Mitbegründern der Schüler Union in Osnabrück gehört, zu der Wulff kurze Zeit später stößt. Die Politisierung der jungen Leute ist groß. „Wir diskutierten in jeder Pause", erinnert sich Dauer, damals Schülersprecher am Osnabrücker Ratsgymnasium. Heute ist er Geschäftsführer des CDU-Kreisverbandes Osnabrück-Stadt.

Natürlich hat ein Junge im Alter von zehn oder 15 Jahren auch andere Hobbys. Schon früh entdeckt Christian seine Leidenschaft fürs Lesen. Auf dem Programm steht typische Jungen-Literatur wie Karl Mays „Der Ölprinz". Bald fängt er auch an, Zeitungen, Zeitschriften und Magazine zu konsumieren. Gerne zieht er sich zurück, um fernzusehen – von Krimiserien über Politik bis zu Unterhaltungsshows und Dokumentarfilmen ist alles im Angebot. Auch Sport steht obenan. Als 12-Jähriger sieht er jedes Heimspiel der Basketballmannschaft des VfL Osnabrück. Seine Lieblingsmannschaft im Fußball sind die Kicker von Borussia Mönchengladbach, die „Fohlen". Das Größte ist für ihn das Pokalendspiel zwischen den „Fohlen" und den „Geißböcken" vom 1. FC Köln im Düsseldorfer Rheinstadion 1973. Günter Netzer ist sein Star – und der Fußballer hat sich sogar zu einem politischen Vorbild entwickelt: „Sich einwechseln, sich den Ball nehmen, ein paar kluge Schrittfolgen, dann Mut fassen und den Ball oben links ins Tor ballern und sich dann echt freuen", beschreibt er im Sommer 2005 das, was ihn an Netzer seit 30 Jahren fasziniert. Er selbst spielt vor allem Basketball, trainiert sogar regelmäßig im Verein. Das liegt in der Natur der Sache, denn der hoch aufgeschossene Zwölfjährige ist der Größte in seiner Klasse. „Später haben die anderen mich wieder eingeholt", sagt er. Aber längst nicht alle: Der Junge hört erst bei 1,87 Metern auf zu wachsen. Auch eine kleine Plattensammlung wächst im Laufe der Jahre heran, 40 bis 50 Vinylscheiben. Der jüngere Christian hört vor allem die Hitparaden rauf und runter, später wird sein Musikgeschmack wie bei vielen Jugendlicher „progressiver". Er schwenkt auf Bands wie Supertramp, Uriah Heep, Deep Purple, Tina Turner oder Jethro Tull um. Wenn auf einer Party geschwoft wird, werden Platten von Georges Moustaki oder Simon & Garfunkel rausgekramt. Da ist man allerdings schon etwas älter und lernt Mädchen nicht mehr nur als Klassenkameradinnen kennen. Sein Freund, der Sänger Heinz Rudolf Kunze, der sich hin und wieder mit Christian Wulff über Musik unterhält, beschreibt dessen Geschmack so: „Er hat mit den Beatles und den Rolling

Stones angefangen, bei U2 in den achtziger Jahren nicht aufgehört und kann mit Coldplay nichts mehr anfangen." Dem stimmt Christian Wulff uneingeschränkt zu. Die erste Freundin hat er mit 15, aber die Sache läuft natürlich eher unter dem Motto „Jugend forscht".

Berufswünsche hat der Zehn- oder Vierzehnjährige natürlich auch. Als Sechsjähriger liebäugelt er mit dem Beruf des Busfahrers. Da hat man mit vielen verschiedenen Menschen zu tun und kann so einen großen Bus durch die Stadt kurven. Später tendiert er zum Lehrer. Anderen etwas beizubringen, sie zu motivieren – das macht ihm Spaß. Vermutlich spielen da schon die Erfahrungen des Schulsprechers eine Rolle. Seit er in der 11. Klasse Rechtskunde auf dem Stundenplan stehen hat, weiß er: Anwalt, Staatsanwalt oder Richter soll es sein. Als Ministerpräsident hat Christian Wulff nur noch einen unerfüllten Berufswunsch: für einige Monate als Animateur in einem Robinson-Club tätig zu sein. „Die müssen mit Kindern und Alten umgehen können, immer freundlich sein, Kabarett draufhaben, kochen und musikalisch sein. Das ist eine große Kunst. Es hat sich für mich leider nie ergeben." In Wahrheit schafft es Christian in diesen Jahren nicht einmal in den Urlaub. Die Krankheit der Mutter hindert ihn daran. Nur manchmal fahren sie zusammen in den Harz für ein paar Tage – nicht gerade das, wovon ein 18-jähriger Junge träumt.

Die Schüler Union ist zunächst ein echtes Erfolgsmodell. Sie versammelt die politisch interessierten Jugendlichen, die mit den Spontisprüchen, dem sich sozialrevolutionär gebenden und theorieverliebte Zeitgeist nichts anfangen können. Helmut Kohl, ein junger, aufstrebender Ministerpräsident aus Rheinland-Pfalz, der die Altvorderen seiner altbackenen CDU mit der Forderung nach Reformen in Partei und Gesellschaft schockiert, ist ihr Vorbild. Man trägt Rollkragenpulli statt Krawatte, Bundeswehrparka und wenn nicht die bei vielen Jugendlichen modisch langen Haare, so doch immerhin längere. Christian Wulff legt sich sogar später einige Wochen lang einen Vollbart zu. Alten CDU-Haudegen vom stramm konservativen Flügel der Partei, wie dem damaligen niedersächsischen Landesvorsitzenden Wilfried Haselmann, erscheinen solche Attitüden als Vorstufe der Revolution. Folglich werden die jungen Leute argwöhnisch beobachtet. Auf der anderen Seite, bei den linksorientierten Altersgenossen – und das ist zu dieser Zeit die eindeutige Mehrheit – gelten die Schülerunionisten oft als brave Streber. Als Sonderlinge sehen die sich selbst deswegen allerdings noch lange nicht. „Wir waren Teil einer aufstrebenden Jugendbewegung", sagt Christian Wulff heute. Das mag übertrieben sein, was die gesamtgesellschaftliche Entwicklung angeht, nicht aber mit Blick auf die Karriereaussichten in der Partei. Fast alle der heutigen Ministerpräsidenten der Union und der Altergenossen Wulffs in der Bundes-CDU haben zu dieser Zeit ihre ersten Erfahrungen in der Schüler Union gesammelt. Später treffen sich Roland Koch, Günther Oettinger, Ole von Beust, Matthias Wissmann und wie sie alle heißen in der Jungen Union wieder – und heute bei den Ministerpräsidentenkonferenzen, im Bundesrat oder bei CDU-Präsidiumssitzungen. Nicht immer geht es im politischen Streit freundlich und gesittet zu – einmal, auf einem Kirchentag zum Beispiel, müssen die Jungunionisten mitansehen, wie der JU-Stand von linken Eiferern kurz und klein gehauen wird.

Christian Wulff jedenfalls nutzt sein Engagement in der Schüler Union. Politik hat jetzt Vorrang vor allen Freizeitgestaltungen, wird zur schönsten Nebensache der Welt. Rasch beginnt sein Aufstieg. 1976 wird er zum stellvertretenden Landesvorsitzenden gewählt – just eine Woche, nachdem Ernst Albrecht zum niedersächsischen Ministerpräsidenten gekürt worden war. Zwei Jahre später folgt der nächste Karriereschritt: die Wahl zum Bundesvorsitzenden der Schüler Union. Nun hat er direkten Zugang zu den Parteigrößen auf Landes- und auf Bundesebene. Gerade die älteren Herren sind von dem Jugendlichen angetan. Wulff fällt auf als für sein Alter ungewöhnlich eloquent, als geschickter Debattenredner, der mit seiner Meinung auch gegenüber den Großen nicht hinterm Berg hält. Er argumentiert sachlich, kann vermitteln, äußert sich nur zu Themen, bei denen er etwas beisteuern kann, und drängt sich nicht unangenehm hervor. Und er hat Ahnung von seinen Themen. Naturgemäß äußert er sich in erster Linie zu bildungspolitischen Fragen, die zu dieser Zeit wegen einer geplanten Reform der gymnasialen Oberstufe heiß diskutiert werden. Seine Äußerungen haben Hand und Fuß, seine Meinungen sind wohlbegründet, sagen die, die damals in der CDU was zu sagen haben. Vielen fällt auf: Der junge Mann hat eine ungewöhnliche gedankliche Tiefe. Ernst Albrecht ist durchaus beeindruckt, Werner Remmers, damals Kultusminister unter Albrecht und einer der Stars der Niedersachsen-CDU, erinnert sich: „Christian kam ungewöhnlich gut bei den Leuten an. Er hat mich sofort in hohem Maße begeistert." Der Herr Minister fragt sich, woher dieser Jugendliche seine Redegewandtheit hat und seine Reife. Zumindest diese, so ist er sich bald sicher, rührt aus seiner schwierigen familiären Situation, die ihn früh zwingt, Verantwortung zu übernehmen.

Feuertaufe: Auf dem CDU-Bundesparteitag 1979 in Kiel hält Christian Wulff erstmals eine Rede vor einer breiten Öffentlichkeit.

Auch die Jüngeren beeindruckt Wulff von Anfang an. „Er war ein gescheiter Kerl, für sein Alter sehr reif", erinnert sich der einige Jahre ältere Matthias Wissmann, der spätere Bundesverkehrsminister unter Helmut Kohl. Auch Wissmann glaubt, dass vor allem Wulffs häusliche Situation für diesen Vorsprung gegenüber Gleichaltrigen der Grund ist. Er ist so überzeugt von ihm, dass er ihn 1979 drängt, für den Bundesvorstand der Jungen Union zu kandidieren.

Mit Erfolg: Wulff wird in sein neues Amt gewählt, der nächste Karriereschritt. Er behält es bis 1983. Schon seit 1978 hat er es mit den ganz Großen zu tun, denn als Bundeschef der Schüler Union ist Wulff kooptiertes Mitglied des CDU-Bundesvorstandes. Da sitzt der 18-Jährige nun mit dem Parteivorsitzenden und Bonner Oppositionsführer Helmut Kohl und seinem Generalsekretär Kurt Biedenkopf im Adenauerhaus zusammen. Als 19-jähriger Gymnasiast hält er 1979 seine erste Rede auf einem CDU-Bundesparteitag in Kiel. In seinem neuen Amt fällt er erstmals auch bundesweit auf.

Unter seiner Ägide führt die SU eine Befragung mit dem Titel: „So denken Deutschlands Schüler" durch. Immerhin 60 000 Schüler machen bundesweit mit. Die Präsentation der Ergebnisse bringen ihm erste Interviews in „Bild", „Hamburger Abendblatt" und im Fernsehen ein. Das verschafft ihm Selbstvertrauen, das er schon bald im Umgang mit den Parteigrößen gut gebrauchen kann.

Christian bleibt cool. Im CDU-Bundesvorstand redet er nur, wenn es um seine Themen, also in erster Linie um Bildung, geht. Dann aber so, wie man ihn schon kennt: sachlich, abwägend, kenntnisreich – aber auch selbstbewusst seine Meinung vertretend. Kohl nimmt das wohlwollend hin, der junge Mann ist ja schließlich keine Gefahr – mal sehen, in welche Richtung dieses Pflänzchen wächst. Dass er nicht den großen Max spielt, gefällt dem Chef, den Jungen aus Osnabrück behält er im Auge. Er mag es, wenn die Leute nur zu den Themen sprechen, von denen sie auch Ahnung haben, er will möglichst authentische Gesprächspartner zu dieser Zeit, als er noch nicht das selbstgerechte Denkmal der späten Jahre seiner Kanzlerschaft ist. Aufschauen muss Wulff zu Kohl nicht, denn zu dieser Zeit erreicht er seine Größe von stattlichen 1,87 Metern. Das reicht, um sich mit dem Riesen aus Oggersheim auf Augenhöhe unterhalten zu können. Das mit Abstand jüngste Mitglied des hohen CDU-Gremiums kann aber auch vier oder fünf Sitzungen lang am Stück den Mund halten. Dann saugt er alles auf, was er mitnehmen kann, studiert die Taktik der Großen. Ein unglaublicher Vorteil im Vergleich zu den Konkurrenten daheim im eigenen Lager, die es natürlich auch schon gibt. Er sieht seine Mitgliedschaft in dem hohen Parteigremium als Glücksfall der Geschichte. Hier würde er nach seiner Zeit bei der Schüler Union nie wieder Mitglied sein, ist Wulff sich sicher.

Und schon die erste Sitzung, an der er teilnimmt, im Januar 1979, ist eine Lehrstunde in Sachen große Politik. Wenige Wochen zuvor hat CDU-Generalsekretär Kurt Biedenkopf ein langes Strategiepapier veröffentlich, in dem irgendwo ganz versteckt eine Forderung auftaucht, die es in sich hat: Der General fordert die Trennung der Ämter des Partei- und Fraktionschefs. In der Opposition habe die Partei mit zwei Spitzen eine größere Durchschlagskraft, als wenn sich alles auf eine Person konzentriere, so lautet zusammengefasst sein Argument. Das kann man ohnehin immer so wenden, wie es einem je nach Situation gerade passt. Helmut Kohl jedenfalls erkennt sofort, dass es um seine Teilentmachtung gehen soll. In der Sitzung geht es hoch her, zumal sich auch die Medien naturgemäß für solcherart Parteizwist interessieren. Eins wird dem Schüler Christian Wulff rasch klar: Die Großen kochen auch nur mit Wasser. Sein Respekt vor den gewichtigen Namen bleibt, aber die Erkenntnis, dass im CDU-Bundesvorstand letztlich nicht viel anders diskutiert wird als in jedem Ortsverein, wächst. Ebenso wie die Hochachtung vor Kohl, der ungeschoren aus der Auseinandersetzung hervorgeht.

1980 hat der Politnovize ein ihn schockierendes Erlebnis. Auf einem Jugendfestival in Mainz mit 6000 Teilnehmern herrscht eigentlich eine geradezu bombastische Stimmung. Dabei sind auch CDU-Chef Helmut Kohl und Unions-Kanzlerkandidat Franz Josef Strauß von der Schwesterpartei CSU. Dessen Stimmung ist allerdings ziemlich eingetrübt, denn die CDU hat gerade bei der Landtagswahl in Nordrhein-Westfalen eine herbe Schlappe eingefahren – kein gutes Omen für die Bundestagswahl im Herbst. Noch weniger gefällt es dem bulligen bayerischen Ministerpräsidenten natürlich, dass die Kommentatoren der Ansicht sind, er, Strauß, sei ein Hauptgrund für die Niederlage an Rhein und Ruhr, weil die Wähler jenseits der Weißwurstgrenze eben nicht viel mit dem barocken Landesvater aus dem Süden anfangen könnten. Strauß ist am Boden, Unionsgranden befürchten sogar, dass er die Kanzlerkandidatur hinschmeißen könnte. Da sagt Helmut Kohl auf dem Fest zu Wulff, man treffe sich anschließend noch im Keller der Mainzer Staatskanzlei, um den angeschlagenen Spitzenmann wieder aufzubauen. „Sie müssen mitkommen“, raunzt Kohl Wulff zu. Dass der als 20-jähriger Abiturient den Kanzlerkandidaten der Union moralisch unterstützen soll, ist für ihn ein echter Schock. Doch das Manöver gelingt bei einigen Schoppen Wein. Strauß ist anschließend wieder motiviert und Christian dadurch, dass er in den innersten Zirkel der Macht schnuppern durfte, erst recht. Er ist geradezu euphorisiert und glaubt fest an einen Unionssieg. Ein älterer Parteifreund holt ihn auf den Boden zurück: „Lass dich nicht täuschen.“ Die Wahl im Herbst geht nach einer bis dahin beispiellosen Schlammschlacht beider Seiten für die Union tatsächlich verloren.

Für seine Freunde daheim in Osnabrück ist ihr Mann bei Kohl eine große Sache. Sie fragen begierig danach, wie denn die Großkopfeten so sind, wenn man ihnen Auge in Auge gegenübersitzt. Aber Christian bleibt auf dem Boden, hebt nicht ab, fühlt sich nicht als Star unter den Seinen; daran erinnern sich alle, die zu dieser Zeit viel mit ihm zu tun haben. Werner Remmers: „Er war nicht frech, so wie die jungen Leute manchmal sind. Er gab niemanden einen rüber.“ Deshalb ist er kein Duckmäuschen oder Streber. Selbstbewusst, energisch, sicher im Auftreten sind Attribute, die ihm auch seine Altersgenossen zubilligen, wenn er sich in der Politik bewegt. Aber es gibt zwei Christian Wulffs: den beschriebenen selbstbewussten Jungpolitiker – und den privaten Christian. Der wirkt auf viele eher schüchtern, ruhig, jungenhaft. Von auftrumpfendem Selbstbewusstsein spüren sie nichts. Viele überrascht dieser doppelte Wulff: „Man war erstaunt, wie sicher und klar Christian im Auftreten war, wenn es um Politik ging. Das hatte man ihm nicht zugetraut, wenn man ihn nur privat kannte", sagt Friedbert Pflüger, langjähriger Weggefährte aus Niedersachsen, CDU-Spitzenkandidat bei der Wahl zum Berliner Abgeordnetenhaus im September 2006.

Der junge Mann lässt sich nicht von den Scheinwerfern blenden, die ihn jetzt immerhin schon einmal kurze Zeit ins Visier nehmen. Zugleich will er nicht so richtig ins Schema passen, das Jungsozialisten gerne von ihren christdemokratischen Konkurrenten anfertigen. „Er war nicht der klassische langweilige Funktionärstyp", erinnert sich Matthias Wissmann. Keiner, der mit 18 die Ausstrahlung eines 50-Jährigen hat, keiner, vor dem die Mädchen sofort Reißaus nehmen. Auch nicht von Ehrgeiz zerfressen, wie manch anderer aus seiner Generation. Ein freundlicher Sympathieträger, der gerade deshalb auch manchmal unterschätzt wird. Aber das bleibt ja lange Christian Wulffs Schicksal – oder seine Chance.

Schüler ist Christian Wulff im doppelten Sinne: auf dem Ernst-Moritz-Arndt-Gymnasium und in der Politik. Dort nimmt er seine Lektionen mit, er lernt rasch, dass es gut sein kann, zur richtigen Zeit zu schweigen, aber dass es durchaus auch von Vorteil sein kann, den Mund mal aufzumachen – auch gegen die Parteioberen. Auf einem Landesparteitag der Niedersachsen-CDU Ende der siebziger Jahre legt der Chef der Schüler Union sich sogar mit Ernst Albrecht an. Es geht um ein Verbot des Kommunistischen Bundes Westdeutschlands, das vor allem die Alten in der Union fordern. Der Ministerpräsident erntet für sein Verbotsplädoyer von Wulff offenen Widerspruch. Man müsse sich mit den Kommunisten politisch und inhaltlich auseinandersetzen, ein Verbot bringe nichts. Eine gute und mutige Rede, wie sich Zeugen erinnern, für die er viel Applaus bekommt; schon ist der noch Unbekannte für einen Tag in aller Munde. Auf einem anderen Landesparteitag fordert Wulff, die Vorhänge des Veranstaltungssaales zuzuziehen. Denn das Schauspiel, das die Union biete, sei so jämmerlich, dass kein Interessent jüngeren Alters noch in die Partei eintreten würde, wenn er den Parteitag nur mal kurz durchs Fenster verfolgt habe. Da geht es ihm darum, Verkrustungen in der CDU zu lösen. Man müsse aufhören, alles so weiterzumachen wie bisher, nur weil man es schon immer so gemacht habe. Die Alten und Etablierten im Saal sind nicht amüsiert über solche Worte, doch Wulff hat wieder so eine Säule seiner politischen Grundüberzeugungen in ganz jungen Jahren errichtet. Auch eine Rede auf einem Kreisparteitag kommt nicht überall gut an. Da erzählt Wulff den Delegierten, dass er es eigentlich gar nicht schlimm fände, dass unter den CDU-Bundestagsabgeordneten so viele Flaschen seien – wenn man nur Pfand dafür bekäme. Am nächsten Tag steht das in der „Neuen Osnabrücker Zeitung“ (NOZ). Die wird auch in Bonn gelesen, und schon um sieben Uhr am nächsten Morgen ereilt Wulff ein böser Anruf des CDU-Bundestagsabgeordneten Reinhard von Schorlemmer. Auch Hermann Kues, Bundestagsabgeordneter der CDU aus Lingen und seit Bildung der großen Koalition in Berlin Staatssekretär im Familienministerium, fällt der junge Mann durch eine Rede auf einem Parteitag des CDU-Bezirksverbandes Osnabrück-Emsland auf. Der ärgert sich aber nicht, ganz im Gegenteil. „Donnerwetter“, denkt Kues sofort, „aus dem kann mal was werden!“ Er ist ja auch nur wenige Jahre älter und stimmt in vielem mit Wulff überein.

Christian Wulff hat Feuer gefangen. Klar, dass es nach dem Ausscheiden aus der Schüler-Union in der Jungen Union nahtlos weitergeht. Hier lernt der Nachwuchs vor allem eins: wie er sich gegen die Konkurrenz in den eigenen Reihen durchsetzen kann, wie er wann und wo am geschicktesten die Ellbogen einsetzt, wie man sich Netzwerke heranzieht, Mehrheiten sichert. Die Schlachten, die in den Jugendorganisationen aller Parteien geschlagen werden, übertreffen manchmal die der Alten bei weitem. Die JU ist vorwiegend das Trainingslager für die Zeit, wenn es einmal wirklich wichtig wird. Hier werden Methoden erprobt, Qualitäten und Fähigkeiten erworben, aber auch Netzwerke geknüpft, die einen Politiker überhaupt erst zum Politiker machen. Wer diese harte und spannende Zeit nicht durchmacht, dem fehlt später etwas. Viele eigentlich hoffnungsfrohe Talente lassen in dieser Zeit aber auch wieder von der Politik ab, weil sie erschreckt sind über die Unerbittlichkeit der Auseinandersetzungen, aber auch keine Lust auf den Knochenjob Politik mit endlosen Abendsitzungen und Wochenendterminen haben. Oder eben doch lieber einen ordentlichen Beruf ergreifen.

Christian Wulff setzt sich durch. Wegen seiner Trainingseinheiten im CDU-Vorstand hat er einen Vorteil, aber er hat eben auch das nötige Talent. Er hat auch verdiente Parteifreunde, die ihn auf dem Radarschirm haben, allen voran Helmut Kohl, aber auch Werner Remmers, der in dieser Zeit zu einer Art väterlichem Freund wird. Der Mann aus Lingen an der Ems, nahe der holländischen Grenze, versammelt regelmäßig seine Gefolgschaft im Ludwig-Windthorst-Haus, einer Bildungseinrichtung mit Einfluss in der niedersächsischen CDU, in der die katholische Soziallehre hochgehalten wird. Auch Christian Wulff kommt oft, gehört rasch zu einem Kreis jüngerer Leute, die Remmers um sich sammelt. Der tiefsinnige Christdemokrat, der diese Eigenschaft im politischen Alltag durchaus hinter seiner oft raubeinigen und jovialen Rhetorik versteckt, kümmert sich mit Spaß und Engagement um den Nachwuchs und übt in dieser Zeit einen großen Einfuss auf Christian aus – nicht nur politisch, sondern wohl sogar stärker menschlich. In langen Spaziergängen an Wochenenden, wenn der Junge ins Windthorst-Haus kommt, reden die beiden im wahrsten Sinne des Wortes über Gott und die Welt. Gerade in religiösen Fragen ist Wulff stark interessiert, löchert den Minister beinahe mit seinen Fragen, die dieser sich bemüht zu beantworten. Auch für die katholische Soziallehre, also die Verknüpfung von Politik und Religion, zeigt Wulff großes Interesse. Der Ältere ist erstaunt über die Tiefsinnigkeit des jungen Mannes, schließt ihn in sein Herz. Wieder einmal hat Christian eine Art Vaterersatz gefunden, wie die ganze Politik ein Ersatz für die nicht funktionierende Familie ist. Das ändert sich erst wieder, als er seine spätere Frau Christiane kennen lernt. Doch da ist es schon zu spät, da ist er schon so stark vom Bazillus Politik befallen, dass er nicht mehr von ihr lassen kann.

Natürlich unterstützt Remmers den Nachwuchsmann auch bei dessen Voranschreiten in der Politik. „Meinen Zögling würde ich Christian nicht nennen, das wäre zuviel", sagt Werner Remmers. Das ist zuviel der Bescheidenheit, findet Wulff: „Er ist einer meiner wichtigsten Förderer." Im Frühjahr 2005 dankt er Remmers in einem Brief ausdrücklich für das, was er von ihm gelernt habe und übernehmen konnte. Wulff hegt noch als Ministerpräsident eine große Bewunderung für Remmers, der nach einem Schlaganfall gelähmt, aber geistig voll auf der Höhe der Zeit, im Rollstuhl sitzt und von seiner Frau versorgt wird. Noch immer versammelt er in seinem Haus in Holthausen bei Lingen Jugendliche um sich, um sie zu beraten und ihnen zu helfen. Und sei es, dass er ihnen über seine vielfältigen Kontakte einen Praktikumsplatz besorgt. Wulff pflegt regelmäßig Kontakt zu ihm, und auch Helmut Kohl hat schon mehrfach am Remmerschen Kaffeetisch gesessen.

Eine Lehre aus seiner Zeit in der Schüler Union beherzigt Wulff auch in der Jungen Union. Eine dosierte Aufmüpfigkeit gegen die Etablierten kann immer sinnvoll sein, wenn sie maßvoll bleibt und mit Sachthemen verbunden ist. Immer mal wieder gibt er den Parteioberen auf Kreis- oder Landesparteitagen Contra. 1984, mit 25 Jahren, hat er sich mit seiner Kritik bis an die Spitze der Bundespartei vorgearbeitet. Die Parteiführung um Kohl, damals schon Bundeskanzler, und Wolfgang Schäuble will auf dem Stuttgarter Bundesparteitag 1984 im Nachklapp zur Flick-Affäre eine Amnestie für die Steuersünder beschließen lassen. Kohl will damit dem Koalitionspartner FDP helfen, denn von der Amnestie würden in erster Linie die Liberalen Otto Graf Lambsdorff und Hans Friderichs profitieren. Mutig tritt der unbekannte Delegierte Christian Wulff vor das Mikrofon und kritisiert den Plan mit einer „prägnanten Rede", wie sich Friedbert Pflüger heute erinnert. Zu Fall bringt zwar schließlich der Protest aus den Reihen der FDP selbst das Vorhaben. Doch Wulff sorgt mit seinem Auftritt dafür, dass auch die Vorbehalte in der Union deutlich wachsen. Der ganze Vorgang, so schreibt der Politikwissenschaftler Gerd Langguth, könne als erste große Niederlage Schäubles gesehen werden. In einer offiziellen politischen Vita Wulffs wird die Sache als dessen „politische Feuertaufe" bezeichnet. Jedenfalls schadet sie ihm nicht, er ist ein bisschen bekannter als zuvor, und bei Schäuble bleibt kein nachhaltiger Groll zurück.

Wulff gehört nicht zu den rechtskonservativen Eiferern der JU, die sich unter anderem aus Burschenschaftlern zusammensetzen. Wulff ist in erster Linie liberal, Themen wie die Innere Sicherheit, in denen er später durchaus stramme Ansichten vertritt, liegen ihm in diesen jungen Jahren noch fern. Ja, es gibt Leute, die verorten ihn auf dem linken Parteiflügel, was schon durch seine Anbindung an das Ludwig-Windthorst-Haus und die katholische Soziallehre nahe liegt.

Auch in der Jungen Union geht es flott voran und das Jungtalent findet alsbald in der Praxis Anwendung für das Erlernte. 1979 stellt Christian Wulff als Bundesvorsitzender der SchülerUnion deren Arbeit im Bundesvorstand der JU anlässlich einer Sitzung in Stuttgart vor. Matthias Wissmann, damals Bundeschef der JU, kommt auf die Idee, dass Christian auf dem bevorstehenden Deutschlandtag der JU für den Bundesvorstand kandidieren könnte. Der ist begeistert – und bringt damit das ganze regional austarierte Feld der Kandidaten durcheinander. Bernd Reinert, der Kandidat der Hamburger, fällt auf dem Deutschlandtag in Hannover durch. Dem unterlegenen Reinert hat die Niederlage letztlich nicht geschadet – er ist heute Staatsrat in der Hamburger Behörde für Wissenschaft und Forschung. Erinnern kann er sich an diese frühe Episode nicht.

Zwei Jahre später macht Wissmann einen weiteren Vorstoß. Alle zwei Jahre beansprucht die JU zur damaligen Zeit zwei Sitze im CDU-Bundesvorstand. Der zweite Aspirant ist in der Regel nur ein Zählkandidat. Für den Bundesparteitag in Mannheim 1982 schlägt Wissmann im JU-Bundesvorstand das jüngste Mitglied aus diesem Kreis vor: Christian Wulff. Der kandidiert und fällt mit seinen 22 Jahren durch. Er kommt auf 371 Stimmen – 20 mehr wären notwendig gewesen. Aber Wulff kann dieses Ergebnis als Achtungserfolg verbuchen. Das Wahlergebnis überbringt ihm der rheinland-pfälzische Ministerpräsident Bernhard Vogel. Er tröstet ihn mit dem Satz, dass auch er selbst in jungen Jahren einmal nicht gewählt worden sei. Und an ihm könne man doch schließlich sehen, dass das nicht geschadet hätte.

3. Herantasten

Seit dem Wintersemester 1980 studiert Wulff mit einem Stipendium der Konrad-Adenauer-Stiftung Jura an der Uni Osnabrück, nachdem er vom Dienst an der Waffe wegen seiner kranken Mutter freigestellt wurde. In eine andere Stadt hätte er nicht wechseln können, auch seine ältere Schwester Elisabeth studiert in Osnabrück. Denn die Mutter braucht Hilfe, sie kann er nicht allein lassen. Aber der angehende Jurastudent hat Glück: Just zu seinem ersten Semester wird das Fach an der Uni Osnabrück eingeführt.

Wulff bleibt nicht nur zwangsläufig zum Studium in seiner Heimatstadt. Er wird sie auch nicht für ein oder zwei Auslandssemester verlassen, wie Freunde und Kommilitonen. Dass er auf eine solche Chance verzichtet, imponiert Ernst Albrecht ganz besonders. Für den Ministerpräsidenten zeigt sich darin eine, wie er sich ausdrückt, sittliche Reife, die Wulffs Altersgenossen noch häufig abgeht. Aber mit Osnabrück ist der tatsächlich stark verwurzelt. Sooft er kann, setzt sich auch der Ministerpräsident noch abends nach getaner Arbeit auf den Rücksitz seiner Dienstlimousine und lässt sich von seinem Fahrer die rund 130 Kilometer von Hannover nach Hause fahren.

Osnabrück, mit 164 000 Einwohnern die drittgrößte Stadt Niedersachsens, blickt auf eine 1200-jährige Geschichte zurück. Karl der Große gründete hier 780 ein Bistum. Berühmt durch den Westfälischen Frieden, der im 1512 errichteten Rathaus ausgehandelt wurde, wurde die Innenstadt der einstigen Hansestadt im Zweiten Weltkrieg zu 55 Prozent zerstört. Noch heute ist man in der Stadt stolz auf die anschließende Aufbauleistung, trotzdem sind die Wunden des Krieges auch heute noch nicht zu übersehen. Mit seiner Heimatstadt ist er so verwachsen wie man es eben ist, wenn man 46 Jahre in ihr gelebt und zudem noch Kommunalpolitik gemacht hat. Für Osnabrück macht Wulff auch in der Fremde in seinen Reden gerne Werbung. Zum Beispiel für den Zoo, in den er gerne mit Tochter Annalena geht, auch, wenn er manchmal dafür freundliches Gelächter seiner Zuhörer erntet. Wie in Berlin, der Stadt mit der größten Tiersammlung weltweit.

Kaum an der Uni, wird er zum Fachschaftssprecher gewählt. Ein Konkurrent ist Jungsozialist, der nach 15 Semestern Studium der Ingenieurswissenschaften nun den neu gegründeten Fachbereich für seine Partei erschließen soll. Ein typischer Fall von sozialdemokratischer Bildungsmisere, findet Wulff. Immerhin brachte der Jungsozialist es als Zweitsemester 1974 zum Vizepräsidenten der Uni, was in Zeiten der sogenannten Gruppenuniversität unter den Vorstellungen von Peter von Oertzen, in der Studenten gleiche Mitspracherechte haben wie Professoren, möglich ist. Leider ist er damit auch völlig überfordert, das Studium an sich kommt zu kurz, der junge Mann betrachtet sich eher als mit einem politischen Auftrag ausgestattet denn als ernsthafter Student. Als Oppositionsführer und dann als Ministerpräsident trifft Wulff ihn häufig auf dem Osnabrücker Bahnhof wieder – als seinen Taxifahrer. Die Stimmung ist nur beim ersten Mal ein wenig beklemmend. Böse Worte kommen Christian Wulff aber nicht über die Lippen: „Ein netter Kerl ist das", findet er. Zwischenzeitlich setzen sich beide sogar gemeinsam für eine bessere Einhaltung der Regeln im Taxigewerbe ein. Dennoch betrachtet Wulff den Weg des einstigen Vizepräsidenten der Reformuniversität Osnabrück zum Taxifahrer auch unter volkswirtschaftlichen Gesichtspunkten der Bildungsinvestitionen als suboptimal.

Der junge Fachbereich hat es am Anfang an der Osnabrücker Universität nicht einfach. Nach einem kurzfristigen Beschluss der Landesregierung ziemlich aus dem Boden gestampft, fehlt es am Anfang an allem: an Professoren, Mitteln, Räumen, Büchern. Zudem wird er aus zwei Gründen von den anderen Fachbereichen angefeindet. Erstens befürchten sie, dass die Neugründung – auch die Wirtschaftswissenschaften werden zum Wintersemester 1980/81 neu eingeführt – die knappen Mittel für die selbst ja erst 1974 gegründete Universität, die noch um ihren Platz neben den renommierten Hochschulen wie Göttingen und Hannover kämpft, abziehen könnte. Zweitens befürchten viele Professoren der anderen Fachbereiche, dass die als konservativ verrufenen Juristen und Wirtschaftswissenschaftler den Anspruch der aus einer Pädagogischen Hochschule hervorgegangenen Universität, an der die Lehramtsausbildung noch ein starkes Übergewicht hat, als Reformuniversität verwässern könnte. Das Umfeld, in das Wulff kommt, ist also betont links – und zwar unter Studenten wie unter Professoren. Der feierlichen Eröffnung der Fakultät bleiben mehrere Dekane und Mitglieder des Senats der Universität fern – ein echter Affront. Zudem muss die Veranstaltung in die Stadthalle verlegt werden, weil die Universitätsleitung Demonstrationen befürchtet. Diese Aufbau- und Außenseitersituation schweißt jedoch den Mini-Fachbereich und die anfangs lediglich vier Professoren zusammen, erinnert sich der Strafrechtsprofessor Hans Achenbach, der von Anfang an dabei war, bald erster Dekan wird und im Sommer 2005 ausscheidet. „Es war eine bestimmte Situation, es war auch jedem klar." Jeder kennt jeden, alles ist sehr intim und am Fachbereich gibt es nur junge Leute – 19- bis 20-jährige Erstsemester und jüngere Professoren.

Wie schon auf der Schule mit den Lehrern, hat der Student mit christdemokratischem Hintergrund, der auch dem Ring Christlich-Demokratischer Studenten (RCDS) angehört, es auch an der Hochschule bei den Professoren vorwiegend mit Sozialdemokraten zu tun. Ein Kollege Achenbachs sucht sich Wulff als wissenschaftliche Hilfskraft aus. Wulff erzählt aber von seinen Aktivitäten in der Jungen Union. Da lehnt der Herr Professor dankend ab. Immerhin kann Wulff ihm einen Kommilitonen empfehlen. Wulffs politisches Engagement ist natürlich am Fachbereich bald bekannt. Obwohl er sich von dem Amt des Fachschaftssprechers schon bald wieder zurückzieht, erinnert sich Achenbach an etwas ganz genau: „Die Mitarbeiter am Fachbereich waren sich damals alle einige, dass Christian Wulff eines Tages einmal Bundeskanzler wird."

Wulff legt sich fest auf Rechtswissenschaft mit wirtschaftswissenschaftlichem Schwerpunkt. Am Ende des Studiums verzichtet er auf die übliche Teilnahme an einem Repetitorium, in dem für viel Geld der ganze Lernstoff noch einmal aufgefrischt wird. Lieber paukt er mit Kommilitonen in einer Arbeitsgemeinschaft fürs Examen – und besteht am Ende mit Prädikat. Jura würde er wieder studieren, wird er viel später sagen – das Studium hat Spaß gemacht, es war die richtige Wahl.

Natürlich ist die Studentenzeit nicht nur eine Zeit des Paukens, nicht mal bei einem lernintensiven Studium wie dem der Rechtswissenschaften mit den ständigen Klausuren und Hausarbeiten, und auch nicht für einen Studenten, der sein Studium ernst nimmt. Partys werden gefeiert, und nach dem Umzug seiner Mutter ins Pflegeheim kann Christian jetzt auch die Nächte durchmachen, wenn er denn will. In seinem Freundeskreis erfreut er sich großer Beliebtheit, weil er praktisch nie Alkohol trinkt und zugleich Besitzer eines VW Golf ist. So ist immer klar, wer dafür zuständig ist, die anderen heil wieder zu Hause abzuliefern. Squashen mit Freunden ist angesagt, gemeinsames Kochen, manchmal geht man zu den Basketballspielen der Giants oder zu den Fußballspielen des VfL Osnabrück, einem Verein, in dem Wulff noch heute Mitglied ist. Ebenso wie beim SV Meppen und bei Hannover 96. Auch an das andere Geschlecht tastet Christian sich langsam heran. Er sei nicht gerade ein Frauenheld gewesen, erinnert sich ein guter Freund – „aber Kontakte hat es schon gegeben“. Bis zum Umzug der Mutter ins Pflegeheim und seinem eigenen in die erste Studentenbude 1982 gibt es ja auch ein schwerwiegendes logistisches Problem, denn bei ihm zu Hause kann wegen der kranken Mutter kein Mädchen übernachten und er selbst kann auch kaum einmal über Nacht wegbleiben. Einmal gibt es dennoch sogar eine längere Beziehung, doch die Sache endet nicht ganz glücklich.

Eines Abends im dritten Studienjahr 1983 zahlen sich Wulffs Abstinenz und sein taktisches Gespür aus. Matthias Kues, der Freund, den Wulff über die Junge Union kennengelernt hat, Christian und ein paar Freunde gehen zu einer Party. Dort trifft Christian dieses Mädchen mit Namen Christiane aus dem ersten Semester wieder, das er ein paar Tage zuvor kennen gelernt hat. Geschickt arrangiert er, dass er die zwei Jahre jüngere Kommilitonin mit einigen Freunden in sein Auto stopft und nach Hause fahren kann. Die anderen wundern sich zwar über die Umwege, die er fährt, doch keiner traut sich, etwas zu sagen. Wer am Steuer sitzt, ist schließlich der Chef. Eigentlich wäre Christiane als erste dran gewesen, doch irgendwie bringt er die anderen vor ihr nach Hause, so dass die beiden am Ende allein im Auto sitzen und Christian sie zu ihrer Wohnung fährt – damit er sie ungestört fragen kann, ob beide mal zusammen essen gehen wollen. „Christian hat Christiane regelrecht akquiriert wie einen Nachwuchspolitiker für ein Amt“, erinnert sich einer seiner damaligen Freunde. Die Art und Weise seines Vorgehens habe zu ihm gepasst und sei vergleichbar mit seinem Politikstil: ein Ziel erfassen, dann warten, bis sich die günstige Gelegenheit ergibt und dann blitzschnell zupacken.

Die Gelegenheit ergibt sich diesmal sehr schnell. Dabei verläuft das erste Aufeinandertreffen wenige Tage zuvor nicht einmal so positiv, zumindest auf den ersten Blick. Christian gibt den Erstsemestern am Fachbereich eine kleine erste Einführung in das Universitätsleben. In der Gruppe sitzt auch Christiane, die von Bremen nach Osnabrück gezogen ist, um hier ihr Jurastudium aufzunehmen. Der selbstbewussten jungen Dame gefällt eines an diesem selbstgerechten, zwei Jahre älteren Kommilitonen überhaupt nicht: Er gibt den Neuen Tipps, zu welchen Professoren man gehe solle und zu welchen nicht. Als er von einem bestimmten ganz besonders abrät, beschwert sie sich. Sie hat gehofft, dass es mit der Bevormundung aus Schulzeiten an der Uni vorbei sei – und da erdreistet sich ausgerechnet ein nur unwesentlich älterer Student, damit gleich fortzufahren. Sie fühlt sich beeinflusst, ist genervt. Und das sagt sie dem jungen Mann auch ins Gesicht.

Der seinerseits ist beeindruckt von so viel Entschiedenheit, Eigenständigkeit und Selbstbewusstsein – und nimmt die junge Frau, die ihm auch vom Augenschein her durchaus zusagt, gleich einmal genauer ins Visier. Bei der anschließenden kleinen Tour für die Neulinge zu den verschiedenen Uni-Gebäuden in Osnabrücks Innenstadt ist man zufällig immer wieder nah beisammen und geht dann gemeinsam einen Kaffee trinken. Dumm nur, dass da noch ein Nebenbuhler anwesend ist, der – noch dümmer – auch gleich zum Besten gibt, dass Christian schon seit Jahren politisch aktiv ist, und zwar in der Jungen Union. „Das hätte ich erst nach ein paar Wochen von selbst erzählt", sagt Christian Wulff. Doch nun ist es raus und es steht zu befürchten, dass Christiane damit nicht so sehr viel anfangen kann. Denn sie kommt aus einem traditionellen Bremer sozialdemokratischen Haus und hat mit diesen Jungunionisten mit braunen Lambswool-Pullovern und Stoffhosen eigentlich nicht so viel am Hut. „Das war die Popperliga, die mit den Aktenköfferchen", erinnert sie sich. „Wir andere hatten da schon zu Schulzeiten Berührungsängste."

Doch so einer ist dieser Christian ja nicht. Die Chemie stimmt zwischen beiden sofort. Nach der Party wenige Tage später treffen sie sich also zum Essen in einem Restaurant, diesmal ohne Nebenbuhler. Da passiert Christian ein dummes Missgeschick. Weil er seine Mutter noch versorgen muss, kommt er 25 Minuten zu spät zum Treffen. Er hat aber Glück – Christiane will gerade aufbrechen, als er endlich eintrifft. Es wird ein netter Abend, man kommt sich näher, geht anschließend noch ein Bier trinken. Später fährt Christian Christiane nach Hause. Am nächsten Morgen sind beide ein Paar. Heute sagt Christian Wulff: „Die ganze Sache ging am Anfang ganz eindeutig von mir aus." Christiane widerspricht ihm nicht.

Sie muss aber aufgrund der besonderen Situation Christians eine rasche Entscheidung darüber treffen, ob die Sache für sie etwas Dauerhaftes mit Zukunft ist, oder mehr ein kurzer Zeitvertreib. Erst versucht Christian die Krankheit seiner Mutter möglichst unerwähnt zu lassen, doch das geht natürlich nicht lange gut. Der Kontakt zwischen den beiden Frauen funktioniert von Anfang an. „Wenn man mit einem Menschen in Christians damaliger Situation zusammen ist, lebt man das mit. Deshalb muss man sich der Sache sehr sicher sein." Christiane ist sich sehr rasch sicher. Von Anfang an krempelt sie die Ärmel hoch und hilft im Wulffschen Haushalt mit. Sie ist praktisch veranlagt, kommt aus einem Haushalt, in der jeder mit dem Bohrer umzugehen weiß. „Wir sind in vielen Dingen sehr unterschiedlich", sagt sie mit Blick auf ihren Mann diplomatisch. Sie kann kochen, was Christian besonders imponiert. Eines Tages lernt er, dass Spinat nicht aus der Tiefkühltruhe kommt, als Christiane mit drei großen Tüten voll des Grünzeugs nach Hause kommt. Bislang kannten Christian und seine Schwestern in erster Linie Fertiggerichte. Als Christiane erstmals in der gemeinsamen Zeit einen Kuchen für einen Geburtstag backen will, wird er schon drei Tage vorher nervös und fragt, warum sie denn immer noch nicht anfange damit. Sie misst solchen Dingen auch viel größere Bedeutung zu als er. Noch als Ministerpräsident bekommt er von ihr beigebracht, die schönen Fünf-Gänge-Menüs, die dem Landesvater kredenzt werden, nicht nur zu genießen, sondern bewusst zu genießen. Wenn er dann nach Hause kommt, will sie wissen, was auf dem Teller war – und Christian muss lernen, sich das zu merken.

Für Christian ist Christiane genau das, was er braucht: Praktisch veranlagt, eigenständig, mit einem eigenen Willen ausgestattet, hilfsbereit; eine, mit der man Pferde stehlen kann. Auch in ihrer Familie wird er gut aufgenommen. Ihr Vater, ein Stahlwerker aus Georgsmarienhütte bei Osnabrück, der zum Aufbau eines neuen Werks nach Bremen zog, warnt zwar: „Du, der ist in der Jungen Union, der könnte eine Macke haben." Aber ganz ernst gemeint ist das nicht. Später taucht der überzeugte Sozialdemokrat sogar in einer Landtagsrede des CDU-Fraktionsvorsitzenden als „Berater" auf.

Die beiden sind von nun an ein Paar. Ihr Bekanntenkreis überschneidet sich zum Teil, zum anderen Teil ist er auch sehr getrennt. An der Uni laufen sie sich nicht allzu häufig über den Weg. Christian ist ja ein paar Semester höher, und außerdem studiert er Jura mit Schwerpunkt Wirtschaftsrecht und sie mit Schwerpunkt Europarecht. Einmal gehen beide zusammen in eine private kleine Arbeitsgemeinschaft zum gemeinsamen Lernen. Doch das klappt nur bedingt. Christiane kann ausgerechnet bei ihrem Freund durchaus aufbrausend werden, wenn etwas nicht so läuft, wie sie sich das so vorstellt.

Nach einiger Zeit ziehen beide schließlich in einer Wohnung in der Liebigstraße zusammen und dokumentieren so die Dauerhaftigkeit ihrer

Beziehung. Christians Mutter ist ins Heim gekommen, weil sie das Haus verlassen muss, das nach der Scheidung aufgegeben wird, und eine pflegerische Versorgung in einem Privathaushalt aus Krankheitsgründen unmöglich ist.

Die Politik läuft natürlich neben dem Studium weiter, ja, Wulffs Karriere macht Fortschritte. Nach seinem Ausscheiden aus dem Bundesvorstand der JU wird er deren niedersächsischer Landesvorsitzender. Das Ergebnis bei der Wahl Anfang 1983: 203 von 260 Delegierten stimmen für ihn – ist nicht berauschend angesichts der Tatsache, dass es keinen Gegenkandidaten gibt. Anfang 1985 tritt er vorzeitig von seinem Amt zurück, weil er sich stärker aufs Studium konzentrieren will. Bereits ein Jahr zuvor wird er mit dem zweitbesten Ergebnis alles Kandidaten auf dem CDU-Landesparteitag in Cuxhaven in den Landesvorstand gewählt. Seitdem gehört er diesem Gremium ununterbrochen an.

Rasch fällt er durch seine Kritik an der Bundespartei und seine ständigen Ermahnungen zu mehr Reformbereitschaft auf. Bei seinem Rücktritt als JU-Landeschef äußert er das auch öffentlich. Er mahnt die CDU, sich schon jetzt der Probleme der Zukunft anzunehmen, damit die Partei nicht wieder wie in der Nachrüstungsdebatte oder bei der heftig umstrittenen Volkszählung 1985 überrascht werde. Auch wenn er nicht mit allem einverstanden ist, ist Albrecht zufrieden mit dem Nachwuchstalent. Er akzeptiert, dass Wulff immer wieder eigene Meinungen hat und damit auch nicht hinter dem Berg hält. Freundlich verpackt zwar, aber oft genug auch deutlich. Albrecht ist von Wulffs hoher Intelligenz überzeugt. Ihm fällt auf, dass der junge Mann sich schon bald besser in jede Thematik einarbeiten kann, als manch alteingesessenes Vorstandsmitglied. Wilfried Hasselmann, der Parteivorsitzende, hält sich mit Lob eher zurück. Wulff ist Katholik und mit denen hat der überzeugte Protestant grundsätzlich Probleme. Wie dem auch sei, im Februar 1984 weiß die „Hannoversche Allgemeine Zeitung“ (HAZ) zu berichten, dem Nachwuchspolitiker Christian Wulff würden große Zukunftschancen in der Landespartei gegeben.

Doch der entdeckt in dieser Zeit den Reiz des Kleinteiligen, die konkrete Politik direkt vor Ort. Ein Faible, das er auch als Ministerpräsident nicht verloren hat, manchmal zum Leidwesen seiner Berater. Ihn reizt es, Politik zu machen und die handfesten Ergebnisse – eine neue Straße, einen sanierten Spielplatz – vor Augen zu haben. So beginnt er, sich in der Osnabrücker Kommunalpolitik zu engagieren. Schon 1981 will die CDU den 22-Jährigen für eine Kandidatur für den Stadtrat gewinnen, doch er lehnt aus Zeitmangel ab. Das Studium hat Priorität. Aber in diesem Jahr wird er immerhin zum stellvertretenden Ortsbürgermeister von Atter gewählt. Doch muss er das Amt abgeben, als er eineinhalb Jahre später fortzieht.

1986 kandidiert er dann aber für den Osnabrücker Stadtrat und wird gewählt. Er wird Mitglied in den Ausschüssen für Kultur, Schule und Umwelt. Vor allem das Umweltthema interessiert ihn wie alle jungen Leute nach der Reaktorkatastrophe von Tschernobyl. Er kniet sich voll hinein, wird auch Vorsitzender des entsprechenden Ausschusses. Zu seiner Zeit wird das Umweltticket in Osnabrück durchgesetzt und einiges andere. Schon nach einem Jahr wird der 28-Jährige zum stellvertretenden CDU-Fraktionsvorsitzenden gewählt. Faktisch leitet er die Fraktion, weil der eigentliche Chef schwer krank ist. Seine wichtigste Erfahrung macht er in der Finanzpolitik. Die CDU verfügt lediglich über eine Ein-Stimmen-Mehrheit – und ein Mitglied weigert sich partout, jedwedem Haushalt mit neuen Schulden zuzustimmen. Daher drückt man die Neuverschuldung zunächst jedes Jahr auf zehn Millionen Mark und bemüht sich zugleich, im Haushaltsvollzug auf Null zu kommen. Das gelingt tatsächlich zehn Jahre, von 1981 bis 1991, in Folge. „In diesen zehn Jahren haben wir keine einzige Mark neue Schulden gemacht. Es war eine sehr wichtige Erfahrung, dass das geht“, so Wulff.

1989 wird der Jungpolitiker auch ganz offiziell zum Fraktionsvorsitzenden gewählt. Das erste Mal, mit 30 Jahren, zieht er an ein, zwei, ja drei Politikergenerationen vorbei. Ingo Dauer, der heutige Geschäftsführer der Osnabrücker CDU, erinnert sich: „Er hat sich nicht nach dem Amt gedrängt, aber es gab einfach keinen Besseren.“ Dauer sieht hier einen roten Faden in Christian Wulffs politischer Karriere bis zur Kanzlerkandidatendiskussion im Frühjahr 2005. Probleme mit älteren Platzhirschen habe es nicht gegeben. Man habe in der 24-köpfigen Fraktion den jungen Mann allseits als neuen Chef akzeptiert. Aber Wulff will den Job auch haben, strebt ihn zielgerichtet an. Bei der Kommunalwahl im Oktober 1991 ist Wulff in seiner Heimatstadt schon mit einer gewissen Berühmtheit ausgestattet. Sein Motto lautet: „Wählerisch sein, wenn's um die Zukunft geht.“ Er sei „offen für neue Politik“, wirbt der Kandidat für sich und stellt die Themen Umweltschutz, Abfallbeseitigung und Ausbau des öffentlichen Nahverkehrsbereichs in den Mittelpunkt seiner Kampagne.

Seine kleine Machtbasis in der Partei baut Wulff sich mit Hilfe von Werner Remmers aus. Der schlägt ihn als seinen Nachfolger als Vorsitzender des Bezirksverbandes Osnabrück-Emsland vor. Remmers ist felsenfest davon überzeugt, dass aus Christian Wulff ein ganz Großer werden kann. Mit dem Amt des Bezirksvorsitzenden will er ihm den Weg ebnen und eine Basis schaffen. Denn der Bezirksverband ist groß und gewichtig, übt einen großen Einfluss im Landesverband aus. Bei der Abwahl der CDU-geführten Landesregierung 1990 stellte dieser Bezirksverband allein fünf Landesminister. Wer ihn hinter sich hat, ist schon einmal gut aufgestellt. „Es war eine sanfte Vorentscheidung für die Spitzenkandidatur 1994", sagt er viel später. Die Aktion geht glatt über die Bühne, Wulff wird weitgehend problemlos gewählt und akzeptiert. Nach der Wahl schenkt Remmers ihm ein paar emsländische Holzschuhe. „Die kannst du gut gebrauchen, die bringen dir eine große Standfestigkeit; damit kann man auch auf wackeligem Boden gut gehen." Und er hat auch noch einen Tipp für seinen jungen Nachfolger auf Lager: „Die sind auch gut als Waffe. Wenn dich mal einer tritt, ziehst du einen Schuh aus und gibst ihm einen auf die Lippe damit."

Doch bevor Christian Wulff sich in der Politik verbal prügelt, will er erstmal in einem ordentlichen Beruf arbeiten. Daher erklärt er seine Bereitschaft Werner Remmers gegenüber erst nach dem Berufseinstieg als Rechtsanwalt. Es ist ihm wichtig, von der Politik geistig und vor allem finanziell unabhängig zu bleiben. Zwar denkt er zu dieser Zeit erstmals, Politik zu seiner Hauptbetätigung zu machen, aber zunächst entscheidet er sich für den Anwaltsberuf. 1990 tritt er in die Kanzlei Dr. Schmitz, Dr. Funk, Prof. Dr. Tenfelde und Partner ein, die größte und renommierteste am Platz. Das Geschäft läuft gut, in einer großen Kanzlei bekommt auch ein junger Anfänger seine Fälle. Allerdings sind es oft die weniger interessanten, die seine Kollegen nicht so gerne übernehmen, auch Querulanten und Psychopathen, wie sie wohl viele Anwaltskanzleien kennen, sind dabei – und Wulff darf sich um sie kümmern. Aber er fühlt sich gut aufgenommen, die Arbeit formt ihn.

4. Der Komet aus dem Emsland

Schon bei der Landtagswahl 1986 spüren feinsinnigere Geister in der niedersächsischen CDU, dass sowohl die Gestaltungs- als auch die Anziehungskraft der Partei nach zehn Jahren Regierung allmählich nachzulassen beginnt. Zwar siegt bei der Landtagswahl Ernst Albrecht noch einmal gegen den jugendlich wirkenden SPD-Kandidaten Gerhard Schröder. Doch dass dem Sozialdemokraten die Zukunft gehört, dämmert auch immer mehr Christdemokraten zwischen Nordsee und Harz. Zumal sich ausgerechnet die Ikone der Landespartei, Innenminister Wilfried Hasselmann, einen Spielbanken-Skandal leistet. Die Sache erweist sich zwar im Nachhinein als von Gegnern und Medien aufgebauscht, aber Hasselmanns Krisenmanagement wird von vielen als so katastrophal bewertet, dass am Ende nur der Rücktritt bleibt. Schließlich droht auch Schaden für Ministerpräsident Ernst Albrecht, als dessen engster Vertrauter Hasselmann gilt. Sein Nachfolger als Innenminister wird Josef Stock aus Melle bei Osnabrück, bis dahin Fraktionschef im Landtag und einer der kommenden Männer in der Landes-Union. Zwei Jahre später, nach der nicht überraschenden Wahlniederlage 1990, beerbt Stock Hasselmann auch auf dem Posten des CDU-Landesvorsitzenden. Dort wird er sich als weitsichtiger Stratege, aber auch als mäßiger Taktiker erweisen.

Nach der Niederlage 1990 liegt die niedersächsische CDU am Boden. Die Alten ziehen sich wie Albrecht entweder völlig oder wie Hasselmann in die zweite Reihe zurück. Albrecht hat sich seitdem nie wieder in einem Interview zur Landespolitik geäußert – obwohl er bis zum Sommer 2005 680 Anfragen von Journalisten vorliegen hat. Er lebt zurückgezogen auf seinem von Wiesen und Feldern umgebenen Anwesen in Beinhorn vor den Toren Hannovers, schreibt Briefe mit guten Ratschlägen an Unions-Größen wie Angela Merkel, Edmund Stoiber und natürlich Christian Wulff und erfreut sich in seinem geschmackvoll eingerichteten Wohnzimmer, umgeben von zahlreichen Büchern, seines Ruhestandes. Nur manchmal gibt es willkommene Unruhe in Beinhorn, nämlich bei den Familienfesten oder an Feiertagen, wenn er seine sechs Kinder und 27 Enkel (deren Zahl ebenso wie die Zahl der Interviewanfragen noch immer im Steigen begriffen ist) im eigens eingerichteten Festsaal um sich versammelt. Seinen Kindern hat er eine Maxime mit auf den Lebensweg gegeben: Irgendwann sollten sie Verantwortung tragen für die Gesellschaft. Besonders seine Tochter Ursula hat sich daran gehalten: Sie wird 2003 von Wulff unter dem Namen Ursula von der Leyen zur niedersächsischen Sozialministerin ernannt; im November 2005 wird sie Bundesfamilienministerin in der Großen Koalition. In der schwarz-gelben Regierung arbeitet sie heute als Bundesarbeitsministerin.

Die Ziele Stocks als neuer Landesvorsitzender sind ab 1990 eine programmatische Runderneuerung und eine strategische Neuausrichtung der Partei. Die sind auch bitter nötig. Den Kontakt zu manchen Wählergruppen hat sie verloren – Frauen und Großstädter beispielsweise fühlen sich eindeutig zu Gerhard Schröders modern wirkender SPD hingezogen. Hinzu kommt ein besonders ärgerlicher Umstand: Der Anteil der unter 30-jährigen Mitglieder ist zwischen 1980 und 1992 von 10,6 auf 6,6 Prozent gesunken. Fast ein Viertel aller niedersächsischen CDU-Ortsverbände haben überhaupt kein Mitglied unter 30 mehr. Hier liegen also die Aufgabenfelder des neuen Vorsitzenden, und es gibt viel zu tun. Die in der Ära Albrecht/Hasselmann geprägte CDU gilt als konservativ, bodenständig, traditionsbewusst, altbacken.

Andererseits hat das Duo Albrecht/Hasselmann auch innerhalb der Partei noch zahlreiche Anhänger. Wie ein fernes Paradies erscheint denen die Zeit, als die beiden noch die Geschicke der Landespartei bestimmten. Kein Politiker hat die niedersächsische CDU so stark geprägt wie Hasselmann. 22 Jahre, von 1968 bis 1990, war er CDU-Landesvorsitzender, von 1963 bis 1994 Landtagsabgeordneter. Er bekleidete mehrere Ministerposten. Gemeinsam mit Ernst Albrecht bildete er lange Jahre während dessen Amtszeit als Ministerpräsident ein ideales Paar – hier der großstädtisch-liberale, nachdenkliche Albrecht, da der gelernte Landwirt aus Celle, Prototyp des protestantisch-konservativen Parteiflügels, volksnah und bodenständig. Sein Credo lautete: „Ernst im Schaufenster, ich an der Theke." Noch heute hat Hasselmann, der im Januar 2003 im Alter von 78 Jahren starb, zahlreiche Anhänger, auch bei jüngeren Unionsleuten. „Er war einfach klasse", sagt Wulffs jugendlicher Nachfolger im Amt des Ministerpräsidenten, David McAllister. Bei Hasselmanns Trauerfeier erschienen in Celle 600 Gäste.

Doch Josef Stock erkennt, dass diese Zeit passé ist. Er arbeitet mit Hartwig Fischer als Generalsekretär, der seiner Aufgabe 16 Jahre lang pflichtbewusst und in Treue, aber nicht immer übermäßig erfolgreich nachkommt. Die Landtagswahlen in dieser Zeit gehen alle verloren, 2002 schließlich zieht er auf Wulffs Vorschlag für den Wahlkreis Göttingen in den Bundestag ein.

Zu allem Überfluss ist die Niedersachsen-CDU ein kompliziertes Gebilde, was mit der Struktur des Landes zusammenhängt. Nach dem Zweiten Weltkrieg aus den ehemaligen Ländern Braunschweig, Oldenburg und Schaumburg-Lippe sowie der preußischen Provinz Hannover gebildet, reicht das Land von der Nordsee bis zu den Mittelgebirgen und ist Deutschlands zweitgrößtes Bundesland. Die CDU ist bis heute stark regional aufgefächert in drei große Strömungen: einen katholisch-sozialgeprägten Flügel im Westen, vor allem im Emsland; einen national-protestantisch-konservativ geprägten, den man an einer Linie von Cuxhaven über Stade und Lüneburg bis nach Braunschweig ausmachen kann; und die liberale Großstadt-CDU in Städten wie Hannover und Oldenburg. Diese Trennlinien gelten bis heute, wenn auch nicht mehr so scharf wie noch in den achtziger Jahren des 20. Jahrhunderts. Stark ist die Landes-CDU vor allem im Oldenburger Münsterland, wo sie Ergebnisse einfährt, von der die bayerische CSU nur träumen kann, im Raum Osnabrück-Emsland und im Hamburger Speckgürtel. Chancenlos ist sie dagegen seit Jahrzehnten in der Landeshauptstadt Hannover. Grundsätzlich gesehen sind sowohl CDU als auch SPD strukturell in Niedersachsen mehrheitsfähig. Wahlen werden in erster Linie im Ballungsraum Hannover-Braunschweig-Göttingen gewonnen.

Ursprünglich spielt Josef Stock durchaus selbst mit dem Gedanken, gegen den rot-grün regierenden Schröder 1994 in den Wahlkampf zu ziehen. Doch er schätzt die Chancen auf einen Sieg wie die meisten Landesspitzen der CDU als sehr gering ein und glaubt sogar, dass Schröder auch 1998 noch fest im Sattel sitzen werde, wenn er keine groben Fehler mache. 2002 aber, so seine Überlegung, ist er selbst zu alt, um noch als Hoffungsträger für Land und Partei zu gelten. Frühzeitig setzen so intern wie auch öffentlich Überlegungen ein, wer denn 1994 den unangefochtenen Schröder herausfordern und sich in einem weitgehend hoffnungslosen Kampf aufopfern könnte. Viele Parteimitglieder haben resigniert, die Verzweiflung ist groß.

Unterstützt von spekulationsfreudigen Medien kommt eine Anzahl potenzieller Spitzenkandidaten zusammen, die für ein ganzes Kabinett reichen würde. Klar, dass sich das Augenmerk zunächst auf die zwei Bonner CDU-Granden aus Niedersachen richtet: Rita Süssmuth und Rudolf Seiters. Bundestagspräsidentin Süssmuth aus Göttingen hat Albrecht selbst noch als Ministerpräsident als seine mögliche Nachfolgerin ins Spiel gebracht. Doch das gefällt Helmut Kohl gar nicht, der von der streitbaren und oft moralisierenden Dame, die selbst auch offenbar kein großes Interesse an einem Wechsel nach Hannover hegt, zusehends genervt ist. Rudolf Seiters, der allseits beliebte Bundesinnenminister, auf dem in der Niedersachsen-CDU vielleicht die größten Hoffnungen ruhen, will Kohl wiederum nicht hergeben. Heiner Geißler, Kohls Ex-Generalsekretär, der ihn auf dem Bremer Parteitag 1989 wegputschen wollte, kommt für den Parteichef in Bonn natürlich überhaupt nicht in Frage, obwohl der viele Anhänger in Niedersachsen hat. Im September 1992 meint die HAZ, Geißler wäre ein guter Kandidat für die Wahl in eineinhalb Jahren – weil dann ein junger Osnabrücker Bezirksvorsitzender mit Namen Christian Wulff für 1998 aufgebaut werden könne. Andere Namen wie der des späteren Sparkassenpräsidenten Dietrich Hoppenstedt werden herumgereicht; auch der einer jungen Politikerin aus dem Osten – Angela Merkel. Die ist zwar ostdeutsch, aber irgendwie ja auch norddeutsch und kommt daher bei den niedersächsischen Parteifreunden ganz gut an. Schließlich gibt es noch Jürgen Gansäuer, seit 1988 Fraktionschef, ehrgeizig, aber unentschlossen. Er spekuliert eher darauf, 1994 einen Zählkandidaten in den aussichtslosen Kampf zu schicken, der vier Jahre später entweder keine Ambitionen oder keine Chancen hat, erneut aufgestellt zu werden. Dann wäre seine Stunde, bei möglicherweise besseren Chancen, so Gansäuers Spekulation. Er hat allerdings einen gewichtigen Gegner: Helmut Kohl. Denn der Mann aus Hannover ist klar als Geißler-Vertrauter verortet. Erschwert wird die Kandidatensuche noch durch einen Beschluss der Fraktion, einen der Ihren zum Kandidaten zu machen. Dann wären nur Parteichef Stock und Fraktionschef Gansäuer im Rennen. Irgendwie bindend ist dieser Beschluss allerdings nicht.

Stock und Gansäuer können aus menschlichen und politisch-strategischen Gründen überhaupt nicht miteinander, obwohl beide früher enge Vertraute waren. Vom Typus her ist Stock der andere zu laut, manchmal zu unreflektiert, zu unsensibel, zu undiplomatisch. Gansäuer hat im Landtag gerne den starken Auftritt und teilt aus – meistens in Richtung Regierung. Er gilt aber durchaus als fähiger Fraktionsvorsitzender und wird von den Seinen vielleicht nicht geliebt, in jedem Fall aber respektiert. Beide kennen sich schon seit mehr als 25 Jahren. 1974 ziehen sie gemeinsam in den Landtag ein, bei Stock läuft es mit dem Aufstieg etwas schneller. Zuerst wird er Fraktionschef, Gansäuer folgt ihm 1988, als Stock Innenminister wird. In mehreren Gesprächen versuchen sie eine Lösung für den Spitzenkandidaten zu finden, doch das gelingt nicht. Gansäuers Plan mit dem Zählkandidaten widerspricht strikt Stocks langfristigen strategischen Planungen. „Beide rasten frontal wie Züge aufeinander", erinnert sich einer, der damals schon dabei ist.

Stock macht sich auf die Suche nach einer anderen Lösung und denkt darüber nach, welcher Name zu seiner Strategie passt. Im Spätsommer 1992 hatte er plötzlich eine Idee. Er bespricht sich mit Werner Remmers, und der ist begeistert. Nun haben sie ihren Mann gefunden, so unglaublich es klingen mag: Christian Wulff, 33-jähriger Anwalt aus Osnabrück und gerade mit 193 von 195 Stimmen wiedergewählter Vorsitzender der CDU Osnabrück-Emsland, ohne Erfahrung im Landesparlament und außerhalb der Partei von einem Bekanntheitsgrad, der niedriger kaum sein könnte. Beide kennen den jungen Mann aber ja persönlich, Remmers noch besser als Stock, der auf Wulff aber schon seit längerem aufmerksam geworden ist. Auch Landesgeschäftsführer Hermann Kues, ein Vertrauter von Remmers, weiß Bescheid und steht in den folgenden turbulenten Wochen auf Wulffs Seite.

Es ist ein schöner sonniger Oktobertag des Jahres 1992, als Stock sich mit Wulff verabredet. Nach dem „Tag der Heimat" in der Osnabrücker Stadthalle treffen sich beide in einem bayerischen Lokal in der Nähe der altehrwürdigen Katharinen-Kirche im Zentrum von Wulffs Heimatstadt. Stock kommt bald zur Sache und fragt sein Gegenüber, ob der Lust habe, 1994 als Spitzenkandidat gegen Gerhard Schröder anzutreten. Der Ältere ist verblüfft, denn der Jüngere scheint zwar zunächst perplex, sagt dann aber sofort zu. Bedenkzeit, eine Nacht, um die Antwort zu überschlafen, brauche er nicht, er traue sich die schwere Aufgabe zu. Stock ist beeindruckt. Ja, der traut sich was, denkt er. Die eindeutige und schnelle Antwort ist für ihn nicht Ausdruck jugendlichen Übermutes, sondern starken Selbstbewusstseins. „Für mich war Christian Wulff mit seinen 32 Jahren schon ein gestandener Mann", sagt Stock, der 1997 aus dem Landtag ausscheidet und mit großer Mehrheit zum Bürgermeister von Melle gewählt wird.

Damit ist eine erste Hürde genommen, die eigentlich gar keine war. Die eigentliche Aufgabe kommt erst noch. Wie soll man diesen jungen Mann der Partei, der Fraktion, der Öffentlichkeit als Schröder-Herausforderer präsentieren? Wie soll man ihn gegen die zu erwartenden Widerstände durchsetzen? Stock schlägt in CDU-Kreisen Wulff als Spitzenkandidaten vor – allerdings verpackt in einen ganzen Strauß von potenziellen Kandidaten. Es ist ein Versuchsballon, aber die Sache nimmt niemand zunächst so richtig ernst. Der Landesvorsitzende hat sich jedoch schon entschieden. Er bleibt in engem Kontakt mit Remmers, der ihn voll unterstützt. Mitte Oktober fragt die „Bild"-Zeitung Stock, ob er schon einen Kandidaten habe. Der antwortet: Hab ich, aber noch kann sich jeder Interessent bewerben.

Ende Oktober ruft abends um 20 Uhr Hans-Peter Sattler, der Politikredakteur der HAZ, beim Landesvorsitzenden an. „Ich weiß, wer es wird – der Wulff." Stock erkennt, dass einer der wenigen Eingeweihten geplaudert haben muss und dementiert. Aber es ist zu spät, der Artikel ist schon im Druck. Es ist Plenarwoche im Landtag, alle Abgeordneten sind vor Ort, der HAZ-Artikel wird frühmorgens im Leineschloss, dem Landtagsgebäude, herumgereicht und sorgt für Aufsehen. Gleich am Vormittag trifft sich die aufgerüttelte Fraktion unter ihrem Chef Gansäuer zu einer Sondersitzung. Stock sieht ein, dass weitere Dementis keinen Zweck mehr haben. Rasch wird deutlich, dass es eine klare Mehrheit in der Fraktion gegen Wulff gibt. Mit so einem deutlichen Votum gegen seinen Kandidaten habe er nicht gerechnet, gesteht Stock nach der Sitzung öffentlich ein. Die Abgeordneten sind sauer, weil sie solch eine wichtige Sache aus der Zeitung erfahren. Stock verteidigt sich mit dem Argument, dass durch die Indiskretion sein Plan, Wulff schon sehr bald im Landesvorstand zu präsentieren, verhindert worden sei. Zu allem Überfluss ist am kommenden Wochenende auch noch CDU-Bundesparteitag in Düsseldorf. Klar, dass es unter den niedersächsischen Delegierten kein anderes Thema gibt.

Jürgen Gansäuer wirft nun doch noch seinen Hut in den Ring. In der Fraktion findet er viel Unterstützung. Für den Landtagsabgeordneten Kurt-Dieter Grill ist Wulff „der falsche Mann zur falschen Zeit". Gansäuer reibt sich mehr an Stock. Der sei „politisch tot", findet der erboste Fraktionschef. Entscheiden muss die Frage, ob Wulff oder Gansäuer Schröders Herausforderer werden soll, allerdings nicht die Fraktion, sondern die Partei. Anfang November kommt es zum Showdown, als der Landesvorstand sich im Hotel „Holiday Inn" in Hannover trifft. Auch hier fühlen sich viele von Stocks Vorgehen düpiert. Nun werden aber auch andere Dinge hervorgekehrt, die eine Rolle meistens nur noch dann spielen, wenn man sie gegen den Gegner vorbringen kann. Wulff sei katholisch, sagen die Protestanten, die meinen, der Einfluss der Katholiken sei, gemessen an ihrem Anteil an der Bevölkerung, entschieden zu groß. Zudem entwickelt sich die ganze Sache zu einem veritablen Ost-West-Konflikt zwischen dem wichtigen Bezirksverband Osnabrück-Emsland, dem Wulff vorsitzt, und dem Bezirksverband Hannover, dessen Chef Gansäuer ist. Auch die Altvorderen sind sich nicht einig. Hasselmann ist gegen Wulff, weil der jung und Katholik ist, Albrecht nach späterem eigenen Bekunden für ihn. Das hat Christian Wulff allerdings anders in Erinnerung. Demnach habe Albrecht ihm direkt von der Kandidatur abgeraten, weil er verheizt werden könne in der schwierigen Situation gegen Schröder und sich die Niedersachsen-CDU das nicht leisten könne, weil sie nicht viele junge Hoffnungsträger habe. Werner Remmers dagegen sieht in der Jugend Wulffs keinen Hinderungsgrund. Und außerdem, so Remmers, sei die Jugend ja eine Krankheit, deren Heilung mit jedem Tag voranschreite. In seiner typisch niedersächsischen jovialen Art sagt der Mann aus dem Land der weltberühmten Pferde: „Christian war für sein Alter ziemlich ausgewachsen. Oft sagt man ja bei jungen Kerlen, die müssen erst noch mal ein paar Jahre auf die Weide. Bei ihm war das anders."

Wulff kann aber im Laufe der dramatischen Sitzung im „Holiday Inn" so viele Unterstützer einsammeln, dass Gansäuer nach einer Sitzungsunterbrechung aufgibt. Stock macht den Vorstandsmitgliedern klar, dass sie den ganzen Erneuerungskurs ablehnen, wenn sie sich gegen seinen Kandidaten aussprechen. Vor allem die Frauen und die Jungen machen sich stark für den jungen Osnabrücker. Ausschlaggebend ist aber auch die Zustimmung, die der nach einem ersten Durchatmen von der Parteibasis, die sich in vielen Briefen, Faxen und Telefonaten äußert, bekommt. Am Ende ist Wulff zwar selbst ohne größere Blessuren geblieben, weil er sich auch an den Rat von Stock und Remmers hält und abwartet. Stock dagegen ist schwer angeschlagen und weiß, dass seine Zeit als Parteichef abläuft. Gansäuer ist tief frustriert, menschlich enttäuscht, wirft Stock öffentlich Vertrauensbruch vor. Der Fraktionschef nimmt kein Blatt vor den Mund. Auf der mit Stock gemeinsam abgehaltenen Pressekonferenz nach der Sitzung sagt er in die Mikrofone: „Es hat Verletzungen gegeben, die nicht beseitigt wurden." Als Stock mit der typischen Politikerfloskel von der „harten, aber sachlichen Diskussion" kommt, fällt Gansäuer ihm ins Wort: „Ich habe keine Lust, mit einem Kleisterpinsel alles zuzudecken, was war!" Die Kameras fangen dann wieder einen Mann ein, der regungslos auf seinem Stuhl sitzt. „Das sah aus wie ein minutenlanges Standbild“, erinnert sich einer, der dabei war. Wulff gibt die Stimmung während der Sitzung in einem Satz wieder: „Keiner hat aus seinem Herzen eine Mördergrube gemacht, was zu einer sehr offenen Aussprache führte.“

Das Tischtuch zwischen Gansäuer und Stock ist durchtrennt, und Wulff hat in Gansäuer über Jahre einen verlässlichen innerparteilichen Gegner. Das bekommt er schon wenige Tage nach seiner Nominierung durch den Landesvorstand zu spüren. Da tut der Fraktionschef öffentlich kund, der Spitzenkandidat seiner Partei habe wie jeder andere Kandidat „Vor- und Nachteile“. Mögliche Defizite könnten im Wahlkampf durch andere Persönlichkeiten in einer Wahlkampfmannschaft ausgeglichen werden. Ein vernichtendes Urteil aus dem Mund eines Parteifreundes. Auch andere sind sauer. Landes-Schatzmeister Hoppenstedt reicht sechs Wochen später, einen Tag vor Heilig Abend, aus Frust über die Art und Weise, wie mit Gansäuer umgegangen wurde, seinen Rücktritt ein. Allerdings zieht Gansäuer wegen seiner Wankelmütigkeit auch Kritik seiner Unterstützer auf sich. Vor allem aber ist der Zustand der Partei dramatisch. Sie ist tief gespalten und der Spaltpilz bleibt lange wirksam. Die Presse hat kein Verständnis für das jämmerliche Schauspiel, das die CDU liefert. „Peinlich“ nennt es die „Nordwest-Zeitung“ (NWZ) aus Oldenburg. Die SPD reibt sich vor Freude die Hände, Gerhard Schröder empfindet es zunächst geradezu als Zumutung, einen solchen Gegner zu bekommen, der noch nicht einmal im Landtag sitzt. Für seinen Fraktionschef Johann Bruns zeigt der Name Christian Wulff, dass die CDU die Wahl 1994 schon verloren gegeben habe.

Eine andere Hürde hat der Kandidat in spe freilich noch zu überwinden – und da kann ihm niemand helfen. Er muss die Zustimmung von Christiane einholen. Die hatte sich die Partnerschaft ursprünglich mal ganz anders vorgestellt – beide wollten im Berufsleben reüssieren, und wenn mal Nachwuchs in Aussicht sei, würde man eine gemeinsame und gleichberechtigte Lösung finden. Doch als Christian ihr von dem Angebot zur Spitzenkandidatur erzählt, ist ihr sofort klar, auf wessen Kosten das geht. Mit einer eigenen beruflichen Karriere ist es spätestens beim ersten Kind vorbei, denn dass Christian für Erziehung und Haushalt ausfällt, ist klar. Christiane hat seit dem Studium wie Christian als Rechtsanwältin gearbeitet, in einer Kanzlei, die die Umwandlung von Mietwohnungen großer Wohnungsbaugesellschaften in Eigentumswohnungen juristisch betreut. Kein Traumjob, nichts für die Ewigkeit, aber fürs erste macht ihr die Sache Spaß.

Nun muss sie überlegen – und sie kommt rasch zu einer Entscheidung. Den Chancen ihres Mannes will sie nicht im Wege stehen. Dass ist die souveräne Entscheidung einer selbstbewussten jungen Frau; das Heimchen am Herd, als das sie später im Wahlkampf manche Medien gerne darzustellen versuchen, ist sie nicht. Aber für sie bedeutet das, ihre beruflichen Pläne hintanzustellen. Dass ein gutes Jahr später Töchterchen Annalena zur Welt kommt, ist gewiss kein Zufall.

Stock ist derjenige, der in diesen Wochen für Wulff den Kopf hinhält. Er kämpft für ihn, nicht immer geschickt, aber standhaft. Schließlich hat er ja auch als erster die Idee gehabt, den jungen Mann zum Spitzenmann zu machen. Glaubt er jedenfalls, glauben auch alle anderen. Tatsächlich ist er zwar nach längerem Nachdenken eigenständig auf die Lösung Wulff gekommen. Aber ein anderer hatte sie schon viel früher als Stock: Helmut Kohl, und zwar bereits 1991. Es ist eine weit verbreitete Legende, dass Wulff von Stock „erfunden" wurde. Christian Wulff ist an dem goldenen Oktobertag in dem bayerischen Lokal nahe der Katharinenkirche über Stocks Frage, ob er kandidieren wolle, keineswegs überrascht, wie es den Anschein haben mag. Er ist zu einer sofortigen Antwort deshalb fähig, weil er mit Kohl die Sache schon viel früher, nämlich 1991, besprochen hat.

Im Frühjahr jenes Jahres ist der Kanzler mit dem CDU-Landesvorstand zu einer Sitzung verabredet. Die Stimmung auf beiden Seiten ist mies, die deutsche Einheit läuft nicht so an, wie der Kanzler der „blühenden Landschaften" sich das vorgestellt hat. Für die Sitzung wird Kritik aus den Reihen der niedersächsischen Parteifreunde angekündigt. Kohl kommt von einem Treffen mit François Mitterand aus Paris, ist ohnehin schon muffelig. Zu seiner Empörung ist die Sitzung im Airport-Hotel in Hannover den Medien bekannt geworden, eine große Traube von Journalisten erwartet ihn, was Kohl ganz mies findet. Eine Reporterin bringt ihn auf die Palme mit der Frage, ob der Besuch in Hannover für ihn ein Gang nach Canossa sei. In der Sitzung redet Kohl wie immer, wie ein Familienoberhaupt. Aber das fruchtet nicht bei den Teilnehmern. Sie haben sich vorher abgesprochen, sich nicht einlullen zu lassen Auch Wulffs Freund Matthias Kues ist dabei und geht Kohl massiv an. Aber Wulff begeht quasi Hochverrat am Kanzler der Einheit. Er sagt ihm ins Gesicht: „Herr Bundeskanzler, ich kann es natürlich nicht beurteilen, aber Sie wirken in der Öffentlichkeit häufig selbstgerecht". Kohl tobt, aber nach der Sitzung lädt er den jungen Aufmüpfigen auf einen Besuch ins Kanzleramt ein. Wulff lässt aus taktischen Gründen einige Tage vergehen, dann ruft er bei Kohls legendärer Bürochefin Juliane Weber an und will sein Sprüchlein aufsagen, doch Frau Weber weiß schon Bescheid.

Werner Remmers gibt ihm einen guten Tipp mit auf den Weg. Man dürfe von so einem Gespräch nicht viel erwarten. Remmers weiß, wovon er spricht. Er selbst war einst zu Kohls Urlaubsdomizil am Wolfgangsee eingeladen worden. Auf den Besuch bereitete er sich tagelang vor, doch im Gespräch ging es dann um Atmosphäre, Zwetschgenkuchen, Klatsch und Tratsch über Personen. Jeder wisse, so Remmers: Wenn man am Ende über Personen spricht, bekommt man noch eine halbe Stunde drauf. Wulff hält sich daran und hat ein wunderbares Gespräch. Der Kanzler fragt ihn, was er denn in der Zukunft mal so vorhabe. Und er empfiehlt ihm: „Sie müssen 1994 für den Landtag kandidieren und sich auf mehr vorbereiten, wenn sich die Dinge so entwickeln, wie ich es jetzt einschätze.“ Es gibt dann ein weiteres langes Vier-Augen-Gespräch im Kanzleramt Anfang 1992.

Im Sommer des Jahres richtet Rudolf Seiters Wulff aus, Kohl wolle ihn erneut sprechen. Wulff antwortet ihm, die Zeit könne er sich sparen, wenn es ihm nur um die Entscheidung ginge, ob er kandidieren würde, denn er sei bereit. Natürlich erzählt Wulff niemandem von dem Gespräch im Kanzleramt. Andernfalls wäre es bald bekannt und der Überraschungseffekt verpufft.

Nach dem Gespräch mit Kohl positioniert dieser seinen Kandidaten für Niedersachsen bereits auf dem Bundesparteitag in Dresden im Dezember 1991. Zur Überraschung vor allem vieler niedersächsischer Delegierter positioniert der CDU-Chef den wenig bekannten jungen Bezirksvorsitzenden auf dem Podium eines Forums des Parteitages. Das ist eine der wenigen Möglichkeiten für Helmut Kohl, jemanden bundesweit als neues Gesicht zu präsentieren und zu unterstützen.

Mit Friedbert Pflüger, einem anderen Jungtalent der Niedersachsen-CDU, das gerade in den Bundestag gewählt worden ist, führt Wulff am Rande des Parteitages eine längere Unterhaltung. Pflüger erinnert sich an eine „intensive“ Begegnung, an ein Gespräch, das für die Zukunft beider von entscheidender Bedeutung gewesen sei. Denn sie stecken ihre Claims ab, vereinbaren, sich nicht in die Quere zu kommen. Das ist nicht allzu schwer, denn sie haben unterschiedliche Interessen: Pflüger, der einige Jahre zuvor, noch zu Hasselmanns und Albrechts Zeiten, CDU-Generalsekretär werden sollte, aber dankend ablehnte, sieht seine Zukunft in der

Bundes-, Wulff dagegen in der Landespolitik. Eine direkte Aufforderung Pflügers an Wulff, sich für den Posten des Spitzenkandidaten zu bewerben, gibt es allerdings nicht. Denn Pflüger kommt aus Hannover, und er weiß um die Ambitionen seines Vorsitzenden Gansäuer. Seit diesem Gespräch aber ist Friedbert Pflüger klar, dass Wulff versuchen wird, an die Spitze zu gelangen. Es beeindruckt ihn, wie früh und zielstrebig der seine Karriere plant. „Für ihn sprach ein starkes Selbstbewusstsein. Er traute sich schlicht zu, das zu schaffen." Auch Ingo Dauer weiß von Wulffs Planungen.

Nach Bekanntwerden der Kandidatur Wulffs stehen die Medien dem Neuen wohlwollend bis abwartend, in jedem Fall aber neugierig gegenüber. Die ehrwürdige FAZ bietet ihren Lesern ein warmherziges Porträt voll des Lobes an. Unter der Überschrift „Der Komet aus dem Emsland" weiß sie zu berichten, „der unauffällige Mann mit dem aschblonden Kurzhaarschnitt und den unruhigen blauen Augen unter dicht besetzten Wimpern" sei schon seit längerem in der niedersächsischen CDU der Geheimtipp schlechthin. Ungewohnt poetisch schreibt das sonst eher zur Nüchternheit tendierende Blatt: „Kam die Rede auf die Landtagswahl 1994 und den Kreis der möglichen Herausforderer des Ministerpräsidenten Schröder, flüsterten Insider in Hannover seinen Namen wie den eines sagenhaften Kometen, der über dem Emsland gesichtet worden sei." Für die HAZ ist Wulff der „Überflieger aus dem Emsland", aber sie empfindet seine Kandidatur auch als einen „gewagten Schachzug".

Noch ist Wulff aber gar nicht offiziell zum Kandidaten gekürt. Das soll auf einem Parteitag Ende Januar 1993 in Hannover geschehen. Bis dahin treibt sein Mitstreiter aus Schüler Unions-Tagen Ingo Dauer ihn auf eine Ochsentour in die Kreis- und Bezirksverbände. Nicht überall ist der Kandidat in spe willkommen, es gibt Verbände, die ihn schlicht nicht bei sich auftreten lassen wollen. Auf dem Parteitag aber bekommt er schließlich eine satte Mehrheit, 472 von 496 Delegierten stimmen für ihn. Vor allem Wulffs 30-minütige Bewerbungsrede kommt gut an. Seine Glaubwürdigkeit, die ihm schon jetzt viele zugestehen, ist sein Verkaufsschlager, die Innere Sicherheit sein Thema. Er wolle neues Vertrauen in Politik, Parteien und Politiker schaffen, kündigt er an. Es werde zuviel geredet und zu wenig gehandelt. Wulff empfiehlt sich den Delegierten als ein Politiker, der es nicht jedem recht machen werde und sich vorgenommen habe, auch unpopuläre Überzeugungen zu vertreten – wenn es sein müsse, auch gegen die Mehrheit der Wähler. In diesem Sinne sei er auch ein Kontrastprogramm zur Regierung Schröder, die „allen nach dem Munde redet" und durch Prinzipienlosigkeit die Politikverdrossenheit fördere. Die CDU müsse sich von der Versuchung befreien, den Wählern immer mehr zu versprechen, denn auf längere Zeit werde es nichts mehr zu verteilen geben. Ansprechen wolle er vor allem junge Wähler, die sich abgestoßen fühlen vom gegenwärtigen Erscheinungsbild der Politik, aber auch „Traditionswähler der CDU, die zornig sind, weil in ihren Augen nicht genug getan wird gegen Asylmissbrauch, Kriminalität und den Missbrauch öffentlicher Gelder."

Natürlich knöpft er sich die rot-grüne Landesregierung und Schröder vor. Aber auch die ganz aktuelle Politik der Union in Bonn und vor allem Finanzminister Theo Waigel von der Schwesterpartei CSU bleiben nicht ungeschoren. Trotzdem ruft ein gutgelaunter Helmut Kohl nach dem Parteitag an: „Herzlichen Glückwunsch zu dem guten Ergebnis. Von jetzt an kann es nur noch schlechter werden." Für die Hannoveraner „Neue Presse" tritt der junge Mann ein wenig zu schüchtern auf. Zur Siegerpose mit geballter Faust lässt er sich nicht hinreißen. Dafür verspricht er: „Wenn ich die Deichsel erst einmal in der Hand habe, lasse ich sie so schnell nicht wieder los." Der gerade gekürte Kandidat kündigt hier nichts weniger an, als dass er in sehr absehbarer Zeit sowohl Partei- als auch Fraktionschef werden will. Doch das geht im Applaus der Delegierten unter.

Wulff trägt noch einen weiteren Sieg auf dem Parteitag davon, der einen Ausblick darauf gibt, welch starke Stellung er schon bald in der Landespartei haben wird. Ein Leitantrag zur Bildungspolitik, in dem unter anderem ein Zentralabitur gefordert wird, wird von den Delegierten genau um diesen vom neuen Spitzenkandidaten kritisierten Punkt beschnitten. Hingegen bleibt die Forderung nach Abschaffung der Orientierungsstufe – gegen den Widerstand des einstigen Kultusministers Werner Remmers – bestehen, ebenso wie die nach Verkürzung der Schulzeit an Gymnasien auf zwölf Jahre. Das entspricht Wulffs Forderungen. Als Ministerpräsident wird er diese Änderungen in Angriff nehmen. Ganz professionell wertet der neue Spitzenmann die teils heftige Debatte auf dem Parteitag als „Musterbeispiel einer breiten Parteidiskussion". Die Frauenunion schenkt Wulff ein Plakat mit der Aufschrift „ICE". Die drei Buchstaben des Schnellzuges stehen für Intelligenz, Charakterstärke und Ehrlichkeit. Wulff möge wie ein ICE in seinem Zielbahnhof, dem Landtag im hannoverschen Leineschloss, einlaufen, so der fromme Wunsch. Dumm nur, dass sein Startbahnhof Osnabrück zu dieser Zeit noch gar keinen Anschluss ans ICE-Netz hat.

5. Probelauf

Gerhard Schröder mit seinem untrüglichen Machtinstinkt, so weiß die NWZ zu berichten, warne seine eigenen Leute inzwischen davor, den jungen Herausforderer zu unterschätzen. Der habe sich in erstaunlichem Tempo vom Nobody zur präsentablen Alternative gewandelt. Anders sieht das die HAZ. „Manche sind von dem Hoffnungsträger schon enttäuscht", überschreibt sie am Tag des Parteitags einen Artikel über Wulff. Der habe die Chance, frei von der Leber weg Ideen und Visionen zu entwickeln und Wege nach vorn aufzuzeigen, nicht genutzt. Diese Chance aber werde nicht wiederkommen, denn mit der Wahl zum Spitzenkandidaten werde er fortan eingebunden sein in die Beschlusslage von Vorständen, Landesparteitag, Wahlkampfkommissionen und Landtagsfraktion. Der „Aha-Effekt" sei ausgeblieben. Einen Tag später konstatiert dieselbe Zeitung aber auch Aufbruchstimmung bei der Niedersachsen-CDU. Es ist zu diesem frühen Zeitpunkt offensichtlich noch schwer, den jungen Kandidaten richtig einzuschätzen. Doch die HAZ konstatiert auch, dass viele, die jetzt Wulff kritisierten, eigentlich Stock meinen. Das zeigt vor allem eins: Als neuer Spitzenmann der Union hat sich Christian Wulff in den Köpfen überhaupt noch nicht festgesetzt. In einem Porträt Ende Januar 1993 zeigt die Zeitung Mut zur Prognose. Die Chancen für Wulff, der sich bei einem Treffen mit Journalisten im Restaurant Mövenpick am Kröpcke in Hannover ein Glas Blutorangensaft und ein Steak mit Pommes Frites bestellt und „verlegen" am Champagner nippt, der auf Kosten des Hauses gehe, stehen nach Auffassung des Redakteurs doch wohl eher schlecht, denn „wer seinen Hund, einen Mischlingsterrier, Momo nennt, der wird nie und nimmer Ministerpräsident in Niedersachsen". Die Wahl Wulffs zum Ministerpräsidenten hat er nicht verhindert.

Der weiß, dass er zunächst nur ein Ziel haben muss: sich im Lande bekannt zu machen. Gut ein Jahr hat Wulff dazu bis zur Landtagswahl im März 1994 noch Zeit. Also geht er auf Tour quer durchs Land, nimmt jeden Termin wahr, den er bekommen kann: Parteiveranstaltungen, Betriebsbesichtigungen, Feste, Diskussionsrunden. Das ist nicht immer sinnvoll, denn oft finden sie jenseits der öffentlichen Wahrnehmung statt und überfordern den Kandidaten. „Er besuchte in dieser Zeit wirklich jede Milchkanne im Land", sagt ein damaliger Mitstreiter. Angetrieben wird er vor allem von den ganz jungen Wahlkämpfern, die die Termingestaltung erledigen und besonders in der heißen Wahlkampfphase gar nicht merken, dass der Frontmann manchmal über seine Grenzen hinaus schuftet. Nicht immer berichten die lokalen Medien in so schöner Aufmachung wie die HAZ kurz vor Weihnachten, also schon in der heißen Wahlkampfphase. Wulff besucht an diesem Tag das Schloss Landestrost in Neustadt. Er lässt sich vom Leiter des Amtes für Naturschutz das Torfmuseum im Schloss zeigen. Der gute Mann ist zwar ganz stolz auf seine Sammlung, hat aber ein Problem: „Wir brauchen noch eine Leiche." Wulff lässt sich zu einem ungewöhnlichen Wahlversprechen hinreißen: „Die erste Moorleiche, die mir über den Weg läuft, kommt hierher nach Neustadt." 2005 wird er an dieses Versprechen erinnert, als in Niedersachsen tatsächlich eine Moorleiche ausgegraben wird. Bis zum Ende des Wahlkampfes wird der Kandidat 120 000 Kilometer zurückgelegt haben.

Wulff glaubt ein Jahr vor der Wahl tatsächlich an seine Chance. Die meisten anderen in der CDU nicht. Stocks Strategie ist ohnehin, den Neuling eine Trainingsrunde laufen zu lassen. Die Ausgangslage ist denkbar schlecht. Nicht nur, dass der Gegner ein beliebter, forscher, modern wirkender Ministerpräsident ist. Auch der Bundestrend spricht gegen die CDU. Die ist im Stimmungstief, die SPD scheint mit Blick auf die Bundestagswahl 1994 auf der Überholspur. Dass es deren Kanzlerkandidat Rudolf Scharping trotz eines bequemen Vorsprungs seiner Partei mit Tolpatschigkeiten und Fehlern auf der Zielgeraden noch schafft, die Wahl zu vermasseln, kann man im niedersächsischen Landtagswahlkampf ein Jahr zuvor noch nicht ahnen. Was aber viel schlimmer ist: Die Landes-CDU liegt im Vorwahljahr am Boden. Die finanzielle Lage ist katastrophal, der Wahlkampf darf nur 3,5 Millionen Mark kosten – nur gut halb so viel wie vier Jahre zuvor. Dass es Wulff später als Parteichef gelingt, die Finanzen in Ordnung zu bringen, wird ihm hoch angerechnet werden. Die Partei wirkt zudem nicht motiviert für einen Wahlkampf gegen einen scheinbar übermächtigen Gegner, die Unterstützung für ihren Spitzenmann ist nicht überall so, wie sie sein sollte. Die Altvorderen halten sich zurück, wenn sie nicht, vorwiegend in der letzten Wahlkampfphase, Wulff sogar gezielt Knüppel zwischen die Beine werfen.

Tapfer stürzen sich Wulff und ein paar Getreue in den Wahlkampf. Für die praktische Arbeit kommt besonders erschwerend hinzu: Die Landespartei verfügt über keine nennenswerte Infrastruktur. In der Landesgeschäftsstelle sitzt Hermann Kues als Geschäftsführer praktisch von allen verlassen. Er holt sich zur Unterstützung kurzfristig einen jungen Jurastudenten, der gerade zwischen erstem und zweitem Staatsexamen steckt und sein Studium aus Begeisterung für Wulff unterbricht, um auszuhelfen: Eckart von Klaeden. Der fällt allen als eloquenter Helfer auf, und gelohnt hat sich für ihn der Einsatz allemal. Schon ein Jahr später darf er für den Bundestag kandidieren und gewinnt. 2009 wird er Staatsminister im Bundeskanzleramt.

Wulffs einziger fester Mitarbeiter ist Hans-Christian Vollmer, der heute im Hannoveraner Innenministerium arbeitet. Ein Trupp von Studenten besorgt Fahrdienste, zum Beispiel für die Mitglieder des Schattenkabinetts. Junge Leute: unerfahren, aber voller Begeisterung. „Wir waren damals voller Enthusiasmus für Christian Wulff. Der war jung, hatte frische Ideen. Und wir haben bis zum Schluss an seinen Sieg geglaubt", erinnert sich David McAllister. Der Jura-Student gehört zur „rollenden Abiturfeier", wie Medien die junge Mannschaft abschätzig bezeichnen. 2003 wird er mit 32 Jahren Fraktionsvorsitzender im Landtag und gilt als die Entdeckung der Landes-CDU schlechthin. Auch ein Sohn von Werner Remmers, Burkhard, stürzt sich in die Schlacht, ebenso wie Wulffs alter Schülersprecherkollege Ingo Dauer.

Der Spitzenmann ist zwar voller Selbstbewusstsein, braucht aber trotzdem Zuspruch. Generalsekretär Hartwig Fischer, der ursprünglich für Gansäuer plädierte, sagt ihm: „Du bist nun unserer Kandidat. Jetzt müssen wir das Beste daraus machen." Eine ganz verrückte Zeit sei vor allem der Beginn des Wahlkampfes gewesen, erinnert sich Hermann Kues. Auch Christiane ist zu dieser Zeit eine wichtige Stütze, die Schulter zum Anlehnen. Wulff selbst sagt heute: „Unser Wahlkampf war kurzfristig und unprofessionell. Aber irgendwie haben wir es hinbekommen."

Zunächst fährt Wulff alleine mit seinem blauen Mercedes übers Land. Manchmal hält er auf dem Weg zu einem Termin an, um sich Notizen für eine Rede zu machen. Manchmal fährt auch Hermann Kues mit. Fischer besorgt ihm dann einen Fahrer, einen Dienstwagen gibt es für den Ministerpräsidentenkandidaten nicht. André Gechter heißt der Mann, Angestellter beim Osnabrücker Autobauer Karmann und exakt im selben Alter wie Wulff. Bevor er seinen neuen Chef das erste Mal von dessen Wohnung in Osnabrück zur Parteizentrale nach Hannover bringen soll, fährt er die Strecke erst einmal alleine ab, aus Furcht, er könnte sich sonst bei der Jungfernfahrt verfahren. Dumm nur, dass er bei dieser Probefahrt in Osnabrück die falsche Straße anfährt. Bei der ersten Fahrt mit seinem zukünftigen Chef geht dann aber alles gut. Obwohl Gechter, der an diesem ersten Tag gleich noch mit Wulff nach Bad Bederkesa fahren muss, im nächtlichen Nebel beim Ausparken beinahe einen Passanten auf den Kofferraum nimmt. Doch nur einmal kommt es in den ersten zwölf gemeinsamen Jahren fast zu einem schlimmen Unfall. Und das, obwohl Wulff sehr gerne sehr schnell fährt.

Gechter fährt Wulff noch heute, obwohl er einmal ein Angebot von Mitarbeitern Gerhard Schröders bekommt. Seinen Chef möchte er nicht gegen einen anderen eintauschen, auch wenn es nicht immer ganz leicht mit ihm ist. Manchmal kann Wulff beharrlich schweigen, was Gechter am Anfang auf sich bezieht. Er grübelt dann darüber nach, was er falsch gemacht haben könnte. Bis er eines Tages fragt. Christian Wulff aber ist ganz erstaunt, er vertieft sich eben manchmal während der Autofahrt so in seine Akten, dass er von der Umwelt schlicht nichts mehr mitbekommt. Er ist nie laut oder herrisch, wie Gechter es bei anderen Politikern im Verhältnis zu ihren Fahrern beobachten konnte. Wenn er sich einmal verfährt, kommt ein Kommentar mit typischer Wulffscher Ironie: „Schöne Gegend hier, schade, dass wir nicht mehr Zeit haben, sie zu genießen." Diesen Stil schätzt Gechter an Wulff, wie überhaupt beide von Anfang an gegenseitige Sympathie hegen. Schon nach dem ersten Tag, so erinnert sich Gechter, habe er das Gefühl gehabt, Wulff schon mindestens zehn Jahre gut zu kennen.

Seit ihrer ersten gemeinsamen Fahrt haben sie rund 2,5 Millionen Kilometer zurückgelegt, allein im Wahlkampf 1993/94 werden es 148 000. Wulffs Mercedes hält bis zum Tag der Wahl durch – am nächsten Morgen streikt er dann. Bei Helmut Kohls legendärem Fahrer Eckart Seeber holt Gechter sich Tipps, wie man den Chef am besten bei Laune hält. Der sagt ihm voraus: „Es wird Dir genauso wie mir ergehen: Erst fährst Du den Oppositionsführer, dann den Ministerpräsidenten und dann den Bundeskanzler." Ähnlich wie Kohl über seinen Seeber spricht auch Wulff über seinen Gechter nur in wärmsten Worten. Beide duzen sich, die Familien kennen sich. Manchmal ist die Familie Wulff bei den Gechters zum Grillen eingeladen. Tapfer stehen die beiden Männer gemeinsam im Regen und kümmern sich um das Fleisch auf dem Grill.

Auf dem Parteitag im Juni geht für Wulff alles glatt über die Bühne. Die 50-minütige Rede kommt bei den Leuten gut an. „Wulff ist akzeptiert",

Echte Männer stört ein bisschen Regen nicht. Wulff und sein treuer Fahrer André Gechter beim Grillen in Gechters Garten.

kommentiert die HAZ. Beobachter weisen aber auf eine Schwachstelle hin: An seiner Art zu reden müsse der Kandidat noch hart arbeiten. Kämpferisch, aber amateurhaft seien seine Reden, zu lange Schachtelsätze ließen die Zuhörer bald ermüden. „Seine Reden waren sehr komplett", formuliert es Ingo Dauer diplomatisch. Will sagen: Sie sind zu lang, zu voll gepackt mit den verschiedensten Themen, Zahlen, Fakten. Wulff selbst weiß, dass er am Rednerpult ein wenig unbeholfen wirkt. Er will alle Probleme von jeder erdenklichen Sichtweise aus ausgewogen behandeln und glaubt, bei jeder Gelegenheit eine komplett neue Ansprache halten zu müssen, anstatt mit Versatzstücken zu arbeiten, wie es jeder Profi macht. Das bringt ihm Lothar Späth bei, mit dem er im Sommer 1993 in Südfrankreich eine Woche wandern geht. Der einstige baden-württembergische Ministerpräsident, von Freund und Feind auch das „Cleverle" genannt, sagt ihm: „Du musst eigentlich immer dasselbe sagen, nur ein wenig auf die jeweilige Situation bezogen. Mach es wie ein Staubsaugervertreter, die können das perfekt." Wulff beherzigt das und von nun an werden die Reden allmählich besser. Seine wirklich guten Reden wird er allerdings erst im Landtag halten.

Ein Erlebnis sorgt bei Christian Wulff für echte Frustrationen. Es ist der Aschermittwoch 1993. Polternde Reden werden an diesem Tag längst nicht mehr nur in der Passauer Stadthalle oder bayerischen Bierzelten gehalten. Auch der CDU-Spitzenkandidat muss in die Bütt, am Abend auf einer Parteiveranstaltung in Wolfenbüttel. Morgens sitzen die Wahlkampfstrategen zusammen, bis Jürgen Gansäuer sich abmeldet mit den Worten: „Ich geh jetzt in die Sauna, weil ich über meine Aschermittwochsrede nachdenken muss". Siedend heiß fällt Wulff ein, dass er sich gar nicht vorbereitet hat für den Abend, sondern eine ganz normale Rede halten will. Erschreckt stellt er fest, dass er bis zum Abend noch sieben Termine absolvieren muss und damit absolut keine Zeit hat, sich auf diesen speziellen Anlass vorzubereiten. Erst nachmittags, während der Fahrt in die ostniedersächsische Stadt, kommt er zum Nachdenken. Er bastelt sich irgendwas zusammen, das ein wenig lustig und provokant klingen soll. Und möchte vor lauter Angst doch am liebsten umdrehen und sich krank melden. Aber er fährt hin, hält seine Rede – und wird zumindest nicht von der Bühne gebuht. Ein den Grünen nahe stehender Journalist der Deutschen Presseagentur, der Wulff vorher angekündigt hat, eigens nach Wolfenbüttel zu kommen, um ihn an diesem Aschermittwoch in Bierzeltatmosphäre zu beobachten, behandelt ihn in seinem Korrespondentenbericht pfleglich. Puh, noch mal gut gegangen, denkt sich Wulff – doch einmal mehr spürt er an diesem Tag, dass er ein Einzelkämpfer ist, dem es an Professionalität und Unterstützung fehlt.

Am Anfang des Wahlkampfes reicht es aus, dass das Interesse der Medien an dem jungen Unbekannten geweckt ist. Doch Wulff weiß natürlich, dass das nicht lange vorhält. „Irgendwann", so sagt er zu Matthias Kues, „breche ich ganz böse ein." Damit das nicht geschieht, arbeitet Wulff sich in die wichtigen Sachgebiete ein. Nur in einem ist er Gerhard Schröder überlegen: in der Kommunalpolitik. Schließlich hat er ja schon einige Jahre Erfahrung im Osnabrücker Rat gesammelt. Dass ihm große Teile der Landtagsfraktion nach wie vor keineswegs wohlgesinnt sind, ist nicht zu übersehen. Eines Tages bittet Wulff Fraktionsmitarbeiter, ihm ein paar kompakte Informationen zu verschiedenen Sachthemen zusammenzustellen, um sich für den Wahlkampf zu wappnen. Die meisten kommen der Bitte wie gewünscht nach. Ein Kollege jedoch stellt ihm 20 voll gepackte Leitzordner auf den Tisch. Das Ziel ist klar – der Kandidat soll in der Informationsflut ertrinken. Das geht jedoch gründlich daneben. „Wulff merkte sich schon damals fotografisch alles, was er liest", erzählt ein alter Vertrauter. Er habe die Ordner quasi „inhaliert" und viele Fachleute, die sich seit Jahrzehnten nur mit ihrem kleinen Spezialgebiet beschäftigen, damit verblüfft, dass er sich sehr schnell auf ihren Wissenstand bringen könne. Auch in der Partei stehen mitten im Wahlkampf längst nicht alle hinter dem Spitzenkandidaten. Eines Tages treffen sich rund ein Dutzend Funktionäre in der CDU-Geschäftsstelle in der Böttcherstraße in Hannover – ohne Wulff. Längst nicht alle äußern sich begeistert über den Frontmann und den Wahlkampf. Mehrere Teilnehmer halten sich gerne zurück und schauen sich an, was Wulff so auf die Beine stellt. Es sind die, die später, nach der 1994er Niederlage, alles schon vorher gewusst haben und nach dem Sieg 2003 nichts mehr davon wissen wollen.

Trotz seiner zahlreichen Touren durchs Land will sich ein größerer Bekanntheitsgrad des jungen Kandidaten nicht einstellen. Was liegt da näher, als sich mal anzuschauen, wie ein echter Profi das macht? Schröder profiliert sich längst bundespolitisch durch sein demonstratives Absetzen von der eigenen Partei. Damit kann man vieles verdecken, weiß er, vor allem auch Schwächen in der eigenen Arbeit. Nun versucht es Wulff auch einmal auf die Schröder-Tour – und siehe da, es funktioniert. Schon auf seinem Nominierungsparteitag hatte er ein wenig auch die eigenen Leute in Bonn mit Kritik bedacht. Nun forciert er das Tempo. Vor allem die Herren Norbert Blüm und Theo Waigel, also den Arbeits- und den Finanzminister, knöpft er sich vor. Das kommt auch deswegen gut an, weil der Bundestrend gerade voll gegen die Union steht. Blüms ewige Parole „Die Renten sind sicher" kann der junge Niedersachse nicht mehr hören. „Der glaubt das, aber das stimmt nicht", verkündet er öffentlich. Die Rahmenbedingungen für die Rente verschlechterten sich dramatisch. Die CDU müsse das jetzt thematisieren, weil die Rente morgen unsicher sei. Stattdessen werde das Problem tabuisiert.

Dem Finanzminister von der Schwesterpartei CSU wirft er „planloses Rumgewurstel" vor. Waigel betreibe eine Art „Kontoauszugspolitik" mit wechselnden Angaben. Wenn die Neuverschuldung des Bundes mal eben von 40 auf 70 Milliarden Mark steige, müsse man sich fragen, „warum die Bürger nicht völlig verzweifeln und das Vertrauen in die Kompetenz der Politik verlieren". Am Nikolaustag holt Wulff die Rute für die CDU aus dem Sack, nachdem er schon vorher von einem „Dahinsiechen" der Bonner Koalition gesprochen hat. Der Partei fehle eine längerfristige politische Perspektive, sie habe kein „faszinierendes Bild für das Jahr 2000 und darüber hinaus". Es klaffe eine Kluft zwischen dem, was die Gremien beschlössen und dem, was dann in der Partei passiere. Den Chef nimmt er ausdrücklich aus der Kritik aus, an Helmut Kohl solle die Union festhalten. Kurze Zeit später schickt er dann aber doch persönliche Weihnachtsgrüße ins Kanzleramt. Der niedersächsische Spitzenkandidat kündigt an, in der heißen Wahlkampfphase auf Distanz zu Kohl gehen zu wollen. Die acht Wahlkampfauftritte, für die er den Parteichef gerne in Anspruch nimmt, passen allerdings nicht ganz zu diesem Vorhaben. Die Medien hören sich im Kanzleramt um und bekommen gesteckt, dass es nicht ganz ungewöhnlich für einen jungen Spitzenkandidaten, aber deswegen trotzdem peinlich sei, wie Wulff sich verhalte. Wirklich wichtig nimmt Kohl die Sache allerdings nicht. Die Parteigremien würden sich erst mit der Angelegenheit befassen, wenn ernsthafte Konflikte drohten, lässt er einen Tag vor Heiligabend verlauten. Der weihnachtliche Frieden zwischen Osnabrück und Oggersheim ist nicht gestört.

Auch Norbert Blüm, der immer frohgemute Minister aus Bonn, kann mit der Kritik leben. Nicht so Theo Waigel. Er und Wulff begründen in diesen frühen Jahren eine stabile Gegnerschaft, die bis zur Abwahl der Kohl-Regierung 1998 immer wieder erfolgreich belebt wird. Kurz vor der Wahl, im Januar, schlägt der Bayer beleidigt zurück. Wulff sei mit seinen 1,87 Metern auch eine Größe, tönt er. Er decke bei weitem nicht das Potenzial ab, das einst Wilfried Hasselmann bei Vertriebenen und Bauern abgedeckt habe. Rita Süssmuth, stellvertretende CDU-Landesvorsitzende und der CSU wegen ihrer moralisierenden Art ein ständiger Dorn im Auge, bekommt auch gleich einen übergezogen. „Wir werden ja sehen, was die Schönheitskönigin von Schnaizelreuth an Stimmen holt." Schon kurz zuvor hat Waigel über den Wahlkampf der Nordlichter gelästert und dabei auch Friedbert Pflüger, zu dieser Zeit engster Mitarbeiter von Bundespräsident Richard von Weizsäcker und dem Bundestagsabgeordneten Horst Eylmann vom linken CDU-Flügel, der in dem gerade tobenden Kampf um eine neue Regelung des Abtreibungsparagrafen für eine von der CSU vehement abgelehnte Fristenregelung eintritt, miteinbezogen. In Niedersachsen könne nichts schiefgehen, spottet Waigel: „Die haben den Wulff für die Jungwähler, die Süssmuth für die Frauen, den Eylmann für die Fristenregler und den stellvertretenden Bundespräsidenten Pflüger. Macht zusammen 60 Prozent." Wulff findet solche Kritik „in jeder

Hinsicht abwegig". Er fordert ein neues Politikverständnis: mehr Offenheit, mehr Diskussionen, mehr Kompetenz. Alles Dinge, die er bei seinem SPD-Kontrahenten Schröder vermisst, aber auch bei der eigenen Partei. Pflüger, der von der CSU massiv angegriffen wird, weil er sich gegen Kohls Präsidentschaftskandidaten Steffen Heitmann ausgesprochen hat, nimmt Wulff deswegen öffentlich in Schutz. Damit hält er sich an ein Gespräch am Rande des Dresdner Bundesparteitages 1991, nach dem sich beide gegenseitig helfen wollen, wenn sie in Bedrängnis geraten.

Kritiker aus den eigenen Reihen, aber auch manche Medien werfen Wulff vor, mit seiner Kritik an Bundesregierung und Bundespartei auch schon mal die Aufmerksamkeit auf einen Schuldigen für die drohende Niederlage lenken zu wollen. Im Wahlkampf unter dem Motto „Ehrlich. Oder gar nicht", läuft längst nicht alles rund. Gerade in der letzten Phase passieren Pannen und Fehler. Die Präsentation des Wahlprogramms läuft noch gut über die Bühne. Die CDU versucht sich als Partei der Inneren Sicherheit zu verkaufen und stellt auch den Arbeitsmarkt in den Mittelpunkt. Als aber im November das Schattenkabinett vorgestellt werden soll, beginnt eine kleine Pannenserie. Zunächst sickert durch, dass Wulff sich vergeblich um „Miss Tagesthemen", Sabine Christiansen, bemüht hat.

Bei der Aufstellung der Landesliste gehen dann die CDU-Frauen auf die Barrikaden, weil Wulff seine Zusage, ein Drittel der Listenplätze für Frauen offen zu halten, nicht durchsetzen kann. Die Landesvorsitzende der Frauen-Union ist nur mit Mühe von einem Rücktritt abzuhalten, ihre Stellvertreterin tritt wegen ihres schlechten Platzes, der gleichwohl zum Einzug in den Landtag gereicht hätte, gleich ganz aus der CDU aus. Rita Süssmuth äußert sich öffentlich enttäuscht darüber, dass der Spitzenkandidat seine Zusagen nicht eingehalten habe und zeigt mitten in der heißen Wahlkampfphase, dass ihr die frauenpolitische Bluse näher ist als der parteipolitische Rock. Auch andere vertreten eher ihre Partikularinteressen als die der Partei. Einen Tag nach der Vorstellung des Schattenkabinetts, dem er als Finanzminister-Kandidat angehört, meldet sich Jürgen Gansäuer mit der Ankündigung zu Wort, er wolle auch nach der Wahl Fraktionsvorsitzender bleiben. Die Aussage kann man nur so verstehen, dass er die Wahl verloren gegeben hat und den Kampf gegen Wulff eröffnet. Andernfalls wird der ja für den Posten des Ministerpräsidenten kandidieren und für Gansäuer keine Konkurrenz sein.

Das Schattenkabinett wird nicht der große Renner, aber es ist ein solider Mix zwischen Alt und Jung, Neulingen und Erfahrenen. Das unbekannteste Mitglied ist eine junge Frau, die für das Cusanuswerk arbeitet, sich in der katholischen Kirche engagiert und aus Nordrhein-Westfalen stammt: Annette Schavan. Auf die Idee, sie nach Hannover zu holen, kommen drei gute Bekannte von Wulff: Eckart von Klaeden und die beiden Kues-Brüder Matthias und Hermann. Sie reisen für ein Wochenende zu einer Veranstaltung, zu der Unions-Granden hoffnungsvolle Jungtalente mitbringen, um sie ein wenig bekannter zu machen und untereinander zu vernetzen. Die drei sitzen in der letzten Reihe und lauschen einem Vortrag Schavans, als plötzlich Matthias, der jüngere der Kues-Brüder, flüstert: „Mensch, die wäre doch was!" Von Klaeden, mit 28 der Jüngste, der gerade unter einem gewissen Defizit leidet, weil er seit längerem keine Freundin mehr hat, schaut sich die zehn Jahre ältere Rednerin noch mal genauer an und sagt: „Hm, ist die nicht ein bisschen zu alt?" Die beiden anderen prusten los und klären ihn auf, dass sie eigentlich eher daran dachten, sie in Wulffs Schattenkabinett zu holen. Sie machen Wulff den Vorschlag. Der trifft sich in Osnabrück mit der überraschten Schavan und ist ebenso wie Josef Stock begeistert. Schon bald ist sie in Niedersachsen unterwegs und macht Wahlkampf. Gefahren wird sie von einem Mitglied des studentischen Fahrdienstes der CDU, von David McAllister. Der heutige Frontman der niedersächsischen CDU ist nicht nur Fahrer, sondern auch gleich Mädchen für Alles – und enthusiastisch bei der Sache.

Ins Kontor haut alsbald eine weitere böse Panne. Die Oldenburger NWZ fängt einen Brief Hasselmanns an einige Parteifunktionäre auf und veröffentlicht ihn kurz vor der Wahl. Hasselmann, von Anfang an gegen Wulffs Spitzenkandidatur, wirft ihm einen laschen Wahlkampf vor. Der findige Korrespondent der Zeitung heißt Olaf Glaeseker. Fünf Jahre später wird er Wulffs Parteisprecher und folgt ihm als Regierungssprecher 2003 in die Staatskanzlei.

Schließlich leisten die CDU-Wahlkämpfer sich noch eine Ungeschicklichkeit, über die die Medien genüsslich berichten. In der Endphase des Wahlkampfs könnte ein unbescholtener Zeitgenosse auf seinem Weg durch die Landeshauptstadt dem Glauben verfallen, die Wahlauseinandersetzung laute Gerhard Schröder gegen Konrad Adenauer. Überall in der Stadt hängen Plakate mit dem faltigen Gesicht des „Alten aus Rhöndorf" im Großformat. Wulff selbst ist nur ganz klein links unten abgebildet. Klar, dass die SPD spottet, die Union verstecke ihren Spitzenkandidaten. Der „Focus" findet, die Adenauer-Plakate seien eine „peinliche Idee". Wulff wirke optisch wie ein kleiner Wicht.

Der aber kämpft. Selbst am Tag der Geburt seiner Tochter Annalena, gut zwei Monate vor der Wahl, ist er im vollen Einsatz. Er wahlkämpft gerade in Duderstadt, als sein Fahrer André Gechter ihm die Nachricht überbringt, dass bei Christiane die Wehen eingesetzt haben. Er eilt nach Osnabrück, ist bei der Geburt dabei und ärgert sich noch viele Jahre später, dass abends bei seiner Abwesenheit in Braunschweig auf einer Wahlkampfveranstaltung gelästert wird: „Er hätte ruhig kommen können, das Kind bekommt seine Frau auch alleine!" Nach der Geburt äußert der glückliche Vater einen frommen Wunsch: Die Kleine möge doch bitte bis zum Tag der Wahl so wenig wie möglich schreien, vor allem nachts. Dass die Wahl verloren ist, ahnt er jetzt, auch wenn er seine Parteifreunde zum Weiterkämpfen ermuntert. Nach einer Umfrage des „Focus" ziehen zu dieser Zeit allerdings selbst 18,1 Prozent der CDU-Wähler Schröder ihrem eigenen Kandidaten vor. Die SPD liegt überall vorne, sei es beim wichtigen Thema Arbeit, sei es bei der Ausländer- oder der Asylfrage, die 1993 gerade heftig diskutiert wird. Das Urteil des Münchener Magazins: „Der derzeit riesige Vorsprung Schröders und der SPD ist mindestens ebenso sehr auf das Versagen der politischen Gegner zurückzuführen wie auf eigene Leistungen." Einer von vier Autorennamen unter dem Artikel lautet Köpf. Dahinter verbirgt sich Doris Köpf, die zwei Jahre später Gerhard Schröder auf einer Auslandsreise näher kennen lernt und dann seine vierte Frau wird.

Noch kritischer geht der „Spiegel" mit Wulff ins Gericht. Der sei ein freundlicher, etwas farbloser, aber in seinem ganzen Habitus soignierter Herr von 34 Jahren, der sich bei seinen Zuhörern mit der Seriosität eines Sparkassenleiters einschmeichle. Genüsslich schildern die Hamburger Journalisten eine Wahlkampfszene aus einer Diskothek, in der der steife Wulff mit Jugendlichen ins Gespräch komme – und sie mit seinem „drögen Beamtendeutsch" eher verschrecke. Mit seinem Motto „Ehrlichkeit" können die Hamburger Journalisten offenbar nicht so viel anfangen. Überall sehe der CDU-Mann Mauscheleien und Skandale am laufenden Band, mokieren sie sich. Die flotten Schreiber sind zu der Zeit stärker beeindruckt von den Gerhard Schröders, Oskar Lafontaines und Joschka Fischers, den begnadeten Selbstdarstellern, die sich durch allzu ausgeprägte Grundsätze in ihrem Wirkungsgrad nicht gerne zu sehr selbst beschränken. Die Endphase der Ära Kohl wird gerade eingeläutet, die Journalisten, auch viele von den bürgerlich-liberalen Blättern, als zunehmend bleiern empfinden. Da kommt einer wie Christian Wulff, der gewiss kein Haudrauf ist, nicht so gut an. Aber auch für ein Lokalblatt wie der „Ostfriesen-Zeitung“ ist Wulff ein „netter Langeweiler“, der „konservative Hausmannskost“ anbiete.

Für Wulff ist gerade der Stil der Politik angesichts solcher Politikertypen wie Schröder sehr wichtig, genauso wichtig wie der Inhalt. Ehrlichkeit, Verlässlichkeit, Glaubwürdigkeit werden für ihn in den kommenden Jahren Grundsäulen seines Politikverständnisses. Von den Medien muss er sich dafür zunächst belächeln lassen, aber er bleibt auf seinem Kurs. Ja, er entwickelt seinen Politikstil geradezu als Gegenmodell zu Schröders Art, Politik zu machen. Zum Thema Ehrlichkeit in der Politik hatte schon der berühmte italienische Politikberater Niccolo Machiavelli (1469 bis 1527) in seiner Schrift „Der Fürst“ ein paar Tipps parat. Ein kluger Herrscher könne und solle sein Wort nicht halten, wenn ihm dies zum Schaden gereiche und die Gründe, aus denen er es gab, hinfällig geworden seien. Allerdings sei es nötig, dass man diese Natur geschickt zu verhehlen verstehe und in der Verstellung und Falschheit ein Meister sei. Auch sei es für den Politiker durchaus schädlich, fromm, treu, menschlich, gottesfürchtig und ehrlich zu sein. Gut sei es aber, einen solchen Eindruck zu erwecken. An diese Ratschläge hält Wulff sich anders als viele Berufsgenossen nicht – sehr zu seinem eigenen Nutzen, wie sich später zeigen wird.

Doch Christian Wulff ist an seiner öffentlichen Wirkung keineswegs unschuldig. Schon bald bekommt er das Etikett des „Schwiegersohns“ angeheftet. Ein junger Mann also, der besonders auf ältere Damen Eindruck macht, den die vom Fleck weg für ihre Töchter engagieren würden. „Er hat sich dieses Image damals hart erarbeitet“, sagt sein heutiger Pressesprecher Olaf Glaeseker, der ihn im Wahlkampf 1993/94 journalistisch beobachtet, mit einer Prise Ironie. Ganz bewusst nimmt Wulff sich in Rhetorik und Auftreten zurück. Er kennt die Vorbehalte, die ihm wegen seiner Jugend von den Älteren entgegengebracht werden. Diese Rolle spielt er so gut, dass ihm am Ende die Älteren mehr Sympathie entgegenbringen als die Jüngeren, die die CDU doch gerade mit ihrem jungen Kandidaten ansprechen will. Wie ein Serienschauspieler wird Wulff diese Rolle einfach nicht wieder los. Andererseits muss sich Wulff natürlich auch nicht vollkommen verstellen. Er ist der eher stille Typ, dem schon die eigene Mutter oft zu laut war. Er ist eher der nachdenkliche Typ, der nicht immer mithalten kann und will, wenn Politiker vom Schlage Schröders einfach mal was in die Welt setzen, das sie bei nächster Gelegenheit wieder einkassieren. Aber Jugendfreunde, Weggefährten aus der Zeit von Schüler und Junger Union wundern sich schon ein wenig darüber, wo der oftmals witzige Typ geblieben ist, den sie auch in Christian Wulff kennengelernt haben. Auch die HAZ beurteilt ihn ein wenig so: „Der Wahlkampf hat die Person Christian Wulff wohl nicht verbogen, aber doch in aller Stille etwas stromlinienförmiger gemacht."

Im Übrigen ist er aber auch ganz einfach ein schüchterner Mensch. Ein Erlebnis, das der Journalist und Schriftsteller Eike Christian Hirsch mit ihm 1993 hat, ist dafür ein gutes Beispiel. Hirsch hält in Osnabrück anlässlich einer Preisverleihung an einen Karikaturisten die Laudatio. Wulff ist als CDU-Spitzenkandidat ebenfalls zu der Veranstaltung eingeladen. In der Pause laufen sich beide im Theaterfoyer über den Weg. Hirsch erkennt den CDU-Mann, den er schon auf Fotos gesehen hat. Anstatt etwas zu sagen, schaut der jedoch nur verlegen drein, traut sich nicht, Hirsch anzusprechen und weiß nicht so recht, wie er sich verhalten soll. Erst ein Jahr später lernen sich beide kennen, als Wulff seinen offiziellen Antrittsbesuch beim Norddeutschen Rundfunk macht. Man sitzt sich im Fernsehstudio in Hamburg-Lokstedt gegenüber und wird sich vorgestellt. Da endlich traut sich Wulff was: „Ich habe Sie doch vor einem Jahr in Osnabrück erlebt. Schön, Sie kennen zu lernen." Das hätte er auch schon ein Jahr früher haben können, doch dem 22 Jahre älteren Hirsch ist dieses schüchterne Auftreten keineswegs unsympathisch.

Dass er im kleinen Rahmen auch bei Jüngeren ankommt, beweist ein anderer Disco-Besuch, bei dem der „Spiegel" nicht dabei war. Wulff will mit den Jugendlichen zwischen Glitzerkugeln und Biertresen ins Gespräch kommen, doch der Betreiber des Ladens unterbindet das, weil er keine Politiker bei sich duldet. Eine geschäftsschädigende Entscheidung, denn Wulff lädt alle ein, in einen Nebensaal mitzukommen und mit ihm zu diskutieren. 60 von 65 Disco-Besuchern folgen ihm. Die Tanzfläche bleibt bis zum Ende der Diskussion leer.

Vier Tage vor der Wahl am 13. März staunt die HAZ in einer Wulff-Reportage: „Spuren von Erschöpfung, Stress oder Anspannung sind nicht zu erkennen." Da irrt das Blatt gewaltig – aber es zeigt sich, was für ein Schauspieler auch in Wulff steckt. Gesundheitliche Probleme, die eindeutig mit der physischen und psychischen Belastung des Wahlkampfes zu tun haben, hat er schon seit Monaten. Doch zwei Tage, bevor der HAZ-Artikel erscheint, passiert ein kleiner GAU. Im Rathaus von Hemmoor bei Cuxhaven bricht Wulff vor Erschöpfung zusammen und reißt eine Tischlampe mit sich hinunter. Mitarbeiter bringen ihn heimlich durch einen Hinterausgang hinaus, denn vorne warten Journalisten von überregionalen Blättern, die Wulff ausgerechnet an diesem Tag begleiten und natürlich nichts von der Sache mitbekommen sollen. Wulff begibt sich zum Ausruhen in ein Hotel – und nimmt ein paar Stunden später seine Termine wieder auf. Sein Umfeld ist beeindruckt: „Dieses Hasten von Termin zu Termin, diese Zähigkeit, dieses Durchhalten, Durchhalten, Durchhalten war schon toll", staunt einer, der den Vorfall im Rathaus Hemmoor erlebt, noch Jahre später.

Noch ein anderes Problem taucht im Wahlkampf auf. Der Kandidat hat ja kein Mandat und verfügt somit nur über sein Anwalts-Einkommen. Seinen Job als Rechtsanwalt kann er nur noch bedingt wahrnehmen. Um ihn zu unterstützen, nimmt Christiane ab und zu lange Fahrten zu Christians Klienten auf sich, bei denen sie als seine Stellvertreterin auftritt. Zur Beruhigung trägt natürlich bei, dass der Einzug in den Landtag längst abgemachte Sache ist, denn der Spitzenkandidat, der ja für ein Direktmandat in Osnabrück antritt, ist natürlich auf der Landesliste abgesichert. Und als Landtagsabgeordneter verdient man ja nicht wirklich schlecht.

Der 13. März 1994 ist ein regnerischer und stürmischer Tag. Es ist auch der Tag der bittersten Niederlage der CDU in Niedersachsen seit 30 Jahren. 36,4 Prozent erreicht die Partei nur noch, nach 42,0 Prozent vier Jahre zuvor. Gerhard Schröders SPD kommt auf 44,3 Prozent – das reicht zu einer hauchdünnen absoluten Mehrheit der Mandate von einer Stimme. Alle, die damals zur jungen Wahlkampftruppe gehören, finden noch heute, dass das Ergebnis angesichts der Bedingungen, unter denen es erzielt wurde, mindestens passabel war. Die Wahlprognosen sind so eindeutig, dass sich die Christdemokraten auf einer Wahlfeier den Appetit auf Aal und Sekt nicht verderben lassen, denn sie wissen, was sie erwartet. Kritik am Spitzenkandidaten bleibt am und nach dem Wahlabend weitgehend aus, und zwar sowohl aus Hannover als auch aus Bonn. Wulff sieht sich in seiner Theorie aus Schülersprecherzeiten bestätigt: Da, wo die Leute ihn kennen, wählen sie ihn auch. Denn immerhin nimmt der Spitzenkandidat der SPD das Direktmandat in Osnabrück ab. Die restlichen Zahlen und Fakten sind nicht so erbaulich. 75 000 Stimmen wandern von der CDU an die SPD, 80 000 Wähler von 1990 bleiben zu Hause. Die Christdemokraten leiden an einem eindeutigen Motivationsdefizit ihrer Anhänger. Bitter für Wulff: Nur 63 Prozent der CDU-Anhänger identifizieren sich mit ihrem Spitzenkandidaten. Und nur 34 Prozent der Wähler glauben, die Union habe geschlossen hinter Wulff gestanden – womit die, die das nicht glauben, auf alle Fälle Recht haben. In praktisch allen Kompetenzfeldern liegen die Sozialdemokraten vorne. Eine kleine Genugtuung erfahren die CDU-Anhänger auf der Wahlparty dennoch. Die FDP, der Wunsch-Koalitionspartner, der sich wenige Tage vor der Wahl bei der SPD zur Empörung der Christdemokraten angebiedert hatte, fällt durch und fliegt aus dem Landtag.

Wulff bedauert das Ausscheiden der Liberalen. Am Tag, als er sein Büro im Leineschloss bezieht, begegnet er einigen führenden FDPlern, wie dem langjährigen Minister Heinrich Jürgens und dem einstigen Fraktionsvorsitzenden Martin Hildebrandt, die ihre Räume gerade leer räumen. Das Zusammentreffen empfindet er als bitter – für ihn persönlich bedeuten rund sechs Prozent Stimmenverlust der CDU den Beginn seiner Arbeit als Oppositionsführer, für die FDP-Abgeordneten dagegen ein weit geringerer Verlust den Rauswurf aus dem Landtag. Seitdem kann er die Besorgnis der FDP, wenn sie in Umfragen bei fünf oder sechs Prozent gehandelt wird, gut nachempfinden.

Wulff glaubt aber an eine Zukunft der FDP. Er nimmt einen überdimensionalen Rotstift, den die FDP einst der Landesregierung symbolisch überreicht hatte, in seinem Landtagsbüro in Verwahrung. „Wenn ihr wieder in den Landtag zurückkehrt, bekommt ihr diesen Stift zurück", verspricht er Hildebrandt. Am Tag nach Wahl 2003, die die FDP zurück ins Leineschloss bringt, gibt er den Liberalen ihr Eigentum zurück.

Kaum macht am Wahlabend die erste Hochrechnung die Niederlage offiziell, da geht die CDU in die nächste innerparteiliche Schlacht. Rita Süssmuth plädiert dafür, dass Wulff nun am Dienstag nach dem Wahlsonntag in der konstituierenden Sitzung der Fraktion zu deren neuem Vorsitzenden gewählt werde. Dass Wulff nach der Wahl im Falle einer Niederlage den Posten des Fraktionschefs anstreben wird, hat er zwar so deutlich nicht gesagt, aber es ist jedem, der nur ein wenig politisches Verständnis hat, klar. Gansäuer ist gewarnt, sieht aber überhaupt nicht ein, dass er seinen Posten an einen jungen Wahlverlierer abtreten soll. Und genauso sehen das auch zahlreiche Mitglieder der neuen, 67-köpfigen Fraktion, in der er ja durchaus einen guten Ruf hat.

Wulffs Anhänger haben ein schlagendes Argument: Wie soll es nach außen wirken, wenn man einem Spitzenkandidaten, der Ministerpräsident werden will, nicht einmal den Posten des Fraktionsvorsitzenden zutraut? So denkt auch Wulff selbst und ist daher ehrlich irritiert über Gansäuers Weigerung, ins zweite Glied zu treten. Was sicherlich ein wenig blauäugig ist – denn erstens hat er ja schon seine Erfahrung mit ihm gemacht und zweitens erscheint es nicht besonders wahrscheinlich, dass jemand, der sich für die nächste Wahl 1998 durchaus noch Chancen zur eigenen Spitzenkandidatur ausrechnet, freiwillig vom wichtigsten Posten in der Fraktion abtritt.

Am Montag nach der Wahl reist Wulff erstmals zum Parteipräsidium nach Bonn. Das zweite Mal wird er vier Jahre später bei einer Sitzung dabei sein – wieder nach einer verlorenen Wahl. Die Bonner CDU-Granden gehen pfleglich mit ihm um. Kohl spricht sich für Wulff als Fraktionschef aus, so wie das zuvor auch schon Generalsekretär Peter Hintze getan hat. Kohl ist aus zwei Gründen für Wulff: Erstens ist er einer mit Zukunft, zweitens ist Gansäuer ein Geißler-Anhänger und steht damit per se auf der Abschussliste.

In Hannover wird der Montag zu unzähligen Gesprächen hinter den Kulissen genutzt. Die Gegenseite bildet ein regelrechtes Anti-Wulff-Komitee, das ständig tagt. Dabei ist auch Wilfried Hasselmann. Die Mehrheitsverhältnisse sind unklar, es gibt Abgeordnete, die von Anfang an festgelegt sind, und andere, die schwanken bis zur Abstimmung. Manch einer gibt auch positive Signale an beide Kandidaten – mal schauen, wer einem ein besseres Pöstchen anbietet. Und nicht jeder, der für Gansäuer ist, ist deswegen gleich ein Wulff-Gegner. Viele sehen sich ganz einfach zur Loyalität gegenüber ihrem bisherigen Chef verpflichtet. Wulff telefoniert abends nur mit einem einzigen Abgeordneten, dann hält er sich zurück.

Am Dienstag knistert es vor Spannung im Leineschloss, dem niedersächsischen Landtag. Am Ende geht Wulff als Sieger hervor, mit 39 zu 28 Stimmen. Nun beklagen sich Gansäuer und andere über eine angebliche massive Einflussnahme aus Bonn zugunsten Wulffs. Kohl, Süssmuth, Seiters und andere sollen zum Telefon gegriffen und Wulff-Gegner unter Druck gesetzt haben. Diesen Vorwurf findet die „Deister- und Weserzeitung" aus Hameln „mehr als peinlich". Wulff versucht es mit der Umarmungsstrategie: „Es sind hier kluge Abgeordnete zusammengekommen, die wissen, worauf es ankommt; die haben sich in den letzten Tagen entschieden."

6. Der Marathonmann

Mit der Wahl zum Fraktionsvorsitzenden hat Christian Wulff sich zunächst durchgesetzt. Doch das bedeutet nicht, dass seine Position in den eigenen Reihen gesichert ist. Schon das knappe Ergebnis zeigt, dass der Neue in der eigenen Fraktion viele Gegner hat. Die Gräben, die die Auseinandersetzung zwischen ihm und Gansäuer gezogen hat, sind tief und durchtrennen langjährige Freundschaften. Viele Abgeordnete lassen ihn ihre Gegnerschaft oder doch zumindest ihre Vorbehalte noch lange spüren. Das gilt auch für die Mitarbeiter der Fraktion, die jahrelang Gansäuer treu gedient haben.

Im Parlamentsbetrieb ist der junge Fraktionschef ein absoluter Neuling. Zwar hat er vier Jahre lang Erfahrungen im Osnabrücker Stadtrat gesammelt. Aber der Landtag in Hannover spielt in einer anderen Liga. Wulff war noch nie einfacher Abgeordneter, konnte in keinem Ausschuss Erfahrungen sammeln, kennt die Kniffe und Intrigen nicht, hat nicht in jahrelanger Kleinarbeit Seilschaften knüpfen können, die unabdingbar sind für die Durchsetzung in den eigenen Reihen. Er hat nicht gelernt, Mehrheiten in einer 67-köpfigen, ihm in Teilen betont kritisch eingestellten Fraktion zu bilden oder die Kollegen bei der Stange zu halten, wenn einmal etwas nicht so läuft oder er ihre – auch personalpolitischen –Wünsche nicht erfüllen kann. Ja, er kennt noch nicht einmal das Landtagsgebäude wirklich von innen, muss sich überall zurechtfinden. Alles ist neu, alles ist aufregend – überall lauern Gefahren. Bislang war es ein Kampf Mann gegen Mann mit den jeweiligen Hilfstruppen. Weitgehend mit offenem Visier und gegen einen bekannten Gegner. Jetzt beginnt der Guerilla-Kampf. Wulff ist auf Loyalität in einem verminten Umfeld angewiesen.

Allerdings sind seine Gegner gewarnt. Machtbewusstsein hat der junge Mann nun schon mehrfach bewiesen, auch wenn sich das nach außen noch längst nicht überall herumgesprochen hat. Seine ruhige, zurückhaltende, manchmal schüchterne Art, sein jugendliches Aussehen und sein manchmal noch jungenhaftes Auftreten bringen viele dazu, ihn zu unterschätzen. Aber Wulff hat mit Gansäuer einen allseits anerkannten Gegner mit Gewicht, einen von zwei starken Männern in der Landes-CDU, gleich zweimal abgesägt. Gansäuer zieht sich zurück, beleidigt, empört, menschlich tief verletzt. Er macht nicht den Rudolf Scharping der Niedersachsen-CDU, lässt sich nicht wie der SPD-Chef auf dem Mannheimer Bundesparteitag 1995 zum Stellvertreter wählen, nachdem er von Oskar Lafontaine vom Thron geputscht wurde. Der vom CDU-Thron im Leineschloss beseitigte Gansäuer lässt sich zum Vizepräsidenten des Landtags wählen. Das Tischtuch zwischen ihm und Wulff bleibt lange zerschnitten. Zumal der Jüngere als Sieger des Duells weder die politische noch die menschliche Stärke hat, dem Älteren die Hand zu reichen. Wulff kann sehr nachtragend sein, wissen die, die ihn schon länger kennen.

Einige Wochen nach der Wahl berichtet die FAZ, der neue Chef habe die wichtigsten Positionen mit Leuten seines Vertrauens besetzt. Das klingt wohl informiert, ist aber falsch. Neu ist natürlich sein persönlicher Referent Hans-Christian Vollmer. Ein alter Schul- und Studienfreund Wulffs, der in den kommenden Jahren sein einziger wirklicher Vertrauter wird. Ansonsten lässt er die meisten Posten unangetastet. Die Ausschussvorsitzenden lässt er wiederwählen, bei den Mitarbeitern der Fraktion gibt es kaum Änderungen. Alles andere würde nur zu neuer Unruhe führen, neuen Unmut wecken. Und das kann Wulff nun gar nicht brauchen. Immerhin gelingt es ihm, mit seiner freundlichen Art bei vielen, die ihn noch gar nicht oder kaum kennen, Sympathien zu wecken.

Die Ausgangslage für die Opposition aus CDU und Grünen ist eigentlich gar nicht so schlecht. Denn die SPD hat im Landtag ja nur die knappste aller denkbaren Mehrheiten von einer Stimme. Da darf man als Opposition schon mal hoffen, den einen oder anderen Kandidaten, der mit seiner Regierung aus welchen Gründen auch immer unzufrieden ist, aus der Phalanx zu holen. Aber viele warten gerade am Anfang eher auf eine Panne Wulffs, einen Fehler, einen Tritt in den Fettnapf. Sie werden rasch bedient – ausgerechnet bei der Wiederwahl Schröders in der konstituierenden Sitzung des Landtags knapp vier Monate nach der Wahl. Schröder geht durchaus nervös in die Sitzung. Dazu hat er allen Grund, denn in mehreren Probeabstimmungen haben zuvor nicht alle Abgeordneten aus seiner Fraktion für ihn bestimmt. Das ist aber unabdingbare Voraussetzung für die Wiederwahl, denn das Stimmenverhältnis lautet 81 zu 80 aus Sicht der Regierung. Schon eine Stimme reicht aus, und die knappe Mehrheit ist futsch. Eine Stunde lang muss Schröder auf das Ergebnis warten. Die Zeit zehrt sichtlich an seinen Nerven. Immer wieder führt er nervös die Finger durchs Haar oder streicht seine Krawatte glatt. Dann kommt die Erlösung – er ist wiedergewählt. Und das sogar mit zwei Stimmen mehr, als die eigene Fraktion zählt. Ein echter Tiefschlag für den neuen Oppositionsführer. Sofort hagelt es zwischen CDU und Grünen Schuldzuweisungen. Die Union behauptet, zwei Grüne, die noch der gemeinsamen Regierungszeit mit der SPD nachtrauerten, wollten unbedingt sicherstellen, dass Schröder Ministerpräsident bleibt. Die Grünen wiederum vermuten, zwei christdemokratische Abgeordnete hätten ihrem neuen Vorsitzenden einen Denkzettel verpassen wollen. Die erste Theorie ist die wahrscheinlichere, die zweite aber durchaus denkbar.

Auch der zweite Tag der Parlamentsdebatte beginnt unglücklich für den Parlamentsnovizen Wulff. Er hat schlicht vergessen, seine Wortmeldung beim Parlamentspräsidium abzugeben. Genüsslich fragt Landtagsvizepräsident Jürgen Gansäuer, der im grellroten Jackett die Sitzung leitet, ob Wulff denn gar keine Erwiderungsrede auf die Regierungserklärung halten wolle. Voller Schadenfreude spenden die SPD-Abgeordneten lautstark Applaus und klopfen sich begeistert auf die Schenkel.

Doch das Lachen vergeht ihnen sehr bald. Denn Wulff hält eine fulminante Rede, in der er alle Fehler aus Wahlkampfzeiten vermeidet. Er legt Sprechpausen ein, spitzt zu, beweist Detailkenntnisse und reagiert ungewohnt schlagfertig auf die zahlreichen Zwischenrufe von SPD-Abgeordneten, die ihrem Ziel, den Redner aus dem Konzept zu bringen, nicht nachkommen können. Wulff kann sogar jeden Einzelnen von ihnen mit Namen ansprechen, denn er hat vor seinem Auftritt ausgiebig das Landtagshandbuch studiert. Das kommt gut an bei den eigenen Leuten, die ihren Frontmann anschließend lang anhaltend feiern. Nur zwei Abgeordnete schauen demonstrativ nicht zum Rednerpult: Gerhard Schröder und Jürgen Gansäuer. Wulff weiß, dass die zwei in den kommenden vier Jahren seine größten Gegner sein werden. Zum Frust der Sozialdemokraten missrät zu allem Überfluss auch die Rede von Wulffs direktem Widerpart Wolf Weber. Der SPD-Fraktionschef hält eine vorbereitete Ansprache und geht überhaupt nicht auf die Worte seines Vorredners ein. „Der Newcomer besteht die Feuerprobe“, titelt die HAZ und erklärt Wulff zum „Tagessieger“.

Da bald nach diesem ersten Erfolg die Parlamentsferien beginnen, ist erst einmal Ruhe an der Fraktionsfront. Wulffs Stellung ist gestärkt. Dazu trägt auch die Wahl zum neuen Parteivorsitzenden schon drei Wochen zuvor bei. Josef Stock macht Wulff freiwillig den Platz frei. Er weiß, dass es seit der missglückten Vorstellung seines Spitzenkandidaten Ende 1992 viel Misstrauen in der Partei gegen ihn gibt. Er stellt aber auch persönliche Ambitionen hinter das strategische Kalkül für die Partei zurück. Mit einem sehr guten Ergebnis kann Wulff sehr zufrieden sein. Obwohl Helmut Kohl Recht behält: Das Ergebnis ist tatsächlich etwas schlechter als das auf dem Nominierungsparteitag.

Ende September, zu Beginn der neuen Sitzungsperiode, zieht die HAZ das übliche 100-Tage-Fazit. Wulff sei der Start gut gelungen, er habe im Parlament die Fraktion hinter sich. Fraktionsvize Horst Horrmann zeigt sich „positiv überrascht". Wulff pflege einen kooperativen Stil im Fraktionsvorstand. Sein Nachteil sei, dass er manchmal übervorsichtig reagiere, wenn es um Stellungnahmen von CDU-Gremien gehe.

Gleichwohl unterlaufen dem Neuling ärgerliche kleinere Fehler. In der Septembersitzungswoche will er unbedingt den von der Regierung geplanten Nachtragshaushalt im Parlament diskutieren, obwohl seine erfahrenen Haushälter bereits zugestimmt haben, dass er vorwiegend in den Ausschüssen zur Sprache kommt. Bei der Abstimmung zum Spargesetz im Dezember leistet ausgerechnet der Chef sich einen peinlichen Schnitzer – er stimmt bei namentlicher Abstimmung mit der Regierung und gegen die eigene Fraktion. Das ist natürlich nur ein Versehen und Landtagspräsident Horst Milde (SPD), der seinem Namen alle Ehre macht, lässt die Abstimmung ohne hämische Kommentare nochmals abhalten. Sein Vize Gansäuer hätte die Chance zu weiteren Nadelstichen zweifellos genutzt, glauben manche CDU-Abgeordnete.

Das Jahr endet dann allerdings aus Unionssicht ganz angenehm, denn die Regierung leistet sich ein kleines Skandälchen. Im Dezember 1994 gerät Landwirtschaftsminister Karl-Heinz Funke, der sich wegen seiner norddeutsch-burschikosen Art bei den grundsätzlich störrischen Landwirten Respekt verschafft hat, ins Visier der Staatsanwaltschaft Hannover. Der Grund: Verdacht auf versuchten Betrug bei einer Spesenabrechnung. Ein halbes Jahr zuvor hat der Minister einige Parteifreunde zu einem Gespräch in seinem Heimatort Dangast am Jadebusen eingeladen und sie für 405 Mark und 70 Pfennige bewirtet. Ein Mitarbeiter Funkes wollte später diese Summe abrechnen, was aber am Widerstand des zuständigen Sachbearbeiters im Ministerium scheiterte. Daraufhin verfiel der Mann auf einen Trick – er gab beim zweiten Abrechnungsversuch einfach eine andere Personengruppe an. Funke unterschrieb den Antrag auf Kostenerstattung offenbar unbesehen.

Als die Sache ans Licht kommt, lässt Funke seine Amtsgeschäfte ruhen. Die Verlockung für die CDU ist groß, sie sieht die erste Gelegenheit, die wacklige SPD-Mehrheit in Gefahr zu bringen. Wulff, der nach innen und nach außen um Anerkennung und Aufmerksamkeit ringt, holt gleich die Moralkeule aus dem Schrank. „Außerordentlich schäbig", nennt er das Verhalten des Ministers und fordert dessen Entfernung aus dem Amt. Funke verteidigt sich damit, er habe den zweiten Antrag routinemäßig unterschrieben und zudem von dem Streit zweier Ministeriumsmitarbeiter um die Abrechnung gar nichts gewusst. Dass ein viel beschäftigter Minister sich um solche Bagatellen nicht kümmert, scheint durchaus glaubwürdig. Das sehen auch die Staatsanwälte so und stellen die Ermittlungen schon nach sechs Tagen wieder ein, so dass Funke in sein Ministerium zurückkehren kann. Doch Wulff tritt nach. Wenn man dem SPD-Minister schon nicht auf moralischem Wege an den Kragen kann, dann doch vielleicht über seine mangelnden Fähigkeiten. Er erneuert die Forderung nach Entlassung Funkes durch Schröder, diesmal, weil jener offenbar nicht wisse, was er unterschreibe und verantworte. SPD-Fraktionschef Wolf Weber wirft seinem CDU-Kontrahenten daraufhin einen „inflationären Gebrauch von Rücktrittsforderungen" vor. Dem Herbststurm geht aber schnell die Puste aus. Bald ist Weihnachten, alles ist friedlich gestimmt und im neuen Jahr ist die ganze Sache schon vergessen.

Doch das neue Jahr bringt für Christian Wulff gleich zum Anfang eine Erkenntnis mit sich: Sollte er geglaubt haben, es herrsche nach den Aufwühlungen des Wahljahres nun Ruhe an der fraktionsinternen Front, so hat er sich getäuscht. Kaum ist das Jahr zwei Wochen alt, da meldet sich Jürgen Gansäuer wieder zu Wort. Zunächst nutzt er den Parteitag seines CDU-Bezirkes Hannover zu einer Art Generalabrechnung mit Kohl und Wulff. „Wer Reformen will, kann nicht sagen, die Karawane muss weiter ziehen." Das ist zwar ein bekanntes Zitat des Bundeskanzlers, die Kritik aber richtet sich in erster Linie an den eigenen Vorsitzenden, der sich ja in der Vergangenheit selbst als Reformer gegen die Bonner hervorzutun versuchte. Insbesondere kritisiert Gansäuer die Debatte um den Abtreibungsparagrafen 218, der in diesen Jahren die Gemüter innerhalb der Union erhitzt. Hier sei in der CDU zwischen „gut" und „böse" entschieden worden, der Streit habe viele Frauen abgestoßen. Es sei ein Unding, Frauen an Abtreibungen zu hindern, aber über die Hilfen für Alleinerziehende kaum etwas im Grundsatzprogramm zu schreiben. Gansäuer, der inhaltlich in vielen Fragen Heiner Geißler nahe steht, der sich immer mehr zum Vormann auf dem linken Flügel der CDU etabliert, ist gegen das von der Mehrheit in der Union vertretene strikte Verbot von Abtreibungen. Wulff hat hier eine ganz andere Position: Abtreibungen widersprechen strikt seinem christlichen Menschenbild.

Kurze Zeit darauf legt Gansäuer nach. Wulff hat sich mit dem mächtigen Norddeutschen Rundfunk angelegt, dem er ohnedies vorwirft, wegen seiner vermeintlichen Nähe zur SPD ein „Rotfunk" zu sein. Wulff fordert Einsparungen der Sendeanstalt, fragt nebenbei, ob ein kleiner Sender wie Radio Bremen noch lebensfähig sei. Er ist damit auf einer Linie mit dem Bayern Edmund Stoiber und dem sächsischen Ministerpräsidenten Kurt Biedenkopf. Widerspruch erntet er allerdings nicht nur von der NDR-Verwaltungsratsvorsitzenden Christiane von Richthofen, die der CDU angehört. Sondern auch vom medienpolitischen Sprecher der eigenen Fraktion: Jürgen Gansäuer. Der verurteilt die Angriffe auf den NDR aus den eigenen Reihen scharf. „Die Art und Weise der öffentlichen Auseinandersetzung über eine Neuordnung der ARD ist höchst bedauerlich", schimpft er öffentlich. So fällt ein loyaler Abgeordneter seinem Fraktionschef gewiss nicht in den Rücken.

Zwischen den beiden Streithähnen, so erinnern sich neutrale Beobachter, herrscht offene Feindschaft. Gansäuer nutzt nicht jede, aber doch viele Gelegenheiten, Wulff anzugehen, auch und besonders gerne in der Öffentlichkeit. Er hat die zwei Niederlagen gegen Wulff nicht verwunden und es wird noch Jahre dauern, bis beide ein auch nur einigermaßen geordnetes Verhältnis haben. Nach der Wahl 2003 wird Gansäuer Präsident des Landtages, erst danach schaffen es die zwei, ihre Beziehung zueinander zu bereinigen. Doch in den Jahren nach der Wahl glaubt Jürgen Gansäuer noch immer, er sei eigentlich der bessere Fraktionschef, und es gibt immer eine Minderheit in der Fraktion, die das auch so sieht. Auf einen Erfolg kann Wulff ja mit der schlimmsten Wahlniederlage seit 37 Jahren auch nicht verweisen. Da beide zudem auch tatsächlich in inhaltlichen Fragen nicht immer einer Meinung sind, kommt in ihrer Auseinandersetzung Persönliches und Politisches zusammen. Zeitweilig ist jeglicher Gesprächskontakt völlig abgeschnitten, obwohl die Büros beider einander schräg gegenüberliegen. Die Gänge im Leineschloss sind eng, es bedarf eigentlich höchstens einige Schritte, um vom einen Büro die Schwelle des anderen zu übertreten, doch die Hürde bleibt zu hoch. Eine Zeit lang dient ein Fraktionsmitarbeiter als Bote, wenn beide miteinander verhandeln müssen. Er trägt dann Wulff vor, was Gansäuer zu sagen hat und Gansäuer, wie Wulffs Antwort ausfällt. Oder umgekehrt. Dem Rat seiner Getreuen, als Sieger auf den Verlierer zuzugehen, folgt Wulff nur halbherzig. Viele auch aus dem Wulff-Lager meinen, der Fraktionschef gehe nicht immer korrekt mit dem Unterlegenen um. Er sei zu nachtragend und könne sich einfach nicht überwinden, den ersten Schritt zu machen. Feindschaften zu überwinden ist Christian Wulffs Stärke nicht, sagen die, die ihn gut kennen. Daran habe sich bis heute nicht viel geändert. Andererseits ist auch Gansäuer zu dieser Zeit in der Schmollecke. Er findet nichts dabei, mit Gerhard Schröder Tennis zu spielen, während sich der Kontakt zum eigenen Fraktionsvorsitzenden auf das Allernötigste beschränkt.

Er bleibt keineswegs der einzige Wulff-Kritiker in der Fraktion. Als im Frühjahr seine Wiederwahl als Fraktionschef ansteht, zeigt sich das sehr deutlich: 50 Abgeordnete stimmen mit Ja, zehn mit Nein, es gibt eine Enthaltung und sechs Fraktionsmitglieder nehmen erst gar nicht an der Abstimmung teil. Eine solche Abstinenz wird im Normalfall als Ausdruck stillen Protestes gewertet. Das ist angesichts der Tatsache, dass es keinen Gegenkandidaten gibt, ein wenig erfreuliches Ergebnis. Die Wahl findet während einer Fraktionsklausur auf der Insel Borkum statt. Die Stimmung ist von Anfang an gedrückt, einen konkreten Anlass dafür gibt es nicht. Der Funke ist nach einem Jahr einfach nicht übergesprungen, weder in der Außendarstellung der Fraktion und ihres Chefs noch in der internen Arbeit.

Klar ist, dass Wulffs Ausgangslage als Fraktionsvorsitzender per se schwierig ist. Er selbst ist neu, muss die parlamentarischen Gepflogenheiten erst noch lernen. Zudem kann er als Vorsitzender einer Oppositionsfraktion seinen 67 Untergebenen eigentlich nichts anbieten, was sie ruhig halten könnte. Keine lukrativen Posten vor allem, ja nicht einmal Versprechungen, die sie bei der Stange halten. Hinzu kommen aber individuelle Schwächen des Chefs, die nicht zu übersehen sind. Abgeordnete beklagen sich, nicht in die Arbeit eingebunden zu werden, denn Wulff zieht alles an sich, macht alles allein. Gegen Ende dieser und in der nächsten Legislaturperiode mehren sich die Klagen von Fraktionsmitgliedern, die sich völlig unausgelastet fühlen. Viele von denen, die kommunalpolitisch verankert sind, konzentrieren sich zunehmend auf ihre Arbeit als Stadt- oder Gemeinderäte. Was wiederum dazu führt, dass sie es an Initiativen und Ideen im Parlament fehlen lassen. Wulff ist auch nicht der Antreiber, der Einpeitscher, den eine an Lethargie leidende Mannschaft dringend nötig hätte. „Wulff hat aus den fähigen und ausbaufähigen Leuten in der Union bisher noch keine Mannschaft geformt", urteilt die HAZ im Mai 1997. Er braucht eine Weile, um Intrigen und Fallen zu durchschauen, es wird auch schlicht kolportiert, der Chef sei unfähig, ein Dünnbrettbohrer, ein Einzelgänger, der nicht genug Kontakte pflege. In der Fraktion glauben viele, Wulff sei auf der Suche nach sich selbst, habe seinen eigenen Stil noch nicht gefunden, wisse nicht, wohin er wolle. Kohl mäkelt aus Bonn herüber, Wulff sei ein typischer Verlierertyp, zu verklemmt, er komme nicht aus sich heraus. Das Urteil des Kanzlers: „Der wird höchstens mal Landtagsvizepräsident."

Der junge Chef zieht sich immer weiter zurück. Zwar gilt Wulff vielen als ein von Natur aus eher misstrauischer Mensch, aber sein Verhalten hat auch einen guten Grund. Immer wieder kommen aus Gremiensitzungen Dinge an die Öffentlichkeit, die dort eigentlich nicht hingehören. Es hapert stark an Vertraulichkeit, ohne die nichts geht. Das gilt selbst für Sitzungen des Fraktionsvorstandes. Dass Wulff keine Lust mehr hat, wichtige Dinge mit anderen zu besprechen, ist nachvollziehbar. Enge Vertraute hat er außer seinem Büroleiter Vollmer kaum. Josef Stock zieht einen Teil der Kritik bewusst auf sich, aber er scheidet 1997 aus dem Landtag aus, als er zum Bürgermeister von Melle gewählt wird. Er beginnt zu dieser Zeit zu zweifeln: War die Entscheidung für Christian Wulff vielleicht doch einfach zu früh? Aber er hält weiter zu ihm.

Um inhaltliche Fragen geht es eigentlich selten in dieser Zeit, und wenn doch, dann werden sie meistens aufgebauscht. Ältere Abgeordnete, die noch Minister werden wollen, sehen ihre Felle davonschwimmen. „Der Wulff bringt uns um unsere Chance", klagen sie. Es gibt in der Fraktion auch diejenigen, die glauben, sie könnten es besser. Neben Gansäuer ist das vor allem der Abgeordnete Bernd Busemann, mit dessen Namen auch schon mal in der Presse als möglicher Nachfolger spekuliert wird. Immerhin macht Wilfried Hasselmann intern einen Schwenk. Der alte Wulff-Kritiker erkennt die Realitäten an und fragt die Skeptiker: „Habt ihr einen besseren?" Als die Antwort Kopfschütteln ist, sagt er: „Na also, dann müssen wir es jetzt mit Christian Wulff machen."

Eine Zeit lang berät Wulff sich regelmäßig mit einem Kreis von Politikern außerhalb der Fraktion – Ernst Albrecht gehört dazu und Bernd Huck, der Kreisvorsitzende aus Braunschweig, der als Querdenker gilt und später zu einer gewissen Berühmtheit gelangt, als „Generalsekretär" des sagenumwobenen Andenpakts.

Auch andere Vorwürfe gibt es, eher untergeordneter Art, aber in der Ballung auch nicht ganz ungefährlich. Er bevorzuge Katholiken, heißt es, und sei zu häufig in Osnabrück, seiner Heimat. Ein Fraktionschef aber müsse ständig in der Landeshauptstadt präsent sein. Tatsächlich weigert Wulff sich, nach Hannover umzuziehen. Er hängt an seiner Heimatstadt und will Christiane nicht aus ihrem Umfeld reißen. Oft lässt er sich von seinem Fahrer André Gechter spätnachts die 130 Kilometer nach Osnabrück fahren. Das Familienleben, und sei es auch noch so eingepackt zwischen Terminen, ist ihm wichtig und spendet neue Kraft für den harten Alltag. Trotzdem finden Mitarbeiter, die es wissen müssen, den Vorwurf, er sei zu wenig präsent, an den Haaren herbeigezogen. Und wenn die Putzfrauen sich morgens in der Dunkelheit um vier Uhr im Leineschloss an die Arbeit machen, wundern sie sich bald nicht mehr, wenn im Büro des CDU-Fraktionsvorsitzenden wieder einmal noch das Licht brennt.

Der entwickelt sich zu einem echten Aktenfresser. Mitarbeiter und Experten sind oft erstaunt über seine Detailkenntnis, die er sich im Aktenstudium erworben hat. Auch jeder Brief, der Wulff erreicht, wird beant-

Wulff mit Annalena, Christiane und Hund Momo. In schweren Zeiten findet der Oppositionsführer Halt bei der Familie.

wortet. Reden schreibt er – oft zum Entsetzen seiner Mitarbeiter – nachts. „Er war damals ein Mann der letzten Stunde“, erinnert sich einer. Schreibtisch und Fußboden sind dann übersät mit Notizen und Material. Aber so entstehen gerade seine besten Reden. Und die wenigen Stunden Schlaf, die er hat, bis er am nächsten Morgen um neun Uhr am Pult stehen muss, reichen völlig zur Regeneration aus.

Wulff beklagt sich nicht, schimpft sich nicht seinen Frust von der Seele. „Ich habe ihn nicht einmal brüllen hören“, sagt ein Mitarbeiter in der Fraktion, der den Chef in dieser Zeit näher kennen- und immer mehr schätzen lernt. Und er ergänzt: „Wer glaubt, dass er zu dieser Zeit zum Lachen in den Keller gegangen ist, der irrt sich gewaltig. Ich habe nie mit einem Fraktionsvorsitzenden so viel gelacht wie mit Christian Wulff.“ Ein Grund, warum Wulff auf viele einen humorlosen Eindruck macht, ist eine Schwäche, die er selbst zu genau kennt. Der eigentlich so freundliche Herr Wulff neigt nämlich zur Ironie – und die kann auch mal in Zynismus umschlagen, was bei den Betroffenen zu Irritationen führen kann.

Christian Wulff rackert sich ab. Zeit für Christiane und Töchterchen Annalena bleibt viel zu wenig – Politikerschicksal. Mal ein gutes Buch lesen, mal einfach gute Musik hören – das ist schon fast ein Kurzurlaub. Wenn er überhaupt in einen echten Urlaub aufbricht, nimmt er sich Akten mit und ist ständig telefonisch zu erreichen. Im ersten Jahr seiner Amtszeit hat er sich eine Urlaubslektüre mit zweifelhaftem Unterhaltungswert mit an den Nordseestrand genommen: die Reden Gerhard Schröders aus dessen Oppositionszeit. Zurück in Hannover wundert er sich öffentlich, wie man mit solch schlechten Reden Ministerpräsident werden könne.

Knapp zwei Jahre ist die letzte Wahl nun her, fast ist die Halbzeit der Legislaturperiode erreicht. Für Oppositionsführer Christian Wulff beginnt im Dezember 1995 schon wieder der Vorwahlkampf, getreu seinem Motto „Nach der Wahl ist vor der Wahl“. Um seinen Bekanntheitsgrad zu steigern, geht er weiterhin regelmäßig auf Reisen. Ein typischer Tag sieht dann aus wie sein Ausflug nach Verden an der Aller: Besuch einer Lokalzeitung, einer Sozialstation, der Landwirtschaftskammer; Treffen mit den Bürgermeistern der Region und Vertretern der Wirtschaft, Besichtigung einer Baustelle. Hier wurde nach nur sechsmonatiger Genehmigungszeit mit dem Bau von 32 Einfamilienhäusern begonnen – so was ist nach Wulffs Geschmack.

Die Frauen von der Sozialstation Verden/Dörverden erleben den typischen Christian Wulff. Sachlich, ohne aufgesetzte Freundlichkeit geht er auf die Damen zu, die ihn bei Kaffee und Keksen zum Gespräch bitten. Norddeutsch steif sitzt Wulff ihnen in seinem dunkelblauen Anzug gegenüber. „Nun erzählen sie doch mal, wo der Schuh drückt", fordert er sie auf. Die Mitarbeiterinnen, alle zwischen 30 und 50 Jahre alt, lassen sich nicht lange bitten, sie nutzen die Gelegenheit, sich den Frust von der Seele zu reden. Sie berichten vor allem über die finanziellen Probleme, mit denen sie wegen der kürzlich eingeführten Pflegeversicherung zu kämpfen haben. Wulff macht sich Notizen. Er scheut sich nicht zuzugeben, wenn er von etwas keine Ahnung hat, er behauptet nicht, für alles ad hoc eine Lösung parat zu haben. Aber die Krankenpflegerinnen scheinen mit dem Gefühl in den restlichen Tag zu gehen, dass sich der Politiker für sie einsetzen wird, im fernen Hannover. Mitgerissen hat Wulff sie aber nicht.

Am Ende steht er noch den Vertretern der Verdener Wirtschaft bei der „Wirtschaftstafel" Rede und Antwort. Dann macht er sich auf den Heimweg nach Osnabrück. Es ist weit nach Mitternacht, als Wulff endlich wieder zuhause ist. An Ausschlafen ist am nächsten Morgen trotzdem nicht zu denken: Gegen sechs Uhr wird das zweijährige Töchterchen Annalena munter – Zeit zum Spielen. Das ist der Ausgleich, den er braucht. Die Partei muss warten, mindestens bis acht Uhr. Dann wird wieder Politik gemacht.

Eine treu zu ihm stehende Machtbasis hat Wulff zu dieser Zeit im Gegensatz zur Fraktion in der Partei. Eine deutliche Mehrheit ist ihm immer sicher, auch wenn es durchaus manchmal zu kleineren Niederlagen in Sachfragen kommt. Er bearbeitet die Partei förmlich, fährt in die Verbände an der Basis, besucht, wie schon als JU-Landesvorsitzender, jede Milchkanne. Auch sein eigener Kreisverband ist ihm eine treue Stütze. Wie wichtig es ist, ein möglichst enges Verhältnis zur Partei zu haben, hat er bei Helmut Kohl abgeguckt.

Trotz allem bietet die Legislaturperiode auch Chancen für eine Oppositionspartei. Gerhard Schröders Mehrheit von einer Stimme wird allerdings weniger von der CDU als von der SPD selbst in Bedrängnis gebracht.

Ein Jahr ist die neue Legislaturperiode alt, da hat Ministerpräsident Schröder Anfang März 1995 schon die zweite Affäre seiner Regierung am Hals. Und die ist schon von ganz anderem Kaliber als die Sache mit

Funke. Im Zusammenhang mit der geplanten Weltausstellung EXPO 2000 in Hannover werden gegen Umweltministerin Monika Griefahn Vorwürfe laut, sie habe versucht, das Institut ihres Mannes Michael Braungart mit einem lukrativen Auftrag zu versorgen. Griefahn, zugleich stellvertretende Vorsitzende des EXPO-Aufsichtsrats, soll eine Empfehlung für ein Konzept zur Vergabe von Produktlizenzen, das die Umweltagentur EPEA ursprünglich 1991 für die Stadt Hannover erarbeitet hat, abgegeben haben. Das bereits zuvor verworfene Konzept hätte zwar der Expo rund eine Milliarde Mark eingebracht, dem Instituts ihres Mannes aber auch satte 620 Millionen in die Kassen gespült. „Umwelt-Moni", wie die einstige Greenpeace-Aktivistin, die sich durch zahlreiche Niederlagen gegen die Bundesregierung einen bundesweiten Ruf erarbeitet hat, wenig liebevoll von ihren zahlreichen Gegnern genannt wird, bestreitet die Vorwürfe am Anfang vehement. Wenige Tage später, kaum genesen von einer Nebenhöhlenvereiterung, lässt sie dann doch auf Geheiß Schröders ihr Amt ruhen.

Doch der spätere Bundeskanzler zeigt in der sogenannten „Familienfilz-Affäre" sein ganzes taktisches Können. Er nennt die Affäre einen „Grenzfall". Damit distanziert er sich weder eindeutig von Griefahn, noch stellt er sich uneingeschränkt hinter sie. Er setzt einen Gutachter ein, der sich alle Mühe gibt, Licht in das Dunkel zu bringen. Von der CDU wird er trotzdem nicht anerkannt, denn der frühere Bundesverfassungsrichter Helmut Simon ist SPD-Mann, was ihn als unabhängigen Gutachter ausgerechnet in einer SPD-Affäre per se entwertet.

Dumm für Schröder ist vor allem, dass Griefahn, die auch ein Landtagsmandat innehat, gebraucht wird, um die knappe Ein-Stimmen-Mehrheit der SPD zu erhalten. Denn in Kürze soll der Doppelhaushalt 1995/96 verabschiedet werden. In dieser Wunde stochert Wulff lustvoll herum. Aber er macht den Fehler, aus der Affäre Griefahn eine Affäre Schröder zu konstruieren. Damit überzieht er. Prompt tritt Rita Süssmuth, Bundestagspräsidentin, Stellvertreterin Wulffs als CDU-Vorsitzender und moralische Institution für die CDU-Linke, auf den Plan. Sie warnt vor einer zu schnellen Vorverurteilung Griefahns und stellt sich damit öffentlich gegen Wulff. Für den Oppositionschef ist das ein herber Tiefschlag.

Allerdings hat er sich auch gegen eigene Parteifreunde zur Wehr zu setzen, denen fast alle Mittel recht sind, um Griefahn aus dem Amt zu jagen. Das wird deutlich bei der Abstimmung über den von der CDU eingereichten Entlassungsantrag im Landtag Ende März. Weil zwei SPD-Abgeordnete wegen Krankheit fehlen, erklärt sich Wulff bereit, das sogenannte „Pairing“ anzuwenden, auf das sich Regierung und Opposition nach der Wahl geeinigt hatten: Um den eigentlichen Mehrheitsverhältnissen gerecht zu werden, bleiben auch zwei CDU-Abgeordnete der Abstimmung fern, so dass der Antrag mit der absoluten SPD-Mehrheit abgelehnt wird. Dafür erntet Wulff aus den eigenen Reihen scharfe Kritik, ein deutliches Zeichen dafür, dass seine Position zu dieser Zeit keineswegs vollkommen gefestigt ist. Doch auch der Hinweis, dass Schröder als Oppositionsführer 1987 in einer ähnlichen Situation nicht nach den Regeln der Fairness, sondern nach denen der Macht handelte, kann Wulff von seiner Meinung nicht abbringen.

Wulff bleibt bei seiner Pairing-Zusage, obwohl es in der SPD-Fraktion wegen „Umwelt-Moni“ ganz schön rumpelt und er wohl Recht hat mit seiner Annahme, dass sie nach einer geheimen Abstimmung sicher nicht mehr im Amt wäre. Von den Regeln der Verlässlichkeit mag er auch in scharfem politischen Streit nicht abrücken. Zumal er selbst seine Argumentation auch auf dem Aspekt aufbaut, Griefahn werde der für Politiker unerlässlichen hohen politischen Moralanforderungen nicht gerecht. Die scharfen Ausdrücke in den Debatten überlässt er auch gerne den Grünen oder Parteifreunden wie dem Abgeordneten Hartmut Möllring.

Gutachter Simon spricht Griefahn zwar in einem 19-seitigen Papier von den Vorwürfen frei, empfiehlt aber zur genaueren Untersuchung der Filzaffäre die Einsetzung eines Untersuchungsausschusses. Das lassen die Christdemokraten sich nicht zweimal sagen. Doch der Ausschuss endet nach anfänglichem Getöse so, wie viele andere auch: Die Regierung sieht die Vorwürfe ausgeräumt, die Opposition bestätigt. Besonders geschickt verhält Wulff sich im Ausschuss nicht. Ausgerechnet mit dem ehemaligen Expo-Geschäftsführer Konrad Heede, der eigentlich die CDU-Argumentation vertritt, leistet er sich einen bizarren Streit um angebliche abfällige Aussagen Heedes über Griefahn, die dieser bestreitet. Dann sieht er sich dem Vorwurf eines Journalisten ausgesetzt, falsche Informationen in die Welt gesetzt zu haben.

Im Laufe der Zeit kommen Griefahn, die schon nach einem Monat freudestrahlend in ihr Ministerium zurückgekehrt ist, und die SPD zunehmend in die Offensive. Frech und flott – dafür ist „Umwelt-Moni“, die auch schon mal in hautengen Lederhosen als Rockröhre Tina Turner auftritt, in Hannover bekannt – empfiehlt sie den Christdemokraten eine Gruppentherapie, um „diese Angst, die sie vor mir haben, abzulegen und in eine sachliche, politische Auseinandersetzung mit mir zu kommen". Als Griefahn später ankündigt, 1998 für den Bundestag kandidieren zu wollen, sind viele darüber nicht gar so traurig, auch nicht in der SPD.

Noch ist die Regierung dabei, die Brände, die „Umwelt-Moni" entfacht hat, zu löschen, da brennt am ersten August-Wochenende das Universitätsviertel von Hannover, die Nordstadt. Rund 2500 Punker aus ganz Deutschland und den angrenzenden Nachbarländern versammeln sich in der Landeshauptstadt, um ein Jubiläum der besonderen Art zu feiern: zehn Jahre Chaos-Tage. Das Treffen im August ist zu einer Tradition geworden, alle Jahre wieder kommt es zu Krawallen. Doch diesmal soll es ein besonders schönes Fest werden. Deshalb ruft die autonome Szene schon Wochen vorher zur Teilnahme auf. Die Behörden um Innenminister Gerhard Glogowski und Hannovers Polizeipräsidenten Herbert Sander sind gewarnt und ziehen 1000 Polizisten zusammen.

Doch von der Welle der Gewalt, die über Hannover an den drei Tagen hinwegschwappt, werden sie völlig überrollt. Die Krawallmacher liefern sich stundenlange Straßenschlachten mit der Polizei. Sie bauen Barrikaden aus alten Autos und Baugerüsten, bewerfen die Polizisten mit Pflastersteinen, Flaschen, Molotowcocktails und brennenden Holzteilen. Die Polizei rückt zwar mit Wasserwerfern und schweren Räumfahrzeugen an, doch stundenlang herrscht Bürgerkrieg in Hannover. Machtlos müssen Einsatzkräfte zusehen, wie ein Supermarkt ausgeplündert wird. Auch harmlose Anwohner freuen sich über die kostenlosen Schnäppchen und bedienen sich rege. Die Bilanz des Schreckens sieht am Ende so aus: 38 Brände wurden gelegt, zwölf Privatautos zerstört, 23 Dienstwagen der Polizei und sechs Häuser beschädigt. Den Gesamtschaden beziffert die Polizei später auf rund 900 000 Mark. Ganze 14 Haftbefehle werden ausgesprochen, 964 Randalierer kommen kurzzeitig in Gewahrsam, 235 werden festgenommen, 1339 Aufenthaltsverbote ausgesprochen und 653 Platzverweise erteilt.

Für Christian Wulff bietet die Randale gleich zwei gute Gelegenheiten. Erstens gibt ihm die Empörung in der CDU die Chance, die eigenen Reihen zu schließen, denn in ihrem Entsetzen über das Geschehene sind die Christdemokraten sich natürlich einig. Zudem kann er sich in Sachen innerer Sicherheit endlich einmal öffentlichkeitswirksam als Hardliner präsentieren. Doch behält bei ihm der abwägende Charakterzug zunächst die Oberhand. Rücktrittsforderungen an Glogowski behält er sich zwar schon am Chaos-Wochenende vor, er will aber zunächst mehr Details des offenbar missratenen Polizeieinsatzes kennen. Er hat auch aus seinen Fehlern in der Funke-Affäre dazu gelernt.

Andere sind da viel flotter. Bundesinnenminister Manfred Kanther, der stolz ist auf seinen Spitznamen „schwarzer Sheriff", wirft Glogowski und Ministerpräsident Schröder Verantwortungsscheu vor. Entscheidungen der politischen Führung seien unerträglich gewesen, hunderte Polizisten hätten ihre Knochen hinhalten müssen. Man habe in Hannover zwar Käfige für die bei den Punkern beliebten Ratten bereitgehalten, aber die Straftäter den Supermarkt räumen lassen. Kanthers Fazit schon am folgenden Montag: Glogowski müsse seinen Hut nehmen. CSU-General Bernd Protzner wirft der Landesregierung „völliges Versagen" vor und schließt sich Kanthers Rücktrittsforderung nur zu gerne an – ebenso wie die niedersächsische FDP und die Gewerkschaft der Polizei.

Und Wulff? Der wartet zunächst drei Tage ab, bis zur Sitzung des Landtags-Innenausschusses, in der Glogowski detailliert Bericht erstatten soll. Aber Rezepte, wie vergleichbare Vorkommnisse seiner Ansicht nach zukünftig verhindert werden können, muss Wulff nur aus der Schublade ziehen. Vor allem fordert er die Möglichkeit, Gewalttäter für bis zu 14 Tage hinter Schloss und Riegel zu bringen –in Niedersachsen liegt die Frist bei ganzen 48 Stunden. Mit der Folge, dass viele Randalierer, kaum aus dem Gefängnis entlassen, schon wieder ordentlich gegen die Polizisten mitmischen. Glogowski wirft Wulff eine völlig verfehlte Polizeistrategie vor. „Für die Polizisten ist es verheerend, von der politischen Führung zur weit reichenden Untätigkeit bei Straftaten gezwungen und dabei verheizt zu werden." Damit spielt Wulff auf eine Debatte in den Tagen vor dem Randalewochenende an. Verfechter einer sogenannten Deeskalationsstrategie, die von der Polizei verlangen, sich möglichst weitgehend zurückzuhalten, um die Chaoten nicht auch noch zu provozieren, stehen den Hardlinern gegenüber, die kein Pardon kennen und meinen, der Rechtstaat müsse sich offensiv verteidigen. Glogowski hatte sich nicht eindeutig geäußert, so dass für die Öffentlichkeit durchaus der Eindruck entstehen kann, die Polizei halte sich während der Chaostage auf Geheiß von oben zurück.

Nach der Innenausschusssitzung kennt auch Wulff kein Pardon mehr mit Glogowski. Auch er fordert nun vehement den Rücktritt – ein wenig spät nach dem Geschmack manch eines seiner niedersächsischen Parteifreunde. „Der Rechtstaat hat beim Chaos-Wochenende vor der Gewalt der Straße kapituliert", stellt Wulff in einer aufgeregten Landtagssitzung gut drei Wochen nach den Ereignissen von Hannover fest. Die Polizisten seien von der politischen Führung verheizt worden. Die Polizei sei zudem unzureichend ausgerüstet gewesen, Verstärkung sei zu spät angefordert worden. „Verniedlichen, vertuschen, verharmlosen und notfalls die Unwahrheit sagen, das war das Konzept des Innenministers", so Wulff. Ein scharfes Wort wie „Lüge" verbietet ihm wieder einmal seine Zurückhaltung. Sein Rat an Glogowski aber ist klar: „Machen Sie Platz für einen Nachfolger oder eine Nachfolgerin, der sich dann auf den mühsamen Weg zu begeben hätte, das Vertrauen der Bürgerinnen und Bürger zurückzugewinnen." Die Presse berichtet am nächsten Tag über eine gute Wulff-Rede und eine SPD-Fraktion, die wie gelähmt gewesen sei.

Der Antrag auf Glogowskis Entlassung wird erwartungsgemäß mit der Mehrheit von SPD und Grünen abgelehnt. Zuvor hatte Glogowski zwar die Verantwortung für die Fehler beim Polizeieinsatz übernommen, persönliche Konsequenzen aber ausgeschlossen. Immer wenn in Deutschland jemand einen Fehler mache, erklärt der SPD-Mann in der ihm eigenen rustikalen Sprache am Rande einer Landtagssitzung, „dann möchte man ihm am liebsten die Rübe abhauen". „Rübe ab!" heißt es dagegen für einen anderen: Polizeipräsident Sander, den der Innenminister erst gut zwei Jahre zuvor eigenhändig in das Amt gehievt hatte, muss abtreten. „Ein Bauernopfer!", schimpft die CDU.

Immerhin beschließt das Parlament auf Antrag der CDU einen Untersuchungsausschuss. Das können die Christdemokraten allerdings nicht als wirklichen Erfolg werten, weil bereits 33 Stimmen für seine Einsetzung ausreichen – und die CDU allein bringt es schon auf 67 Sitze. Gerhard Schröder, auf den sich Bundespolitiker der Union in dieser Sache zunehmend einschießen, weil er sich zu dieser Zeit bereits eindeutig als potenzieller Kanzlerkandidat profiliert, pariert die Angriffe der Opposition geschickt. Wulff nennt Schröder einen „hilflosen Maulhelden". Der Landeschef stellt sich nach außen uneingeschränkt vor Glogowski. Er kann auch gar nicht anders, denn „Glogo", wie Freund und Feind den knorrigen Braunschweiger nennen, gilt längst als potenzieller Nachfolger Schröders für den heiß ersehnten Tag, an dem der Ministerpräsident endlich die landespolitische Bühne hinter sich lassen kann und dorthin gelangt, wo es ihn seit seiner Zeit als junger Bundestagsabgeordneter zieht: ins Kanzleramt. Schröder gesteht der Opposition aber durchaus zu, dass Fehler gemacht wurden. Die Angriffe der Union pariert er, der sehr wohl um die Bedeutung des Themas Innere Sicherheit weiß, besonders wenn es um einen solch konkreten Sachverhalt wie bei den Chaostagen geht, ähnlich geschickt wie bei der Griefahn-Affäre. Wer in der Absicht komme, Chaos zu machen, „den muss die gesamte rechtsstaatliche Härte des Gesetzes treffen", erklärt er im Landtag. Damit nimmt er Wulff den Wind aus den Segeln. Denn dass Schröder mit der These der Grünen, nach der die Polizei an der Eskalation der Gewalt Schuld sei, weil sie sie mit ihrer massiven Präsenz provoziert habe, überhaupt nichts anfangen kann, wird sofort klar.

Am Ende gewinnt die Regierung auch diesmal wieder die Oberhand. Zum Jahresanfang 1996 präsentiert Glogowski den Entwurf eines neuen Polizeigesetzes. Der geht Hardliner Wulff zwar längst nicht weit genug. Er fordert verdeckte Ermittler, Rasterfahndung, den finalen Rettungsschuss und die „Überwachung von Verbrecherwohnungen" zur Verhütung von Straftaten. Auch eine Einschränkung des Datenschutzes kann der CDU-Mann sich vorstellen – alles Reizwörter für jeden aufrechten Linken oder Liberalen. Doch als Glogowski dann auch noch neue Schutzausrüstungen für die Polizeibeamten anschafft und am ersten Augustwochenende mit einem massiven Aufgebot von 6000 Polizei- und 1000 Bundesgrenzschutzbeamten aus ganz Deutschland eine Neuauflage der Ereignisse vom Jahr zuvor verhindert, wofür es auch Lob von Wulff gibt, ist klar: Die Regierung hat auch diesen Angriff der Opposition pariert. Als Schröder-Nachfolger ist Glogowski nicht angezählt. Dass auch dieser Untersuchungsausschuss am Ende nicht wirklich zur Aufklärung beiträgt und sich beide Seiten nicht auf einen gemeinsamen Nenner einigen können, überrascht in Hannover kaum jemanden. Der Ausschuss, so schimpft SPD-Fraktionschef Sigmar Gabriel im Mai, habe nur Steuergelder verschwendet und Polizeibeamte gegeneinander ausgespielt.

Zwei gute Vorlagen können die Christdemokraten mit der Griefahn-Affäre und den Chaos-Tagen zwischen 1994 und 1998 nicht für sich ausschlachten. Im Gegenteil: Gerhard Schröder, der nach der SPD-Niederlage bei der Bundestagswahl beginnt, sich als nächster Kanzlerkandidat warmzulaufen, ist ihnen nicht selten schlicht einen Schritt voraus. Immer wieder gelingt es dem Ministerpräsidenten, sich medienwirksam in Szene zu setzen, und zwar mühelos auch auf Bundesebene. Er ist der Liebling der Medien, auch konservative Blätter wie die „Welt" reißen sich um Interviews. Helmut Kohls Ära neigt sich Mitte der neunziger Jahre sichtbar dem Ende zu, Oskar Lafontaine gelingt es, die SPD wieder auf Vordermann zu bringen und sie in eine Blockadestellung gegen die Regierung im Bundesrat zu zwingen. Noch hält der SPD-Chef sich selbst die Option offen, 1998 bei der Bundestagswahl anzutreten, aber die Mehrheit der Wähler will Gerhard Schröder. Den interessiert die Landespolitik zunehmend weniger, was vor allem sein Nach-Nachfolger Sigmar Gabriel im kleinen Kreise später bitter beklagen wird.

Schröders Spruch „Lehrer sind faule Säcke" löst 1995 eine Protestlawine und kontroverse Debatte über die Arbeitsbelastung der Lehrer aus. Mehr will der aufgehende Star der Bundes-SPD auch gar nicht – im Gespräch sein und provozieren. Die Kohl-Regierung wirkt zusehends hilflos gegen den Mann von der Leine – und Christian Wulff als Oppositionsführer daheim hat gegen dessen Medienpräsenz schon gar keine Chance. Dass er sich auf die Seite der gescholtenen Lehrkörper stellt – wen interessiert das? Es ist in dieser Zeit wie zwischen dem Hasen und dem Igel: Überall, wo Wulff ankommt, ist Schröder schon da. Besonders ärgerlich, dass der SPD-Mann sich zwei Jahre später auch erfolgreich auf dem Spezialgebiet des jungen Oppositionsführers – der Inneren Sicherheit – profiliert. Mitten im Sommerloch fordert er mit Blick auf ausländische Straftäter in der „Bild am Sonntag" deren sofortige Abschiebung. Sein Diktum „Raus – und zwar schnell!" trifft den Nerv vieler Wähler, ist umstritten in der eigenen Partei, eine Zumutung für Grüne und Liberale. Tagelang beherrscht er die Diskussion auf Bundesebene, anstatt Landespolitik zu machen. Ja, so bereitet man eine Kanzlerkandidatur zielgerichtet vor. Der „Bankrotteur Schröder" spiele mit der Macht und den Medien, er wolle Kanzlerkandidat werden, um dem Elend zu entfliehen, das er in Niedersachsen verursacht habe, hält Wulff eher hilflos dagegen. Und überhaupt verkünde er jetzt das Programm der Niedersachsen-CDU zur Inneren Sicherheit, nachdem er sieben Jahre das Gegenteil davon praktiziert habe. Als Folge des „Versagens" von Schröder liege die Kriminalitätsrate in Niedersachsen um 50 Prozent höher als in Bayern und die Aufklärungsquote um 40 Prozent niedriger. Doch was nützt das? Der Staatsschauspieler Schröder beherrscht die Bühne, Wulff bleibt da nur eine Statistenrolle.

Besonders ärgerlich für Wulff ist die Sache aus noch einem anderen Grund. Ursprünglich hatte er selbst nämlich mit dem Thema punkten wollen. Er wendet sich an die Redaktion der „Bild am Sonntag", um seine alte Forderung, straffällige Ausländer ihre Haftstrafe im Herkunftsland verbüßen zu lassen, zu propagieren. Eigentlich ist ein Interview bereits vereinbart, da bekommt Doris-Schröder Köpf, die ehemalige Korrespondentin der „Bild"-Zeitung, über ihre Ex-Kollegen Wind von der Sache. Sie berichtet es Schröder, der sofort die Chance wittert. Der sorgt über den Chefredakteur der „Bild am Sonntag", Michael Spreng, dafür, dass er ein schönes großes Interview zu dem Thema bekommt. Spreng, der im Bundestagswahlkampf 2002 als Medienberater von Edmund Stoiber auftreten wird, favorisiert zu dieser Zeit eindeutig Gerhard Schröder und will ihn auf seinem Weg zur Kanzlerkandidatur protegieren. Erstaunlicherweise lassen ihn die Springer-Bosse gewähren. Wulff liest das Interview Schröders, das eigentlich mit ihm vereinbart war, im Urlaub – und ist empört. Als Antwort auf seine Beschwerde macht ihm die Redaktion klar, dass ein Interview mit einem Ministerpräsidenten – und zudem einem, der gerade als Stern über dem Politikhimmel aufsteigt – allemal interessanter ist als mit einem jungen, eher unbekannten Oppositionsführer. Als Wiedergutmachung bieten sie ihm ein Interview zu verschiedenen Themen an. Als das erscheint, löst es keine weitere Aufmerksamkeit aus.

Justizministerin Heidrun Alm-Merk springt ihrem Chef bei, und auch Innenminister Gerhard Glogowski mag da nicht zurückstehen. Er gilt als potenzieller Nachfolger Schröders in der Staatskanzlei. Kurz nach Schröders „Ausländer-Raus"-Aufritt sucht sich „Glogo" die Richterschaft auf einem Kongress der Gewerkschaft der Polizei als Angriffsziel aus. Die würden „oftmals katastrophale Urteile" mit zum Teil „grotesken" Begründungen fällen. „Die Richter müssen in Fragen der Verbrechensbekämpfung eindeutig mehr zur Verantwortung gezogen werden." Das sitzt mal wieder. Dass Wulff auf derselben Veranstaltung den „finalen Rettungsschuss" fordert, geht dagegen unter. „Schröders Mannschaft scheut sich nicht, tief in die konservative Instrumentenkiste zu greifen. Beim Kampf gegen Klein-Kriminelle und Drogendealer preist Innenminister Glogowski das harte Durchgreifen der New Yorker Polizei als Vorbild, Justizministerin Alm-Merk will ausländische Straftäter schnell abschieben. Wie soll da CDU-Landeschef Wulff noch Profil gewinnen?", fragen zu Recht die „Nürnberger Nachrichten".

Anders als später zu Sigmar Gabriel, mit dem Wulff jenseits der öffentlichen Wahrnehmung ein überraschend gutes Verhältnis pflegt, oder gar zu Wissenschaftsminister Thomas Oppermann, mit dem er fast schon freundschaftlich verbunden ist, bleibt das Verhältnis zu Gerhard Schröder unterkühlt bis frostig. Der empfindet die Kandidatur des jungen Rechtsanwalts ohne jegliche Landtagserfahrung und landespolitisches Profil zunächst schlicht als Zumutung, doch der Instinkt des Machtmenschen in ihm lässt ihn bald wachsam werden. Spätestens seit Wulffs Jungfernrede im Parlament weiß der Ministerpräsident, dass er sein neues Gegenüber nicht unterschätzen sollte.

Beide lernen sich 1993 bei der Einweihung des neuen Hannoveraner Büros der „Nordwest-Zeitung" kennen. Schröder nähert sich Wulff mit den Worten „Den kenn ich ja noch gar nicht" – eine Schöder-typische Mischung aus jovialer Freundlichkeit, Herablassung und Neugier. Beide schütteln sich die Hände – das einzige Mal für lange Zeit in der Öffentlichkeit, denn Schröder weiß sehr wohl den Abstand zum jungen Herausforderer deutlich zu machen und ihm keine Gelegenheit zu geben, mit ihm auf Augenhöhe zu erscheinen. Schröders Nachfolger Gerhard Glogowski wird da keine Hemmungen haben und sich bei vielen Gelegenheiten händeschüttelnd mit Wulff ablichten lassen. Für die NWZ ist dies übrigens ein schwerer Tag, denn ihr Fotograf verpasst just den wichtigen Augenblick des Shakehands.

Intern macht Schröder allerdings deutlich, dass er den Schritt der CDU, einen jungen Hoffnungsträger aufzubauen, gut nachvollziehen kann. Schließlich haben es die Sozialdemokraten mit ihm ja nicht anders gehandhabt: 1986 als jugendlicher, aber chancenloser Herausforderer angetreten, machte er eine vierjährige Proberunde im Landtag, um dann Ernst Albrecht aus dem Amt zu kippen.

Er behandelt Wulff in den folgenden Jahren mit einer Mischung aus Jovialität und Herablassung. Ein Jahr nach der Landtagswahl lädt Schröder ihn einem Gespräch in die Staatskanzlei ein, um sich mal ein wenig gegenseitig kennen zu lernen. Das Gespräch sei in „angenehmer Atmosphäre verlaufen", man habe sich „vernünftig miteinander unterhalten", meldet die Staatskanzlei in einer Pressemitteilung. Fast klingt das so, als hätten sich da erstmals zwei Führer noch kürzlich im Krieg miteinander befindlicher Diktaturen getroffen. Schröder ist aber auch zu echten persönlichen Tiefschlägen in der Lage. „Schröder erkennt und nutzt aus, wenn andere an einem bestimmten Punkt menschlich angreifbar sind", sagt einer, der ihn lange in Hannover beobachtet hat.

Ein anderes Mal, in einer Landtagsdebatte zur Arbeitsmarktpolitik der Bundesregierung, gerät Schröders Rede kurzfristig zur Märchenstunde, als er mit Blick auf Wulff meint: „Das Büblein stampft und hacket." Seine Strategie über die Jahre ist klar: den deutlich jüngeren Gegner möglichst ignorieren, ihn als möglichst unreif und nicht als gleichwertig behandeln. Was man auch dadurch schafft, dass man seinen Namen möglichst wenig ausspricht. Er habe Wulff jahrelang von oben herab behandelt, manchmal geradezu gedemütigt, glauben Beobachter in Hannover. Und der habe auch häufig darunter gelitten. Im direkten Vergleich müsse Wulff gegen einen wie Schröder den Kürzeren ziehen, finden diejenigen, die beide gut persönlich kennen. Jener wäge ab, was er sage, achte auf seine Inhalte, stehe dazu – diesem sei relativ egal, was er gestern gesagt habe, wenn es heute günstiger sei, das Gegenteil zu erzählen; er liebe den schnellen Schuss aus der Hüfte, Verlässlichkeit könne da oftmals nur hinderlich sein.

Dabei haben die beiden Politiker bei allen Unterschieden in Charakter und Stil erstaunliche Ähnlichkeiten in ihren Lebensläufen. Nicht nur, dass beide Rechtsanwälte sind – das ist in Politikerkreisen heute ein weit überrepräsentierter Beruf. Aber beide haben eine vergleichbar schwere Kindheit und Jugend hinter sich. Hier der spätere CDU-Mann mit seiner schwerkranken Mutter, der ohne richtiges Familienleben aufwächst, aber den starken Willen hat, seine Lebenssituation zu meistern. Dort der künftige SPD-Politiker, der ganz unten im gesellschaftlichen Spektrum steht: Mutter Putzfrau, Vater im Krieg geblieben, der Junge kämpft sich nach einer Lehre über den zweiten Bildungsweg nach oben. Beide haben ihr Heil in der Politik gefunden, in ihren Parteien auch einen gewissen Ersatz für die Familie gesehen. Beide haben bei der Wahl, bei der sie obsiegen, ihre letzte Chance: Schröder 1990, Wulff 2003.

Wulff selbst sieht das beiderseitige Verhältnis in den neunziger Jahren übrigens gar nicht als so schwierig an. Anders als seine Umgebung findet er, dass Schröder ihn im Großen und Ganzen fair behandelt habe. Wulff mag dem Ex-Kanzler nichts Böses hinterherwerfen. „Er hat nie gegen mich gehetzt oder intrigiert oder mich diffamiert. Wir hatten immer ein geordnetes Verhältnis, auch wenn er mich auf Distanz gehalten hat." Allerdings teilt der CDU-Mann auch manchmal ganz gut aus, was so gar nicht zu seinem Schwiegersohn-Image passt. In der schon erwähnten Landtagsdebatte nennt er den SPD-Politiker einen „wirtschafts- und finanzpolitischen Dilettanten". Auch auf dem Landesparteitag Anfang November 1997 zum Beispiel greift er Schröder massiv an. Er stempelt ihn als Karriere-versessenen Menschen ab, dem das Wohl des Landes im Grunde egal sei. „Ich finde es absolut erbärmlich, wenn jemand nichts mehr als den Willen zur Macht zu haben scheint." Wulff rücke Schröder gar in die Nähe eines Straftäters, heißt es in einem Korrespondenten-Bericht: „Es ist in Deutschland ein einzigartiger Vorgang, dass der Ministerpräsident wegen seiner Haushaltspolitik des Verfassungsbruchs verurteilt wird", sagt er mit Blick auf ein entsprechendes Urteil des Staatsgerichtshofes zum Haushalt 1995. Für solche Angriffe bekommt er von den 420 Delegierten langen Applaus. Allerdings ist man da auch schon im Wahlkampf für den Urnengang im März des folgenden Jahres.

Christian Wulff hat in seinen vier Jahren der Opposition gegen Schröder auch Zeit und Anlass, diesen genauer zu studieren und sich auch einiges bei ihm abzuschauen. Bei aller Kritik bewundert er dessen Fähigkeit zur Selbstdarstellung. Als Stärken macht er eine einfache Sprache, seine Einfachheit und Klarheit in der Argumentation aus. Schröder wisse Dinge aus Gesprächen aufzunehmen, daraus Themen zu basteln und mit ihnen in der Öffentlichkeit zu punkten. Er sei umgänglich, jovial, fast immer ansprechbar und habe bewundernswerte Nehmerqualitäten – alles Felder, auf denen Wulff zu dieser Zeit so seine Probleme hat. Er hat im Fernsehen eine große Präsenz. Und er ist ein beeindruckender Wahlkämpfer, findet Wulff. „Er weiß, die Henne ist am Ende fett. Er hat in jedem Wahlkampf immer noch etwas für das Ende in petto." Das letzte Mal beweist Schröder das im Bundestagswahlkampf 2005. Auch, wenn es schließlich ganz knapp doch nicht reicht – die Aufholjagd des Kanzlers aus aussichtsloser Lage hat dessen früheren Kontrahenten aus Hannover beeindruckt.

Noch etwas anderes lernt Wulff von Schröder: Es ist unglaublich wichtig für den persönlichen Erfolg, gute Leute um sich zu haben, auf deren Fähigkeiten und Loyalität man sich unbedingt verlassen kann. Schröder hat Leute wie Brigitte Zypries, Walter Steinmeier, seinen Regierungssprecher Uwe-Karsten Heye und seine Büroleiterin Sigrid Krampitz um sich herum, die ihm alle auch später nach Berlin folgen werden. Er lässt diesen Leuten Freiraum. Lässt sie sich entwickeln. Genauso macht es Wulff später auch. Noch allerdings steckt er in einer Zwangsjacke, denn er hat viele Leute von seinen Vorgängern übernehmen müssen. Aber er wird sich bald aufmachen, sein Umfeld neu zu bestücken. Zudem muss Wulff immer wieder neidvoll anerkennen, wie es seinem Kontrahenten spielend gelingt, sich bundesweit Gehör zu verschaffen. Er versteht, dass das unerlässlich für den Fortgang seiner Karriere auch im Land ist. Deshalb wird er im Herbst 1998 darauf drängen, stellvertretender Bundesparteichef zu werden. Und sein zweites Mittel sind permanente, wohldosierte Sticheleien gegen die eigene Bundesregierung. Er weiß: Wer den Übervater in Bonn piesackt, der taucht auch in den überregionalen Medien auf.

7. König der Jungen Wilden

Im September 1996, zweieinhalb Jahre nach der Landtagswahl, muss die Kommunalwahl über die Bühne gebracht werden. Im Wahlkampf ziehen Schröder und Wulff mit landespolitischen Themen durchs Land. Wulffs Konterfei ziert – gemeinsam mit Töchterchen Annalena – landesweit Laternenmasten und Plakatwände mit dem Slogan „Zuhause fängt die Zukunft an". Er weiß, dass nach der Niederlage von 1994 diese Wahl eine erste Bewährungsprobe darstellt. Sollte die Union starke Einbußen erleiden, würde das auch dem Osnabrücker schaden. Wahlkampfschlager der CDU ist die katastrophale Haushaltslage der niedersächsischen Städte und Gemeinden. Mit dem Wahlergebnis kann sie am Ende leben. Die Partei bleibt mit 41,6 Prozent stärkste Partei, obwohl sie 1,4 Prozentpunkte verliert. Da aber die SPD mit minus 1,6 noch leicht schlechter abschneidet und auf 38,5 Prozent kommt, sind die Verluste auszuhalten. Wulff schiebt die Schuld dafür nach Bonn. Es habe viele Störfeuer bei der Debatte um die von der Bundesregierung geplante Steuer- und Rentenreform gegeben. Die CDU habe ihrer Wählerklientel in der jüngsten Vergangenheit viel zugemutet.

Es fällt auf, dass sich Schröder und Wulff im Wahlkampf gerne gegen ihre Bonner Parteien profilieren. Eins hat Christian Wulff von Anfang an erkannt: Bekannt machen kann man sich außerhalb der Partei am besten mit wohldosierter Kritik gegen die eigene Spitze. Danach verfährt Wulff schon seit der Anfangszeit seiner Spitzenkandidatur. Erste Erfahrungen hat er ja sogar viel früher gemacht: auf dem Bundesparteitag 1984, als er gegen die geplante Amnestieregelung im Zusammenhang mit dem Flick-Skandal auftritt und im kleineren Maßstab mit gelegentlichen Attacken gegen Ministerpräsident Ernst Albrecht.

In den neunziger Jahren formieren sich zwei Gruppen in der Union, die sich aus jüngeren Politikern in den Dreißigern zusammensetzen und eins gemein haben: Sie fürchten, dass die CDU unter ihrem Dauerkanzler und ewigen Vorsitzenden Helmut Kohl allmählich den Kontakt zur jüngeren Generation, aber auch schlicht zur sich weiterentwickelnden Gesellschaft verliert. Spätestens für das Wahljahr 1998 sehen diese jüngeren Politiker schwarz. Die eine Gruppe wird als CDU-„Jungtürken“ bezeichnet und setzt sich aus Bundestagsabgeordneten wie Eckart von Klaeden oder Norbert Röttgen zusammen. Sie fordern zum Beispiel ein neues Staatsbürgerschaftsrecht, wie es die anderen Parteien schon länger im Programm haben, mit dem sich die Union aber sehr schwer tut. Die andere Gruppe ist agiler und medienwirksamer: die „Jungen Wilden“. Christian Wulff gehört von Anfang an dazu und setzt sich später sogar an die Spitze dieser Gruppierung, die nie eine enge Verbindung ist, aber durchaus schon mal abgestimmt vorgehen kann und sich im Fall des Falles immer gegenseitig unterstützt. Dazu gehören auch der Baden-Württemberger Günther Oettinger, der Saarländer Peter Müller oder der Hamburger Ole von Beust. Den Hessen Roland Koch kann man nur bedingt dazu zählen. Er gehört zwar zum „Andenpakt“, einem lockeren Bündnis junger Unionspolitiker, in dem sich auch die meisten der Jungen Wilden wiederfinden. Doch Ziel dieses Pakts ist eher die gegenseitige Karriereförderung, nicht die inhaltliche Profilierung. Ansonsten ist Koch enger gebunden an Helmut Kohl. Der Junge verehrt den Alten bis zur Kritiklosigkeit, der Alte sieht in dem Jungen seinen Liebling unter den Nachwuchsleuten, denn er ist hemmungslos, frech (aber nur gegen den Gegner) und loyal.

Illoyalität kann den Jungen Wilden auch nicht vorgeworfen werden, obwohl Kohl, der Mitte der neunziger Jahre immer mehr vom Kanzler zum Denkmal der Einheit entrückt, das so sieht. Denn mit Kritik kann er zunehmend weniger anfangen. Kohl selbst aber bleibt bei der Kritik persönlich meistens außen vor. Wulff und die anderen wissen, dass der Königsmörder selten selbst etwas wird in der Partei (die Ostdeutsche Angela Merkel wird diese Regel durchbrechen, allerdings in einer außergewöhnlichen Situation). Und sie wissen auch, dass sie Kohl brauchen, um in den Ländern, in denen sie der Reihe nach als Ministerpräsidenten antreten, Erfolg zu haben. Obwohl ihre Kritik an Bundespartei und Bundesregierung aber natürlich immer auch indirekt deren Cheflenker trifft, werden sie von den Medien gerne als „Junge Milde“ verspottet. Richtig ist: Im Vergleich zu Kohl selbst, der 1969 seinen Vorgänger Peter Altmaier als Ministerpräsidenten von Rheinland Pfalz nach langen Vorbereitungen auf brutale Art entthronte, treten sie tatsächlich als Milde auf. Neben Merkel zählt ja auch Kohl selbst mit Blick auf die erfolglosen Königsmörder zu den Ausnahmen, die die Regeln bestätigen. Wulff, Müller, von Beust oder Koch sind nicht durch einen Putsch gegen einen Altvorderen an die Macht gekommen. Erst Günther Oettinger wird 2004 von seinem Vorgänger Erwin Teufel das Zugeständnis erzwingen, im Frühjahr des kommenden Jahres vom Amt des Ministerpräsidenten abzutreten und ihm Platz zu machen.

So einer ist Christian Wulff nicht. Für den Riesen in Bonn ist er als unbekannter Spitzenkandidat in Niedersachsen ja auch gar keine Gefahr. Trotzdem werden seine Attacken, die er regelmäßig fährt, im Kanzleramt genervt zur Kenntnis genommen. Im Februar 1993 spricht Wulff vom „Dahinsiechen" der Koalition in Bonn. Helmut Kohl müsse das Steuer herumreißen – Wulff zeigt sich allerdings skeptisch, ob ihm das gelinge. Ende des Jahres, in der heißen niedersächsischen Wahlkampfphase, geht er öffentlich auf Distanz zur Bonner Regierung, die ihm zu reformunfreudig daherkommt. Er kündigt an, mit seiner Meinung auch bei den acht geplanten Auftritten von Helmut Kohl im Landtagswahlkampf nicht hinter dem Berg zu halten. Im Januar des Folgejahres, also kurz vor der Landtagswahl, kritisiert der Spitzenkandidat, der in dieser Funktion kooptiertes Mitglied des CDU-Bundesvorstandes ist, auf einer Klausurtagung des Gremiums in Windhagen bei Bonn einige Bundespolitiker persönlich. Arbeitsminister Norbert Blüm solle nicht ständig behaupten, die Rente sei sicher, Umweltminister Klaus Töpfer sei ein Ankündigungsminister und Rita Süssmuth, die Parteifreundin aus Niedersachsen, verhalte sich mit ihrem Lamento über die zu geringe Zahl von Kandidatinnen zur Landtagswahl illoyal. Dass Kohl auf dieser Klausurtagung persönlich eine Diskussion über die Pläne der Regierung für eine Steuer- und Rentenreform unterbindet, empört Wulff und die anderen Jungen ganz besonders.

Ein Jahr später, Wulff hat gerade massive Probleme, sich als Oppositionsführer zu etablieren, kommt der nächste Schlag Richtung Bonn. In einem Grundsatzreferat unter dem Titel „CDU wohin?" übt er scharfe Kritik an seiner Partei. Er mahnt grundlegende Reformen an: „Das Durchwursteln sollte ein Ende haben. Die CDU muss sich erneuern, wenn sie wählbar bleiben will." Schon seit 1983 führe die Tendenz nach unten, die Partei habe kein Konzept in der Medienpolitik, sei zu unsensibel in der Umweltpolitik und selbst in der Familienpolitik habe die SPD die Nase vorn. Defizite müssten schonungslos benannt und beseitigt werden, schreibt Wulff seinen Parteispitzen ins Stammbuch. Zu dieser Zeit hat die Union gerade noch einmal denkbar knapp die Bundestagswahl gegen die SPD gewonnen, allerdings weniger aufgrund eigener Verdienste, sondern eher wegen der tätigen Mithilfe des SPD-Spitzenkandidaten Rudolf Scharping, der sich als Fehlbesetzung im Kampf gegen Kohl erweist.

Lange fürchtet Wulff schon die Niederlage bei dieser Wahl, was auch der Trend in den Meinungsumfragen andeutet. Als er Kohl Anfang 1994 auf notwendige Reformen vor allem in der Wirtschafts- und Steuerpolitik anspricht, beruhigt der ihn. Es werde alles gut, seine Experten hätten ihm gesagt, mit der Wirtschaft gehe es rechtzeitig zur Wahl bergauf. Einerseits erschreckt den Nachwuchsmann aus Hannover soviel selbstgerechte Zufriedenheit, andererseits bewundert er Kohl auch für dessen Gelassenheit. Dass es tatsächlich nochmals zum Sieg reicht, beirrt Wulff aber überhaupt nicht in seiner Meinung, dass sich bis 1998 einiges ändern muss, um nochmals Erfolg zu haben. Auch an der Person des Kanzlerkandidaten.

Im Mai 1995 spricht er sich öffentlich gegen eine Festlegung auf eine erneute Kandidatur Kohls aus, nachdem CSU-Chef und Finanzminister Theo Waigel und Bayerns Ministerpräsident Edmund Stoiber dies gefordert haben. Das ist durchaus mutig – mutiger jedenfalls, als die anderen der Jungen Wilden. Ein halbes Jahr später rechnet er wiederum öffentlich damit, dass Wolfgang Schäuble 1998 als Kanzlerkandidat antritt. Das ist eine unausgesprochene Forderung an Kohl, in absehbarer Zeit abzutreten, denn Schäuble müsste natürlich als Bundeskanzler mit dem Bonus, den dieses Amt verschafft, ins Rennen gehen und bräuchte ein bis zwei Jahre Zeit, um sich im Amt etablieren zu können.

In der Mitte der Wahlperiode legt er sich direkt mit dem Kanzler an – ein Streit, der vor dem Hintergrund der Debatte um die Steuerreform im Wahlkampf 2005 innerhalb der Union, in der Wulff eine führende Rolle spielen wird, durchaus interessant ist. Der Niedersachse greift Kohls Plan, die Mehrwertsteuer zu erhöhen, scharf an. Weil die Ankündigung von Steuersenkungen ständig mit Steuererhöhungen vermischt werde, entfalte das zentrale politische Projekt der CDU keine politische Faszination. Über Monate habe sich bei den Menschen der Eindruck festgesetzt, ihnen werde bestenfalls mit der einen Hand gegeben, was man ihnen mit der anderen wieder nehme. Die Politikkaste hat ein Thema, Wulff ist in aller Munde. Anerkennend stellt die HAZ fest, Wulff habe erreicht, dass „ohne besonderen Aufwand oder lange Vorbereitung das System Kohl erschüttert ist". Bislang habe in der CDU wie in einem Planetensystem jeder nur soweit glänzen können, als er von der Sonne gnädig beschienen werde. Bedeutung und Macht seien abgeleitet von Kohl. Schon freundliches Minenspiel des Kanzlers gelte bei Hofe in Bonn als wichtiges Zeichen der aktuellen Gunst. „Wulff macht diesen Popanz nicht mit", staunt das Blatt. Da spielt dann doch ein wenig zuviel Regionalpatriotismus mit. Davon, Wulff habe das System Kohl erschüttert, kann überhaupt keine Rede sein. Aber richtig ist: Wulff traut sich was. Und wichtig ist etwas, das vielen Beobachtern zu dieser Zeit noch entgeht, weil sie sich ein Leben ohne Kohl gar nicht mehr vorstellen können. Wulff ist in einem Alter, in dem eine politische Karriere in der CDU nicht mehr alleine von der Gunst Kohls abhängt. Man braucht ausgeprägte strategische Fähigkeiten, um das zu erkennen. Wulff hat sie. Und er knüpft gezielt Kontakte an Kohl vorbei, zu Wolfgang Schäuble oder Edmund Stoiber zum Beispiel.

1996 ist in Wulffs Augen sowohl was die Regierungspolitik als auch was die CDU angeht, ein verschenktes Jahr, denn es passiert in seinem Sinne gar nichts. Mit Ole von Beust, Roland Koch und Peter Müller veröffentlicht er in der „Woche", deren Chefredakteur Manfred Bissinger ein enger Freund Schröders ist, den Jungen Wilden aber gerne Platz in seinem Blatt einräumt, ein vierseitiges Interview unter dem Titel „Sonst droht uns die Guillotine". Wenn die CDU sich nicht schnell personell neu aufstelle, neue Gesichter bringe und endlich eine weit reichende Steuerreform anpacke, werde sie 1998 abgewählt, so die Mahnung der vier Autoren.

Die meisten überregionalen Medien sehen die Jungen Wilden entweder ein wenig belustigt, weil sie sich eben nicht trauten, wirklich auf die Barrikaden zu gehen. Oder – das sind eher die unionsnahen Blätter – sie monieren, dass die Gruppe Zwist in die CDU trage und damit den Wahlerfolg gefährde. Bissinger und die Redaktion der 1993 gegründeten Wochenzeitung „Die Woche" sehen das anders. Mehrfach räumt er Wulff und Co. viel Platz in seinem Blatt ein. Er versteht, dass sie „keine Revoluzzer" sind, wohl aber unzufrieden mit dem Stillstand, in dem sich die Republik in den letzten Jahren der Kohl-Ära befindet. Er honoriert, dass sie sich frei und unabhängig fühlen, die Altvorderen in ihrer Partei zu kritisieren. „Auch vor dem eigenen Vormann und Regierungschef Helmut Kohl zeigten sie wenig Furcht. Das war damals durchaus mutig", findet der Journalist, der sich im Wahlkampf 2005 klar auf der Seite Schröders gegen Merkel positioniert. „Sie wollten nur ihrem Dinosaurier im Kanzleramt Beine machen und frischen Wind in die Partei bringen, die ihnen zu sehr zum Kanzlerwahlverein degeneriert war", urteilt Bissinger in einer Rede zu Ehren Wulffs im Sommer 2005. Und er gibt anerkennend zu: „Viele der Reformen, die uns heute beschäftigen, sind von den Jungen Wilden schon damals angedacht worden."

Nicht immer das beste Verhältnis haben Wulff und CDU-Parteipatriarch Helmut Kohl.

Im Frühjahr 1997 kommt Kohls Überfall. Via Fernsehinterview verkündet er in einem echten Überraschungscoup, dass er auch 1998 wieder als Kanzlerkandidat antreten werde. Die Parteigremien hat der Patriarch erst gar nicht gefragt, die Entscheidung fällt er vollkommen eigenmächtig. Die jungen, reformfreudigen Unionisten ahnen in diesem Augenblick, dass damit die Niederlage ihrer Partei besiegelt sein dürfte. Dass Kohl, der in den Augen selbst vieler CDU-Anhänger verbraucht erscheint, gegen den jugendlich wirkenden, mit viel Elan, Selbstbewusstsein und Chuzpe ausgestatteten, begnadeten Populisten und Selbstdarsteller Gerhard Schröder keine guten Chancen mehr haben werde – wer kann das besser beurteilen als Christian Wulff, Schröders direkter Gegenspieler. Zwar ist das Rennen um die Kanzlerkandidatur in der SPD zwischen Schröder und SPD-Chef Oskar Lafontaine noch gar nicht entschieden. Da aber Schröder als vermeintlicher Reformer in der Bevölkerung viel besser ankommt als Lafontaine, hat er die besseren Karten in der Hand. Die CDU-Wahlkampfstrategen setzten unverständlicherweise aber auf Lafontaine, den Kohl schon 1990 besiegt hat. Sie erwarten eine Neuauflage des Kampfes zwischen dem Kanzler der Einheit und dem Gegner der Wiedervereinigung – und werden böse auf dem falschen Fuß erwischt.

In der CDU wird kein Protest laut. Unter der Hand erzürnt es zwar viele – und nicht nur die Jüngeren –, dass sich Kohl an allen Gremien der Partei vorbei selbst die Krone aufgesetzt hat wie einst Napoleon bei der Kaiserkrönung. Aber im Augenblick ihrer Verkündung ist die Sache gegessen. Öffentlich erhebt sich praktisch kein Protest und auch Wulff weiß, dass es jetzt besser ist „den Mund zu halten". Nun ist Loyalität die erste Pflicht der Parteisoldaten. Und insgeheim ist Wulff doch sehr froh darüber, dass er in der Bundespolitik noch eine Nummer zu klein ist, um Kohls Pläne ernsthaft zu gefährden.

So kokettiert er sogar ganz gerne mit seinem schwieriger werdenden Verhältnis zu Kohl. Öffentlich gesteht er wenig zerknirscht ein, dass er nicht gerade zu den „Lieblingsenkeln" Kohls zähle, und kritisiert gleich noch dessen „Omnipräsenz". Auch im Wahlkampf 1998, der ja praktisch der Vorwahlkampf zur Bundestagswahl im Herbst des Jahres ist, teilt er den Medien mit: „Kohl hält mich im hohen Maße für lästig." Das will der inzwischen 39-Jährige als Ausdruck seiner Wählbarkeit in Niedersachsen verstanden wissen.

Anfang 1997 zündet er dann aber eine Bombe, von deren Wucht er selbst völlig überrascht wird. In Bonn ist die Stimmung mies, der Bundestrend ist gerade wieder einmal ein Genosse der SPD, die schwarz-gelbe Regierung wurstelt vor sich hin. Wulff sieht die Felle der Union bei der nächsten Bundestagswahl knapp zwei Jahre später und bei der eigenen Landtagswahl im Frühjahr des kommenden Jahres davonschwimmen, wenn sich nichts tut. Als die von der Bundesregierung geplante Steuerreform zu versanden droht, platzt ihm der Kragen. Der Verantwortliche dafür ist leicht ausgemacht: Bundesfinanzminister Theo Waigel, zugleich Vorsitzender der Schwesterpartei CSU. Der nehme bei der Steuerreform zuviel Rücksicht auf die Bedenken seiner Ministerialbeamten, kritisiert Wulff. Statt einiger Reparaturarbeiten am überholten Einkommensteuergesetz sei ein großer Wurf nötig. Der Plan, Schlupflöcher und Vergünstigungen zu streichen, werde nicht entschieden genug verfolgt. Der Niedersachse fürchtet, die Regierung könnte vom ursprünglichen Plan, die Kilometerpauschale zu senken und Lebensversicherungen „maßvoll" zu besteuern, abrücken. Die Bevölkerung wolle Klarheit und nicht ein Steuersystem, das durch Übergangsregelungen und Ausnahmetatbestände noch komplizierter werde als das alte. Zudem überschatte die Diskussion über eine Erhöhung der Mehrwertsteuer alle Reformbemühungen. Dafür hätten die Bürger kein Verständnis, findet Wulff. Ein anderer Minister könne möglicherweise unbefangener agieren als Waigel. Wulff bringt Bayerns Ministerpräsidenten Edmund Stoiber und FDP-Chef Wolfgang Gerhardt ins Gespräch – und einen zu diesem Zeitpunkt völlig unbekannten Bundestagsabgeordneten aus Nordrhein-Westfalen: Friedrich Merz. Waigel, so findet Wulff, müsse ja nicht gleich entlassen werden, sondern könne auf einen anderen Kabinettsposten wechseln. Auf Wulffs Abschussliste steht nebenbei auch noch Arbeitsminister Norbert Blüm, für den der Niedersachse auch gleich Ersatz parat hat: den Bundestagsabgeordneten Karl-Josef Laumann, der im Frühsommer 2005 unter Jürgen Rüttgers zum Arbeits- und Sozialminister in Nordrhein-Westfalen aufsteigt. Natürlich kenne Merz und Laumann niemand, aber das würde sich in der Talk-Show-Gesellschaft rasch ändern, wenn beide als Finanz- und Arbeitsminister überzeugend und authentisch arbeiten, ist sich Wulff sicher. „Neue Besen kehren gut", ist das Motto, das er Kohl ins Stammbuch schreiben will.

Unterstützung bekommt Wulff von anderen „Jungen Wilden" wie Ole von Beust aus Hamburg und in zahlreichen Faxen und Briefen von Parteimitgliedern. Christoph Böhr dagegen, der nachdenkliche Kopf aus Rheinland-Pfalz, widerspricht Wulff öffentlich. Und der Kanzler tobt. „Völlig abwegig" nennt er in der „Bild"-Zeitung die Forderung Wulffs. „Für persönliche Profilierungsversuche, die unsere Arbeit nur stören, ist kein Platz, und ich habe für solches Verhalten kein Verständnis", so Helmut Kohl. Theo Waigel sei ein erfolgreicher und international angesehener Finanzminister, der seine volle Unterstützung habe. Auf einer Feier aus Anlass des 40. Gründungstages der Jungen Union in Rheinland-Pfalz rastet der „Dicke" fast aus. Wütend läuft er hin und her und schimpft, Wulff werde schon sehen, was er von seiner Kritik habe. Ins selbe Horn stoßen CDU-Generalsekretär Peter Hintze, der einer von zwei Politikern ist, die Wulff später als persönlichen Freund zu seinem 40. Geburtstag einladen wird, und Kanzleramtsminister Friedrich Bohl. Der findet, Wulff löse durch eine überflüssige Personaldebatte überhaupt erst Irritationen aus. Fraktionschef Wolfgang Schäuble spricht von „unverantwortlichem Unfug".

Klar, dass auch die CSU ihrem Parteichef beispringt. „Derartige verbale Tiefschläge sind unfair, abwegig und überflüssig", erklärt der CSU-Fraktionschef im bayerischen Landtag, Alois Glück. Der Bonner Landesgruppenchef Michael Glos bezeichnet den Niedersachsen als „Riesenstaatsmann Wulff“. Waigel selbst schließlich empfindet dessen Äußerungen als „unanständig und hinterfotzig“, da sie eigentlich auf Kohl und Schäuble zielten. Was mit Blick auf Schäuble gänzlich falsch und mit Blick auf Kohl halb richtig ist. Tatsächlich traut Wulff dem ewig währenden Kanzler eine echte Reformpolitik, wie er sie längst für nötig erachtet, kaum noch zu. Er weiß aber auch, dass Kohl manchen Unionswähler nur wegen seines Mythos vom Kanzler der Einheit bindet. Aus der CSU verlautet zudem, Wulff wolle sich schon mal in Stellung bringen für die Zeit nach der Ära Kohl, weil er Schäuble nicht ohne weiteres als Thronfolger akzeptiere. Wulff als potenzieller Kanzlerkandidat? Das erscheint im Januar 1997 doch etwas früh. Für den Chefredakteur des Parteiorgans „Bayernkurier“, Winfried Scharnagl, schließlich ist Wulff ein „Rohrkrepierer aus Hannover“, der sich „einen groben Akt unionsinterner Illoyalität“ habe zuschulden kommen lassen.

Schon am ersten Tag, an dem die Welle der Kritik über Wulff schwappt, gibt Generalsekretär Hartwig Fischer ihm das Horoskop der „Bild“-Zeitung zu lesen. Beim Sternzeichen Zwilling steht: „Wenn Sie es jedem recht machen wollen, kommen Sie zu nichts.“ Gerechnet hat Wulff mit einer solch vehementen Reaktion ebenso wenig wie mit dem sturmartigen Rauschen im Blätterwald. Klar, dass sich die Medien lustvoll auf das Thema stürzen. Und die Kommentare sprechen nicht für Wulff. „Wer solche Unionsfreunde hat, braucht keine Feinde mehr“, schreibt die „Welt“. „Die Neue Ruhr/Neue Rhein Zeitung“ stellt Wulff ein schlechtes Zeugnis aus, was seine taktischen Fähigkeiten angeht: Der Niedersachse „hat soeben einen Beitrag dafür geleistet, Theo Waigel – obgleich angeschlagen – im Amt zu belassen“. Denn der Kanzler lasse sich nicht von einem Landespolitiker diktieren, ob und wen er im Kabinett umsetze. Die HAZ verspürt, wie immer, wenn der Niedersachse Wulff gegen die Bonner Unionsgrößen stänkert, ein wenig Regionalpatriotismus und stellt fest: „Wulff wird durch die harsche Reaktion der Bonner geadelt. Er war der erste, der die von Kohl erpresste, ängstliche Stille in der Union unterbricht.“ Kohl habe es schon lange nicht mehr nötig gehabt, so auf den Tisch zu hauen.

Beeindrucken lässt der Niedersachse sich davon nicht. Zweifellos spielen Profilierungsversuche in der Öffentlichkeit gegen einen Gegner namens Gerhard Schröder, der die Medien in Deutschland zunehmend beherrscht, eine Rolle. Aber Wulff meint tatsächlich, was er sagt, und er sagt es aus Überzeugung. Das gibt ihm eine innere Ruhe, ohne die er den

Sturm der Entrüstung aus den eigenen Reihen mental nicht ertragen könnte. Was Kohl vermutlich besonders erregt, ist, dass Wulff seine Kritik nicht Auge in Auge, sondern über die Medien geäußert hat. Damit verstößt er gegen eine selbst aufgestellte Regel und missachtet die Erfahrungen, die er selbst mit dem Parteipatriarchen gemacht hat. Doch die harsche Kritik weckt bei ihm auch Trotz. „Ich bin als Parteivorsitzender nicht für Majestätshuldigungen zuständig", gibt er wiederum öffentlich kund. Auch das kommt beim Kanzler natürlich gar nicht an. Es kommt zu Gesprächen, doch Kohl bleibt unzugänglich. Im Bundesvorstand muss Wulff sich den Vorwurf mangelnder „Kameradschaft" gefallen lassen. „Aber Wulff sieht nicht aus wie ein am Boden zerstörter Ikarus, der sich gerade die Flügel verbrannt hat – eher wie ein Boris Becker eine Woche nach seinem ersten Wimbledon-Sieg", meint die FAZ. Er koste es aus, dass ihm vom vielen Schulterklopfen die Schulter schmerze. „Mit geradezu aufreizender Gönnerlaune trägt der 38 Jahre alte Osnabrücker die Gewissheit zur Schau, einer von den Kommenden der Nach-Kohl-Ära zu sein."

Konkrete Folgen hat die Waigel-Sache für Wulff nicht. Fortan gilt das Verhältnis zu Kohl aber als gestört, zumal Wulff ähnliche Kritikpunkte über den Sommer 1997 immer mal wiederholt. Mitte Juli dann muss er bei Kohl antreten, aber das Vier-Augen-Gespräch bleibt unspektakulär. Einen positiven Effekt hat das Ganze aber: Wulffs Bekanntheitsgrad ist über die niedersächsischen Landesgrenzen hinaus gestiegen. Sogar im Ausland kennt man seinen Namen, wofür Berichte und Interviews in verschiedenen Medien sorgen. Selbst dort treffen beide Kontrahenten aufeinander. Ärger gibt es wegen eines Interviews Wulffs in der italienischen Zeitung „Corriere della Sera". Die kommt in einer Samstagsausgabe mit der Überschrift: „Wulff: Das System Kohl ist am Ende." Das ist zwar ein Übersetzungsfehler, so scharf hat es der Niedersachse nicht formuliert. Aber das Interview läuft in Deutschland das ganze Wochenende rauf und runter – natürlich zum Ärger des Patriarchen.

Die Angriffe auf Waigel haben zudem noch den Charakter einer Privatfehde mit dem CSU-Mann. Denn Waigel selbst hatte sich ja bereits im Wahlkampf 1994 keineswegs mit illoyaler Kritik zurückgehalten, sondern lustvoll auf Wulff und seine Mannschaft eingedroschen, als sich deren Niederlage endgültig abzeichnete. Nun sieht Wulff die Chance zur Revanche. Die Episode zeigt unter diesem Gesichtspunkt vor allem eins: Der junge Herr Wulff kann durchaus nachtragend sein und vergisst nicht schnell. Charaktereigenschaften, die ihm gute Bekannte auch später nachsagen.

Inhaltlich bleibt Wulff seiner Linie treu. Er sieht Deutschland auf der abschüssigen Bahn. Ein Beitrag für die Zeitschrift „Civis" im Herbst 1997 liest sich, obwohl er sich gegen Sozialdemokraten und Grüne richtet, so, als sei die Union in den vergangenen 15 Jahren nicht in der Regierung, sondern in der Opposition gewesen. „Die Wirtschaft in Deutschland ist im globalen Wettbewerb zurückgefallen", liest man da. Das Land habe die höchsten Arbeitskosten, die geringsten Anlageinvestitionen, zu lange Genehmigungsverfahren – „und steuerliche Drosselungen machen es nicht einfach, etwas zu unternehmen". Wer diesen Artikel in dem Blatt des „Rings Christlich-Demokratischer Studenten" (RCDS) liest, kann ihn nur als Kritik an der eigenen Regierung verstehen – auch, wenn sie geschickt in theoretische Ausflüge über die Mentalität der Gesellschaft verpackt ist. Eine Schlüsselfrage sei: „Erreichen wir kurzfristig eine so nachhaltige Entlastung der Wirtschaft, dass wir nicht mehr zurückfallen, sondern Strukturschwächen beseitigen?" Wenn der Autor die Sozialdemokraten als die „eigentlich Gestrigen" bezeichnet, dann meint er zweifellos auch die „Sozialdemokraten" in der eigenen Partei vom Schlage Norbert Blüms. Und vor dem kurz zuvor ausgefochtenen Streit mit Kohl und Waigel über die Steuerreform dürfen sich auch Kanzler und Finanzminister angesprochen fühlen, wenn Wulff fordert, die Union „darf sich nicht bei Reparaturen im Kleinen verlieren, sondern muss Konzepte vorlegen, die die Menschen faszinieren, weil sie ihnen einleuchten und als gerecht empfunden werden. Beispielsweise darf es in der Steuerdiskussion nicht nur um diese oder jene Änderung im Einkommensteuerrecht gehen. Vielmehr brauchen wir ein ganz neues Einkommensteuerrecht, das ohne viele Ausnahmen auskommt, das verständlich, klar und gerecht ist."

Acht Jahre später, als Unionskanzlerkandidatin Angela Merkel den Finanzexperten Paul Kirchhof mit seinen radikalen Steuervorschlägen zu ihrem Schattenfinanzminister macht, verlässt Wulff allerdings rasch sein Mut. Er gehört zu den Spitzenpolitikern der Union, die Kirchhof öffentlich kritisieren und damit die Faszination, die sein Konzept zunächst bei vielen Wählern auslöst, ins Gegenteil umkehrt. Da hat sich allerdings seine Perspektive auch geändert – denn jetzt ist er in Niedersachsen nicht mehr in der Opposition, sondern sitzt auf der Regierungsbank.

Auch bei einem anderen Thema vertreten die Jungen Wilden eine andere Meinung als die Parteiführung. Schwarz-Grün, so finden Wulff und Co., müsse in Zukunft eine ernsthafte Alternative zu den verschiedenen Koalitionsmöglichkeiten der SPD werden. Die ist offen nach allen Seiten, zur Union, zur FDP und selbst zur PDS. Wulff sieht die Gefahr einer Isolierung der Union von der Macht, wenn die FDP eines Tages von der Bildfläche verschwinden sollte. Die Gefahr scheint Mitte der neunziger Jahre angesichts enttäuschender Wahlergebnisse der Liberalen durchaus gegeben. Im Juni 1994, wenige Monate nach der niedersächsischen Landtagswahl, scheitern sie auch bei der Europawahl an der Fünf-Prozent-Hürde. Das ruft den frischgebackenen Oppositionsführer in Hannover auf den Plan. „Unsere Partei kann auf Dauer nicht leben, wenn sie nur auf einen Koalitionspartner festgelegt ist", fürchtet er. Er fordert die CDU auf, schwarz-grüne Koalitionen in den Kommunen und Ländern vorzubereiten. Die Grünen entwickelten sich weg von den Fundis hin zur Reformpartei, die Realitäten anerkennt, so seine Wahrnehmung, aus der er folgert: „Schwarz-Grün ist kein Tabu mehr."

Bei den Grünen stößt er damit auf wenig Gegenliebe. „Das ist noch nicht mal eine Spekulation wert", findet Grünen-Parteisprecher Ludger Vollmer. Die Union versuche nur, sich ein ökologisches Mäntelchen überzuziehen. Ideologisch nicht so festgelegte Grüne wie der baden-württembergische Fraktionsvorsitzende Fritz Kuhn sind immerhin offener. „Wenn ich mir die Bilanz von Rot-Grün in Niedersachsen ansehe, da hätte man mancherorts mit der CDU ebenso viel erreicht." Bei einer Diskussion mit Hamburgs Grünen-Fraktionschefin Krista Sager vor 700 Zuschauern in Hannover werden zwar Unterschiede mehr als deutlich – zum Beispiel bei Fragen der Inneren Sicherheit. Doch beide sind sich durchaus einig, dass die Gräben längst nicht mehr so tief sind wie noch wenige Jahre zuvor. „Aus dem Streitgespräch entwickelt sich ein Spiel wie zwischen Romeo und Julia: Die beiden mögen sich, aber in den Familien gibt es Vorbehalte", schreibt die HAZ. Wulff bemüht sich streckenweise so intensiv um die Öko-Partei, dass die Zeitung feststellt: „Wulff ist so grün geworden, dass sich Sager genötigt sieht, die Bürger aufzufordern, lieber das Original zu wählen anstatt die Kopie." Später gehört einer der Gründer der Grünen in Baden-Württemberg, Wolf Dietrich Hasenclever, zu einem der wichtigen Beamten des niedersächsischen Ministerpräsidenten.

Strategische Überlegungen spielen zweifellos bei Wulffs schwarz-grünen Gedankenspielen die größte Rolle. Aber schon zu seiner Zeit als CDU-Fraktionschef im Osnabrücker Stadtrat wird bei ihm Umweltpolitik ganz groß geschrieben. Das erleichtert ihm jetzt seinen Vorstoß, für den er Unterstützung bei seinen Freunden von den Jungen Wilden findet. Die

Debatte, die in den neunziger Jahren bis zur Wahl der rot-grünen Bundesregierung mehrfach aufflammt, bleibt folgenlos. Erst im Jahr 2005, nach der Bundestagswahl im September, lebt sie wieder auf. Jetzt tritt Wulff allerdings für die Bildung einer Großen Koalition und gegen eine „Jamaika-Koalition“ aus Union, FDP und Grünen ein. Zur ersten schwarz-grünen Landesregierung kommt es 2008 in Hamburg.

8. Andenpakt

Was gute Freunde sind, erfährt der Hesse Roland Koch im Jahr 2000. Im Zuge der CDU-Spendenaffäre schlittert auch sein Landesverband in einen veritablen Spendenskandal. Koch ist wie immer zupackend, auch in der Affäre, die seine Partei so tief erschüttert, und fordert rasch eine „brutalstmögliche Aufklärung" der Vorgänge. Das Wort hängt ihm noch Jahre später wie ein Mühlstein am Hals, denn dass die hessische CDU selbst in die illegale Transferierung von 20 Millionen Mark ins Ausland verstrickt ist, wird anschließend Zug um Zug bekannt. Seine Landespartei hat über 20 Millionen Mark auf Schwarzkonten ins Ausland geschafft. Was Koch wann davon wusste, ist letztlich nie ganz geklärt worden. Aber seine Karriere hängt für eine Weile an einem seidenen Faden.

Eigentlich bleibt da nur der Rücktritt, so einen Mann kann sich die Union in ihrer schwierigen Situation nicht leisten. Doch die Rücktrittsforderungen aus den eigenen Reihen bleiben weitgehend aus. Und überraschenderweise sind es gerade die jüngeren Unionspolitiker – die sich öffentlich von Helmut Kohl wegen dessen Spendenaffäre zumindest halbwegs distanzieren –, die Koch die Stange halten. Das macht gerade Christian Wulff, in Sachen Kohl neben Merkel der Chefaufklärer, ein Stück unglaubwürdiger. Doch der Niedersachse, der bei Ausbruch der Spendenaffäre seit einem Jahr Bundesvize seiner Partei ist, hat Beißhemmungen. Der Grund wird der politisch interessierten Öffentlichkeit erst im Sommer 2003 durch einen „Spiegel"-Artikel klar. Das Magazin aus Hamburg berichtet über einen Geheimbund jüngerer CDU-Männer, der bereits 1979 von damaligen Jungunionisten gegründet wurde und einen eigentümlichen Namen trägt: „Pacto Andino Segundo" oder auch „Andenpakt". Die wichtigste Grundregel dieser Loge ist, dass die Mitglieder pfleglich miteinander umgehen – nicht, wie immer wieder von den Medien fälschlich behauptet, dass niemals ein Mitglied ein anderes öffentlich zum Rücktritt auffordern werde. Der Pakt besteht seine schwerste Bewährungsprobe – auch wenn das eine oder andere Mitglied über seinen Schatten springen muss. Zwar muss Kochs Staatskanzleichef Franz Josef Jung, auch er ein Mitglied des Andenpakts und zudem enger Kumpane des Ministerpräsidenten, seinen Hut nehmen, weil auch er in den Skandal verwickelt scheint. Doch zwei Jahre später, nach dem Wahlsieg mit absoluter Mehrheit, ist er wieder da – Koch macht ihn zum CDU-Fraktionschef im Landtag. 2005 wird er schließlich Bundesverteidigungsminister.

Was Koch selbst angeht, obsiegt die Kameradschaft unter den ausschließlich männlichen Mitgliedern, die in zwei Jahrzehnten geschmiedet wurde. Merkel-Biografin Evelyn Röll glaubt, dass hier einer der Gründe liegt, warum Koch auch Jahre später noch im Amt ist. Obwohl die Journalistin andererseits der Ansicht ist, dass der Andenpakt zu einem „gefährlichen Geheimbund" hochgeschrieben werde. Das glauben auch manche Freunde Wulffs. Zweifellos aber ist er seine wichtigste Seilschaft innerhalb der Union.

Was ist nun dieser sagenumwobene Club innerhalb der CDU, wer gehört ihm an, welchen Einfluss hat er? Als Christian Wulff 1982 als eines der letzten Mitglieder zu ihm stößt, hat sich bereits eine Schar von CDU-Jungpolitikern mit Aussichten auf eine größere politische Karriere in ihm versammelt: Christoph Böhr, Matthias Wissmann, Roland Koch und seine zwei Freunde Franz Josef Jung und Volker Bouffier aus Hessen, Günther Oettinger, Friedbert Pflüger, um nur die bekanntesten zu nennen.

Echte Überflieger allesamt – kein Wunder, denn gegründet wurde der Pakt im Juli 1979 hoch über den Wolken. Einige Jungunionisten sitzen an diesem Tag im Flugzeug auf dem Weg von Caracas nach Santiago de Chile. Die Stimmung ist gerade nicht so gut, der Whisky heizt den Frust über ihren Chef Matthias Wissmann zusätzlich an. Die Gruppe hoffnungsfroher Nachwuchspolitiker hat sich auf eine politische Informationsreise durch Südamerika gemacht. Wissmann treibt sie von einem Termin zum nächsten, für Besichtigungen oder nächtliche Ausflüge bleibt keine Zeit. Über den Anden kommt es zur Rebellion gegen den Chef, und ganz nebenbei wird gleich der Andenpakt gegründet. „In Sorge um die hochkarätig besetzte Delegation und zum Schutze der Gesundheit schließen wir uns hiermit zum Pacto Andino Segundo zusammen." Für den Augenblick stellen die Mitglieder des neuen Bündnisses aus aktuellem Anlass zunächst eine Forderung in den Mittelpunkt: „Mehr Ambiente in der Politik."

Fast alle Gründungsmitglieder des Pakts sind kurz vor dem Erreichen der Altergrenze von 35 Jahren, die zum Ausscheiden aus der Jungen Union

Zwei Andenpaktbrüder, die sich gegenseitig nicht aus den Augen lassen: Christian Wulff und Roland Koch

zwingt. Doch für sie bedeutet die CDU-Jugendorganisation das Leben, so dass sie sich im Andenpakt zusammenschließen, um als Freundeskreis weiter Kontakt zu halten. Ein Ziel ist es auch, Wissmann zum Bundesminister zu machen. Später witzeln manche Mitglieder immer wieder, dass der Pakt sich eigentlich auflösen könne, weil dieses Ziel ja erreicht worden sei.

Doch in den folgenden Jahren entwickelt sich der Andenpakt zu einer Gruppe von Politikern – andere, wie Wulff, der 1982 an einer Reise des JU-Bundesvorstandes nach Kenia, Simbabwe, Südafrika und Namibia teilnimmt, stoßen später hinzu. Sie steigen allmählich in immer höhere politische Funktionen auf. Es gibt jährlich zwei Treffen, die zum Teil im Ausland stattfinden, aber auch schon mal auf Jungs Weingut in Eltville oder auf dem norddeutschen Gutshof eines anderen Mitglieds. Es gibt sogar einen echten Generalsekretär, der seine Mitteilungen unter dem Titel „Pacto Andino, El secretario General", an die Mitglieder verschickt: Bernd Huck, Wirtschaftsanwalt aus Braunschweig. Er hat sich ursprünglich selbst stärker in der Politik engagiert, später aber aus dem aktuellen Geschäft zurückgezogen. Bei ihm laufen alle Fäden zusammen: Er organisiert die Treffen möglichst unauffällig, veranstaltet Auslandsreisen – intern „Maßnahme" genannt – und verwaltet das Konto bei der Deutschen Bank, Konto-Nummer 332676610, auf das jedes Logenmitglied 50 Euro Kostenpauschale jährlich einzuzahlen hat.

Auf den Treffen geht es heute weniger um Ambiente, sondern um knallharte Politik. Sein Glanzstück liefert der Pakt 2001 ab, als es um die Frage geht, wer für die Union bei der Bundestagswahl im folgenden Jahr ins Rennen gehen soll. Parteichefin Angela Merkel zieht am Ende den Kürzeren gegen Bayerns Ministerpräsident Edmund Stoiber, und es dürften die Andenpaktler gewesen sein, die den Ausschlag dafür gegeben haben. Es ist Wulff, der Merkel, die bis kurz vor der Entscheidung keine Ahnung von dem Pakt hat, dessen Existenz verrät. Während eines gemeinsamen Essens beim Italiener in Berlin fragt Merkel ihn, warum die Jungen in der CDU eigentlich immer zusammenhielten und sich gegenseitig nie kritisierten. Gerade hatte Saarlands Ministerpräsident Peter Müller der staunenden Öffentlichkeit eingestanden, dass Politiker manchmal einfach nur gute Schauspieler seien, was bei seinen Unionsfreunden unwidersprochen geblieben war. Anlass war die gespielte Empörung Kochs im Bundesrat bei der Abstimmung über das rot-grüne Zuwanderungsgesetz, bei der es Streit um das Stimmverhalten Brandenburgs gegeben hatte. Das Bundesverfassungsgericht wird einer Klage der Union dagegen zwar später Recht geben. Aber die Empörung der Öffentlichkeit über den Staatsschauspieler Koch ist genauso groß wie über die Regierung. Doch die verschworenen Paktbrüder schweigen.

Der „Verrat" Wulffs sorgt bei ihnen für viel Verdruss, vor allem bei Roland Koch. Denn gerade er, der höhere Ziele nur noch erreichen kann, wenn er die maßgeblichen Leute in Partei und Bundestagsfraktion hinter sich weiß, ist auf die Verschwiegenheit der Runde angewiesen. „Das war vermutlich einer meiner großen Fehler, weil anschließend aus dem Freundeskreis ehemaliger JU-Bundesvorstandsmitglieder ein mystifizierter Geheimbund gemacht wurde", glaubt Wulff.

Eine Festlegung, nach der keiner der Logenbrüder jemals gegen einen anderen antreten darf, wie gerne in den Medien behauptet wird, gibt es nicht. Das bestätigt Wulff ausdrücklich. 1997 kandidiert er gegen Koch für den Vorsitz der Runde der Unionsfraktionschefs, wobei er sich eine blutige Nase holt. Wenn Roland Koch und Christian Wulff sich eines

Tages um dasselbe Amt bewerben wollen, wird sie der Andenpakt daran nicht hindern.

Zu dieser Zeit sucht Wulff auch ein Thema, mit dem er seine bundespolitischen Ansprüche ein wenig theoretisch untermauern kann. Er sucht nach einer Idee, mit der er Aufmerksamkeit erzeugen kann, die zwar jenseits der aktuellen tagespolitischen Auseinandersetzungen ist, aber trotzdem Handreichung für konkrete Politik sein soll. Mit der „98er-Bewegung" glaubt er Ende 1997, ein solches Thema gefunden zu haben.

Was sich dahinter verbirgt, macht er in einem Artikel für „Civis" klar. Das Motto dieses Aufsatzes kommt von Abraham Lincoln: „Ihr könnt den Menschen nie auf die Dauer helfen, wenn ihr für sie tut, was sie selber für sich tun sollten und könnten." Damit ist die Richtung schon klar: Es geht dem Autor um ein Zurückdrängen des Staates, seines Anspruchs auf Allzuständigkeit ebenso wie der Hoffnung vieler Menschen auf eben diese Allzuständigkeit.

Um zu erklären, was er damit meint, knöpft sich Wulff zunächst einmal die „68er" vor, jene Generation von Politikern um Joschka Fischer, die sich gerade anschickt, demnächst auf Bundesebene die Macht zu übernehmen. Schon in die Schüler Union war der 15-Jährige ja eingetreten, weil er mit dem pseudorevolutionären Getue, den theorieverliebten Debatten und dem praxisfernen Handeln der „68er" nichts anfangen konnten. Wiewohl ihm damals dieser Gegensatz sicher noch nicht so klar war. In die Junge Union ging man dann aber bewusst, um sich von den Jungsozialisten und der entstehenden alternativen Bewegung, die in die Grünen mündete und ihren Ursprung in den „68ern" hatte, abzusetzen.

„68" – das sei für viele Totalopposition gegen das Bestehende, gegen Pluralismus, gegen die moderne, unübersichtliche Welt. Im Mittelpunkt habe der Glaube gestanden, der Staat sei das wichtigste Instrument, um gesellschaftlichen Wandel zu bewirken und das Glück zu mehren. Wulff zitiert Ralf Dahrendorf, der davon sprach, damals sei jener „sozialliberale Konsens der Modernität, der Anspruchsinflation, Konsumorientierung, exzessiven Umverteilung, stärkeren Staatstätigkeit, Bildungsexpansion und Entstrukturierung von Familie, Kirche, Schule und anderen Institutionen" entstanden. Gerade diese sinnstiftenden Institutionen seien derart in Frage gestellt worden, dass es ihnen vielfach nicht mehr gelinge, Wertmaßstäbe zu vermitteln, so Wulff. Folge davon sei, dass viele junge Menschen nach dem Sinn des Lebens fragten. Aber „wo der Sinn des

Lebens nicht mehr deutlich erkennbar ist, wird die Verwirklichung des Einzelnen höher bewertet als alles andere". Es entstehe eine Angst vor allem, was sich dieser Verwirklichung scheinbar entgegenstelle: Kernkraftwerke, atomare Rüstung, Bio- und Gentechnologie, chemische Industrie, neue elektronische Möglichkeiten. Diese Angst führe zu politischer Lähmung.

„68" sei auch eine bewusste Abkehr von der Gründergeneration der Bundesrepublik gewesen. „Es war der bewusste Bruch mit Tugenden wie Fleiß, Pflichterfüllung und Verantwortungsbereitschaft", wirft Wulff den „68ern" wie Fischer vor. Dessen Ausspruch „Der Wertewandel der 68er ist unumkehrbar" kritisiert Wulff scharf. „Wenn dem so wäre, dann wäre der Abstieg Deutschlands unumkehrbar." Denn die Probleme von heute und morgen könnten nicht mit der Mentalität derjenigen bewältigt werden, „die sich lieber selbst verwirklichen, die ‚Emanzipation' so verstehen, dass sie sich gegen andere richtet (z.B. Kinder), die Angst zum Maßstab ihrer Politik machen, die frei sein wollen von allem und dennoch täglich neue Ansprüche an Staat und Gesellschaft richten".

Hier sieht der Autor den wesentlichsten Unterschied zwischen seinen „98ern" und den „68ern". „Während diese ein fast unbegrenztes Vertrauen in die Richtigkeit, Gerechtigkeit und Vernunft staatlichen Handelns haben und sich mit den Selbstverwirklichern und ihrem Anspruchsdenken verbinden, sind jene eher zurückhaltend, abwehrend und skeptisch, weil sie auch die die Freiheit bedrohenden Aspekte einer immer stärker wuchernden Staatstätigkeit sehen." Deshalb betonten sie das Prinzip der Subsidiarität und forderten, dass staatliche Leistungen wieder mehr durch private Unternehmer und Träger wahrgenommen werden sollten. Damit solle die Macht der Bürokratie eingeschränkt und „der Weg zu einem allumfassenden und freiheitsberaubenden Wohlfahrtsstaat" verhindert werden. Wulffs Fazit: „Es geht darum, entweder die Eigeninitiative und Eigenverantwortung der Bürgerinnen und Bürger zu stärken oder auf eine unreflektierte Staatsgläubigkeit zu bauen, die den Bürger letztlich zum abhängigen Haustier des Staates herabwürdigt und ihn einer scheinsozialen Herrschaft von Funktionären und Bürokraten ausliefert." Der Gegensatz sei klar: Die Skepsis gegenüber dem privaten Handeln entspreche der Skepsis gegenüber staatlicher Allmacht.

Nun kommen die „98er". Das Zeitalter der Staatsgläubigkeit und des Anspruchsdenkens müsse abgelöst werden „durch eine Kultur der Verantwortung für sich selbst und gegenüber anderen". Hier sieht Wulff den

Kern der von ihm ins Leben gerufenen „98er". Diese „Bewegung" heiße: weniger Staat, weniger Bürokratie, mehr Freiräume, mehr wirtschaftliche Dynamik und Prozesse, die auch wieder Fortschritte in der sozialen Sicherheit ermöglichten und nicht einen ständigen Raubbau an der Zukunft bedeuteten. Es gehe nicht um einen Rückfall in eine Zeit, in der Bürger auf sich selbst angewiesen seien. Vielmehr gehe es um eine solidarische Gesellschaft, um eine Gesellschaft, in der die Tugenden Selbstvertrauen, Leistung, Teamwork, Hilfe für andere nicht als Last empfunden würden. Der Staat in Deutschland sei überfordert, weil er nur noch als Leistungsbringer angesehen werde.

Mit den „68ern" setzt Wulff sich übrigens immer wieder einmal auseinander. Zwar nicht so verbissen wie manch andere Unionspolitiker oder konservative Medien, aber durchaus scharfzüngig. Zum Beispiel in einer Rede vor der Evangelischen Studentengemeinde der Universität Clausthal im Januar 2001. Zu dieser Zeit tobt gerade ein Streit zwischen den Grünen um Joschka Fischer und Jürgen Trittin einerseits und einigen Zeitungen wie „Bild" und „Welt" andererseits über Rolle und Bedeutung der „68er", die nunmehr an der Regierung sind. „Stellt sich nicht die Frage der politischen Kultur in unserem Land, wenn man jemanden zum Minister ernennt und damit zu einem der höchsten politischen Repräsentanten unseres Landes, der noch 1994 sich damit brüstete, nicht zu denen gehört zu haben, die sich von dem sogenannten Buback-Nachruf distanziert haben", fragt Wulff. Er spielt damit auf eine Begebenheit nach der Ermordung des damaligen Generalbundesanwalts Siegfried Buback 1977 durch die RAF an. Demnach hat sich Trittin, der inzwischen Bundesumweltminister ist, weder als Student an der Uni Göttingen noch später von einem Flugblatt, in dem mehr oder weniger unverhohlen Schadenfreude über den Mord geäußert wurde, distanziert.

Zudem habe Trittin das Ansehen Deutschlands mehrfach schwer beschädigt, zum Beispiel habe er die Bundeswehr verunglimpft und im Ausland behauptet, Deutschland habe mit der Wiedervereinigung das Ziel erreicht, „Hegemonialmacht im Herzen Europas" zu sein. Wulff warnt: „Die aktuelle Haltung zur Gewalt von gestern ist Maßstab für die Glaubwürdigkeit beim Kampf gegen politisch motivierte Gewalt und Extremismus heute und morgen."

Hohn und Spott hat der CDU-Mann für Politiker vom Schlage Trittins, Fischers oder Oskar Lafontaines übrig. „Viele der wilden 68er von damals sind heute längst auf den Golfplätzen und an den Weinhängen der Toskana angekommen.“ Im Wahlkampf 2005 macht er sich über sie nur noch lustig. „Man muss sich ja geradezu dafür schämen, dass man keinen Bruch in seinem Leben hat. Mir wird vom ‚Stern‘ immer vorgeworfen, ich hätte nie meinen Teddy verprügelt. Das habe ich tatsächlich nicht, denn ich hatte nie eine Veranlassung dazu.“ Die Zuhörer lachen dann, und sie wissen, dass Steinewerfer wie Fischer gemeint sind. Aber er wird schnell wieder ernst, wenn er eine „mentale Spätfolge“ der „68er“ erwähnt, die Reformpolitikern heute das Leben schwer mache – dass die Menschen nämlich wohl Veränderungen wollten, aber nur zu sozialdemokratischen Bedingungen, „ohne wirkliche Opfer, ohne Anstrengungen, ohne Einschnitte in Besitzstände“.

Eine „Bewegung“ löst Wulffs Aufsatz in „Civis“ Ende 1997 nicht aus. Als junger Unionspolitiker gehört der 38-Jährige aber zu denen, die einen „Mentalitätswechsel“ in der Bevölkerung allmählich vorbereiten. Dass es ein langer Weg dahin ist, ist Wulff natürlich klar. Er verfolgt ihn konsequent. Und später, als Ministerpräsident, wird er Ziele in Taten umsetzen, die er schon seit zehn Jahren verfolgt hat. Der Umbau von Strukturen wird dann im Wahlkampf 2005 eines der beherrschenden Themen. Wie schwierig es aber tatsächlich ist, die Wähler bei überfälligen Reformen mitzunehmen, wird Unions-Kanzlerkandidatin Angela Merkel zu spüren bekommen.

9. Erneute Niederlage

Ein Ziel Wulffs liegt zu dieser Zeit in viel näherer Zukunft: der Sieg bei der Landtagswahl im März 1998. Im Juni des Vorjahres, einen Tag nach seinem 38. Geburtstag, kürt ihn ein Landesparteitag in Oldenburg mit einem überragenden Ergebnis in geheimer Wahl erneut zum Spitzenkandidaten: 97,2 Prozent der 429 Delegierten votieren für den Osnabrücker. Das Ergebnis ist ein Vertrauensbeweis und -vorschuss zugleich. Klar ist: Die Partei will gewinnen, und sie glaubt, dass sie das mit Wulff im zweiten Anlauf schaffen kann. Zugute gehalten wird ihm, dass der niedersächsische CDU-Landesverband die höchsten Mitgliederzuwächse aller Landesverbände hat und dass es dem Landeschef gelungen ist, die zerrüttete finanzielle Situation in Ordnung zu bringen. Aber das Hauptargument ist, dass die Partei nach der ersten Niederlage zu ihrem Frontmann gestanden und ihm vier Jahre Zeit gegeben hat. Nun will sie die Ernte einfahren.

Die Ausgangslage ist, was die Lage im Bund angeht, eher noch schlechter als vier Jahre zuvor. Die Stimmung für die unionsgeführte Bundesregierung ist schlecht, viele Menschen sind Kanzler Helmut Kohls schlicht überdrüssig. Die Sozialdemokraten haben über ihre Macht im Bundesrat Reformfortschritte wie die geplante Steuerreform vereitelt. In Niedersachsen wird am 1. März gewählt, im Bund Ende September – da kommt Wulff und seiner Mannschaft eine ganz besondere Rolle zu. Sie soll das Startsignal für die Aufholjagd der Union geben. Ein Wahlsieg Wulffs hätte zudem eine große strategische Bedeutung. Denn die SPD pendelt noch zwischen zwei möglichen Kanzlerkandidaten hin und her: Parteichef Oskar Lafontaine und Gerhard Schröder. Der spielt volles Risiko: Wenn er mehr als zwei Prozentpunkte im Vergleich zur Wahl 1994 verliere, werde er als Kanzlerkandidat nicht zur Verfügung stehen, kündigt er an. Durch einen Sieg könnte der blonde Hüne aus Osnabrück zum Siegfried der Union werden, denn Kohl baut darauf, dass die SPD Lafontaine ins Rennen schickt. Der wäre als Gegner leichter zu packen als der wendige Schröder mit seinem Reformer-Image. Zumal Kohl dem Saarländer glaubhafter ein angeblich geplantes Linksbündnis mit der PDS unterstellen könnte.

Wulff selbst ist optimistisch, was die eigenen Chancen angeht. Das Wahljahr beginnt dann allerdings denkbar schlecht. Einen Tag nach Neujahr veröffentlicht Forsa eine Meinungsumfrage, nach der 46 Prozent für die SPD und 36 Prozent für die CDU stimmen würden. Während die Grünen mit acht Prozent klar über der Fünf-Prozent-Hürde liegen, würde die FDP mit nur vier Prozent scheitern. Was die Lage für die Union zusätzlich erschwert, denn ohne die Liberalen fehlt ihr die glaubwürdige Machtperspektive. Auch im direkten Vergleich mit Schröder ist Wulff abgeschlagen. Drei Wochen später ermittelt Forsa, dass 55 Prozent der Befragten Schröder als Ministerpräsident wollen und nur 24 Prozent Wulff. Der zieht solche Umfragen schlicht in Zweifel, mit dem Hinweis, vor der Kommunalwahl 1996 hätten die Institute auch der SPD einen deutlichen Sieg vorhergesagt – am Ende habe aber die Union vorne gelegen. So streift er auch siegesgewiss auf dem Landestag der Jungen Union in Osnabrück vier Wochen vor der Wahl schon mal wie bei der Tour de France das gelbe Trikot des Spitzenreiters über und nimmt minutenlange Beifallsstürme und Sprechchöre der 500 Delegierten entgegen. Wenn Umfragen Gutes für die Union verheißen, zieht Wulff sie übrigens gerne heran.

Angesichts der bundespolitischen Bedeutung ist es kein Wunder, dass es zu einem Schaulaufen der Unions-Prominenz im Wahlkampf kommt, wie es die Niedersachsen noch nicht erlebt haben. Selbst Theo Waigel begräbt seinen Groll und macht in Hannover Wahlkampf auf die deftige bayerische Art. Verteidigungsminister Volker Rühe lobt den jungen Niedersachsen, an dem die Job-Aussichten der Bonner Minister zu hängen scheinen, über den grünen Klee. Die Landes-CDU könne sich glücklich schätzen, mit Wulff „den Besten der jungen Spitzenpolitiker der Union zu haben". Generalsekretär Peter Hintze gibt den Delegierten des Bundesparteitages in Leipzig im Oktober 1997 mit auf den Weg, Wulff habe „Charisma, er hat politische Power, und er kann Gerhard Schröder in die Schranken verweisen."

Der Kanzler kommt neunmal zum Wahlkampf nach Niedersachsen. Er kündigt an, den Sozialdemokraten „eins überziehen" zu wollen. Vergessen sind die Querelen ein Jahr zuvor – Kohl lobt Wulff öffentlich oder lässt seine Leute das Lob des Patriarchen für den Jungen streuen. „Wulff, du wirst immer besser", habe er dem Kandidaten zugeraunt, wissen Medien zu berichten. Wulff sei das „größte Talent der CDU", geben die Sprachrohre des Kanzlers als Parole aus. Kohl selbst nennt ihn öffentlich den richtigen Mann am richtigen Platz. Wulff müsse jetzt Ministerpräsident werden, „weil er Land und Leute kennt, fest auf dem Boden steht, nicht abgehoben ist, weil er Mut hat, zuverlässig ist und Vertrauen verdient", sagt der Kanzler auf einer Wahlveranstaltung in Hannover. „Die Begeisterung ist verdächtig. Denn des Kanzlers Kult um Wulff hat viel mit Eigennutz zu tun. Sein Schicksal ist an das Wahlergebnis des Osnabrückers geknüpft. Wulff kann Kohl den Weg zum ewigen Ruhm als Berlin-, Europa- und Jahrtausendkanzler ebnen – oder vermasseln", analysiert der „Spiegel". Diese Umarmungsstrategie Kohls macht es Wulff zudem schwerer, auf Wahlkampfveranstaltungen kleine Giftpfeile in Richtung Bonn abzuschießen.

Das Wahlkampfmotto lautet „Ehrlich, mutig, klar". Den Wählern wird ein doppelter Wulff präsentiert. Für die älteren soll ein Plakat mit einem nachdenklichen Spitzenkandidaten mit der Hand am Kinn Seriosität und die Fähigkeit, zuzuhören, vermitteln. Für die jüngeren lächelt Wulff auf dem Plakat unter dem Titel „Der Beste soll es machen" – neben ihm ein mürrisch dreinblickender Schröder. Das soll Jugendlichkeit ausstrahlen, bricht aber auf jeden Fall ein Tabu der Werbefachleute, nach dem man auf den eigenen Plakaten nicht den politischen Gegner abbildet. Für den Wahlkampf kündigt Wulff vollmundig „die größte Mobilisierung bürgerlicher Wählerinnen und Wähler, die es je bei einer Landtagswahl in Deutschland gegeben hat", an. Die Wahlkampfthemen liegen für die Union auf der Hand: Arbeitsmarkt- und Wirtschaftspolitik, Mittelstandsförderung, Staatsverschuldung. Vor allem auf Schröders ureigenstem Gebiet, der Wirtschaftspolitik, greift der CDU-Herausforderer den Ministerpräsidenten an, nennt ihn einen „wirtschaftspolitischen Dilettanten" und „politischen Dünnbrettbohrer". In Anlehnung an Heinrich Heine wird Wulff gar zum Wahlkampf-Dichter: „Wirtschaft öder, Schüler blöder, Diebe schnöder, Gerhard Schröder." Um möglichst viele Wähler direkt ansprechen zu können, erfindet die Niedersachsen-Union ein seitdem gerne kopiertes Mittel: einen Wahlkampfbus, der den Spitzenkandidaten durchs Land tourt. Sogar eine Hymne mit dem Titel „Welcome today, welcome tomorrow" lässt die CDU auf CD pressen und für zwei Mark an den Wähler bringen. Daran gibt es freilich auch Kritik, denn dass der Text auf englisch und nicht auf deutsch ist, schmeckt manchem konservativen CDU-Anhänger nicht.

Einem jüngeren Parteisympathisanten dagegen gefällt der Text, dessen deutsche Übersetzung auf dem CD-Cover abgedruckt ist, so gut, dass er Wulff gegenüber bei einer Wahlkampfveranstaltung seinen Eintritt in die

CDU angekündigt, nachdem er den Pop-Song gehört und den Text gelesen hat. Auch Wulff ist noch Jahre später von dem Text begeistert. Darin heißt es unter anderem: „Lasst uns die Chance nutzen und neue Wege gehen! Auch wenn wir nicht alle Probleme auf einen Schlag lösen können – wir geben nicht auf, sondern nehmen die Herausforderung an und heißen das Heute und das Morgen willkommen."

Doch Schröder hat mal wieder den richtigen Riecher gehabt – und Wulff muss hilflos zusehen, wie der Taktiker aus der Staatskanzlei Wählerstimmen einsammelt. Im Herbst, wenige Wochen vor der Wahl, gibt der Preussag-Konzern bekannt, seine Stahltochter an ein ausländisches Unternehmen verkaufen zu wollen. Sofort steht die Furcht vor einem massiven Arbeitsplatzabbau im Raum, obwohl davon zunächst gar keine Rede ist. Das ist die Stunde Schröders: Mit großer Geste sorgt er dafür, dass das Land Niedersachsen und die Norddeutsche Landesbank Nord/LB kurzfristig und vorläufig für rund zwei Milliarden Mark 51 Prozent der Aktien übernehmen. Wulff kritisiert zwar öffentlich, Schröder rette nun bereits Arbeitsplätze, die noch gar nicht gefährdet seien, und wundert sich auch darüber, dass die mit Preussag eng verbandelte SPD-Regierung angeblich so kurzfristig vor der Wahl von den Plänen Kenntnis gewonnen habe. Doch was solls, der Betriebsrat verspürt ein „Gefühl der Dankbarkeit" unter den 12 000 Stahlarbeitern, die zusammen mit ihren Angehörigen natürlich einen ordentlichen Batzen an Wählerstimmen einbringen. Der Punkt geht an Schröder.

Dem CDU-Ehrenvorsitzenden Wilfried Hasselmann schwant spätestens Ende Januar Schlimmes. Auf Kohl oder Wulff mag er jedenfalls nicht mehr vertrauen, da muss schon eine höhere Instanz her: der liebe Gott. Auf Wahlveranstaltungen rät der Unionsveteran seinen Parteifreunden: „In den nächsten Wochen immer ins Gebet einbeziehen: Wir wollen gewinnen."

Wulff gibt sich öffentlich natürlich optimistisch. „Das Ding ist völlig offen, wir können das alles noch reißen", es werde am Wahlabend eine „Riesenüberraschung" geben, diktiert er Journalisten in die Blöcke. Die Wahlkampfauftritte laufen unterschiedlich erfolgreich. So ist der Spitzenmann Anfang Februar an einem Tag zuerst in Buxtehude, wo vor 150 Zuhörern überhaupt keine Stimmung aufkommen will. Zwei Stunden später in Stade ein ganz anderes Bild: Wulff redet sich in Fahrt, begeistert das Publikum dermaßen, dass er zu vorgerückter Stunde eine Saalrunde spendiert – die erste bei einer Wahlveranstaltung.

Selbst der mäkelige „Spiegel" muss aber zugeben: „Verglichen mit Wulffs letzter Kampagne, die ihm blamable 36,4 Prozent einbrachte, ist der aktuelle Auftritt ein Fortschritt." Inzwischen schiebe er sogar „lässig wie Schröder" die Hand in die Hosentasche, notiert der Autor. Mit Inhalten gibt er sich erst gar nicht ab, findet aber, dass Wulff ein „Monopol aufs Moralische" habe. „Zuhörer befällt ein schlechtes Gewissen, wenn der lasterlose und in erster Ehe verheiratete Laienprediger eine Wertedebatte einfordert, Gefängnisstrafen ‚wieder als Sühne' verstanden wissen will und schwarzrotgold glänzenden Auges moniert, ‚dass ich in der Schule auf Sexualkundeunterricht, aber nie auf die Nationalhymne gestoßen bin'." Immerhin findet das Hamburger Blatt, dass das Ergebnis eines Genversuchs, mit dessen Hilfe der Unionspolitiker der Zukunft gebastelt werden sollte, wohl ein Wesen wie Christian Wulff wäre. „Es müsste jung sein wie Claudia Nolte, kanzlertreu wie Norbert Blüm, diszipliniert wie Friedrich Bohl, moralisierend wie Rita Süssmuth, motiviert wie Boris Becker, perfekt frisiert wie Manfred Kanther, und es müsste so viele modern klingende Worte kennen wie Jürgen Rüttgers."

Wulff versucht sich unterdessen, wie vier Jahre zuvor, erneut an einem personalpolitischen Coup – und scheitert auch diesmal. Sagte ihm damals Sabine Christiansen ab, so ist es diesmal Ulf Merbold. In einem gemeinsamen Sechs-Augen-Gespräch mit Helmut Kohl versuchen die beiden CDU-Politiker, den Weltraumastronauten für die geplante Spitzenmannschaft zu gewinnen – doch der will letztlich nicht mitmachen. Danach verzichtet Wulff, anders als 1994, diesmal auf ein Schattenkabinett. 1998 kommt für die einen, wie Gansäuer oder Stock, zu spät und für die anderen, wie die Fraktionsmitglieder Uwe Schünemann oder Bernd Busemann, zu früh, findet der Spitzenkandidat.

Die Bonner SPD-Spitze macht unterdessen aus ihrer Not eine Tugend. Sie instrumentalisiert die Landtagswahl für ihre ungeklärte Kandidatensuche – ein genialer Schachzug, gegen den die Union nichts aufzubieten hat. Gebannt und fasziniert schaut das Publikum dem Zweikampf Schröder gegen Lafontaine zu, der in Niedersachsen ausgetragen wird. Wer Schröder wählt, schlägt gleich zwei Fliegen mit einer Klappe: Er hilft, den eher ungeliebten Lafontaine als Kohl-Herausforderer zu verhindern und darf hoffen, dass ein Niedersachse ins Kanzleramt einzieht. Dass die Wähler mit Schröder einen Ministerpräsidenten wählen, der gar nicht in Hannover bleiben will, kann die CDU nicht wirklich kommunizieren oder wird als nicht so schlimm empfunden. Denn Schröder hat ja mit

Gerhard Glogowski, dem volkstümlichen und beliebten Innenminister aus Braunschweig, der allgemein schon seit Jahren als sein Kronprinz gilt, einen potenziellen Nachfolger am Start stehen.

Die Sozialdemokraten erhöhen kurz vor dem Wahltag die Spannung noch dramaturgisch geschickt, indem Bundesgeschäftsführer Franz Müntefering ankündigt, entgegen der ursprünglichen Planung werde die Partei nun schon am Montag nach der Wahl entscheiden, mit wem sie gut sechs Monate später ins Rennen ums Kanzleramt gehen werde. Nun ist Wulff vollends Objekt einer Entwicklung, auf die er keinen Einfluss hat. In einem TV-Duell kurz vor dem Wahlsonntag versucht Wulff natürlich, auf die Widersprüchlichkeit hinzuweisen. Aber laut Forsa gilt Schröder als Gewinner der 45-minütigen Sendung, die immerhin 1,8 Millionen Zuschauer sehen. Auf eine solche Quote kommt der NDR ansonsten nur bei „Dinner for One".

In welches Dilemma die Sozialdemokraten manchen Wähler mit ihrer Taktik stürzen, zeigt sich zwei Jahre nach der Wahl in einem Gespräch Wulffs mit dem grünen Europaabgeordneten und berühmten Bergsteiger Reinhold Messner. Er habe, so erzählt er, die Übertragung des TV-Duells per Satellit in Südtirol gesehen und hätte sich danach klar für Wulff entschieden. Gewählt hätte er trotzdem Schröder, damit der Kanzlerkandidat werden und bei der Bundestagswahl einige Monate später Kohl schlagen könne. Es sei für Niedersachsen schade gewesen, dass man nicht Schröder für Bonn und Wulff für Hannover hätte wählen können.

Am Tag vor der Wahl trifft die CDU dann noch ein echter Tiefschlag. Beim Aufschlagen der Zeitung fällt den Lesern an diesem Samstagmorgen eine große Anzeige unter der Überschrift „Ein Niedersachse muss Kanzler werden" ins Auge – ein klares Plädoyer für Gerhard Schröder. Sie ist anonym geschaltet, erst später kommt heraus, dass der Auftraggeber der Chef des Finanzdienstleisters AWD, Carsten Maschmeyer, ein alter Schröder-Freund, ist. „Als ich morgens beim Frühstück die Annonce gesehen habe, war für mich klar, dass die Wahl verloren ist", erinnert sich David McAllister. „Das war wie ein Schlag in die Magengrube; da hat Schröder uns K. o. gehauen. Wieder waren wir so euphorisch und wieder lag die Partei am Boden." An diesem letzten Tag vor der Wahl schleppt sich McAllister noch einmal an den Wahlstand in Bad Bederkesa, aber bei ihm und vielen anderen CDU-Wahlkämpfern macht sich Verzweiflung breit.

Ein schwieriges Verhältnis zweier unterschiedlicher Männer: Wulff und Ministerpräsident Gerhard Schröder

Am 1. März gehen Christian und Christiane Wulff wählen und erfüllen dann Töchterchen Annalena einen Wunsch: Sie gehen in den Osnabrücker Zoo, „die Forellen streicheln". Der Andrang der Medien ist für Hannoveraner Verhältnisse gigantisch. Selbst aus dem Ausland strömen sie herbei: Im Leineschloss finden sich am Wahlabend Journalisten aus Schweden, England, Chile, Peru, Ungarn, Brasilien, Spanien und anderen Ländern. Insgesamt haben sich knapp 2000 Journalisten von weit über 100 Medien aus dem In- und Ausland angesagt. Gerade die ausländischen Sender und Zeitungen interessieren sich freilich weniger für die eigentliche Landtagswahl, sondern vielmehr für die Frage, ob es Schröder gelingt, sich als Kohl-Herausforderer zu positionieren. Das Wahlergebnis, das Wulff am Abend in Hannover in Empfang nehmen muss, ist für ihn trotz allem zur Schau gestellten Optimismus keine Überraschung. Dass es aber noch schlechter ist als das von 1994, frustriert den Spitzenmann und seine Gefolgsleute doch. Nur noch 35,9 Prozent bekommt die CDU, die SPD verbessert sich auf 47,9 Prozent – das ist erneut die absolute Mehrheit. Damit ist auch klar: Gerhard Schröder ist Kanzlerkandidat der SPD.

Schon am Wahlabend verkündet Wulff trotz seiner tiefen Depression: „Ich mache weiter!“ Er wolle seine volle Verantwortung als Partei- und Fraktionsvorsitzender wahrnehmen. Widerspruch gibt es keinen – die Partei hat keinen anderen, und für die, die sich selbst bei der nächsten Wahl bessere Chancen ausrechnen, ist es noch viel zu früh, den Hut in den Ring zu werfen. Andererseits ist Wulff zwar sicher, dass er weiter machen will, aber ob er 2003 nochmals als Spitzenkandidat antreten wird, hat er mit sich selbst noch nicht ausgemacht. Ein Leben ohne Politik ist für ihn durchaus denkbar – die, die ihn gut kennen, können sich das allerdings kaum vorstellen. Aber er hat nun zum zweiten Mal eine Landtagswahl verloren. Die Wahl 1994 galt als Freischuss, aber jetzt hätte es schon ein Sieg sein sollen. Auch wenn es vorläufig in der aufmüpfigen Fraktion ruhig bleibt, kann sich das im Laufe der auf fünf Jahre verlängerten Wahlperiode rasch ändern.

Auch Helmut Kohl ist am nächsten Morgen in Bonn im Bundesvorstand schwer enttäuscht. Eine Diskussion über den Spitzenkandidaten schließt er aus – er spricht allerdings nicht von Wulff, sondern von sich selbst. Zwei Tage nach der Wahl wird der bisherige Hannoveraner Fraktionschef in seinem Amt bestätigt. Klar, dass nach der deutlichen Schlappe die Stimmung gedämpft ist. Aber es gibt demonstrativen Applaus für Wulff. Der verspricht zukünftig eine härtere Gangart gegenüber der SPD. „Wir werden noch kämpferischer auftreten als zuvor.“

Der Start in die neue Wahlperiode ist naturgemäß nach einer solchen Niederlage schwer. In der Fraktion ist von Aufbruchstimmung weit und breit nichts zu spüren. Im Gegenteil: Verärgerung, Wut, Trübsal, Enttäuschung greifen um sich. Der wiedergewählte Fraktionschef bleibt davon zunächst einigermaßen unberührt, man weiß, dass in der Gemengelage vor der Wahl keiner eine Chance gegen Schröder gehabt hätte. Aber Wulff ist klar: Bei einem Ergebnis von 34 Prozent wäre er abserviert worden. So ist er nur knapp an der persönlichen Katastrophe vorbeigeschrammt.

Ein wesentlicher Grund ist aber auch, dass es schlicht niemanden gibt, der Wulff herausfordern könnte. Leute vom Schlage Ursula von der Leyens oder David McAllisters, die dem Ministerpräsidenten 2005 vielleicht gefährlich werden könnten, gibt es zu dieser Zeit weder in der Partei noch in der Fraktion. „Hätte es einen gegeben, hätte ich gesagt, er solle es bei der nächsten Wahl machen, weil er vielleicht der bessere Kandidat wäre." Er selbst hätte sich dann mit dem Posten des CDU-Landeschefs begnügt, behauptet Wulff später.

Ein Blick auf die Personen um ihn herum macht Wulff klar, dass sich hier in absehbarer Zeit einiges ändern muss, soll es denn 2003 endlich zu einem Sieg reichen. Auch die Medien fordern ein neues Team. Vor allem neue Stellvertreter im Parteivorsitz seien nötig. Rita Süssmuth, Rudolf Seiters und Walter Link hätten gewiss in Bonn ihre Verdienste, aber „in Niedersachsen treten sie wie ergraute Großeltern auf – gütig und freundlich, aber harmlos und nicht mehr sonderlich in der Parteiarbeit engagiert", schreibt beispielsweise die HAZ. Wulff brauche jemanden, der die Seele der Partei anspreche, einen landespolitischen Haudegen. Das sieht der genauso – und wird sich alsbald auf die Suche begeben.

Doch zunächst gestaltet sich die erste Sitzung des Landtages zu seinem persönlichen Tiefpunkt. Die SPD bietet einen neuen Fraktionschef auf: Sigmar Gabriel aus Goslar. Der gilt als Schröders junger Mann, seit er ihm einmal in einer Fraktionssitzung erst lautstark Paroli geboten hatte und dann wutschnaubend den Raum verließ, nicht ohne die Tür hinter sich zuzuknallen. So etwas imponiert dem Chef, der sich ja selbst eher durch Aufmüpfigkeiten als durch Inhalte bekannt machte. Gabriel hat mit seiner von Anekdoten und Sprachwitz geprägten Jungfernrede als Fraktionsvorsitzender einen fulminanten Auftritt. Die Situation ist exakt andersherum als vier Jahre zuvor bei Wulffs erster Parlamentsrede. Die SPD-Abgeordneten klatschen lautstark und trommeln vor Begeisterung auf die Tische, als ihr neuer Frontmann sich den politischen Gegner vorknöpft. Wulff sei „jung, berechnend und von maßloser Selbstüberschätzung gekennzeichnet", tönt Gabriel, der selbst vier Monate jünger ist als sein Kontrahent von der CDU, vom Rednerpult herunter. Darauf haben sie nach den schwachen Vorgängern Gabriels, Wolf Weber und Heinrich Aller, nur gewartet. Die Kollegen von der CDU sind kleinlaut und wirken bedrückt. In ihren Reihen breitet sich Betroffenheit und Sprachlosigkeit aus. Sie hatten sich in den vergangenen vier Jahren daran gewöhnt, dass ihr Chef die Debatten beherrschte – das hatte nebenbei auch seine Stellung in den eigenen Reihen gestärkt. Wulff sitzt still und schwitzend auf seinem Platz. Einmal dann lässt er sich – ein dummer Fehler – zu einem Zwischenruf hinreißen. Die Elfmeterchance lässt Gabriel sich nicht entgehen. „Sie schlagen hier eine scharfe Klinge. Sie müssen sich nicht beklagen, wenn das auch jemand anders kann. Auf einen groben Klotz gehört nun mal ein grober Keil!"

Es dauert nicht lange, da macht sich der Unmut nun auch konkret am Chef fest. Es wird Kritik geäußert – viel hinter seinem Rücken, aber auch in den Sitzungen. Eine Stimmung des Misstrauens mache sich breit, klagen die Abgeordneten. Allerdings auf beiden Seiten: Denn Wulff hat es zunehmend satt, dass er aus vertraulichen Gesprächen und Sitzungen immer wieder am nächsten Tag in der Presse lesen muss. Mit äußerster Härte setze Wulff seine meistens einsamen Entscheidungen durch, klagen die Kollegen. Dass er einmal ohne vorgefertigte Linie in eine Besprechung gehe und andere Meinungen aufnehme, komme nur selten vor. Das ist zumeist Ausdruck dafür, dass ein Chef sich unsicher fühlt, bedroht in seiner Funktion. Jedes Nachgeben in einer Diskussion, jedes Einbeziehen anderer Meinungen in die Entscheidungsfindung erscheint dann als persönliche Niederlage und als Schwäche. Die Abgeordneten fordern auch, mehr Sacharbeit in den Mittelpunkt zu stellen, und nicht jeden Vorschlag des Gegners gleich in Grund und Boden zu stampfen, wie es Wulff tue. Nicht alles, was von der SPD komme, sei per se Teufelszeug, wie es Wulff offenbar sehe. Viele resignieren, ziehen sich auf ihre Arbeit im Stadt- oder Gemeinderat zurück. Der Kreis derjenigen, die sich wirklich engagieren, wird immer kleiner. Es fehlen Perspektiven, konkrete Initiativen und eine Aufbruchstimmung – dafür wird zunehmend der Vorsitzende verantwortlich gemacht.

Der weiß, dass die Situation immer schwieriger wird. Die Legislaturperiode wurde auf fünf Jahre verlängert, die Oppositionspartei CDU ist in einem tiefen Tal der Tränen. Er kann seinen Abgeordneten weder politische noch persönliche Ambitionen erfüllen – er hat ja selbst nichts in der Hand. Schon kleine Fehler und eher unbedeutende Meinungsverschiedenheiten werden in einer solchen Situation zu großen Problemen, jeder Oppositionsführer in vergleichbarer Lage weiß ein Lied davon zu singen. Auch Wulff selbst wird immer dünnhäutiger. Zwar wahrt er wie immer nach außen hin Ruhe. Wutausbrüche, Schreianfälle, lautstarker Streit sind nicht seine Sache, auch geht er ohnehin manch kritischer Diskussion lieber aus dem Weg. Aber er macht seinen Abgeordneten in einer Sitzung der Fraktion auch klar: „Wer Ärger haben will, soll ihn haben." Immerhin: Dem Vorwurf, er rede zu wenig mit den Abgeordneten, will Wulff jetzt mit einer Politik der offenen Tür begegnen. Während der Sitzungswochen, so verkündet er, stehe seine Bürotür jederzeit für jeden Abgeordneten ohne Anmeldung offen. Davon, dass die ihm die Bude einrennen, ist nichts bekannt. Wulff ist in der Fraktion die einsame Spitze.

Zu allem Überfluss bekommt er in diesem Sommer auch noch Ärger in der Partei. Zwar bekommt er bei seiner Wiederwahl zum Parteichef im Juni satte 90 Prozent der Delegiertenstimmen. Im Juli 1998 sorgt die CDU in Hannover aber für ein veritables Sommertheater – mit einem Christian Wulff, der in den Augen der meisten Zuschauer und Mitspieler die Rolle der rätselhaften Sphinx gibt. Auslöser ist eine überraschende Niederlage des Europaabgeordneten Karsten Hoppenstedt. Er kommt aus Hannover, dem Bezirksverband Gansäuers. Der sieht die Chance, Wulff das Leben wieder einmal schwer zu machen. Er wirft dem Parteichef vor, seinen Kandidaten bei der Aufstellung der Landesliste zur Europawahl nicht genügend unterstützt zu haben, weswegen der am Ende durchfiel. Dass es unschöne Vorwürfe an Hoppenstedt gibt – zum Beispiel, dass er seine Frau auf Staatskosten in seinem Wahlkreisbüro beschäftige –, interessiert Gansäuer nicht. Er spricht in der Hitze des Sommers öffentlich von einer Intrige Wulffs und bezeichnet seinen Vorsitzenden in einem Zeitungsinterview als „Brandstifter im Feuerwehranzug". Es folgen heftige Debatten in der letzten Fraktionssitzung vor der Sommerpause, eine Krisensitzung des Vorstandes und empörte Briefe von Gansäuer und Hoppenstedt. Auch Wulff greift zum Füller und schreibt sich seinen Ärger in einem sieben Seiten langen Brief an seinen alten Kontrahenten von der Seele – ehe er wutschnaubend in den Urlaub nach Spanien fährt.

Spätestens jetzt hat sich die ganze Sache von einem lokalen Brandherd zu einem Flächenbrand entwickelt. Was ist bloß in den Wulff gefahren, fragen sich viele. Bald geht es um seine gesamten Führungsqualitäten. Das Klima in der Fraktion ist mächtig abgekühlt, Wulff spürt Gegenwind wie schon lange nicht mehr. Sein Brief ist zudem eine grobe Ungeschicklichkeit. Minutiös listet er Termine, Uhrzeiten und Inhalte von Besprechungen beinahe protokollarisch auf. „Kinderkram", entfährt es da einigen Abgeordneten. Gansäuer erkennt die Stimmung in der Fraktion viel besser und verzichtet auf weitere Vorwürfe. Seine kurze Antwort auf die sieben Seiten Wulffs lauten: „Um weiteren Schaden von der CDU abzuwenden, verzichte ich auf eine öffentliche Erwiderung Ihres Schreibens."

Auch einer der wenigen Vertrauten Wulffs in dieser Zeit gerät in die Kritik. Er hatte im Spaß zu einem Kollegen gesagt: „Wenn Gansäuer Wulff wirklich als Brandstifter im Feuerwehranzug bezeichnet hat, müsste man ihn eigentlich aus der Fraktion werfen." Das wird Gansäuer, dem der Mann früher vier Jahre lang treu gedient hatte, als dieser selbst noch der

Chef war, umgehend zugespielt. Ein Jahr lang würdigt er seinen ehemaligen Mitarbeiter, der noch heute große Stücke auf Gansäuer – aber noch größere auf Wulff – hält, keines Blickes mehr. Seinen Ruf als „Scharfmacher“ hat er in der Fraktion weg. 2000 zieht er sich nach 24 Jahren aus dem Landtag zurück.

Zwischendurch versucht Wulff aber – ähnlich wie mit den „98ern“ –, sich durch bundespolitische Gedanken über den Tag hinaus zu profilieren. 1999 fordert er ein „Herrenchiemsee II“, in Anlehnung an den Konvent auf der gleichnamigen Insel, auf dem in nur wenigen Wochen das Grundgesetz zusammengeschrieben wurde. Nach 50 Jahren Bundesrepublik seien Reformen nötig, findet der Autor. Rechtsstaatlichkeit, Sozialstaatlichkeit, föderale Ordnung – die Kernelemente des Grundgesetzes gehörten auf den Prüfstand und müssten modernen Anforderungen angepasst werden. Der Impuls dazu müsse von den Ländern ausgehen.

Der 27. September 1998, an dem die Regierung aus Union und FDP in Bonn abgewählt wird, ist für die niedersächsische CDU auch ein Tag der Hoffnung. Denn mit der Bildung der neuen Bundesregierung tritt mit Gerhard Schröder der Widersacher von der landespolitischen Bühne ab, der in den Reihen der Christdemokraten zwischen Nordsee und Harz als geradezu unbezwingbar gilt. „Es war für uns wahnsinnig frustrierend, dass 1998 schon zum zweiten Mal unser bester Mann verloren hatte, weil er ausgerechnet gegen Gerhard Schröder antreten musste“, erinnert sich im Sommer 2005 Fraktionschef David McAllister, der bei der Wahl 1998 als sehr junger Kandidat ins Parlament einzieht. Schröder selbst gibt im vertraulichen Kreise seine Meinung gerne zum Besten: „Christian Wulff wird mal Ministerpräsident – aber nicht, solange ich in Niedersachsen bin.“ Der sieht das Jahre später genauso: „Wenn die SPD 2003 nochmals mit Schröder angetreten wäre, hätten wir die Wahl vermutlich wieder verloren.“

Vier Wochen nach der Bundestagswahl wird Schröders Kronprinz Gerhard Glogowski zu dessen Nachfolger gewählt. Als Innenminister hat er sich einen guten Ruf und auch bundespolitisches Renommee erworben. Die Affäre um die Chaos-Tage 1995 hat er passabel über die Bühne gekriegt. Er ist beliebt bei Freund und Gegner, ein lockerer Kumpeltyp, den alle mögen. Er verbindet Volksnähe mit Lebenslust, seine Prinzipientreue werde nur durch seine Trinkfestigkeit überboten, raunen sich Journalisten in der Landeshauptstadt zu. Doch er erweist sich bald als Fehlgriff – es zeigt sich, dass ein guter Innenminister eben noch längst kein guter Ministerpräsident sein muss.

Das Jahr 1999, das mit „Glogogate" so aufregend zu Ende geht, beginnt für Christian Wulff privat unschön. Im Winter 1999 macht er Schlagzeilen, die ein Spitzenpolitiker so gar nicht gebrauchen kann. Eine alte Frau soll vor dem Haus in Westerkappeln, das er von seinem Vater übernommen und vermietet hat, auf nicht geräumtem Glatteis ausgerutscht sein und sich so stark verletzt haben, dass sie 75 Tage lang im Krankenhaus verweilen muss. Ihre Krankenkasse, die AOK, verweigert die Übernahme der Kosten, weil Wulff seiner Streupflicht nicht nachgekommen sei. Kurz bevor die Sache gerichtlich entschieden werden muss, einigen sich beide Seiten auf einen Vergleich: Wulff zahlt 19 000 Mark an die Kasse, aber ohne eine rechtliche Verpflichtung dazu anzuerkennen. Das schmerzt zwar, weil seine Anwälte seine Zahlungspflicht partout verneinen, aber die Sache ist aus der Welt.

Anfang des Jahres bricht zwischen Nordsee und Harz ein Streit herein, der wie wenige in den vergangenen Jahren in ganz Deutschland die Gemüter erhitzt. Im benachbarten Hessen stehen Landtagswahlen an, der CDU-Kandidat Roland Koch scheint chancenlos gegen SPD-Amtsinhaber Hans Eichel zurückzuliegen. Es reicht eben nicht, in der Adventszeit Rezepte für Weihnachtsplätzchen zu verteilen, da braucht man schon ein Schriftstück anderen Kalibers. Die rot-grüne Regierung ist seit einigen Monaten im Amt, aber das Chaos, in das sie alsbald für den Rest des ersten Jahres versinken wird, ist noch nicht abzusehen. Als eines ihrer ersten Projekte setzt sie ein Lieblingsvorhaben der Grünen in Gang: die doppelte Staatsbürgerschaft für in Deutschland lebende Ausländer. CDU-Chef Schäuble glaubt, ein Mobilisierungsthema für seine im hessischen Wahlkampf schon resignierenden Parteifreunde gefunden zu haben, zumal das Unbehagen in der Bevölkerung weit über die Unionsgrenzen hinausgeht. Schäuble ersinnt den Plan einer Unterschriftenaktion gegen den Doppelpass. Noch hält er die Sache geheim, bespricht ihn nur mit CSU-Chef Edmund Stoiber. Der kann wie so manches Mal aber nicht an sich halten und posaunt den Plan in die Öffentlichkeit, allerdings mit starker Betonung auf den Aspekt der Doppelpass-Verweigerung. Koch, der Wahlkämpfer aus Wiesbaden, ist begeistert. Ihm geht es nicht um irgendwelche Inhalte, sondern um ein Wahlkampfinstrument. Er kann auch seine zögernden Mitstreiter überzeugen. Der Ausgang der Sache ist ja durchaus ungewiss, das Risiko ist groß. Entweder, so glauben die Hessen, werde die CDU bei der Wahl im Februar bei 45 oder bei 32 Prozent landen, wenn sie die Aktion in Gang setzen. Wenn nicht, sei der Ausgang der Wahl klar: 37 Prozent, weitere bittere Jahre der Opposition wären die Folge. Für einen Haudrauf wie Koch ist es da keine Frage, was zu tun ist.

Die Empörung bei SPD, Grünen, FDP und den meisten Medien ist groß, die erhoffte Mobilisierung findet statt, allerdings auf beiden Seiten. Klar, dass der Streit auch nach Niedersachsen getragen wird. Als die geplante Kampagne bekannt wird, ruft ein Journalist Christian Wulff an, ganz offensichtlich in der Erwartung, mit einem Gegner der Aktion zu sprechen. Er verspricht ihm eine schöne Schlagzeile in seinem Blatt, wenn er sich dagegen ausspricht. Doch da zeigt sich, dass viele Journalisten den CDU-Mann offenbar wegen seines gemäßigten Auftretens und seiner sachlichen Argumentationsweise immer wieder falsch verstehen. Wenn es um Innere Sicherheit geht, ist er ein konservativer Hardliner, und wenn es um das Thema Ausländerpolitik geht, nicht viel weniger. Wulff denkt gar nicht daran, dem Wunsch des Anrufers zu entsprechen, auch wenn er sauer auf Schäuble ist, weil die Nachricht schon auf dem Markt ist, ehe man die Sache überhaupt im Parteipräsidium besprochen hat.

Wulff spricht sich für die Unterschriftenaktion aus, bekommt aber seine Schlagzeile trotzdem. Denn anders als Stoiber legt er großen Wert auf den zweiten Aspekt, den der Integrationsförderung. Den Gedanken trägt er als erster CDU-Bundespolitiker in die Öffentlichkeit. Im Landtag verteidigt er kurz darauf in einer spannungsgeladenen Debatte seine Meinung. Eine typische Wulff-Rede, denn zunächst betont er einmal die Gemeinsamkeiten mit dem politischen Gegner. Er weiß, dass er im Leineschloss zu Hannover ein Stück weit hessischen Wahlkampf ausficht, trotzdem geht es ihm auch um die Sache. In zwei Punkten sei man sich doch einig: In dem Ziel, die Integration der dauerhaft und rechtmäßig in Deutschland lebenden ausländischen Mitbürgerinnen und Mitbürger zu erreichen. Und darin, dass es einfacher werden müsse, die deutsche Staatsangehörigkeit zu erlangen. Diese Gemeinsamkeiten zeigten, „dass das Grundziel, dass die Vision, die wir letztens Ende mit der Debatte um die Reform des Staatsbürgerschaftsrechts verbinden, nämlich ein friedliches Zusammenleben verschiedener Kulturen, dass dieses Ziel unser gemeinsames Ziel ist und dass wir jetzt alles daran setzen müssen, um diesem Ziel durch eine sachliche Debatte, durch eine an den Fakten und nicht an den Emotionen ausgerichtete Diskussion näher zu kommen“.

Doch dann genug der Gemeinsamkeiten. Die Unterschriftensammlung zu diffamieren, sie als unsensibel und emotionsgeladen abzustempeln, wie es SPD und Grüne täten, sei abwegig. Gleiches hätten beide Parteien schon versucht, als er die Haftverbüßung von Ausländern im Heimatland gefordert habe. Der Text der Unterschriftenaktion sei sensibel und angemessen. Demgegenüber wolle die rot-grüne Bundesregierung die Hinnahme der generellen doppelten Staatsbürgerschaft durch einfachgesetzliche Regelung durchsetzen. Eine derart gravierende Änderung mit der Folge, dass durch ein einfaches Gesetz 4,2 Millionen Ausländer einen Anspruch auf die deutsche Staatsangehörigkeit erlangen, sei „weltweit einmalig und rechtfertigt eine engagierte Reaktion derer, die nachhaltige Bedenken gegen diesen Schritt haben". Und solches Vorhaben rechtfertige auch, eine Meinungsbildung in der Bevölkerung herbeizuführen, um darauf hinzuweisen, dass die rot-grünen Pläne im Widerspruch zum Willen der Mehrheit der Bevölkerung stünden.

Nachdem er die Gemeinsamkeiten aufgezeigt und den von Rot-Grün eingeschlagenen Weg als falsch gegeißelt hat, kommt er zu den inhaltlichen Gründen seiner Ablehnung des generellen Doppelpasses. Würde man jetzt diese Möglichkeit akzeptieren und gerade kein eindeutiges Bekenntnis zum deutschen Staat durch Aufgabe der alten Staatsbürgerschaft verlangen, „dann werden wir unser gemeinsames Ziel, ein höchstmögliches Maß an Integration zu erreichen, nicht verwirklichen", fürchtet Wulff. Denn: „Integration können wir nur dann wirklich erreichen, wenn wir eine klare Entscheidung für Deutschland und die deutsche Staatsbürgerschaft verlangen." Vermieden werden müsse ein Zwei-Klassen-Recht, in dem diejenigen, die nur einen Pass haben, gegenüber denjenigen, die zwei oder mehr Pässe haben, benachteiligt würden. „Es darf in Zukunft nicht so sein, dass sich ein Teil der Bevölkerung Vorteile verschafft, indem er zwischen den einzelnen Staatsbürgerschaften immer hin und her springt, je nachdem, wie es ihm passt." Das schaffe Ungerechtigkeiten und Neid derjenigen, die über diese Möglichkeit nicht verfügten, und schaffe zugleich Loyalitätskonflikte.

Die Unterschriftenaktion bleibt höchst umstritten, auch in der CDU selbst. Für die Union wird sie aber ein voller Erfolg. 4,2 Millionen Bürger unterschreiben bundesweit. Und was für die Partei wichtiger ist: Roland Koch besiegt in Hessen Hans Eichel und wird zum ersten Ministerpräsidenten aus dem Kreis der Andenpaktbrüder.

Etwas hat Wulff in den über vier Jahren direkter Konfrontation mit Gerhard Schröder gelernt, ja, auch bei dem Kontrahenten abgeguckt: Um eine gute Ausgangsbasis im Land zu haben, ist es unerlässlich, auch auf der bundespolitischen Bühne präsent zu sein. Nach der Niederlage bei der Bundestagswahl im September 1998 und dem Abtreten des ewigen Vorsitzenden Helmut Kohl, der die Partei mehr als 25 Jahre lang geführt hat, sind viele Unionsleute der Ansicht, es sei dringend an der Zeit, jüngere Leute ins erste Glied der Partei zu holen. Der Blick fällt dabei auf Wulff, der sich ja seit Jahren immer mal wieder als Parteireformer in Erinnerung gerufen hat. Vor allem der Vorsitzende in spe, Wolfgang Schäuble, macht sich hinter den Kulissen für Wulff stark. Die Ausgangslage ist schon deshalb günstig, weil zwar mit Norbert Blüm und Erwin Teufel zwei bisherige Amtsinhaber erneut kandidieren wollen, mit Christoph Bergner, der sich zurückzieht, und Angela Merkel, die Generalsekretärin werden soll, aber zwei andere ihre Posten aufgeben. Für das Amt des Generals ist Wulff selbst auch kurzzeitig im Gespräch, weil die Bundes-CDU befürchtet, dass sich eines ihrer Talente in Niedersachsen verschleißen könnte, aber an dem Job hat er kein Interesse. Er will lieber in Hannover bleiben, was er als Partei-Vize ja auch kann.

Intern erhebt Wulff seinen Anspruch auf den Vize-Posten „kraftvoll", wie sich Schäuble erinnert. Seine Begründung: Die CDU brauche neue Gesichter, eine Verjüngung der Führungsebene – wer sei da besser geeignet, als er, Wulff, selbst? Frühzeitig versichert er sich auf einem Treffen der Unterstützung durch die norddeutschen Landesverbände – wie man in der Partei kungelt und Posten aushandelt, hat der Niedersachse nun einmal seit zwei Jahrzehnten üben können. Da allerdings auch Volker Rühe antreten will und ebenfalls von Schäuble unterstützt wird, muss der zukünftige Parteichef seine beiden Favoriten gegen das Beharrungsvermögen der Alten durchsetzen. Am Ende gelingt es ihm tatsächlich, Teufel zum Rückzug zu bewegen, bei dem allerdings viel Unmut bleibt. Wulff, der noch heute hohe Stücke auf Schäuble hält, wird von diesem alsbald in wichtige Interna einbezogen – zum Beispiel in die von ihm als geheime Kommandosache betriebene Kandidatur von Thüringens Kultusministerin Dagmar Schipanski für das Amt des Bundespräsidenten im Mai 1999.

Der Neustart gelingt der Union auf Bundesebene geradezu sensationell gut. Bedingt durch eine chaotische und ziellose Politik der neuen rotgrünen Bundesregierung und ihres „Brioni-Kanzlers" Schröder, der sich gerne in teuren Anzügen fotografieren lässt, gewinnt die CDU 1999 eine ganze Reihe von Landtagswahlen, wobei sie der SPD teils vernichtende Niederlagen zufügt. Im Herbst des Jahres bereitet man sich auf die Feierlichkeiten zum zehnten Jahrestag des Mauerfalls vor. Helmut Kohl, der

Christian Wulff und Angela Merkel: Nach einer engen Zusammenarbeit am Anfang folgt bald die Ernüchterung bei beiden.

Kanzler der Einheit, soll als Lichtgestalt herausgestellt werden, die CDU hofft, von seinem Glanz einiges abzubekommen. Schon ist in ihren Reihen von baldigen Neuwahlen die Rede. Die Niederlage vom Jahr zuvor wird bei vielen nur als dummer Betriebsunfall gesehen.

Schäubles Befürchtung, seine Partei könnte zu übermütig werden, erledigt sich nur allzu bald von selbst. Denn am späten Nachmittag des 4. Novembers, eines Donnerstags, läuft eine kurze Meldung über die Nachrichtenticker, die in den Zeitungsredaktionen wie in der CDU Ratlosigkeit auslöst. Ausgerechnet gegen Walter Leisler Kiep, den Gentleman der deutschen Politik und bis 1992 CDU-Schatzmeister, wird Haftbefehl erlassen. Begründung: Verdacht von Steuerhinterziehung. Tags darauf bestätigt Kiep bei einer Vernehmung durch das Amtsgericht Königstein, dass der Waffenhändler Karlheinz Schreiber dem CDU-Finanzberater Horst Weyrauch 1991 in der Schweiz eine Million Mark in bar übergeben habe. Er selbst sei bei der Übergabe anwesend gewesen. Kiep kommt gegen eine Kaution von 500 000 Mark auf freien Fuß.

Was in den nächsten Wochen aus dem Untergrund der CDU durch Recherchen der Staatsanwaltschaft Augsburg, der Medien und der CDU-Führung mit schwarzen Konten und schwarzen Koffern, Lügen, Intrigen, feinen Herren in feinen Anzügen, aber mit dunklen Absichten, und nicht zuletzt dem tragischen Selbstmord eines Fraktionsmitarbeiters, der sich aus der Fraktionskasse bedient hatte, an das Licht der Öffentlichkeit gelangt, erinnert nicht nur den CDU-Bundestagsabgeordneten Friedbert Pflüger, der auch Wulffs Stellvertreter als Vorsitzender der niedersächsischen CDU ist, an die Methoden der italienischen Mafia. Schon die Art der Spendenübergabe in der Schweiz hätte vom Autor eines Politthrillers kaum besser erfunden werden können. Am 26. August 1991 treffen sich Schatzmeister Kiep und Weyrauch, dessen Frankfurter Kanzlei Weyrauch & Kapp die Gehaltsbuchhaltung und die Spendenabwicklung für die CDU erledigt, mit Schreiber auf dem Parkplatz des Einkaufszentrums St. Margarethen an der deutsch-schweizerischen Grenze, wo der Waffenhändler den zwei Männern einen Koffer mit einer Million Mark in bar übergibt. Weyrauch muss anschließend gleich wieder an die Arbeit und fliegt nach Frankfurt, wo er am nächsten Tag das Geld in drei Raten auf ein Anderkonto einzahlt. Dabei handelt es sich um ein Treuhandkonto, das besonders Rechtsanwälte, Notare und Wirtschaftsprüfer zugunsten von Dritten, z. B. bei Vormundschaften oder Insolvenzen, bei Kreditinstituten unterhalten. Mit den offiziellen CDU-Finanzen hat dieser Weg der Spendeneinnahme nichts zu tun. Kiep, ganz der Gentleman, als den ihn die deutsche Politik seit Jahrzehnten kennt, lädt Schreiber nach dem Treffen noch zum Essen ein. 105 Mark kostet ihn das – natürlich lässt er sich die Ausgabe korrekt vom Kellner quittieren, er will sie ja bei der Partei abrechnen.

Karlheinz Schreiber, „eine Art Mephisto“, wie ihn der intime Kenner der CDU, Gerd Langguth, nennt, wird den Verantwortlichen in der CDU und auch den Freunden von der CSU in Bayern in den kommenden Jahren noch viel Freude bereiten. Der kleinwüchsige, quirlige und stets gut gelaunte Selfmademan aus dem bayerischen Kaufering hat sich vom kleinen Teppichhändler zu einem Global Player gemausert, der zur Politik gute Kontakte unterhält. Er soll bei Geschäften mit Panzern, Hubschraubern und Flugzeugen als diskreter Vermittler Millionen an Schmiergeldern verdient haben. Schon bald taucht so in der Öffentlichkeit die Frage auf, ob zwischen der Millionen-Spende und einem umstrittenen Waffendeal zwischen Deutschland und Saudi-Arabien, der kurz zuvor über die Bühne gegangen ist, ein Zusammenhang besteht. Der Verkauf von 36 ABC-Spürpanzern an das Scheichtum kommt nur gegen massiven Widerstand im Bundeskabinett, aber unter tätiger Mithilfe des bayerischen Lobbyisten Schreiber zustande. Doch am Ende sind alle zufrieden: der Waffenkonzern Thyssen, für den Schreiber den Auftrag an Land gezogen hat, die Saudis und Schreiber selbst, der sich als Vermittler eine goldene Nase verdient hat.

Ungeklärt aber bleibt die Frage, ob die Millionen-Spende an die CDU, die kurz nach Vertragsabschluss übergeben wird, etwas mit der ganzen Sache zu tun hat. Den Verdacht, dass seine Regierung käuflich gewesen sei, wird Helmut Kohl später vehement als „falsch und verleumderisch" zurückweisen. Schreiber, der 1999 nach Kanada ausweichen muss, weil er in Deutschland per Haftbefehl gesucht wird, gefällt sich immer wieder mit dunklen Andeutungen über sein intimes Wissen über die Politik. Einige Medien greifen im Zuge der Affäre Schreibers Andeutungen willig auf. Oder fallen sie darauf rein? Beweise für irgendetwas, das er in der Hand habe, legt er jedenfalls nicht vor. Seine Glaubwürdigkeit hat in der Öffentlichkeit bereits arg gelitten, als es vier Jahre später vor dem Augsburger Landgericht um die möglichen Verstrickungen des Sohns von Franz Josef Strauß, Max, in die Panzeraffäre geht und Schreiber noch immer versucht, von Kanada aus die deutsche Politik aufzumischen. 2010 wird er nach seiner Auslieferung zu einer Gefängnisstrafe verurteilt. Die Verteidigung kündigt an, gegen das Urteil in Berufung zu gehen.

Doch die CDU-Führung steht Anfang November 1999 zunächst vor anderen Problemen. Wo ist die Schreiber-Spende abgebucht? Ist sie es überhaupt? Berlin, die ohnehin rasante Hauptstadt, ist schon am nächsten Tag, einem Freitag, eine brodelnde Gerüchteküche. Namen spielen plötzlich eine wichtige Rolle, von denen auch viele gut informierte Journalisten noch nichts gehört haben. Neben Kiep und Weyrauch sind dies vor allem Hans Terlinden, Hauptabteilungsleiter für Personal, Finanzen und Verwaltung im Bonner Konrad-Adenauer-Haus und „eingefleischter Kohlianer", so Merkel-Biograf Wolfgang Stock, und Kieps einstiger „Generalbevollmächtigter" Hans Lüthje. Es kommt zu Hausdurchsuchungen und staatsanwaltschaftlichen Vernehmungen.

Noch jemand anderes macht sich an die quälende Aufarbeitung der Affäre und wird zur Aufklärerin: CDU-Generalsekretärin Angela Merkel, einst als „Kohls Mädchen" verspottet. Doch ist es schwierig, gegen die Mauern in den eigenen Reihen anzurennen, denn diejenigen, die alles wissen müssten über das Schwarzgeldsystem, geben nur wenig von ihrem Wissen preis – und das auch nur sehr zögerlich. Aber die Öffentlichkeit erkennt durchaus an, dass Merkel um wirkliche Aufklärung bemüht ist. Und was so alles herauskommt in diesen Tagen: Die von Merkel eingesetzten Wirtschaftsprüfer kommen einem raffinierten geheimen System schwarzer Konten auf die Spur.

Dass sich ihre Aufklärungsarbeit zwangsläufig gegen Helmut Kohl richten muss, macht die Sache unendlich schwer. Schließlich hat der Ex-Kanzler doch noch immer starke Bataillone von Zuarbeitern und Anhängern in Partei und Medien. Am 16. Dezember kommt es zu einem historischen Geständnis Kohls – freilich nicht im CDU-Präsidium, sondern im ZDF-Fernsehen. Ja, gesteht der Ex-Kanzler und langjährige Parteivorsitzende, ja, er habe rund zwei Millionen Mark an Spenden eingenommen, ohne sie in den offiziellen Finanzkreislauf der CDU einzuspeisen. Schwarze Kassen beim schwarzen Übervater – das ist ein Schock für viele seiner Anhänger und Bewunderer. Er bedauere das zwar, erklärt der „Dicke“ dem staunenden Fernesehpublikum, aber echte Reue zeigt Kohl nicht. Fast schlimmer in den Augen vieler ist, dass er die Namen der Spender nicht preisgeben will, weil er ihnen sein Ehrenwort gegeben habe, dies nicht zu tun. Dass ausgerechnet der Kanzler der Einheit und Initiator der „geistig-moralischen“ Wende von 1982 sein Ehrenwort über das Grundgesetz stellt, das Parteiengesetz souverän missachtet und seine eigene Partei im Stich lässt, ist für viele ein echter Schock. Ein Untersuchungsausschuss des Bundestages wird eingesetzt und untersucht unter viel Medienrummel die Frage nach der Käuflichkeit Kohlscher Politik.

Doch zunächst beginnt der Abnabelungsprozess von Kohl, den Merkel ebenso mutig wie eigenmächtig in Gang setzt. Am 22. Dezember veröffentlicht die FAZ einen Beitrag der Generalsekretärin, der hohe Wellen schlägt. Die Partei müsse „laufen lernen, muss sich zutrauen, in Zukunft auch ohne ihr altes Schlachtross, wie Helmut Kohl sich oft selbst gerne genannt hat, den Kampf mit dem politischen Gegner aufnehmen. Sie muss sich wie jemand in der Pubertät von zu Hause lösen, eigene Wege gehen und wird trotzdem immer zu dem stehen, der sie ganz nachhaltig geprägt hat – vielleicht später sogar wieder mehr als heute.“

Das sitzt. Die CDU droht in zwei Kampfformationen zu zerbrechen: Aufklärer und Kohlianer. Und die Situation wird immer verworrener, immer dramatischer. Gleich Anfang Januar nimmt die Bonner Staatsanwaltschaft Ermittlungen gegen Kohl auf. Doch dann kommt die schwarze

Stunde des Wolfgang Schäuble. Der Parteichef, lange Jahre getreuer Zuarbeiter Kohls, gesteht via ARD-Fernsehen, dass auch er im September 1994 eine 100 000-Mark-Spende von Karlheinz Schreiber bekommen hat. Da er das zuvor, am 2. Dezember, während einer Bundestagsdebatte verschwiegen hat, läuft auch Schäubles Zeit als CDU-Chef ab. Hinzu kommt ein bizarrer Streit um die Frage, ob Schäuble die Bar-Spende an die Schatzmeisterin Brigitte Baumeister weitergegeben habe oder nicht. Entweder ist dieser Streit vollkommen idiotisch, denken viele verwirrte CDUler. Oder es steckt noch viel mehr dahinter, was bis heute nicht an die Öffentlichkeit gelangt ist. Schäuble hält sich zwar noch bis zum 16. Februar im Amt, doch dann ist Schluss. Im Zuge der Affäre hat er mit Kohl persönlich und irreparabel, zudem menschlich durchaus tragisch, gebrochen, weil dieser sich weigerte, die Spendernamen zu nennen und so der Partei aus der Misere zu helfen. Wie es offenbar ganz oben in der CDU zu diesem Zeitpunkt hergeht, beschreibt Gerd Langguth: Kohl habe sein Wissen über die Schreiber-Spende an Schäuble bewusst gegen diesen eingesetzt, Schäuble habe sich offensichtlich erpressbar gefühlt. Merkel wiederum habe alles getan habe, „um den Streit zwischen Schäuble und Kohl zu vertiefen, wenngleich unter dem Anschein höchster Loyalität gegenüber Schäuble".

Und noch eine Großbaustelle tut sich auf: In Wiesbaden gerät Roland Koch, Hessens junger und aufstrebender Ministerpräsident mit bundespolitischen Ambitionen, ebenfalls tief in den Spendensumpf. Mitte Januar muss Koch, der auch Landesvorsitzender der CDU ist, bekannt geben, dass sein Vorgänger mit Saubermann-Image, Ex-Bundesinnenminister Manfred Kanther, und der frühere Landesschatzmeister Casimir Prinz Sayn-Wittgenstein über Auslandskonten verfügt haben. Auch Horst Weyrauch ist wieder mit von der Partie. Die Herkunft des Geldes bleibt im Zuge der Nachforschungen unbekannt, ansonsten kommt aber Erstaunliches zutage. Sayn-Wittgensteins erlogene Behauptung, das Geld stamme aus „jüdischen Vermächtnissen", die an die hessischen Christdemokraten geflossen seien, empfinden viele Beobachter und Parteimitglieder als geradezu pervers. Kochs Ankündigung einer „brutalstmöglichen" Aufklärung richtet sich bald gegen ihn selbst. Denn Koch muss gestehen, eine „Dummheit" gemacht zu haben: Er hat noch am 10. Januar öffentlich die Einspeisung illegaler Gelder in die CDU-Finanzflüsse bestritten, obwohl er bereits seit Ende Dezember Kenntnis von einem dubiosen Treuhandkonto hatte.

Aber Koch übertrifft sich in seiner „Dummheit“ selbst. Denn ebenfalls im Dezember, als der Parteispendenskandal die deutsche Öffentlichkeit schon so stark erregt wie lange kein politisches Thema mehr, deklariert Koch Gelder eines von Sayn-Wittgenstein angelegten Anderkonto zu einem 1,5-Millionen-Kredit um. Das kommt nicht nur die Bundes-CDU teuer zu stehen, weil sie wegen des falschen Rechenschaftsberichts der hessischen Parteifreunde auf Beschluss von Bundestagspräsident Wolfgang Thierse (SPD) auf die gesamten staatlichen Vorauszahlungen in Höhe von 41,3 Millionen Mark verzichten muss. Auch Koch selbst muss für diesen Fehler teuer bezahlen. Der Shooting-Star der Union, der sich nach dem grandiosen Wahlsieg ein Jahr zuvor schon für höhere Aufgaben in Berlin bereitmacht, muss Ambitionen wie eine mögliche Kanzlerkandidatur 2002 oder später weit zurückstellen. Zwar gelingt dem trickreichen Koch das politische Überleben, und er gewinnt die Landtagswahl 2003 sogar mit absoluter Mehrheit. Aber außerhalb Hessens ist er wegen seiner mangelnden Glaubwürdig kaum vermittelbar.

Ganz anders Christian Wulff. Kein anderes Mitglied der CDU-Führungsebene – außer Angela Merkel – hat persönlich von der Spendenaffäre so profitiert wie der Niedersachse. Im Herbst 1999 ist Wulff gerade tief in der Oppositionsbank versunken. Die nächste Landtagswahl findet erst in gut drei Jahren statt, die Landes-SPD sitzt trotz des Schröder-Weggangs nach Berlin fest im Sattel. Immerhin sitzt Wulff bereits im Präsidium der Bundes-CDU, als stellvertretender Bundesvorsitzender ist er direkt an der Aufarbeitung des Spendenskandals beteiligt.

In der Affäre bezieht Wulff von Anfang an wie nur wenige andere eindeutig Position: Alles muss aufgeklärt werden, um die Glaubwürdigkeit der Union möglichst rasch wiederherzustellen und so ihre Wahlchancen bei der Bundestagswahl 2002 zu erhalten. „Er gehörte zu denen, die eine gerade Furche ziehen wollten“, sagt ein Vertrauter. Da ist er sich mit Generalsekretärin Merkel völlig einig. In dieser Zeit entsteht in der Öffentlichkeit der Eindruck, Wulff sei ein absoluter Merkelianer. Es gelingt ihm, sich als Aufklärer zu profilieren, seinen Bekanntheitsgrad deutlich zu steigern. Wie groß ist doch der Unterschied zum belasteten Hessen Koch oder zu denjenigen, die nicht abrücken wollen vom Monument Helmut Kohl, und zu denen, die sich aus Angst um ihre eigene Karriere wegducken. Ein Phänomen, das Wulffs Landsmann Friedbert Pflüger beschreibt: „Bloß nicht zu weit aus dem Fenster hängen, am Ende setzt sich die andere Richtung durch und du bist unten durch.“

Anders als bei Merkel sind die Schübe an Bekanntheit und Popularität bei Wulff indes nur Beiwerk seines Aufklärertums. Der Niedersachse ist ehrlich erschüttert – menschlich und politisch. Dass ausgerechnet Helmut Kohl, den er seit seinem Eintritt in die CDU 1975 bewundert und den er ja auch schon seit über 20 Jahren persönlich kennt, an den Regeln des Parteiengesetzes vorbei agiert, mag er kaum glauben. Zumal Kohl ja schon in den Flick-Skandal, auch eine Spendenaffäre, verwickelt war und seitdem offenbar einfach weitergemacht hat, als sei nichts gewesen. Wie oft haben sie beisammengesessen, diskutiert, sich auch gestritten – und die ganze Zeit hat Kohl ihn und den Rest der Partei bewusst hinters Licht geführt? Unfassbar.

Während der ganzen Hochzeit der Affäre, ja bis zum Tag des Wahlsieges Anfang 2003, sprechen beide kein einziges Wort mehr miteinander. Erst am Nachmittag des Wahltages, als klar ist, dass er die Niedersachsenwahl haushoch gewonnen hat, ruft Wulff bei Helmut Kohl in Oggersheim an. Der ist vorbereitet, denn Wulff hat wenige Wochen vorher Kohls Fahrer Eckart Seeber bei einem zufälligen Aufeinandertreffen um die Privatnummer Kohls gebeten – was der natürlich sofort an seinen Chef weitergemeldet hat. „Ich möchte Ihnen sagen, dass sie einen Anteil an meinem Wahlsieg haben", sagt Wulff Kohl am Telefon. Das ist ein Friedensangebot, das Kohl auch annimmt. Zwei Männer, die als nachtragend gelten und mit dem Gedächtnis eines Elefanten ausgestattet sind, raufen sich in der Stunde des Sieges wieder zusammen. Sie reden nicht über die Spendenaffäre, werfen den Blick nicht zurück, sondern sie reden über den tragischen Selbstmord von Kohls Gattin Hannelore und die allgemeine politische Lage und verabreden sich zu einem Treffen.

Zweimal wird Wulff Kohl in den nächsten zwei Jahren in seinem Büro Unter den Linden, direkt am Brandenburger Tor in Berlin, besuchen. Noch immer ist er von dessen Weitsichtigkeit begeistert. Lange bevor es tatsächlich dazu kommt, nämlich im Frühjahr 2003, sagt Kohl ihm in einem der Gespräche voraus, dass es in Berlin 2005 zu Neuwahlen kommen werde, weil Gerhard Schröder hinschmeißen werde, um sich bei der Wahl im folgenden Jahr eine Niederlage zu ersparen. Dass Kohl, der zweifellos ein engeres Verhältnis zu Roland Koch pflegt, sich bei Wulffs Anruf am Wahltag mit den Worten „Roland?" gemeldet habe, wie es der „Spiegel" behauptet, weist Wulff übrigens entschieden zurück. Das gilt in Unionskreisen eher als Spezialität Edmund Stoibers – der das allerdings nicht böse meine, sondern die jüngeren unter den CDU-Kollegen halt einfach mal hin und wieder am Telefon durcheinander bringe, erzählt man sich in der CDU. Kohl schreibt Wulff eigens einen Brief, um klar zu stellen, dass die Falschmeldung des Hamburger Magazins ihn in seiner Meinung über das Hamburger Magazin bestätigt.

Ebenso entsetzt ist Wulff aber in dem Spendenskandal auch im Hinblick auf seine Partei. Dass ausgerechnet die CDU, die sich seit Bestehen der Bundesrepublik als Partei des Rechtsstaates, als Partei von Recht und Ordnung und als Partei von Anstand und Moral profiliert hat, in den größten Skandal der Nachkriegsgeschichte verwickelt ist, nagt schwer an seinem Glauben an die und an seiner Treue zur CDU. Die Partei, so findet er, muss alles daransetzen, sich ihr altes Markenzeichen möglichst schnell wieder anheften zu können. Als Beispiel sieht er das Unternehmen Mercedes, das seit Jahrzehnten mit Qualität und Sicherheit identifiziert wird. Als beim so genannten Elchtest die A-Klasse vor ihrer Einführung versagt, weil sie beim Umfahren der eng gestellten Hindernisse umzukippen droht, erkennt die Konzernführung sofort, dass es um weit mehr geht als „nur" um das neue Automodell: Die Kernkompetenz, die für die Automarke lebenswichtig ist, ist angegriffen. Man tut alles und scheut keine Kosten, um den peinlichen Fehler sofort auszumerzen – mit Erfolg. Genauso ist die Lage der CDU auch, und genauso muss sie auch rasch und konsequent reagieren, findet Wulff. Auch, wenn dabei ihr Aushängeschild Helmut Kohl schwere Kratzer abbekommt.

Für einen kurzen Moment zweifelt er sogar, ob die CDU wirklich noch seine Partei ist, ob er Mitglied bleiben und sich weiter engagieren möchte. Doch sie ist ja auch ein Stück weit seine Heimat, füllt sein Leben aus wie sonst nur seine Familie. Also packt er solche dunklen Gedanken wieder weg.

Ende 1999, während der CDU-Spendenaffäre, erregt eine weitere Affäre die Gemüter, diesmal in Hannover und diesmal bei der SPD. Sie geht unter dem Namen „Glogogate" in die Geschichte ein. Führende Sozialdemokraten in Hannover machen sich schon seit einigen Monaten Sorgen über ihren Ministerpräsidenten. Der Neue in der Staatskanzlei kommt von Anfang an nicht richtig in Gang, macht eher durch Gerüchte auf sich aufmerksam, „man habe ihn mal wieder aus dem Graben ziehen müssen", denn durch politische Vorstöße. In der SPD macht sich Unruhe breit, die Kommunalwahl 2001 rückt allmählich näher. Und vor allem glauben viele Sozialdemokraten nicht, dass sich die Partei bei der Landtagswahl Anfang 2003 mit „Glogo" auf der Siegerstraße befinden wird. Man will ihn beiseite schaffen, Platz für einen erfolgversprechenderen Mann machen – es folgt ein Lehrbeispiel dafür, wie brutal Parteien mit ihren eigenen Leuten umgehen können, wenn sie sie als störend empfinden. Daran, dass die Informationen, die die kommende kurze Krise auslösen und am Brodeln halten, aus Glogowskis engstem Umfeld an die Medien gereicht werden, kann kaum Zweifel bestehen. Ebenso wenig wie daran, dass das erstaunlich schlechte Krisenmanagement in der Staatskanzlei kein Zufall ist.

Ende November 1999, die CDU-Spendenaffäre eröffnet der höchst interessierten Öffentlichkeit seit drei Wochen überraschende Einblicke in das Finanzgebaren der CDU, gerät also auch SPD-Mann Glogowski in Hannover ins Zwielicht. Gerade einmal dreizehn Monate im Amt des Ministerpräsidenten, muss der 56-Jährige am Ende einer rasanten Woche den Hut nehmen. Die „Welt am Sonntag" (WamS) berichtet als erste von Unregelmäßigkeiten bei der Bezahlung einer Urlaubsreise des jungvermählten Ehepaars Glogowski nach Ägypten. Dort, im Club Robinson in Hurghada, hatten es sich beide ein halbes Jahr zuvor gut gehen lassen und ihre Flitterwochen verbracht. In der „WamS" taucht ein Foto auf, auf dem „Glogo" am Urlaubsort vor einer Flagge des Reiseunternehmens TUI, das zum Preussag-Konzern gehört, posiert. Im Laufe der nächsten Tage kommt heraus, dass Glogowski die Reise im Wert von etwa 8000 Mark nicht bezahlt hat. Erst nach dem Bekanntwerden der Sache fordert er nachträglich eine Rechnung an. Ebenso flog das Ehepaar auf TUI-Kosten zu einer Opern-Aufführung wiederum nach Ägypten. Gegeben wurde Aida, die Pyramiden von Gizeh dienten als Kulissen – dafür unterbrachen die zwei gerne einen Mallorca-Urlaub und flogen via Deutschland nach Ägypten. Damit nicht genug. Weitere unschöne Dinge kommen in das Blickfeld der erstaunten Öffentlichkeit. So ließ Glogowski sich seine Hochzeitsfeier von zwei Braunschweiger Brauereien und einem Kaffeehersteller sponsern, bezahlte nicht im erforderlichen Ausmaß die Miete für seine Dienstwohnung im Gästehaus der Landesregierung. Das schlimme Wort „Glogogate" macht an der Leine die Runde. Tatsächlich beginnt nun eine regelrechte Treibjagd der Medien, doch die Vorwürfe, die später von einem noch von Glogowski selbst eingesetzten Sonderermittler bestätigt werden, haben es doch so in sich, dass der Ministerpräsident schon nach fünf Tagen ungeschickter Verteidigung und einem Krisengespräch mit dem eigens nach Hannover geeilten Bundeskanzler Schröder zurücktritt.

Wulff und seine Christdemokraten kommen bei dem Tempo dieser Affäre kaum hinterher. Zwar fordert Wulff noch am Tag, an dem der Zeitungsartikel erscheint, eine „unverzügliche Erklärung“ Glogowskis, was schon deshalb nicht ganz einfach ist, weil der gerade in Wien weilt – eine Reise, die ebenfalls kurzzeitig ins Gespräch kommt. Die Vorwürfe seien von „erheblicher Tragweite“, so Wulff. „Die persönliche Vorteilsnahme in Form einer offenbar durch ein niedersächsisches Unternehmen finanzierten privaten Urlaubsreise wäre mit dem Amt des Ministerpräsidenten nicht vereinbar. Herr Glogowski verliert seine Unabhängigkeit und damit seine politische Handlungsfähigkeit“, lässt Wulff verlauten. Aber so richtig draufhauen kann die CDU zu diesem Zeitpunkt nicht, denn noch ist ja gar nicht erwiesen, ob die Vorwürfe tatsächlich zutreffen. Am Tag darauf macht er sich Sorgen, dass durch die Vorgänge nicht nur das Ansehen der Politik, sondern in besonderer Weise auch die Würde des Amtes des Ministerpräsidenten berührt werde. So etwas wirkt auf das Publikum immer etwas scheinheilig, glaubt es doch heutzutage kaum noch einem Politiker, dass die Sorge um ein Amt größer sei, als die Hoffnung, Kapital aus einer Krise zu schlagen. Jedenfalls kündigt er an, die Fraktion werde in einer Sondersitzung über die Einsetzung eines Untersuchungsausschusses, zu dem es dann auch tatsächlich kommt, beraten.

Der bringt einige Monate lang nichts Neues zu Tage – außer einigen überraschenden Einblicken in die Wirklichkeit niedersächsischer Politik, vermittelt vom Ex-Landesvater persönlich: „Bier, Politik und Vereinswesen sind in Niedersachsen immer eine positive Symbiose eingegangen. Das wird sich nun ändern müssen. Ich hoffe aber, dass Niedersachsen trotzdem ein gemütliches Land bleibt.“ Da müssen selbst die Vertreter von CDU und Grünen laut loslachen.

Die ganze Affäre geht zunächst zweischneidig für die CDU und Wulff aus. Die Christdemokraten verlieren nämlich mit dem SPD-Mann Glogowski ihren Hoffnungsträger für die Landtagswahl. Denn genau wie die SPD hat auch die Oppositionspartei natürlich dessen Schwächen erkannt. Man hoffte auf einen Kampf des jungen Reformers Wulff gegen den abgewirtschafteten Ministerpräsidenten Glogowski. Dazu wird es nun nicht kommen. Und die Sozialdemokraten sind sehr schnell in der Lage, die Führungsfrage zu klären. Schon am Freitagabend, nach der Rücktrittserklärung Glogowskis, meldet Wissenschaftsminister Thomas Oppermann auf den Stufen der Staatskanzlei per Interview seinen Anspruch an. Das wäre ein für Wulff denkbar unangenehmer Gegner. Denn die beiden sind nicht nur ähnliche Typen, sie kennen sich auch sehr gut persönlich, zum Beispiel durch einen gemeinsamen USA-Aufenthalt.

Wulff ahnt sofort, dass er gegen Oppermann moralische Beißhemmungen hätte.

Doch sehr rasch setzt sich ein anderer Aspirant durch – so rasch, dass Beobachter glauben, er selbst und Schröder hätten bei der Glogowski-Affäre die Hände im Spiel gehabt und die Notbremse gezogen: Sigmar Gabriel, politisch wie körperlich ein Schwergewicht aus Goslar. Er ist ein Gegenspieler anderen Kalibers. Der bisherige SPD-Fraktionschef ist in Wulffs Altersklasse, beliebt in den eigenen Reihen, gilt zu dieser Zeit als Ziehsohn des Kanzlers und wirft sich mit Vehemenz, einem ausgeprägten populistischen Gespür, großer Wendigkeit und unbändiger Freude am Angriff in die politische Schlacht. Überraschend schnell wird er von den SPD-Gremien zum Nachfolger Glogowskis gemacht. Schon am Samstag, nur einen Tag nach dem Rücktritt Glogowskis, hat sich Gabriel die Nominierung zum Ministerpräsidenten und damit die Staatskanzlei erobert.

Aber die CDU profitiert natürlich auch von der Situation. In der SPD herrscht deutliche Unruhe – drei Ministerpräsidenten in 13 Monaten ist dann nach dem Geschmack vieler Mitglieder, Funktionäre und Anhänger doch zu viel des Guten. Da erscheint die CDU geradezu als Hort des Beständigen. Wulff persönlich kann auch noch ein wenig punkten mit seiner Forderung, Glogowski sollten wegen seines Fehlverhaltens die Pensionen gekürzt werden – ebenso wie dem früheren Bundesinnenminister Manfred Kanther wegen der gleichzeitig tobenden hessischen CDU-Spendenaffäre. Zunächst aber herrscht wegen Gabriel Frust bei der CDU. Der ist noch vier Monate jünger als Wulff, so dass der CDU-Mann nun nicht mehr seinen Vorteil als jugendlicher Reformer ausspielen kann. Die SPD-Fraktion macht allerdings einen entscheidenden Fehler: Sie bietet mit Axel Plaue einen so schwachen Nachfolger Gabriels als Fraktionschef auf, dass sich dieser immer wieder selbst direkt in die Tiefebene der politischen Auseinandersetzung stürzen muss, anstatt präsidial über dem Streit zu präsidieren. Das nimmt ihm viel von seiner Schlagkraft und Glaubwürdigkeit.

Die Spendenaffäre der CDU ist aber natürlich die größere Sache, die die Partei monatelang völlig paralysiert. Ein anderes Thema als den Skandal gibt es zu dieser Zeit weder in der Union noch in den Medien. Merkel setzt sich als Nachfolgerin Schäubles durch und wird zur neuen CDU-Hoffnungsträgerin, die als erste von Wulff und den Niedersachsen unterstützt wird. Aber das öffentliche Ansehen der Partei liegt am Boden, in den Meinungsumfragen stürzt sie in den Keller.

Das macht sich natürlich auch in den Landesverbänden bemerkbar, und die niedersächsische CDU ist davon besonders betroffen, weil die Lage noch durch die Situation im Land verschlimmert wird. In den Jahren 2000 und 2001 ist die Stimmung unter den niedersächsischen Christdemokraten so richtig mies. Die Merkel-Euphorie an der Basis verfliegt zudem rasch und weicht einer Skepsis, die viele hohe Parteifunktionäre schon immer gegen die Frau aus dem Osten hegten.

Die neue Vorsitzende leistet sich einige Fehler und Schwächen. Zunächst verantwortet sie zwei personelle Fehlentscheidungen. Ihr neuer Generalsekretär Ruprecht Polenz ist zwar ein honoriger Mann mit vielen Qualitäten – nur leider anderen als die, die für den Posten des Vordenkers und Wadenbeißers der Partei benötigt werden. Nach nur fünf Monaten trennt Merkel sich von ihrem Nachfolger und ersetzt ihn durch Laurenz Meyer, der sich gleich mehrere Fehltritte leistet. Vor allem ein Plakat zum „Rentenbetrug in Serie“ der Bundesregierung, auf dem Kanzler Schröder wie ein Krimineller auf einem Fahndungsfoto abgebildet ist, löst Empörung bis in die eigenen Reihen aus. Meyer, der aus der nordrhein-westfälischen Landespolitik stammt, fängt sich dann und erwirbt sich ganz nebenbei in der Hauptstadt den Ruf eines Partylöwen. „Keine Feier ohne Meyer“ ist bald ein geflügelter Spruch – bis er Ende 2004 wegen einer peinlichen Gehaltsaffäre abtreten muss. Die zweite Fehlentscheidung Merkels ist schließlich die Berufung des Bankers Ulrich Cartellieri zum Schatzmeister der Partei. Cartellieri ist in den Augen vieler ein fähiger Fachmann, aber eben kein Politiker, der sich im Gestrüpp einer Partei zurechtfindet.

Weitere Rückschläge folgen. Vor allem die bittere Niederlage des Trios Merkel, Stoiber und Fraktionschef Friedrich Merz bei der Abstimmung im Bundesrat zur rot-grünen Steuerreform im Juli 2000, bei der Schröder mit viel Chuzpe einfach ein paar besonders finanzschwache Länder mit CDU-Regierungsbeteiligung „kauft“, lässt viele CDUler an Merkel zweifeln. Ihr Verhältnis zum in der Partei sehr beliebten Merz verschlechtert sich zusehends, die Kritik an der Vorsitzenden steigt auch wegen ihrer angeblich zu blassen inhaltlichen Positionierung. Schließlich kommen die Wahlniederlage in Rheinland-Pfalz, der Verlust der Regierungsbeteiligung in Berlin als Folge des Berliner Bankenskandals und eine weitere Niederlage im Bundesrat – diesmal bei der Abstimmung zur Rentenreform – hinzu.

10. Anlauf für die letzte Runde

Gleich nach seiner eigenen Wahlniederlage im Winter 1998 setzt Wulff eine Strategiekommission ein. Sie besteht aus seinen drei Stellvertretern im Partei- und im Fraktionsvorsitz und soll frühzeitig Überlegungen anstellen, was die CDU tun muss, um 2003 endlich wieder an die Macht zu gelangen. Spätestens nach den Sommerquerelen in Partei und Fraktion weiß der nunmehr 39-Jährige, dass er die Arbeit deutlich professionalisieren und neue Köpfe holen muss. Schon die Wahl Friedbert Pflügers zum Partei-Vize ist so ein Signal. Auch einen Beraterkreis gründet Wulff, genannt „Futureminds". Er wird mit dem konkreten Ziel, den Regierungswechsel vorzubereiten, gebildet. In ihm sitzen Mittelständler, Wissenschaftler, ältere und jüngere Leute. Meistens hält ein Mitglied einen Fachvortrag, über den dann diskutiert wird. Am Ende zählen alle drei Punkte auf, die sie in ihrem jeweiligen Beritt in den nächsten Wochen oder Monaten am wichtigsten ansehen. Wulff greift die Ratschläge auch auf, macht dann häufig ein „best of" von dem, was er in seine konkrete Politik einbeziehen will.

Im Mai 1999 gelingt Wulff ein echter Glücksgriff. Olaf Glaeseker, der Bonner Korrespondent der NWZ und der „Augsburger Allgemeinen", sucht ein neues Betätigungsfeld, denn er und seine Frau möchten den anstehenden Umzug des Parlamentsbüros nach Berlin im Zuge des Regierungsumzugs nicht mitmachen. Berlin ist dem Paar zu groß und anonym, Hannover wäre aber akzeptabel. Seit einigen Jahren haben Wulff und Glaeseker ein gutes Verhältnis. Ursprünglich war der Journalist ja Opfer geworden von Wulffs Unprofessionalität in Medienfragen und seiner ausgeprägten Fähigkeit, nachtragend zu sein, als er 1993 einen Brief Hasselmanns mit negativen Äußerungen über den Spitzenkandidaten Wulff auffing und natürlich der Öffentlichkeit nicht vorenthielt. Das fand Wulff nicht lustig, man wechselte ein Jahr lang kein Wort, was nicht ganz so schlimm für Glaeseker war, weil er ohnehin als Korrespondent nach Bonn ging. Am Rhein kamen sich aber beide bei Wulffs Aufenthalten dort wieder näher – und lernten sich gegenseitig schätzen.

Als Wulff von Glaesekers Unlust, nach Berlin zu ziehen, erfährt, macht er diesem ein Angebot: Er könne doch als neuer CDU-Sprecher nach Hannover kommen. Dass Glaeseker einschlägt, wird sich als Glücksfall für Wulff erweisen. Er wird in den folgenden Jahren zu seinem engsten „Buddy", wie es in Wulffs Umfeld heißt. Sein wichtigster Berater könnte man auch sagen, der viel mehr ist als „nur" Pressesprecher. Beide haben ein geradezu kongeniales Verhältnis, Glaeseker kann seinen Chef kritisieren wie sonst nur Christiane, er lenkt und leitet ihn wie ein guter Hirte, heißt es in beider Umfeld. 2003 folgt er ihm als Regierungssprecher in die Staatskanzlei, wo er – unter den Journalisten in Hannover und Berlin äußerst beliebt – Sachlichkeit mit Professionalität paart. Ein Sprecher, der weiß, was die Kollegen auf der anderen Seite des Spektrums wollen, weil er selbst einst zu ihnen gehörte. Einer, dem sie vertrauen, kein Nachrichtenverweigerer oder -vertuscher, sondern einer, der Informationen exakt so dosiert weiter gibt, dass die Journalisten das Gefühl haben, informiert zu werden, ohne dass sein Chef auch nur den Hauch einer Illoyalität fürchten muss. Einer, der Vorhaben und Meinungen transportieren und kommunizieren kann, und – besonders wichtig – der nicht sich selbst in den Vordergrund stellt, sondern denjenigen, den er zu verkaufen hat. Wulff weiß, was er an ihm hat, und lebt in beständiger Sorge, dass sein Sprachrohr und wichtigster Berater eines Tages einen besser dotierten Job in der Wirtschaft annehmen könnte. Im Herbst 2005, als Wulff gerade vorerst gemeinsam mit Glaeseker die von den Medien lustvoll aufgegriffenen und verbreiteten Gerüchte um seine mögliche Kanzlerschaft eingedämmt hat, schreibt die „taz", Olaf Glaeseker sollte zum Regierungssprecher in Berlin befördert werden. Denn: „Offenbar verfügt Glaeseker über eine seltene, kostbare Gabe: Er kann zwischen realer Politik und jenen Aufgeregtheiten unterscheiden, die allein den Produktionszwängen der Massenmedien geschuldet sind. Solche Männer – oder Frauen – braucht das Land."

Doch zunächst ist noch ein Problem zu bewältigen: Wulff hat in der Landtagsfraktion mit Michael Rauscher einen Sprecher noch aus der Endzeit von Jürgen Gansäuer, von dem er sich wegen unüberbrückbarer Gegensätze trennen möchte. Das ist schon deshalb besonders schwer, weil Rauscher mit Rita Pawelski verheiratet ist, die wiederum eine von drei Stellvertretern im Fraktionsvorsitz ist. Zudem tut Wulff sich bei solchen unschönen Personalentscheidungen aber auch grundsätzlich schwer. Er lässt manchmal jahrelang Mitarbeiter auf ihrem Posten, nur um sie nicht entlassen zu müssen, obwohl er von ihren beruflichen Qualitäten nicht überzeugt ist. Rauscher teilt Wulff dann aber zu dessen Überraschung mit, dass Gabriel ihm einen Posten in der Filmförderanstalt Nordmedia angeboten hat.

Glaeseker weiß, dass er mit dem Wechsel ein Risiko eingeht. Seine Bonner Kollegen von allen möglichen Medien fragen ihn, was er denn bei dem Langeweiler in Hannover wolle. Der werde doch nie was, sei ein notorischer Loser-Typ und werde nach der nächsten Landtagswahl und einer erwartbaren erneuten Niederlage weg vom Fenster sein. Aber Glaeseker glaubt an Wulff. Er sieht Qualitäten, die anderen noch verborgen bleiben oder die sie nicht sehen wollen. „Er war ein Edelstein, den man polieren muss, damit er Strahlkraft gewinnt", sagt er im Rückblick auf diese Zeit. Allerdings findet er auch, dass das Auftreten des Oppositionsmannes zu unprofessionell, seine mediale Vermarktung bestenfalls semiprofessionell sei. Zudem glaubt er, dass viele Klagen der Abgeordneten im Landtag zutreffend sind. Viele fühlen sich zu wenig eingebunden, zu wenig hofiert; ihnen fehlt das Zutrauen zu Wulff, dass er es 2003 noch packen kann. Der bindet seine Kollegen tatsächlich zu wenig ein, findet Glaeseker – und drängt ihn zu Änderungen. Es gibt viel zu tun – packen wir's an, denkt sich Glaeseker und wagt den Sprung vom Rhein an die Leine.

Wulff wechselt zunächst seinen Parlamentarischen Geschäftsführer Hans Eveslage aus – wieder so ein menschlich schwieriges Gespräch. Der Neue heißt Uwe Schünemann, ein junger, professioneller Mann in Wulffs Alter mit Organisationstalent und Loyalität zu seinem Chef ausgestattet. „Der richtige Mann am richtigen Platz", heißt es in Wulffs Umfeld alsbald. Er wird schon 2003 zum Innenminister aufsteigen.

Hat Glaeseker schon bei dieser Sache die Hände im Spiel, so kann er sein Geschick und seinen Einfluss indes erstmals so richtig ausspielen, als es zu einer echten Krise kommt. Mitte September wird klar, wie groß die Unzufriedenheit mit Wulff in der eigenen Fraktion ist. Eines Morgens finden die Abgeordneten Post von ihrem Fraktionsvize Bernd Busemann im Briefkasten. Auch Wulff bekommt das Papier seines Stellvertreters nicht früher zu sehen als die anderen. Dabei haben es die neun Seiten unter dem Titel „Die oder wir" in sich. Der Jurist aus dem Emsland fordert eine schärfere Profilierung der Fraktion. „Es reicht nicht aus, sich auf eine günstige Großwetterlage zu verlassen", schreibt er. Zu Wulff fällt ihm ein, dieser bleibe „von der Papierform Spitzenkandidat". Dabei sind seine eigenen Vorschläge nicht unbedingt ganz von dieser Welt, denn seiner

Olaf Glaeseker ist viel mehr als „nur" Wulffs Sprecher – er gilt als sein engster Vertrauter. Bei den Journalisten ist er äußerst beliebt.

Ansicht nach soll die CDU bei der nächsten Landtagswahl 2003 mit ihren 35,9 Prozent von 1998 auf die absolute Mehrheit zielen und nicht auf den potenziellen Koalitionspartner FDP hoffen, der wahrscheinlich den Sprung in den Landtag wieder nicht schaffen werde.

Das Papier ist nicht weniger als ein Frontalangriff auf Wulff. „Es wurde von allen als eine Bewerbung für den Posten des Spitzenkandidaten gesehen", erinnert sich ein Abgeordneter später. Harsche Kritik kommt von den Liberalen, die das Papier als schallende Ohrfeige für Wulff bezeichnen und als Beleg für seine „profillose Oppositionsarbeit". Hämische Kommentare über seine schwache Stellung kommen natürlich auch von SPD-Fraktionschef Gabriel. Wulff selbst versucht die Sache nach außen hin so darzustellen, als sei sie einerseits nichts Ungewöhnliches. Andererseits äußert er sich – nicht ungeschickt – kritisch, ohne seinen Gegnern neue Munition zu geben. „Die Willensbildung in einer lebendigen Volkspartei erfordert, dass sich jeder einbringt. Ich bin für das Papier ohne Einschränkung dankbar. Es wird sicher die laufende Programmdebatte befruchten.“ In der Koalitionsfrage aber wird er sehr deutlich, weil Busemanns Thesen seiner eigenen Auffassung widersprechen und weil er die Mehrheit der Fraktion hinter sich weiß. „Koalitionsdiskussionen halte ich zum jetzigen Zeitpunkt für wenig hilfreich. Vernichtungsfeldzüge haben meist das Gegenteil bewirkt.“ Die Sache verläuft im Sande, tut aber Wulffs Image und seiner Stellung in der eigenen Fraktion nicht gut.

Diese geschmeidige Reaktion des angegriffenen Fraktionschefs ist Glaesekers Werk. Er erkennt besser als Wulff, dass es sinnvoller ist, Busemann in eine Gummiwand rennen zu lassen, die ein wenig nachgibt, am Ende aber doch hart bleibt. Die Sache entwickelt sich so lediglich zu einer kurzzeitigen Krise, hätte sich aber bei einer althergebrachten Reaktion Wulffs wie in den vergangenen Jahren leicht zu einer größeren Krise auswachsen können. Schließlich verläuft sie im Sande, auch wegen der bald hereinbrechenden Spendenaffäre, die alles andere über Monate absorbiert. Aber sie ist ein Warnschuss. Erstmals hat öffentlich ein Fraktionsmitglied ziemlich unzweideutig seinen Anspruch geltend gemacht, möglicherweise 2003 der bessere Kandidat zu sein. Doch Wulff hat erstmals eine neue Methode versucht – mit Erfolg. „Zu dieser Zeit kam er allmählich aus der Kurve“, sagt ein Vertrauter.

Mit Olaf Glaeseker hat Wulff nicht das erste Mal sein Gespür für Personen gezeigt. Schon Anfang 1997 lernt er eine junge Frau kennen, die er in die Politik holt: Martina Krogmann. Auch hier beweist er ein glückliches Händchen: Schon anderthalb Jahre später sitzt sie im Bundestag, entwickelt sich zur angesehenen Expertin für Neue Medien und gilt gar im Vorwahlkampf 2005 als mögliche Aspirantin auf einen Berliner Staatssekretärsposten und wird nach der Wahl Parlamentarische Geschäftsführerin der Unionsfraktion im Bundestag. Dass Wulff mit ihr eine Vertraute in der Bundestagsfraktion sitzen hat, ist ein willkommener Nebenaspekt.

Zu ihrer Entdeckung kommt es, als Martina Krogmann zu einem Gespräch mit Wulff zusammentrifft. Damals arbeitet die 34-jährige für das amerikanische Generalkonsulat in Hamburg. Das US-Außenministerium möchte gerne wissen, wer der Herausforderer von Schröder, den man auch in Washington schon wahrgenommen hat, in Niedersachsen ist. Krogmann ruft Wulff an und vereinbart einen Termin in dessen Büro in Hannover. Das Gespräch dauert anstatt der erwarteten 20 Minuten über eine Stunde. Der junge Fraktionschef lässt die noch jüngere Konsulatsabgesandte gar nicht zu Wort kommen, sondern löchert sie mit Fragen über das Wirtschaftssystem in den USA. Krogmann, die mehrere

Jahre in den USA gelebt hat, gibt Auskunft, so gut sie kann. Über seine Offenheit ist sie sehr überrascht, kennt sie doch seinen Ruf als biederer und verschlossener Langeweiler. Schon in dem Gespräch fragt Wulff sie, warum sie nicht in die Politik gehe. Daran hat sie nun noch nie gedacht, obwohl die ehemalige Absolventin der Axel-Springer-Journalistenschule politisch sehr interessiert ist.

Einige Wochen später bekommt Krogmann einen Anruf – am Telefon ist Wulff. Er sei demnächst in Hamburg und würde sich gerne mit ihr zum Essen treffen. Nicht in so ein Schicki-Micki-Restaurant, fügt er bittend hinzu, sondern etwas Normales. Das gefällt Krogmann. Bei dem Treffen wird ihr Gegenüber gleich sehr konkret. Sein Ziel sei es, die CDU für Seiteneinsteiger zu öffnen und zwar gerade auch für Frauen. Ob sie denn mal darüber nachgedacht habe, in die Politik zu gehen, begehrt er zu wissen.

Man geht freundschaftlich auseinander, ohne konkretes Ergebnis. Wenige Tage später ruft Horst Eylmann an, ein bekannter Bundestagsabgeordneter und Kreisvorsitzender aus Stade, wo auch Krogmann herkommt. Er hat schon bekannt gegeben, dass er bei der anstehenden Wahl 1998 nicht mehr antreten werde. Es gebe schon fünf oder sechs Kandidaten, eröffnet er der überraschten jungen Frau am anderen Ende der Leitung, aber er hätte gerne, dass sie seine Nachfolgerin werde. Klar, dass Wulff Eylmann auf Krogmann aufmerksam gemacht und sie ihm ans Herz gelegt hat.

Sie sagt ja. Die Aufstellung setzen Wulff und Eylmann im Wahlkreis durch. Gewählt ist sie noch nicht, da geht Wulff schon den nächsten Schritt und fragt sie, ob sie nicht auch als Parteivize in Hannover kandidieren möchte. Das haut die Frau aus Stade fast um. Sie ist gerade erst seit fünf Monaten überhaupt in der Partei. Krogmann: „Bist du bekloppt geworden?“ Aber Wulff meint seinen Vorschlag ganz ernst und überzeugt sie mit seiner sachlichen und ruhigen Art von seinem Plan. Tatsächlich wird sie kurz vor der Bundestagswahl zur stellvertretenden niedersächsischen Parteivorsitzenden gewählt. Anderthalb Jahre nach dem ersten Treffen mit Wulff ist sie Landesvize und Bundestagsabgeordnete – eine erstaunliche Karriere. Seit April 2010 leitet sie die Niedersächsische Landesvertretung in Berlin.

Wulff unterstützt Krogmann, wo er nur kann. Klar, dass die erste Zeit als Parteivize schwierig ist. Die junge Frau hat ja keine Ahnung, wie Parteiarbeit funktioniert, hat noch nie ein Plakat geklebt, kennt die Gesetzmäßigkeiten des Partei-Innenlebens überhaupt nicht. Ihre Reden auf Parteiver-

Drei aus Niedersachsen: Wulff, Friedbert Pflüger und Martina Krogmann

anstaltungen sind in der ersten Zeit alles andere als glücklich. Zudem ist sie jung, attraktiv und hat lange blonde Haare – die Vorurteile in der von Männern dominierten CDU liegen auf der Hand. Es gibt Fragen an Wulff: „Wen hast du denn da angeschleppt?" Doch der hält zu ihr, muntert sie auf, sagt: „Mach weiter, du lernst das!" Krogmann kämpft und setzt sich durch. Über eines ist sie sich aber klar: „Ich habe Christian Wulff wahnsinnig viel zu verdanken. Er hat mich in die Politik gebracht und in der schwierigen Anfangsphase maßgeblich unterstützt."

Wulffs Jagdfieber ist geweckt. Sein Kriterium bei der Auswahl von neuem Personal ist in der Regel, ob bestimmte Charaktereigenschaften vorhanden sind, die man kaum anlernen kann – und ob Bewerber in der Lage scheinen, sich andere, erlernbare Fähigkeiten, die sie noch nicht vorweisen, aneignen zu können. All dies sieht er bei einem sehr jungen Mann aus Bad Bederkesa bei Cuxhaven gegeben, den er nun ins Visier nimmt: David McAllister. Den gerade einmal 30-Jährigen kennt er schon seit dem 94er Wahlkampf. Er ist pfiffig, wortgewandt, kann austeilen – und was wichtig ist: Er ist von Wulff absolut begeistert. 1998 sorgt der zunächst dafür, dass McAllister so weit vorne auf der Liste zur Landtagswahl vorrückt, dass sein Einzug ins Leineschloss eine sichere Sache ist. Da beobachtet er seinen Adlatus eine Weile, bis er ihn 2001 zum CDU-Generalsekretär macht. Davor steht erneut ein schwieriges Gespräch, diesmal mit Amtsinhaber Hartwig Fischer. Der sieht sich selbst als Generalsekretär auf Lebenszeit, hat seinen Job auch nicht wirklich schlecht gemacht. Aber Wulff will für seine letzte Schlacht 2003, bei der es um alles oder nichts geht, ein frisches, unverbrauchtes Gesicht. Fischer ist wie vor den Kopf geschlagen, bekommt aber zum Ausgleich ein Bundestagsmandat.

Für Wulff selbst ist der 1971 geborene McAllister „das größte Talent in der CDU". Aber auch außerhalb der Partei überzeugt McAllister viele: 2003 bekommt der gebürtige Berliner sogar den Politik-Award als bester Nachwuchspolitiker. Als Wulff einen neuen General sucht, denkt außer ihm eigentlich niemand an McAllister. Doch Wulff ist schon lange überzeugt von dem burschikosen, jovialen, schlagfertigen und gewitzten jungen Mann. Er lässt über die HAZ einen Versuchsballon starten, eine Methode, die er gerne mal anwendet. Olaf Glaeseker lanciert einen Artikel, in dem vier Namen genannt werden: Hartmut Möllring, Bernd Althusmann, ein jüngerer Abgeordneter aus Lüneburg, Eckart von Klaeden und eben McAllister. Solche Personalspekulationen sorgen immer für Aufsehen. Am Ende entscheidet sich Wulff für den erst 30-jährigen McAllister. Ihm gefällt, dass er gerade mit einem sehr polarisierenden Wahlkampf die Kommunalwahl daheim gewonnen hat. Der Parteichef beobachtet immer ganz genau, wo die CDU bei Wahlen wie abschneidet, und liest alle verfügbaren Statistiken. Beide treffen sich in der „Strandlust" in Bremen, wo Wulff gerade seine Schwiegereltern besucht. Er eröffnet seinem Gegenüber den Plan – McAllister schluckt einmal kurz und sagt „ja". Diese Chance erkennt er sofort und muss nicht lange überlegen.

McAllister hat nur noch zwei Probleme: Eigentlich wollen ihn seine Parteifreunde vor Ort gerade zum Landrat machen, und die will er nicht vergraulen. Also bittet er Wulff, die Sache zu erledigen. Ein Anruf des Parteichefs genügt – McAllister ist frei für den Job des Generalsekretärs. Das andere Problem muss der junge Mann selbst klären: Er holt das O. k. seiner Verlobten ein.

Der Posten des Generalsekretärs wird in den Landesverbänden gerne an jüngere Talente vergeben, denn er ist eine gute Spielwiese, auf der man sich raufen und beweisen kann. Wer den Job gut macht, darf darauf hoffen, auf der Karriereleiter weiter hochzusteigen – wie zum Beispiel Edmund

Stoiber, der unter Franz Josef Strauß CSU-Generalsekretär war und es dann schließlich bis in die Staatskanzlei als Ministerpräsident brachte. Doch die Sache kann auch nach hinten losgehen und Wulff weist McAllister auch darauf hin. Wenn die nächste Landtagswahl wieder verloren ginge, würde man die Schuld auch beim Generalsekretär abladen – zu jung, zu unerfahren wären dann die Vorwürfe. Da in dem Fall auch davon auszugehen sei, dass es einen neuen Parteichef geben würde, könnte der Sessel des Generalsekretärs auch rasch zu einem Schleudersitz werden. Zwar verspricht Wulff seinem jungen Gesprächspartner, sich auch in diesem Fall für ihn einzusetzen, doch garantieren kann er natürlich nichts.

Aber die Sache geht bekanntlich gut aus und McAllister braucht nicht lange, um sich in Wulffs Augen für höhere Aufgaben zu qualifizieren. Bei seiner Vorstellung durch Wulff wirkt der junge Mann noch etwas nervös und sitzt mit roten Wangen den Journalisten gegenüber, wie mancher Schreiber bemerkt. Prompt versehen ihn die Sozialdemokraten mit dem Spitznamen „Rotbäckchen". Doch im Wahlkampf funktioniert die Aufgabenverteilung schon ganz gut. McAllister ist fürs Grobe zuständig, fürs Austeilen. Wulff sammelt dann in Hintergrundgesprächen mit Journalisten die Scherben wieder ein. „Sie wissen doch, mein junger Generalsekretär hat ein wenig über die Stränge geschlagen", sagt er dann verständnisvoll und nach außen hin nur milde tadelnd. 2003, nach der gewonnenen Wahl, macht er ihn zum Fraktionsvorsitzenden – mit 32 Jahren. Schnell steigt er neben Wulff selbst zu einem der Stars in der Regierungsmannschaft auf. Ende September 2005, also zweieinhalb Jahre nach Amtsantritt, belegt er laut Emnid in der Beliebtheitsskala mit der Note 1,3 hinter Wulff (2,5) und Familienministerin Ursula von der Leyen (1,9) den dritten Platz. Mit weitem Abstand vor den anderen Ministern.

1999 laufen sich auch Christian Wulff und Ursula von der Leyen über den Weg. Die 40-Jährige hat sich bislang für Politik nicht intensiv interessiert, obwohl sie ihr eigentlich in die Wiege gelegt ist: Sie ist die Tochter des ehemaligen niedersächsischen Ministerpräsidenten Ernst Albrecht. Und der hatte seinen sechs Kindern einst angetragen, jedes einzelne müsse eines Tages in irgendeiner Form Verantwortung für die Gesellschaft übernehmen. „Röschen", wie der Vater seine Ursula liebevoll nennt, ist wie keines seiner anderen Kinder dieser Aufforderung nachgekommen. Von Christian Wulff entdeckt, wird sie 2003 nach dessen Wahlsieg zur Ministerin für Soziales, Frauen, Familie und Gesundheit ernannt. 2005 folgt der Aufstieg zur Bundesfamilienministerin.

Beide lernen sich auf einer Wahlkampfveranstaltung in von der Leyens Heimatort Sehnde bei Hannover kennen. „Den schaust du dir mal an", sagt sich die Ärztin und Mutter von sieben Kindern, die auch einige Jahre in den USA gelebt hat. Der CDU-Mann beeindruckt sie. Er erzählt eine Geschichte von John F. Kennedy: Der habe einst als US-Präsident durchgesetzt, dass der erste Schwarze an einer bestimmten Universität studieren durfte. Anschließend habe er dessen Recht auch mit Hilfe der Polizei durchgefochten. Für Wulff ein gutes Beispiel, dass ein Politiker ein Ziel bis zum Ende verfolgen muss. Nach der Veranstaltung in einer Kneipe setzt sich von der Leyen zu Wulff an den Tisch und sagt ihm, wie gut sie seinen Auftritt fand. Man trennt sich freundschaftlich.

Das zweite Mal sehen sich beide etwa ein Jahr später auf einer Reitveranstaltung in Verden. Von der Leyen ist dort bekannt und wird dem Publikum auch angesagt, weil die begeisterte Reiterin schon auf vielen Veranstaltungen geritten ist. Wulff sitzt im Publikum, später unterhält man sich. Einige Wochen später kommt ein Brief, in dem der Oppositionspolitiker sie bittet, in seinem neuen Beraterkreis „Futureminds" als Gesundheitsexpertin mitzuwirken. Die so Hofierte ist überrascht. Auch sie ging ursprünglich von dem gängigen Bild aus, das über Wulff zu dieser Zeit verbreitet ist: langweilig, kein Tiefgang, keine Substanz. Nach den zwei Treffen hat sie ihre Meinung grundlegend revidiert. Nun imponieren ihr die Sicherheit und die Differenziertheit von Wulffs Argumentation. Sie sagt zu und avanciert sogar zur Vorsitzenden des Beraterkreises. Als es 2003 zur Regierungsbildung kommt, ist es für den neuen Ministerpräsidenten keine Frage, dass Ursula von Leyen Mitglied in seinem Kabinett wird.

Mit solchen Personalentscheidungen legt Wulff zwar den Grundstein für spätere Erfolge. Doch die Oppositionsbänke bleiben zu dieser Zeit besonders hart. Ältere Abgeordnete, die noch etwas werden wollen, werden unruhig, manche jüngere glauben, der bessere Kandidat für 2003 zu sein. Wer gegen Wulff antreten will, muss das um die Mitte der Legislaturperiode machen. Wulff-Vize Busemann hat es versucht und ist gescheitert, was sicher abschreckend auf andere Aspiranten wirkt. Wulffs sicherste Stütze zu dieser Zeit ist die Tatsache, dass er keinen wirklich gefährlichen Gegenspieler hat. Jürgen Gansäuer, der Gegner aus alten Tagen, hat zwar mit ihm noch keinen Frieden geschlossen, aber eigene Ambitionen hat er auch nicht mehr. Friedbert Pflüger, Wulffs Stellvertreter als Parteivorsitzender, wird gefragt, ob er nicht gegen ihn im Kampf um den Posten des

Spitzenkandidaten antreten will. Doch Pflüger hat sich längst auf Bundesebene, als außenpolitischer Sprecher der Bundestagsfraktion, etabliert und winkt ab. Er fühlt sich Wulff auch verpflichtet, weil der ihm 1994, als Pflüger sich öffentlich gegen Helmut Kohls Kandidaten für das Amt des Bundespräsidenten, Steffen Heitmann, aussprach und sich scharfe Kritik aus der eigenen Partei dafür einfing, öffentlich zur Seite stand.

Immerhin kann Wulff in dieser Zeit mit einem kleinen personalpolitischen Coup aufwarten. Er heuert Sabine Bulthaup als neue Fraktionssprecherin an. Die ist im ganzen Land als Moderatorin einer Comedy-Sendung des privaten Radiosenders ffn bekannt und beliebt. Ihr ursprünglich vorgesehener Arbeitsbeginn am 1. April 2001 muss um einen Tag verschoben werden – an diesem Tag hätten die Medien an einen Aprilscherz geglaubt. Die Klagen der Abgeordneten aber bleiben. Wulff sucht manchmal aus heiterem Himmel die Konfrontation, er kanzelt Abgeordnete ganz plötzlich ohne Vorwarnungen in der Fraktionssitzung ab. Er ist sehr streng und hart zu sich selbst und setzt diese Maßstäbe auch an andere an. Es gibt aber in der Fraktion auch Leute, die sind nicht so fleißig und belastbar, nicht so intelligent wie er. Seine Angriffe schlagen manchmal wie Granaten ein. Viele Abgeordnete, die ihm gar nichts Böses wollen, aber unzufrieden sind, sind verstört und fürchten, sie selbst seien als Nächster an der Reihe. Wulff hat ein Elefantengedächtnis – wenn irgendwann irgendwer irgendetwas Kritisches sagt, vergisst er das über Jahre hinweg nicht. Ein Charakterzug, der sich nach Aussage guter Bekannter erst mit seinem Einzug in die Staatskanzlei geändert hat. Seitdem sei er großzügiger geworden, verzeihe schneller, gehe über Sachen auch mal hinweg. In der Oppositionszeit aber ist er dünnhäutig.

Im Dezember 1999 kommt es bei der Wahl Gabriels zum Minsterpräsidenten zu einer ärgerlichen Schlappe. Der SPD-Mann bekommt 85 von 155 Stimmen – zwei mehr, als die SPD Abgeordnete hat. Ob die Stimmen von der CDU oder von den Grünen kommen, bleibt unklar. Die erste Hälfte des Jahres 2000 ist dann eine Zeit der Tiefschläge, die schwerste Zeit, die Wulff in der Opposition zu überstehen hat. Im März kommt es bei der Wiederwahl Wulffs als Fraktionsvorsitzender zu einer konzertierten Aktion seiner Gegner. Immerhin 14 Nein-Stimmen bringen sie auf, bei 45 Ja-Stimmen und zwei Enthaltungen. Das ist ein echtes Warnsignal. Es zeigt zwar, dass Wulffs Gegner keine Mehrheit haben, es zeigt aber auch, dass die Missstimmung weit verbreitet ist. Christian Wulff weiß zu dieser Zeit: Hätten seine Gegner einen ernstzunehmenden Kontrahenten in ihren Reihen, hätte das Resultat noch ganz anders ausfallen können. Öffentlich gesteht er ein „enttäuschendes Ergebnis“ ein.

Schon kurz nach dieser Wahl gibt es neuen Ärger in der Fraktion. Sie tritt am letzten Tag im März zu einer Sondersitzung zusammen, nachdem die Presse gemeldet hat, Wulff lasse über missliebige Abgeordnete Dossiers anfertigen. Nun springt ihm ausgerechnet Jürgen Gansäuer bei. Es gebe „ein paar Turbulenzen“ und „ein paar unglückliche Dinge“. Darüber werde in der Fraktionssitzung offen geredet. Wulff stehe als Fraktionschef aber nicht in Frage. „Christian Wulff ist hier unbestritten“, sagte Gansäuer. An der ganzen Sache ist nichts dran, aber allein die Tatsache, dass viele Abgeordnete sie für glaubhaft halten, zeigt, wie groß Misstrauen und Missmut in der Fraktion sind. Gansäuer, Wulffs alter Dauergegner, hat zu dieser Zeit letzte Ambitionen aufgegeben. Im Laufe der Zeit kommt ausgerechnet er zu der Erkenntnis, dass der noch immer junge Fraktionschef seine Sache gar nicht so schlecht mache. Er tritt in einen geordneten Waffenstillstand mit Wulff ein, leistet zwar auch in Zukunft immer mal Widerspruch, aber verbindet diesen nicht mehr mit der grundsätzlichen Machtfrage. Eigene Machtansprüche hat er nicht mehr, bestenfalls ein schönes Ziel vor Augen: Gerne würde er seinen Posten als Landtagsvizepräsident nach der nächsten Wahl mit dem des Präsidenten eintauschen und in dessen äußerst repräsentatives Büro im umgebauten Wintergarten des Leineschlosses ziehen. Dass er dieses Ziel nur mit Wulff gemeinsam erreicht, ist ihm klar. Intern drängt er nun verstärkt darauf, einen möglichen Erfolg nicht durch ständigen Streit zu gefährden.

Auf dem CDU-Bundesparteitag im April schrammt der Niedersachse sogar knapp an einer Katastrophe vorbei. Als er sich als stellvertretender Vorsitzender zur Wiederwahl stellt, erhält er nur noch 62 Prozent. Viel weniger hätten es nicht sein dürfen, um glaubwürdig die Wahl annehmen zu können. Wenig tröstlich, dass Volker Rühe mit nur 56 Prozent noch schlechter abschneidet. Der Grund liegt auf der Hand: Wulffs Agieren in der Spendenaffäre. Er gilt wegen seines Hangs zur Aufklärung vielen als Nestbeschmutzer. Viele CDU-Mitglieder wollen lieber die Augen verschließen und irgendwie durch die Affäre kommen, als sich der bitteren Realität zu stellen. Während Angela Merkel, die andere Aufklärerin, als neue Hoffnungsträgerin gefeiert wird, lassen sie ihre Wut an Wulff aus. Sicher spielt aber daneben auch eine Rolle, dass es Wulff bislang nicht gelungen ist, sich als Parteivize zu profilieren. Seine Stimme wird auf Bundesebene zu wenig wahrgenommen. Das will er nun ändern.

Auch auf dem Landesparteitag in seiner Heimatstadt gibt es für den Parteichef eine Schlappe. Auf den ersten Blick ist das Ergebnis von 88,3 Prozent der Delegiertenstimmen für seine Wiederwahl zwar ganz passabel. Eine solche Zustimmung habe er „nach all den Monaten" nicht erwarten können, gesteht Wulff öffentlich ein. Aber die Stimmung in der Osnabrücker Stadthalle spricht ein anderes Bild. Kritik gibt es nicht, obwohl Wulff die 420 Delegierten ausdrücklich dazu ermuntert, „mit offenem Visier ihre Meinung zu sagen". Als Punkt sieben der Tagesordnung, „Aussprache", aufgerufen wird, erhebt sich keine Hand, die Visiere bleiben zugeklappt. Dabei gibt es genug Anlass zu fragen, warum die CDU nicht in der Lage ist, Wulffs Vision von Niedersachsen – hochmoderne Infrastruktur, sinkende Schuldenlast, entschlackte Verwaltung, tadellose Schule, Wirtschaftsinstitute der Spitzenklasse und aus dem Boden schießende Existenzgründungen – zu verwirklichen. Und das, obwohl diese Vision schon fast paradiesisch klinge, wie die FAZ notiert. Schlimmer als die 49 Parteifreunde, die ihm ihr Ja verweigern, ist die gedrückte, bleierne Atmosphäre. Von Aufbruch keine Spur, viele zweifeln ganz offensichtlich an ihrem Frontmann, nur zögernd und dann eher anstandshalber erheben sich die Delegierten nach Wulffs Rede von ihren Sitzen, um das übliche Ritual – stehende Ovationen – zu absolvieren. Wulff selbst ahnt, dass ihn viele im Saal nach wie vor nur unterstützen, weil es keine Alternative gibt. Erst Parteichefin Angela Merkel weckt die Delegierten mit einer feurigen Rede am Ende des Tages auf.

Dann endlich kommt mit der Kommunalwahl im Frühherbst 2001 der lang ersehnte Erfolg zurück. Die CDU wird nicht nur stärkste Partei, sondern sie gewinnt mehr Mandate in den Städten und Gemeinden als SPD, Grüne und FDP zusammen. Die Niedersachsen-CDU erweist sich als regional ungemein stark verankert. Sie ist im ländlichen Raum verflochten mit den Vereinen, den Freiwilligen Feuerwehren, den Verbänden. Sie hat 80 000 Mitglieder „in der Fläche", sagt David McAllister wie ein General, der vom Feldherrnhügel auf seine Truppen niederblickt. Selbst Großstädte, in denen sie sonst schwach ist, fallen reihenweise an die Union: Göttingen, Braunschweig, Wolfsburg, Delmenhorst. Nur die Landeshauptstadt Hannover bleibt fest in SPD-Hand, zumal der örtliche CDU-Spitzenkandidat kurz vor dem Urnengang mit einem Wahlkampfauftritt im Freudenhaus einen Skandal auslöst und zurücktreten muss und seine Ersatzkandidatin, die stellvertretende Fraktionschefin Rita Pawelski, keine Chance hat, gegen den populären Oberbürgermeister Herbert Schmalstieg zu gewinnen.

Die CDU feiert den grandiosen Sieg sofort als Wende. Aber auch die Sozialdemokraten begreifen, dass Gefahr im Verzuge ist. Sie regieren das Land nun seit elf Jahren, da machen sich naturgemäß Verschleißerscheinungen breit. Ministerpräsident Sigmar Gabriel schimpft, seine Partei sei zu wenig reformfreudig und zu unflexibel. Gabriel selbst, noch immer als Shooting-Star der Genossen gefeiert, wird sich allerdings schon bald als größtes Problem der Sozialdemokraten herausstellen. Klar ist jedenfalls: Die Kommunalwahl gibt der CDU einen entscheidenden Motivationsschub.

Auf Bundesebene hat sich die Union noch gar nicht von der Spendenaffäre erholt, da taucht schon die nächste Bundestagswahl am Horizont auf. Da nach der Kommunalwahl im September der Wahlkampf für den niedersächsischen Urnengang im Februar des nächsten Jahres sofort losgeht, nutzt Partei-Vize Wulff die Gelegenheit, um sich verstärkt bundespolitisch einzubringen. Zwischen seiner ersten Wahl als Bundesvize 1998 und der Spendenaffäre lag nur ein Jahr – zu kurz, um sich zu profilieren. Dann deckte der Skandal eine Zeit lang alles zu. Da war der Niedersachse zwar an führender Stelle dabei, aber es ging um die Bewältigung der Affäre, nicht eigentlich um inhaltliche Arbeit. Das soll sich nun ändern. Allerdings muss er zunächst einmal ein lästiges Gerücht dementieren, das besagt, er wolle zur Bundestagswahl 2002 antreten. Er hätte leichtes Spiel, wenn das wirklich sein Ziel wäre, denn alle Osnabrücker Wahlkreise sind frei. Doch erstens sieht Wulff seine Interessen in der Landespolitik und zweitens würde er selbst das als Flucht vor der finalen Schlacht 2003 in Hannover begreifen. „Ich will die CDU hier in Regierungsverantwortung bringen und kandidiere für den Landtag“, sagt er der der „Neuen Osnabrücker Zeitung“ (NOZ).

Ein inhaltliches Thema der bundespolitischen Profilierung ist für Wulff die Schul- und Bildungspolitik, unter der er allerdings mehr versteht, als den Schülern Lesen und Schreiben beizubringen. Nach dem Amoklauf eines Schülers am Gutenberg-Gymnasium in Erfurt, bei dem 17 Menschen sterben, fordert er eine „nationale Anstrengung“, um vorhandene Defizite in Deutschland abzubauen. Damit seien nicht nur Schulen und Lehrer gemeint, sondern auch der Freizeitbereich. An den Schulen müssten wieder verstärkt Grundwerte wie soziales Verhalten, Teamgeist und

Solidarität vermittelt werden. In den vergangenen Jahren hätten zu viele Diskussionen über Rechte, Ansprüche und Freiheiten in der Gesellschaft stattgefunden, statt über Pflichten und Verantwortung zu sprechen. Wulff fordert mehr Investitionen in Lehrer, Unterrichtsversorgung, Freizeitangebote. Er kritisiert, in der Vergangenheit habe es zu altmodisch und konservativ geklungen, jungen Menschen neben Lesen und Schreiben auch Werte zu vermitteln. In einem Radio-Interview ergänzt er: „Es gilt gemeinhin als unschicklich: die Politik des Zusammenlebens und die Frage der Gemeinschaft. Jeder meint, es sei an alle gedacht, wenn jeder an sich selbst denkt. Aber es braucht Solidarität in einer Gesellschaft. Es braucht auch den Blick auf den, der zurückbleibt."

Als Mitglied der CDU-Kommission „Sozialstaat 21" macht Wulff sich auch intensive Gedanken zu diesem Thema. Exemplarisch sein Vortrag vor der „Zukunftswerkstatt" der Konrad-Adenauer-Stiftung im Dezember 2000 in Berlin. Als festes Koordinatensystem seiner Partei bezeichnet er eine „humane, keine kalte Gesellschaft, eine notwendigerweise sich wandelnde, aber lebenswerte Gesellschaft". Mit Blick auf die Wirtschaft bedeutet das für ihn, dass es nicht in erster Linie um Rendite, sondern auch um Verantwortung für Arbeitnehmer und Arbeitsplätze gehen dürfe. Gerade auch die soziale Partnerschaft zwischen Arbeitgebern und Arbeitnehmern sei in Deutschland ein Standortvorteil im globalen Wettbewerb. Dazu gehörten engagierte Gewerkschaften mit hoher Kompetenz, verantwortungsvoll handelnde Betriebsräte und nur wenige Streiktage.

Dennoch sieht Wulff Missbildungen im Sozialstaat. Vor allem das Anspruchsdenken nennt er, das in der Vergangenheit geradezu systematisch von der Politik herangezogen worden sei. Die sei „leider nur allzu erfolgreich darum bemüht gewesen, nicht weniger, sondern immer mehr Erwartungen der Bürger auf steigendes Einkommen, mehr Arbeitsplätze, weniger Risiken und wachsenden Lebensstandard" zu wecken. „Kein Bedürfnis, kein Interesse irgendeiner Gruppe, und sei es noch so einseitig und abseitig, das nicht früher oder später berücksichtigt und wenn irgend möglich materiell befriedigt werden sollte; alles aus einem überzogenen Verständnis von Allzuständigkeit moderner Politik", so die Analyse des Redners. Dadurch sei die Veränderungsbereitschaft der Menschen gesunken, es sei zu einem Status-quo-Denken gekommen. Der allzuständige „Daseinsvorsorgestaat" sei schnell ein überbürokratisierter und überregulierter Staat, der dynamische Elemente in Wirtschaft und Gesellschaft zu ersticken drohe. Wulff sieht in dieser Entwicklung sogar eine Gefahr für den sozialen Zusammenhalt der Gesellschaft: „Das Gefährliche an der Perfektionierung des Sozialstaates ist der Umstand, dass ihr die Auflösung gewachsener sozialer Bindungen auf dem Fuße folgt, dass der Einzelne von seiner Sorge um den Nächsten in der Familie, im Verwandten- und Freundeskreis suspendiert wird. Und deswegen hat uns die Entwicklung manchmal nicht mehr sozialen Zusammenhalt beschert, sondern ganz beträchtlich weniger."

Wulff will diesen Sozialstaat natürlich nicht abschaffen – aber er will ihn grundlegend reformieren, will eine Neudefinition seiner Aufgaben, seines Leistungsvolumens und seiner Finanzierungsgrundlagen vornehmen. Oder deutlicher formuliert: „Es geht um die Frage, welche Lösungen wir künftig der kollektiven Fürsorge und welche der individuellen Vorsorge überantworten wollen." Der Bürger brauche mehr Handlungsspielräume, nur dann könne er auch mehr Eigenverantwortung bekommen. Er geißelt auch die in Deutschland weit verbreitete Auffassung, dass „sozial" mit „umverteilen" gleichzusetzen sei und dass ein höheres Umverteilungsvolumen automatisch mehr soziale Gerechtigkeit bedeute. Am Ende seiner langen Rede aber fasst er seine Thesen mit einem Satz des italienischen Dichters Tomasi di Lampedusa zusammen: „Damit Bewährtes erhalten werden kann, muss sich vieles ändern."

Auf das Thema Eigenverantwortung und Solidarität geht er auch in einem Vortrag vor Vertretern der Betriebskrankenkassen ein halbes Jahr später in Braunschweig ein. Beide müssten keine Gegensätze sein. „Ich halte es für einen grundlegenden Fehler unseres Sozialstaates, dass er nach wie vor versucht, die soziale Sicherung zu monopolisieren und die Menschen zu entmündigen", sagt er dort. Die Menschen wollten selbst Subjekt ihres Handelns sein und persönliche Motivation erfahren. Auch die sozialen Systeme müssten sich diesen geänderten Bedingungen und Bedürfnissen anpassen.

11. Letzte Chance

Bundespolitisch läuft es nach den Tiefen der Spendenaffäre im Jahr 2001 für die Union überraschend gut. Dafür sorgt allerdings in erster Linie die rot-grüne Bundesregierung, von der sich immer mehr Wähler enttäuscht abwenden. Ihr gelingt es nicht, das größte Problem – die hohe Arbeitslosigkeit – in den Griff zu bekommen. Um die Jahrtausendwende kommt der Absturz von New Economy und Aktienkursen dazu. Lebensträume vom schnellen Geld zerplatzen wie Seifenblasen. Die „Neue Mitte", die Schröders SPD 1998 erfolgreich umworben hat, orientiert sich wieder in Richtung Union und FDP. CDU und CSU haben allerdings ein ungelöstes Problem: Wer soll gegen Schröder 2002 ins Rennen ziehen? Schon anderthalb Jahre vor der Wahl beschäftigt die „K-Frage" die Unionsgemüter heftig. Als Partei- und Fraktionschefin hat Angela Merkel natürlich das erste Zugriffsrecht. Doch die Zweifel sind in der Partei ausgeprägt: ostdeutsch, Frau, „angelernte" Marktwirtschaftlerin, keine Erfahrung als Regierungschefin, wenig Charisma. „Kann die das?", ist eine häufig gestellte Frage. Zumal sich im Süden der Republik einer anbietet, der es nach eigener Einschätzung auf jeden Fall besser kann: Edmund Stoiber, bayerischer Ministerpräsident und CSU-Vorsitzender. Ihn bevorzugen auch in der großen Schwesterpartei viele. Eine Entscheidung soll, so haben es die Unionsgranden beschlossen, Anfang des Wahljahres fallen. Der Termin rückt näher, ohne dass einer der beiden Kontrahenten nachzugeben bereit wäre. Sie rasen wie zwei Züge aufeinander – den Schaden hätte im Fall des Falles die Union als Ganzes. „Ich weiß, dass Edmund Stoiber es werden will. Aber ich will es auch", sagt Angela Merkel noch kurz vor Weihnachten.

Ihr trotziger Machtanspruch ist zu dieser Zeit allerdings schon gar nicht mehr von dieser Welt. Denn diejenigen, die zu entscheiden haben, haben sich längst entschieden – zu Gunsten Stoibers. In den Medien wird spekuliert, die wichtigen Männer seien Koch und Wulff. Der Kreis ist jedoch ein wenig größer. Nun zeigt der Andenpakt, welchen Einfluss er inzwischen in der Partei hat. Merkel erfährt erst im Zuge der Kandidatendiskussion von seiner Existenz. Gewundert hat sie sich hin und wieder schon einmal darüber, dass diese ganze jüngere Männerriege aus den Ländern sich gegenseitig nichts tut. Selbst bei Wulff, den sie zu 100 Prozent auf ihrer Seite wähnt, hat sie manchmal ein mulmiges Gefühl. Wenn sie in Telefonaten mit ihm etwas sage, bleibe es manchmal am anderen Ende komischerweise still, wundert sie sich. Immerhin ist es der Niedersachse, der der Parteichefin schließlich die Existenz des Geheimbundes verrät. Sehr zum Ärger der anderen Mitglieder, vor allem Roland Kochs. Er, der sich selbst eigentlich als bester Kanzler-Kandidat sieht, kann sich auf den Pakt am besten dann verlassen, wenn der still, heimlich und effizient arbeitet. Von einem eigenen Antreten rät Christian Wulff dem ebenso ehrgeizigen wie machthungrigen und außerhalb Hessen unbeliebten Ministerpräsidenten ab. Damit, dass er Stoiber den Vortritt lassen muss, kann Koch sich gerade noch abfinden. Der Bayer hat aufgrund seines Alters ein absehbares Verfallsdatum. Bei der nur wenig älteren Merkel wäre das etwas anderes.

Wulff hat Merkel gegenüber eine Einladung zu einem Treffen mit dem Pakt ausgesprochen, an die sich die Mitglieder nun auch halten müssen. Alles andere wäre ein unhöflicher Akt gegenüber der Parteivorsitzenden. Zu dem Treffen kommt es im Herbst 2001. Man gibt sich höflich, aber lässt Merkel auflaufen. Die Frage, über die sie gerne diskutieren möchte, nämlich wer auf dem kommenden Parteitag als stellvertretender Parteivorsitzender antreten soll, besprechen die Logenbrüder erst, nachdem sie Merkel höflich hinauskomplimentiert haben.

In der K-Frage bildet sich alsbald im Pakt eine deutliche Mehrheit für Stoiber heraus. Bleibt die Frage, wer die unangenehme Aufgabe übernimmt, der ehrgeizigen Parteivorsitzenden das Ergebnis mitzuteilen – und ihr zugleich klar macht, dass weiterer Widerstand dagegen zwecklos wäre. Denn natürlich bearbeiten die Paktbrüder ihre Partei in Richtung Stoiber, und sie sind inzwischen weit verzweigt und in einflussreichen Positionen. Roland Koch, der öffentlich als schärfster Merkel-Kritiker gilt, zieht es vor, in der entscheidenden Phase in den Winterurlaub zu entschwinden. Doch Anfang Januar hat Merkel noch immer nicht aufgegeben. Die Zeit drängt, denn die Unruhe in der Partei und der Druck der Medien werden wegen der Kandidatenfrage immer größer. Schließlich meldet sich Koch von der Skipiste per Handy bei Merkel. Es kommt zu einem lautstarken Wortgefecht, in dem der Hesse ihr klar macht, dass sie keine Mehrheit in der Partei hat. Auch die anderen Paktmitglieder rufen nun die Parteivorsitzende an. So auch Wulff – aber er hatte Merkel in einem Vier-Augen-Gespräch schon vor Weihnachten von der Kandidatur abgeraten. Auf ihn, mit dem sie in der Spendenaffäre eng zusammengearbeitet und der sie auf ihrem Weg zum Parteivorsitz vehement unterstützt hat, hat sie gebaut wie auf keinen anderen. Vielleicht ist sie von ihm stärker enttäuscht als von den anderen wie Koch, bei denen die fehlende Unterstützung nicht so überraschend ist wie bei dem Niedersachsen. Hier dürfte bereits die Wurzel des Misstrauens liegen, das Merkel Wulff in den nächsten Jahren zunehmend entgegenbringt.

Öffentlich hält Wulff sich bis zum Schluss bedeckt, obwohl manche Medien berichten, intern habe er sich für den Bayern stark gemacht. Öffentlich macht er den Ratschlag vom vorweihnachtlichen Essen allerdings nicht, weil er dessen Wirkung, ausgesprochen von ihrem Stellvertreter, für Merkel als ziemlich vernichtend ansehen würde. Merkel glaubt, dass die CDU eine Vorsitzende stärker trägt, die zu jeder Zeit bereit ist, als Kanzlerkandidatin anzutreten. Wulff dagegen vertritt die Meinung, dass entweder Stoiber gewählt wird und sie dann als Kanzlermacherin gefestigt in ihrem Amt dastehe. Oder Stoiber werde scheitern, dann sei ihr selbst die Kanzlerkandidatur 2006 nicht zu nehmen.

Seine volle Unterstützung für Stoiber macht er erst nach dem berühmten Frühstücks Merkels bei Stoibers in Wolfratshausen öffentlich deutlich. Roland Kochs Aussage, Merkels Rückzug sei eine „souveräne Entscheidung“ gewesen, muss in deren Ohren wie blanker Zynismus klingen. Durch ihren loyalen Wahlkampf an der Seite Stoibers und dessen Niederlage geht sie am Ende allerdings tatsächlich gestärkt aus der Sache hervor und ist gut positioniert für die nächste, 2006 anstehende Wahl. Die Bundestagswahl 2002 geht überraschend, wenn auch denkbar knapp, zu Gunsten von Rot-Grün aus. Die Union ist tief niedergeschlagen, vor allem auch, weil die Niederlage in erster Linie aufgrund eigener Fehler im Wahlkampf zustande kam.

Auf den teilweise in der CDU geäußerten Unmut über die Art der Kandidatenfindung, die unter wenigen Mitgliedern der Unionsführung ausgeklüngelt worden war, reagiert Wulff mit einem Zeitschriftenbeitrag, mit dem er sich zugleich einmal mehr als Parteireformer zu profilieren versucht. Er fragt sich, ob sich die großen Parteien „zu bloßen Wahlkampfmaschinen ohne soziale Bindungskraft“ entwickelten. Für den Einzug in das Parlament beispielsweise sei manchmal die Akzeptanz bei den Führungsgremien einer Partei entscheidender als die Akzeptanz in der Gesellschaft. Für die Parteien sollte das bedeuten, die Grundsätze, nach denen Kandidaten aufgestellt würden, immer wieder zu überprüfen. Dabei dürften sie kritischen Fragen nicht ausweichen: Wie wichtig ist der Proporz, zum Beispiel zwischen den Konfessionen, Regionen, Vereinigungen und Geschlechtern? Inwieweit verhindern die Proporzkriterien, dass neue qualifizierte Bewerberinnen eine Chance erhalten? Ist Voraussetzung für den Einzug in einen Landtag oder den Bundestag, dass Bewerber sich der „Ochsentour" unterzogen haben? Muss nicht schon auf Parteiebene ein Austausch zwischen der Politik und der übrigen Gesellschaft stattfinden?

Die Politik brauche Persönlichkeiten, die nicht von ihr abhängig, auch nicht in der jeweiligen Partei sozialisiert seien. Das setze aber eine Diskussions- und Streitkultur voraus, in der nicht jeder unkonventionelle Gedanke als unqualifiziert eingestuft werde. Daher plädiert der Autor für eine Urwahl der Kandidaten in den Wahlkreisen, denn das stärke die innerparteiliche Demokratie. Nur wer mitbestimmen könne, werde sich auch engagieren. Überlegenswert sei auch, „ob man innerparteiliche Vorwahlen für Spitzenämter der Partei und des Staates (Kanzlerkandidaten)" einführen solle.

Kaum sind die Rauchschwaden in Berlin ein wenig verflogen, da blasen die Niedersachsen schon ins Wahlkampfhorn. Die Sozialdemokraten und ihr Ministerpräsident gehen nach dem denkbar knappen Sieg bei der Bundestagswahl, bei der die CDU ein noch schlechteres Ergebnis als bei der 98er Landtagswahl bekommt, selbstbewusst in den Landtagswahlkampf. Ohnedies gilt Gabriel ja als der Hoffnungsträger der SPD, als Schröders – manchmal etwas ungezogener – Ziehsohn. Die Umfragewerte sind gut, Gabriels persönlicher Vorsprung vor seinem Herausforderer scheint uneinholbar. Auf dem SPD-Landesparteitag Mitte November gibt der Ministerpräsident als Ziel eine „eigene Mehrheit" aus. Der stellvertretende Parteichef Wolfgang Jüttner wird noch deutlicher: „Wer die absolute Mehrheit hat, muss sie verteidigen."

Doch der SPD-Ministerpräsident macht schon seit längerem entscheidende Fehler. Er ist sprunghaft, verwirrt Freund und Gegner mit ständigen Vorstößen, die schon am nächsten Tag wieder zurückgenommen werden. Vor allem in der Schulpolitik, ein großes und umstrittenes Thema in Niedersachsen, wo es vor allem um die von der CDU bekämpfte Orientierungsstufe geht, kommen selbst seine eigenen Mitarbeiter in der Staatskanzlei nicht mehr mit. In der Bundespolitik meldet sich Gabriel bei fast jeder sich bietenden Gelegenheit zu Wort, oftmals nicht zur Freude der eigenen Leute. Denn sein Bestreben, sich um der eigenen Profilierung willen von der SPD abzusetzen, ist überdeutlich und längst nicht immer an konkreten Sachthemen orientiert. Das wirkt orientierungs- und prinzipienlos, sprunghaft und beliebig. Es bietet aber eine gute Chance für seinen CDU-Kontrahenten, der nun zum ersten Mal mit Aussicht auf Erfolg das ausspielen kann, was ihn später zum beliebtesten Politiker machen wird. Der Unterschied zu Gabriel könnte größer kaum sein: stetig, ehrlich, sachorientiert, glaubwürdig, verlässlich. Dass all diese Begriffe, mit denen Wulff seit zehn Jahren erfolglos hausieren geht, tatsächlich mit Inhalt gefüllt sind, beginnen immer mehr Wähler in Niedersachsen zu begreifen. Während der Senkrechtstarter Gabriel rapide an Ansehen verliert, steigt der Stern Wulffs – allmählich, aber stetig.

Dass die Niederlage bei der Bundestagswahl für die Niedersachsen-CDU durchaus von Vorteil sein kann, erkennen die Parteistrategen natürlich sofort. Sie hoffen auf den Rück-„Swing", der fast jedes Mal nach einer Bundestagswahl einsetzt und den Verlierer bei den unmittelbar folgenden Landtagswahlen zum Sieger werden lässt. Wulff sitzt die knappe und umso ärgerlichere Niederlage bei der Bundestagswahl aber dennoch wie vielen CDU-Granden noch tief in den Knochen. Er kennt auch seine Ausgangslage in Niedersachsen. Dass er nochmals antritt, steht für ihn spätestens seit der Kommunalwahl 2001 außer Frage – dass es im Fall des Scheiterns das letzte Mal sein wird, auch. Zwei Mal hat die Partei ihm nach einer Niederlage die Stange gehalten, das weiß er zu schätzen. Eine weitere Niederlage wird er politisch nicht überleben, das weiß Christian Wulff. In der Landespartei wird halb verdeckt über seine Zukunft gesprochen: Sicher wäre er ein guter Anwalt, glauben viele; vielleicht schafft er doch noch den Absprung nach Berlin – oder gar nach Brüssel, zur EU?

Am Tag nach der Bundestagswahl zeigt sich, wie erfolgreich Wulffs Auswahl der neuen Leute um ihn herum ist. Er schickt Partei-Vize Friedbert Pflüger und CDU-General David McAllister vor die Landespressekonferenz. Er selbst begibt sich nach Berlin ins Präsidium der Bundespartei – so hofft er zu vermeiden, dass ihm daheim kurz vor der eigenen Wahl ein Verliererimage angehängt wird. Außerdem wirkt er auf sein Umfeld nach der Wahlschlappe ziemlich depressiv. So will man ihn der Journalistenmeute, die zu diesem Zeitpunkt keinen Pfifferling auf einen CDU-Sieg im Februar wetten würde, nicht zum Fraß vorwerfen. Pflüger macht seine Sache ganz gut und versucht, eine Botschaft des Jetzt-erst-recht zu vermitteln. Da kommt der große Augenblick des David McAllister. Während der junge Mann neben dem Partei-Vize sitzt, kommt ihm plötzlich spontan ein Einfall, den er gleich zum Besten gibt. Die CDU habe einen Masterplan für den Weg bis zum Sieg bei der Landtagswahl, und dazu gehöre auch die Niederlage bei der Bundestagswahl, verkündet er den verblüfften Journalisten. Nicht minder überrascht sind die eigenen Parteimitglieder bis hin zum Landesvorsitzenden. In Wahrheit kann von so einem Plan auch keine Rede sein, doch McAllister sieht, dass er den Journalisten irgendeinen Brocken, irgendeine positive Nachricht hinwerfen muss. Und der Coup sitzt. Die CDU mit einem Masterplan, das ist eine Botschaft, die ankommt, die gerade eben errungene Niederlage halbwegs vergessen macht und in den eigenen Reihen für Aufbruchstimmung sorgt. Auf so einen spontan in der Not geborenen Gedanken wäre Wulff wohl kaum gekommen, dafür bewundert er seinen Ziehsohn. Obwohl er selbst seit Monaten an einem Masterplan für Niedersachsens Wirtschaft bastelt.

Die Themen, mit denen die CDU die Sozialdemokraten diesmal packen will, liegen auf der Hand: Wirtschaft, wo vor allem Mittelstand, Handwerk und Landwirtschaft gefördert werden sollen, Finanzen, Bildung und Innere Sicherheit. Schon bei der Vorstellung seines Schatten-Innenministers Uwe Schünemann, eines 38-jährigen Industriekaufmanns, der seit 1994 im Landtag sitzt, fährt Wulff wieder die harte Linie. Er verspricht die Schaffung von 1000 neuen Polizeistellen und kündigt an, Niedersachsen solle nach seiner Wahl das effektivste Polizeigesetz Deutschlands bekommen, zum „sichersten Land der Bundesrepublik“ werden. Er tritt ebenso für den umstrittenen finalen Rettungsschuss ein wie für eine „Gendatei für jede Straftat“, in der also auch Ladendiebe geführt werden sollen. Auch die Möglichkeit des vorbeugenden Abhörens von Telefongesprächen und die nachträgliche Sicherheitsverwahrung gehören zum Katalog. Als der Spitzenkandidat kurz darauf die Einstellung von 2500 Lehrern ankündigt, fragt sich nicht nur der politische Gegner, wie das in Zeiten leerer Kassen finanziert werden soll. Wulffs Plan sieht vor, mittelfristig durch den Abbau von 6000 Stellen in der Verwaltung Geld einzusparen. Außerdem soll jedes Ressort pauschal seine Ausgaben senken. Für Grünen-Wahlkampfleiter Michel Golibrzuch sind die Stellenzusagen trotzdem „kompletter Irrsinn“.

Dass die CDU nur gemeinsam mit der FDP siegen kann, ist Wulff klar. Von Beginn seiner landespolitischen Karriere hat er auf die Liberalen gebaut, ihnen sogar im 94er Wahlkampf Zweitstimmen durch bewusste gemeinsame Auftritte öffentlich „angeboten“, was sowohl bei denn eigenen Leuten als auch beim Wunschpartner auf Kritik stieß. Davon kann allerdings diesmal keine Rede sein, als es Ende November plötzlich zu einer Wende bei den Umfragen kommt. Rechtzeitig zum Wahlparteitag in Oldenburg sehen die Institute nun die Christdemokraten weit vorne. 43 Prozent würden sich jetzt für die CDU entscheiden, 34 Prozent für die SPD. Im Vergleich zum Vormonat gewinnt die Oppositionspartei fünf Prozent hinzu, die Regierungspartei verliert acht. Da die FDP bei sechs Prozent liegt, rückt erstmals ein Regierungswechsel in den Bereich des Möglichen.

Was ist geschehen? Wie kommt es zu solch einem rasanten Umbruch binnen vier Wochen? Keine Frage, Gabriels Landesregierung macht in diesen Tagen keinen guten Eindruck. Kurz vor der Wahl muss die Neuverschuldung des Landes wegen dramatischer Einnahmeausfälle von 1,35 auf 2,95 Milliarden Euro erhöht werden – eine Explosion, die natürlich beste Wahlkampfmunition für die Opposition ist. Doch vor allem weht der Wind des Wechsels scharf aus Berlin herüber. Rot-Grün legt nach dem denkbar knappen Sieg einen kompletten Fehlstart hin, der die Schröder/Fischer-Regierung fast das gesamte Vertrauen in der Wählerschaft kostet. Gegen den Strom der Hiobsbotschaften ist Gabriel machtlos: höhere Steuern, höhere Schulden, höhere Rentenbeiträge, höhere Kassenbeiträge. Machtlos, aber nicht ganz schuldlos – hat er doch selbst schon fünf Tage nach der Wahl gemeinsam mit seinem Kollegen Kurt Beck aus Rheinland-Pfalz eine Erhöhung der Vermögens- und Erbschaftssteuer gefordert. „Der amtierende Ministerpräsident steht an der Spitze der Quertreiber“, wirft ihm Wulff genüsslich vor. Das kommt an bei den zunehmend vom rot-grünen Chaos genervten Wählern.

McAllister, als CDU-General natürlich mit ganz vorne an der Front kämpfend, erlebt die aufregendste Zeit seines Lebens. Mit jugendlichem Elan stürzt er sich in die Schlacht, von seiner Begeisterung für Wulff hat er seit dem 94er Wahlkampf, als der damals 23-Jährige Fahrer und „Mädchen für alles“ der Schattenministerin Annette Schavan war, nichts verloren. 18 bis 20 Stunden lang schuftet er, sieben Tage die Woche. Im CDU-Wahlkampf läuft diesmal so ziemlich alles glatt. Wulff wirkt mit den steigenden Umfragewerten lockerer, unverkrampfter, entspannter, ja manchmal fast staatsmännisch und souverän. Schon sechs Monate vor der Wahl hat ihm Wolfgang Gibowski, ein exzellenter Umfrage-Spezialist, der einst die Forschungsgruppe Wahlen ins Leben rief, den Sieg vorausgesagt. Im Wahlkampf reden die beiden manchmal miteinander. Gibowski schätzt Wulff, merkt aber, dass der lange skeptisch bleibt, was die eigenen Chancen angeht – und gibt ihm in den letzten Wahlkampfwochen immer wieder moralischen Auftrieb mit positiven Zahlen oder zumindest optimistischen Bewertungen. Von aufreizenden SPD-Slogans wie „CDU ist Gift für Niedersachsen" lässt er sich jedenfalls nicht provozieren. Dieser staatsmännische Auftritt entspricht zwar Wulffs Naturell, ist aber durchaus auch inszeniert. Man kann einen Kandidaten, der schon zweimal angetreten ist, nicht ein drittes Mal als netten Schwiegersohn verkaufen, finden seine Berater. Diesmal soll Wulff als seriöser Staatsmann dargestellt werden. Das geht allerdings nur, wenn der Kandidat sich in dieser Rolle auch wohl fühlt, denn der Köder muss schon dem Angler schmecken, nicht nur dem Fisch. Mit dem „Menscheln" hat es der Osnabrücker allerdings noch immer nicht so richtig. Aber er lässt die Leute mehr an sich heran als in früheren Zeiten, redet mit ihnen über seine Familie und trinkt auch mal ein Bier.

Das Wahlprogramm wird auf dem Oldenburger Parteitag Ende November einstimmig beschlossen. Trotz einer wenig mitreißenden Rede, in der der Spitzenkandidat nicht nur über die harten Fakten des Wahlkampfs spricht, sondern auch über die Bedeutung des Transzendentalen, feiern die Delegierten Wulff mit vierminütigen Standing Ovations. Getrieben werden sie nicht nur von ihrem Spitzenkandidaten, sondern von dem Willen, es diesmal, nach 13 Jahren auf den harten Oppositionsbänken, endlich wieder zu schaffen. Und Wulff verspricht ihnen: „Wir können es besser! Wir machen es besser. Dann wird es besser!" Diesmal verstecken die Wahlkampfstrategen ihren Spitzenkandidaten auch nicht mehr hinter dem alten Adenauer, wie neun Jahre zuvor. Diesmal plakatieren sie ihn am Ende des Wahlkampfs mit einem einzigen Wort: „Wulff!"

Schon in seiner Oldenburger Rede ist auffallend viel von Bundespolitik, weniger von Landespolitik die Rede. Später im Wahlkampf ist das eine seiner Lieblingsformeln: „Rot-Grün kostet Arbeitsplätze. Rot-Grün kostet Geld. Rot-Grün kostet Zukunft. Rot-Grün kostet Nerven." Allein: Rot-Grün mit Schröder und Fischer steht in Hannover gar nicht zur Wahl. Aber etwas hat Wulff aus seinen zwei bitteren Niederlagen gegen Schröder gelernt: dass ein Landespolitiker gegen einen übermächtigen Gegenwind aus der Bundespolitik praktisch chancenlos ist. Zweimal ist ihm das passiert, immer im Vorfeld von Bundestagswahlen. Nun, kurz nach der letzten Wahl auf Bundesebene, dreht er den Spieß einfach um, und Gabriel muss wehrlos zusehen, wie ihm die Felle wegschwimmen. Wulff stellt, unterstützt von Parteichefin Angela Merkel, die Bundespolitik immer stärker in den Mittelpunkt seines Landtagswahlkampfes, um den Frust über Berlin für sich zu nutzen. In Hessen, wo sein Freund-Rivale Roland Koch ebenfalls am 2. Februar eine Wahl zu bestehen hat, läuft es nicht anders. Ein geschickter Zug der CDU-Strategen, denn viele Wähler wollen die zwei Landtagswahlen offenbar zu einer Art Nachwahl für die Bundestagswahl gestalten, wie Meinungsforscher herausfinden. Für 60 Prozent steht die Bundespolitik, nur für 38 Prozent die Landespolitik im Vordergrund. Damit spielte bei keiner anderen Landtagswahl in Deutschland die Bundespolitik eine so große Rolle wie jetzt bei der zwischen Nordsee und Harz. Und tatsächlich hat die Wahl in Niedersachsen auch eine immense bundespolitische Bedeutung. Vorausgesetzt, dass die CDU die Wahl in Hessen wieder gewinnt, ergattern die Christdemokraten im Bundesrat die sechs niedersächsischen Stimmen im Falle des Sieges dazu. Ein solches Resultat hätte auch Folgen für den Vermittlungsausschuss von Bundestag und Bundesrat, wo Rot-Grün die knappe Mehrheit verlieren würde – und für die Bundesversammlung, wo sich Bundespräsident Johannes Rau (SPD) dann keine Hoffnungen mehr auf eine zweite Amtszeit machen dürfte. Denn Union und FDP hätten gemeinsam dort eine Mehrheit, die ihnen auch bis zur Wahl des nächsten Präsidenten nicht mehr zu nehmen wäre.

Mit den eigenen Leuten hat Wulff diesmal keine Probleme, niemand will den Erfolg, der in Reichweite scheint, gefährden. Störfeuer kommt eher aus Hessen, wo der forsche Roland Koch mal wieder seine Zunge nicht im Zaume hat. Der wirft ver.di-Chef Frank Bsirske im Zusammenhang mit der Debatte um die Erhöhung der Vermögenssteuer vor, er wolle reichen Deutschen „eine neue Form von Stern an die Brust" heften – eine Anspielung auf den Gelben Stern, den Juden im „Dritten Reich" tragen mussten. Ausgerechnet Koch, dem die angeblichen „jüdischen Vermächtnisse" aus der Zeit der Spendenaffäre in den Augen vieler noch wie ein Mühlstein um den Hals hängen. Als Gabriel in einer erregten, wenig vorweihnachtlich gestimmten Landtagsdebatte Mitte Dezember seinem hessischen Amtskollegen einen „kalkulierten Missbrauch des Holocaust" vorwirft, verlassen die CDU-Abgeordneten unter lauten Pfui-Rufen den Plenarsaal. Klar, dass Wulff ehrlich empört ist über Gabriels Worte, aber glücklich kann er auch über den Rabauken Koch nicht sein. Ein solcher Ausrutscher, für den er jetzt den Kopf hinhalten muss, ist bei Wulff eigentlich undenkbar – gut, dass bald Weihnachten ist und so rasch Gras über die Sache wächst.

Je länger der Wahlkampf läuft, desto mehr kann Wulff sich darauf zurückziehen, eigene Fehler möglichst zu vermeiden. Denn den Rest des Wahlkampfes besorgen Schröder und Gabriel zuverlässig für die Christdemokraten. Neben den ständigen Hiobsbotschaften aus Berlin hat der Kanzler für seinen ungehorsamen Ziehsohn, der sich im Stänkern gegen Rot-Grün mittlerweile geradezu einen Wettstreit mit Wulff liefert, noch einen besonderen Knüppel parat. Als echten Wahlkampfschlager hat der schwergewichtige SPD-Jungstar sich die Kampagne „1 Prozent Vermögenssteuer für 100 Prozent Bildung“ ausgedacht. Doch Schröder, der in Berlin selbst unter einem immensen Druck steht, denkt überhaupt nicht daran, die Vermögenssteuer wieder einzuführen. Das macht er auch öffentlich und öffentlichkeitswirksam deutlich – und desavouiert Gabriel damit mitten im Wahlkampf. Ganz nebenbei haben die niedersächsischen Genossen damit 20 000 Euro in den Sand gesetzt, denn die Plakate zur Kampagne waren schon gedruckt und müssen nun wieder eingestampft werden. Etwas hat der Kanzler klar gemacht: In der Stunde der Not ist ihm sein eigenes Hemd wichtiger als die Hose Gabriels. Während die Medien sich allmählich auf einen Ministerpräsidenten Wulff einzustellen beginnen, muss sich Gabriel zudem bei der „Bild“-Zeitung öffentlich für einen Brief aus seiner Wahlkampfzentrale, in dem dem Blatt eine Hetzkampagne bescheinigt wird, entschuldigen.

Der eigene Wahlkampf läuft nahezu perfekt ab. Die Kampagne ist professioneller als bei den ersten beiden Anläufen. Sie ist sogar so gut, dass sie später für mehrere Landesverbände und Kanzlerkandidatin Merkel im Kurz-Wahlkampf 2005 beispielgebend wird. Die „Besser“-Kampagne, mit der Merkel gegen Schröder startet, ist von den Niedersachsen abgeschaut. Auch Begriffe, die die Union 2005 einsetzt, stammen aus Wulffs Wahlkampf zweieinhalb Jahre zuvor: „Durchregieren“, „Politik aus einem Guss“, die „Wachstumsprogramme, die nichts kosten“. Und auch die rheinland-pfälzischen Parteifreunde ziehen im März 2006 mit dem Slogan „Wir machen's einfach besser“ ins Rennen.

Einen kurzen Moment muss Wulff dann aber doch fürchten, dass ihm ausgerechnet die Bundespolitik Schwierigkeiten machen könnte. Schröder erinnert sich in der letzten Phase des Wahlkampfes an seinen größten Hit aus dem Bundestagswahlkampf und legt die alte Platte nochmals auf: den Irak-Krieg und die deutsche Beteiligung daran. Der Kanzler weiß, dass die Furcht in der Bevölkerung davor, Deutschland könnte in den drohenden Krieg hineingezogen werden, nach wie vor sehr groß ist. Und er versucht sie ein zweites Mal zu nutzen. Damit erwischt er Wulff tatsächlich auf dem falschen Fuß, denn die Union hat sich um eine klare Positionierung bislang gedrückt. Wulffs Kritik, der Irak-Krieg habe nun überhaupt nichts mit niedersächsischer Landespolitik zu tun, wirkt vor dem Hintergrund seines eigenen bundespolitischen Wahlkampfes wenig überzeugend. Bundesumweltminister Jürgen Trittin, selbst ein alter Niedersachse und Ex-Landesminister, streut Salz auf die Wunde, indem er Wulff zu einer klaren Stellungnahme auffordert. Der windet sich – und hat Glück, dass sich der Wahlkampf bald neue Themen sucht. Friedbert Pflüger bittet er, eine Tagung der Arbeitsgemeinschaft Außenpolitik der Bundestagsfraktion, die dieser in Hannover ansetzt, ohne Medien ablaufen zu lassen. Eigentlich hat Pflüger den Kandidaten damit unterstützen wollen, aber er folgt Wulffs Wunsch, der fürchtet, das Thema Irak könne die CDU im Wahlkampf einholen.

Je näher der Wahltag rückt, umso mehr verfestigt sich der klare Vorsprung der CDU in den Umfragen. Am Ende lässt sich dann sogar der Spitzenkandidat von der Euphorie in der CDU anstecken. Fast schon droht der eigentlich so zurückhaltende Wulff übermütig zu werden. Jedenfalls hält er nun plötzlich im Eifer des Gefechts sogar eine absolute CDU-Mehrheit nicht mehr für ausgeschlossen. Die sehr willkommen wäre, weil sein Kontrahent Koch in Hessen ein ebensolches Ergebnis ansteuert. Am Ende liegt Herausforderer Wulff sogar bei den persönlichen Werten deutlich vor Amtsinhaber Gabriel, was den CDU-Mann selbst überrascht und auch tatsächlich ungewöhnlich ist. Es scheint aber seine eigene These einmal mehr zu beweisen: Je mehr sich die Leute mit Wulff beschäftigen, desto mehr überzeugt er sie. Das geht nicht jedem Politiker so. Der Wahlkampf zehrt natürlich an den Kräften; zum Schluss, bei der Schlusskundgebung in Hannover vor 4000 Leuten, kämpft der heisere Wulff um jede Stimme, auch um die eigene. Aber er macht im Vergleich zu Gabriel, der angesichts der drohenden Niederlage in Panik und Hektik verfällt, einen guten Eindruck. „Zappelig und sprunghaft Gabriel, souverän und entspannt Wulff", urteilt kurz und bündig die NOZ.

Der Tag der Wahl ist ein kalter Wintertag mit Schnee und Glatteis. Für die SPD bringt er aber mehr als nur einen Ausrutscher. Als um 18.16 Uhr die erste Hochrechnung über die Bildschirme läuft, ist klar, dass Wulff und die CDU einen grandiosen Sieg errungen haben. Auch die Liberalen haben die Fünf-Prozent-Hürde diesmal geschafft, so dass einer schwarz-gelben Landesregierung nichts im Wege steht. Wulff, der seit dem Mittag, als er mit Christiane und Annalena im Gasthaus „Zittertal“ in Osnabrück sitzt, von seinem Sieg weiß, erlebt diesen Augenblick mit einigen Vertrauten und ein paar Journalisten in seinem Büro in der Landtagsfraktion, wo er gegen 16 Uhr eingetroffen ist. Jetzt, in den Minuten des Triumphes, bleibt er cool, sachlich, ist keine Spur überschäumend. Sprachregelungen müssen gefunden werden für die zahllosen Interviews, die gleich folgen werden. Angela Merkel ruft an und gratuliert. Aus einem Nebenraum telefoniert er mit Helmut Kohl. Dann geht es auch schon raus, der Wahlsieger muss sich der Öffentlichkeit zeigen.

Fast auf den Tag genau zehn Jahre nach seiner ersten Kür zum Spitzenkandidaten ist Wulff am Ziel. Mit seiner Selbstbezeichnung als „jüngster Ministerpräsident mit der längsten Anlaufzeit“ bringt er später bei Auftritten seine Zuhörer immer wieder zum Lachen. Wie ein Marathonläufer hat er Ausdauer und Kampfkraft bewiesen. Gabriel dagegen, der ja erst seit drei Jahren im Amt ist und selbst noch keine Wahl gewonnen hat, ist wie ein 100-Meter-Sprinter, dem nach der Hälfte der Strecke die Puste ausgeht, gescheitert. Das Ergebnis ist ein Erdrutsch: 48,3 Prozent für die CDU, 33,4 für die SPD, satte 8,1 Prozent für die FDP und 7,6 für die Grünen. Fünf Jahre nachdem die Christdemokraten in Niedersachsen ihr schlechtestes Ergebnis überhaupt eingefahren haben, ereilt dieses Schicksal jetzt die erfolgsverwöhnten Sozialdemokraten. Wulff kann sich zudem noch über einen persönlichen Triumph freuen – er hat in seinem eigenen Wahlkreis Osnabrück-West 55,6 Prozent der Stimmen geholt, noch einmal fast neun Prozent mehr als fünf Jahre zuvor. Zudem hat auch der Hesse Koch seine Wahl haushoch gewonnen. Ärgerlich nur, dass der mit der absoluten Mehrheit prahlen kann, während die Niedersachsen sie knapp verpasst haben. Umgekehrt merkt der Hesse sofort, dass es seit diesem Abend einen Konkurrenten im Kampf um den wahren Kanzlerkandidaten 2006 geben könnte: Christian Wulff. Zielgerichtet streuen dessen Vertraute schon am Wahlabend, dass ihr Matador natürlich noch zu Höherem berufen sei und sich hinter Koch nicht zu verstecken brauche.

Im Alten Rathaus zu Hannover wird erst einmal ordentlich bis in den frühen Morgen gefeiert. Viele Christdemokraten, die sich dort versammelt haben, können ihr Glück kaum fassen. Sie sind in einem totalen Rausch, wie David McAllister sich erinnert. Der weiß, wie man die Stimmung noch weiter anheizen kann, und stimmt schließlich das gute alte Niedersachsenlied an – „Wir sind die Niedersachsen, sturmfest und erdverwachsen, heil Herzog Wittekinds Stamm" – und der ganze Saal grölt siegestrunken mit. Als Christian Wulff gemeinsam mit Ernst Albrecht – welch ein Bild – in den Saal einzieht, kennt die Begeisterung keine Grenzen. Wulff fällt es, so erinnern sich diejenigen, die überhaupt in diesen Stunden nahe an ihn herankommen, selbst im Augenblick des größten Triumphes seines Lebens schwer, so richtig aus sich herauszukommen. Nur langsam fällt die Anspannung von ihm ab. Olaf Glaeseker, der maßgeblichen Anteil an der Kampagne und damit am Sieg hat, kann den Abend erst spät genießen. Wie an einer Perlenkette aufgereiht stehen die Fernsehanstalten Schlange, um ihr Interview zu bekommen. Mit berufsspezifischem Stolz kann Glaeseker um 21.50 Uhr feststellen, dass er seine Arbeit trotz des unglaublichen Rummels mit großer Präzision erfüllt. Dann endlich bekommt auch er sein erstes Bier. Sein Chef beherzigt einen Trick des pfiffigen McAllister und schnappt sich ein Glas alkoholfreien Gerstensaft. Denn die niedersächsische CDU hat einen starken Bier- und Schnaps-Flügel und ein abstinenter Wahlsieger im Augenblick des Triumphs – das geht nun mal gar nicht.

Von diesem Abend an machen viele Unterstützer, Mitarbeiter, Freunde und Bekannte eine erstaunliche Entwicklung an Wulff fest. Er, der bislang so seine Probleme hatte, auf Menschen offen zuzugehen, wirkt mit einem Schlag in dieser Beziehung wie ausgewechselt. Es müsse eine wahnsinnig große Last von ihm gefallen sein, die ihn bisher gehemmt habe in seinem Wirken und seiner Wirkung, so die einhellige Meinung. Zukünftig werden Gesprächspartner des Ministerpräsidenten just seine Offenheit im persönlichen Umgang loben. Gleichwohl behält er ein Stück weit auch seine Zurückhaltung, ja Schüchternheit bei. Christian Wulff selbst führt diese Entwicklung in erster Linie auf sein neues Amt zurück. Als Oppositionsführer habe er ständig um Aufmerksamkeit buhlen müssen, was ihn immer wieder gehemmt habe. Nun, als Ministerpräsident, stehe er automatisch überall im Mittelpunkt. So könne er seine ursprünglichen Hemmungen hinter seinem Amt, seiner Bedeutung verbergen.

Schon am Wahlabend kündigen Wulff und FDP-Spitzenkandidat Walter Hirche an, mit den Koalitionsverhandlungen bis Ende Februar durch sein zu wollen, damit bereits am 4. März der neue Ministerpräsident gewählt werden kann. Ein ehrgeiziger Zeitplan, der aber angesichts der weitgehenden Übereinstimmung zwischen CDU und FDP durchaus realistisch ist. Zur fünfköpfigen Verhandlungskommission zählen neben Wulff und McAllister die designierte Sozialministerin Ursula von der

Leyen sowie die Abgeordneten Hartmut Möllring und Uwe Schünemann. Es gibt eigentlich nur drei Knackpunkte, die allesamt recht problemlos ausgeräumt werden: die von der CDU geforderte Gendatei für alle Straftäter, den von der FDP geforderten Verkauf der Landesteile an VW und die FDP-Forderung nach zwei Ministerien. Ihre inhaltlichen Forderungen stellen beide Parteien zurück, bei der Zahl der Ministerposten gibt Wulff nach, nicht jedoch beim Zuschnitt des Kabinetts. Das von der FDP beanspruchte Agrarministerium bekommen die Liberalen nicht. Dafür sind Wulff die Landwirtschaft und der ländliche Raum in einem Flächenland wie Niedersachsen zu wichtig. Nach der letzten Sitzung im Luftkurort Bad Zwischenahn können Wulff und Hirche die Einigung vermelden. Zwei kleine Parteitage segnen das 34-seitige Koalitionspapier jeweils einstimmig ab.

Dessen Ziel wird gleich im ersten Satz beschrieben: Das Signal, das von dem Papier ausgehen solle, sei das „eines politischen Neuanfanges für Niedersachsen". Das Land solle „ein attraktiver Standort werden, an dem es Wachstum für mehr Arbeits- und Ausbildungsplätze gibt, Schulen eine erstklassige Ausbildung und ein volles Unterrichtsangebot bieten, wo die Menschen in den Ballungsgebieten wie im ländlichen Raum sicher leben können". Und weiter: „Verlässlichkeit und Sparsamkeit sollen wieder Handlungsmaximen der Politik werden."

Um das Wachstum zu stärken sowie Arbeitsplätze zu sichern und zu schaffen, will die zukünftige Koalition öffentliche Dienstleistungen privatisieren, eine Mittestandsoffensive und eine „Kultur der Selbständigkeit" starten. Alle Rechtsvorschriften des Landes sollen auf ihre Notwendigkeit überprüft werden – mit dem Ziel, mindestens ein Drittel komplett zu streichen. Natürlich ist ein Kernpunkt die Konsolidierung des maroden Haushaltes, die unter anderem durch die Bildung einer Haushaltsstrukturkommission erreicht werden soll. Als Ziel wird festgehalten, dass am Ende der nächsten Legislaturperiode 2013 keine neuen Schulden mehr aufgenommen werden sollen. Unter anderem sollen dafür 6000 Stellen im Öffentlichen Dienst wegfallen. Eine Reform der Öffentlichen Verwaltung soll in Angriff genommen werden, zu der unter anderem die Auflösung der vier niedersächsischen Bezirksregierungen gehört (wogegen sich Wulff in frühen Jahren ausgesprochen hatte). Zu Verbesserung der Inneren Sicherheit sollen in der neuen Legislaturperiode zusätzlich 1000 Polizeibeamte eingestellt und der finale Rettungsschuss eingeführt werden. Beide Parteien treten für eine konsequente Nutzung der DNA-Analyse ein, unter anderem soll sie auf alle Delikte mit sexuellem Hintergrund ausgeweitet werden.

Ein weiterer Schwerpunkt ist die Bildungspolitik. Hier wird unter anderem die Abschaffung der umstrittenen Orientierungsstufe beschlossen, eine Stärkung der Hauptschule und das Abitur nach zwölf Jahren. 2500 Lehrer sollen zum Schuljahresbeginn 2003 eingestellt werden. Hochschulen sollen mehr Autonomie, Studenten und Universitäten jeweils mehr Möglichkeiten zur Auswahl bekommen. Umstritten ist in den kommenden Jahren eine Vereinbarung, nach der das niedersächsische Mediengesetz so geändert werden soll, dass Rundfunkveranstalter, an denen politische Parteien oder Wählergruppen beteiligt sind, nicht mehr zugelassen werden dürfen. Das richtet sich direkt gegen die SPD und ihre Medienbeteiligungen.

Am 4. März ist es dann soweit – die Wahl Wulffs zum neuen Ministerpräsidenten steht auf dem Programm der konstituierenden Landtagssitzung. Die Mehrheitsverhältnisse sind klar: Die CDU mit 91 Sitzen und die FDP mit 15 verfügen gemeinsam über eine satte 106-zu-77-Stimmen-Mehrheit gegenüber SPD und Grünen. Wulffs Wahl ist also nur Formsache, trotzdem ist das Aufatmen hörbar, als nichts anbrennt und er den Eid mit der Gottesformel leisten kann. Davor, in die Fußstapfen bekannter CDU-Ministerpräsidenten zu treten, hat Wulff keine Furcht. „Wenn dann mal Bürger sagen, Mensch, jetzt hat die CDU im Norden mal wieder jemanden nach Ernst Albrecht und Gerhard Stoltenberg, das wäre ein großes Kompliment", vertraut er dem Fernsehpublikum an. Dass er zukünftig den Ton angeben will, macht Wulff auch in der Mittagspause der konstituierenden Landtagssitzung klar – gemeinsam mit Ernst Albrecht, der sich diesen großen Tag natürlich nicht entgehen lassen will, dirigiert er eine Blaskapelle. Zum ersten Mal seit langen Jahren ertönt im Plenarsaal des Landtages auch wieder das Deutschlandlied. Während die CDU-Jungen wie McAllister begeistert mitsingen, wissen vor allem die entsetzten Grünen nicht, wie sie sich verhalten sollen.

Bei der Amtsübergabe von Gabriel zu Wulff in der Staatskanzlei kommt es zu einer kleinen, dramatischen Szene. Wulff kommt ein wenig zu spät, so dass die anderen Teilnehmer der Zeremonie im Amtszimmer des Ministerpräsidenten warten müssen. Für Gabriel ist das ein bitterer Augenblick. Der ehrgeizige Mann weiß, dass seine bislang so aufstrebende politische Karriere einen schweren Schlag bekommen hat. Die Wahl verloren, beim Kanzler unten durch – die Aussichten sind gewiss nicht rosig. Um seine Nervosität und seine Enttäuschung zu verbergen,

Endlich am Ziel: Landtagspräsident Jürgen Gansäuer nimmt Wulff den Amtseid ab.

gibt er während der Wartezeit den Pausenclown und macht Späßchen. Doch ganz plötzlich kippt Gabriels Stimmung, Tränen schießen dem schwergewichtigen Mann in die Augen. Für solch eine emotionale Reaktion wäre Christian Wulff viel zu beherrscht. Aber Anwesende bemerken auch bei ihm ein Zittern in der Stimme. Die anschließende Rede an die Mitarbeiter der Staatskanzlei ist seine erste Bewährungsprobe als neuer Ministerpräsident. Viele im Hause sagen, dass Wulff sie hervorragend löst. Er stellt den Wert der Verwaltung heraus, setzt auf Loyalität der Mitarbeiter. Nicht das Parteibuch zähle, sondern Fähigkeiten und Einsatz. Tatsächlich wird er selbst viele Mitarbeiter mit SPD-Parteibuch behalten, nicht immer zur Freude seiner engeren Berater, die manchem Sozialdemokraten in der Zentrale der Macht schlicht misstrauen.

12. Wulff legt los

Natürlich legt der neue Ministerpräsident die Kernpunkte der Koalitionsvereinbarung auch in seiner Regierungserklärung am 4. März dar. Aber Wulff gibt auch dem, was man die Grundsäulen seines Politikverständnisses nennen könnte und mit dem er erstmals im Wahlkampf Erfolg hatte, Raum. Den größten Wert legt er auf ein Thema, das angesichts der Sprunghaftigkeit Gabriels schon im Wahlkampf bei den Wählern gut ankam. Gegen eine Politik, die in erster Linie auf die nächste Schlagzeile bedacht ist, keine Grundsätze hat und die Menschen damit überfordert, setzt er den Begriff der Verlässlichkeit. In seiner ersten Landtagsrede als Ministerpräsident greift er den „Wunsch der Menschen, dass ein Kurswechsel erfolgen möge im Stil der Politik, was Verlässlichkeit, Klarheit, Wahrheit, Klugheit und Entschiedenheit der Politik anbelangt", auf. Wulff erkennt hier eine seiner größten Stärken. Das Wahlergebnis hat gezeigt, dass viele Wähler das offenbar tatsächlich wollen – und dass sie ihm eine solche Politik abnehmen. Dazu gehört auch, dass er Optimismus verbreiten will.

Schließlich auch, dass es die Politik selbst sein muss, die die notwendigen Entscheidungen trifft. „Auf keinen Fall wird diese Landesregierung fortsetzen, Entscheidungen vom Parlament weg in Kommissionen, Sachverständigenräte, an Runde Tische oder an Gutachter zu verlegen, um sich nicht selbst der Kritik zu stellen", sagt er in den Applaus der Abgeordneten von CDU und FDP hinein. „Wir nehmen für uns in Anspruch, als Entscheider angetreten und als Entscheider gewählt worden zu sein, und deshalb werden wir auch Entscheider sein, wenn wir auch manche dadurch verunsichern mögen, dass wir das, was in unserem Wahlprogramm stand, nach der Wahl auch tatsächlich tun."

Wo steht Christian Wulff bei seinem Amtantritt inhaltlich? Um diese Frage zu beantworten, muss man über die Regierungserklärung hinausgehen. In den letzten zwei, drei Jahren vor der Regierungsübernahme kristallisiert sich heraus, mit welchen politischen Grundaussagen er Niedersachsen im Falle eines Wahlsieges 2003 in die Zukunft führen will. Einige wichtige Kernthesen und -forderungen sollen hier in sehr verkürzter Form dargelegt werden.

Freiheit und Sicherheit Keine Frage: Im Bereich der Inneren Sicherheit darf Wulff getrost in mancherlei Hinsicht zu den Hardlinern gezählt werden. Ein hartes Auftreten war schon immer ein Mittel, mit denen er den SPD-Männern Schröder und Glogowski beizukommen versuchte. Dass die zwei hemmungslos in die Kiste konservativer Vorstellungen und Methoden griffen, hat es dem jungen Oppositionsführer in den neunziger Jahren nicht eben leicht gemacht. Gleichwohl darf nicht übersehen werden, dass es Wulff keineswegs nur um hartes Durchgreifen gegen Kriminelle und Terroristen geht. Ausländern zum Beispiel will er gerne die Möglichkeit zugestehen, sich in Deutschland zu integrieren. Aber eben nach dem Motto: Zur Gesellschaft dazugehören kann nur, wer auch mitmachen will. Und die Verleihung der Staatsbürgerschaft steht für ihn am Ende, nicht am Anfang der Integration.

Mit einigen Forderungen wie dem genetischen Fingerabdruck auch bei kleinen Delikten wie Ladendiebstahl hat er sich bei den Koalitionsverhandlungen nicht durchsetzen können. Mit anderen wie dem finalen Rettungsschuss und für eine Ausweitung des Jugendarrests schon. Er will kriminelle Ausländer, die zu mehr als einer zweijährigen Haftstrafe verurteilt sind, ausweisen, eine generelle Regelanfrage bei Polizei oder Verfassungsschutz bei der Erteilung einer Niederlassungserlaubnis und der Einbürgerung. Er tritt dafür ein, die innere Sicherheit in Ausnahmefällen durch die Bundeswehr verteidigen zu lassen. Die Möglichkeiten zur akustischen und visuellen Wohnraumüberwachung hat er gleich zu Beginn seiner Amtszeit ausweiten lassen – dass das Bundesverfassungsgericht die Regelung als zu weitgehend beurteilt, ist zwei Jahre später auch seine persönliche Niederlage. Konsequent will er den islamischen Terrorismus eindämmen und richtet dafür trotz aller Sparzwänge im niedersächsischen Landesamt für Verfassungsschutz 20 neue Stellen ein. Für seiner Meinung nach übertriebenen Datenschutz hat er nichts übrig.

Gleichwohl kann Wulff nicht als hemmungsloser Sicherheitsfreak abgestempelt werden. Beispiel Islam: Wulff warnt eindrücklich davor, Islam und militanten Islamismus gleichzusetzen. Wer friedlich in Deutschland leben will, ist willkommen, solange er die Spielregeln einhält. Fördern und fordern ist Wulffs Motto. Sprachkurse sollen Ausländern die Integration erleichtern – aber gleichzeitig auch Pflicht sein. Ebenso wie Kenntnisse in Rechtsordnung, Kultur, Geschichte. Dazu gehört auch die Einführung eines islamischen Religionsunterrichts an niedersächsischen Schulen zum Schuljahr 2003/04.

Wie in vielen Bereichen betont Wulff jedoch auch bei der Integration, dass nicht nur der Staat gefragt ist, sondern auch die Menschen: „Integration ist immer die Leistung der beteiligten Personen und Personengruppen, und zwar sowohl der Zuwanderer selbst als auch engagierter Bürgerinnen und Bürger, die Zuwanderern beim Ankommen in unserer Gesellschaft helfen." Zum erfolgreichen Zusammenleben gehört übrigens laut Wulff auch der Verzicht auf den Versuch, unsere Wertvorstellungen einfach zu exportieren.

Sozialstaat, Arbeit und Wirtschaft „Damit Bewährtes erhalten werden kann, muss sich vieles ändern." Diesen bereits erwähnten Satz des italienischen Schriftstellers Tomasi di Lampedusa benutzt Wulff gerne – und er gibt tatsächlich gut seine Grundposition wieder. Um den eigentlich so erfolgreichen, heute aber gefährdeten Sozialstaat in Deutschland zu erhalten, müssen grundlegende Änderungen an ihm vorgenommen werden. Es habe sich in den vergangenen Jahrzehnten in Deutschland ein Anspruchsdenken breitgemacht, das imstande ist, den Sozialstaat zu gefährden. Das Gefühl für die Bedeutung von Eigenverantwortlichkeit sei verloren gegangen. Die Folge: Der Staat mutiert zum Daseinsvorsorgestaat, der überbürokratisiert und überreglementiert ist. Er entmündigt die Bürger, indem er ihnen die Möglichkeiten zu eigenverantwortlichem Handeln raubt, sie zugleich aber auch bequem macht. Der Sozialstaat wird auf Dauer überfordert, zumal die wirtschaftliche Lage und – nachhaltiger noch – das demografische Problem Deutschlands seinen Erhalt in der jetzigen Form unmöglich machen. Der Sozialstaat wird durch diese Umstände zerstört, ebenso wie durch diejenigen, die soziale Standards versprechen, die nicht mehr eingehalten werden können, und so das Misstrauen der Menschen in die Demokratie fördern.

Die Konsequenz: Der Staat muss sich aus vielen Positionen zurückziehen, muss den Menschen die Möglichkeiten zum eigenständigen Handeln und die Verantwortung für ihr eigenes Handeln zurückgeben. So ist laut Wulff eine grundlegende Neudefinition des Sozialstaates und seiner Aufgaben nötig. Was soll und vor allem, was kann er in Zukunft leisten? Wo sind seine Grenzen? Wie kann er flexibler gestaltet werden und wie weit soll diese Umgestaltung gehen? An einer Grundüberzeugung rüttelt Wulff allerdings nicht: dass der Sozialstaat Schutzfunktion und Verantwortung für die wirklich Bedürftigen hat. Risiken wie Pflegefall, Alter, Erwerbsunfähigkeit, Unfall, soziale Not und familiäre Schicksalsschläge müssen auch weiterhin durch ihn abgefangen werden. Aber es gehe nicht an, dass der Staat zur sozialen Hängematte wird anstatt zum Trampolin zurück in ein eigenständiges Leben. Allerdings gibt es in Wulffs Argumentation, die hier insgesamt nur sehr verkürzt dargestellt wird, einen Widerspruch: Mal ist er sicher, dass die Menschen mehr Eigenverantwortung wollen. Dann wieder befürchtet er, dass sie den Politiker, der dafür eintritt, mit Stimmenentzug bestrafen.

Bildung Dass Schule und Hochschule wichtige Themen sind, erkennt Wulff sehr früh zu Beginn seiner Zeit als Oppositionsführer. Handelt es sich hierbei doch um einen der wenigen Bereiche, die fast ganz allein in die Kompetenz der Bundesländer fallen. Mit sicherem Gespür erkennt Wulff, dass die Niedersachsen von den sozialdemokratischen Spielwiesen in der Bildungspolitik die Nase gestrichen voll haben. Da es kaum Unterschiede zur FDP gibt, setzt er das meiste seiner langjährigen Forderungen in den Koalitionsverhandlungen durch. Er kämpft zum Beispiel für die Abschaffung der in den siebziger Jahren eingeführten Orientierungsstufe. Wulff betont die Bedeutung der Grundschule als der Schule schlechthin. Die Hauptschule soll gestärkt werden und die Schüler mit mindestens fünf Jahren auf die berufliche Ausbildung vorbereiten. Die Realschule soll erhalten bleiben. Das Abiturzeugnis sollen die Gymnasiasten nach zwölf Jahren bekommen. Landesweit soll es die gleichen Prüfungen geben. Der CDU-Politiker tritt für sonderpädagogische Förderungen ebenso ein wie für Angebote für Hochbegabte. Berufsschulen sollen wieder stärker gefördert werden.

Die Universitäten sollen sich ihre Studenten zukünftig ebenso selbst aussuchen dürfen wie diese ihre Hochschule – ohne die zentrale Vergabe von Studienplätzen, die über eine Novelle des Hochschulrahmengesetzes abgeschafft werden soll. Die Gründung von Unternehmen in Hochschulnähe soll gefördert werden, ebenso die Fachhochschulen.

Gesundheitspolitik Die Zauberworte für Wulff in der Gesundheitspolitik lauten: Wettbewerb und Eigenverantwortung. Mehr Wettbewerb unter Anbietern, indem die Versicherten mehr Wahlmöglichkeiten erhalten und die Kassen verschiedene Tarife und Leistungen anbieten können, schaffe auch mehr Wirtschaftlichkeitskontrolle. Bei ambulanten Gesundheitsleistungen will Wulff das Leistungs- zugunsten des Kostenerstattungsprinzips abschaffen, damit deutlicher werde, dass medizinische Leistungen etwas kosten. Klar müsse aber auch sein: Wer schwer krank ist, kann sich auf die Solidargemeinschaft verlassen und erhält die bestmögliche medizinische Versorgung. Eine stärkere Betonung der Eigenverantwortung soll diese Solidarität sichern helfen. Dazu gehören die Umfinanzierung versicherungsfremder Leistungen und die eigenverantwortliche Absicherung des Zahnersatzes. Schließlich fordert Wulff auch ein kapitalgedecktes, von den Löhnen und Gehältern abgekoppeltes Beitragssystem.

Des Weiteren steht Wulff zum Zeitpunkt seines Regierungsantritts unter anderem für folgende Forderungen und Vorschläge: Entbürokratisierung (es könne nicht sein, dass in Niedersachsen irgendwann in der mit der Landwirtschaft befassten Verwaltung mehr Angestellte arbeiten als es Landwirte gibt), mehr Werteorientierung in der Gesellschaft und stärkere Förderung von Familie.

„Regieren macht Spaß", hat Gerhard Schröder nach dem rot-grünen Sieg bei der Bundestagswahl 1998 gesagt. Christian Wulff sieht das differenzierter, wie er in seiner Regierungserklärung mitteilt: In Zeiten, in denen es viel zu verteilen gab, habe der Regierungswechsel wahrscheinlich mehr Freude bei der Regierung und mehr Schmerz bei der Opposition ausgelöst. Vergnügungssteuern werden sicher für den Job, der da auf Wulff und seine Mannschaft nach dem Wahlsieg zukommt, nicht fällig. Die Lage hat sich nach einer Studie der Bertelsmann-Stiftung über „Die Bundesländer im Standortwettbewerb 2003" in den Jahren 2001 bis 2003 unter Ministerpräsident Gabriel weiter verschlechtert. Im von den Autoren der Studie untersuchten Erfolgsindex, der darstellt, wie erfolgreich das Handeln der Landesregierung war, ist Niedersachsen im Vergleich der Länder von Platz sieben auf Platz zehn zurückgefallen. Damit hat sich das Land in dem Zeitraum von allen westdeutschen Bundesländern am stärksten verschlechtert. Nur die neuen Länder und Berlin schneiden noch schlechter ab.

Hauptgrund für diese Entwicklung ist den Autoren zufolge die extreme Wachstums- und Innovationsschwäche Niedersachsens. Auch sei die Arbeitslosenquote im Gegensatz zur Bundesebene leicht gestiegen, und besonders schwach seien die Ausbildungs- und Beschäftigungschancen junger Menschen ausgeprägt. Die öffentliche Verwaltung allerdings bietet noch immer mehr Menschen Arbeit als anderswo. Weitere Negativpunkte, die die Studie als Erbe der dreizehnjährigen SPD-Herrschaft feststellt: eine hohe Insolvenzquote gepaart mit einer niedrigen Zahl von Neugründungen und einer abnehmenden Selbständigenquote, geringe Zahlen bei Patentanmeldungen und vergleichsweise niedrige Ausgaben für Forschung und Bildung.

Die Empfehlungen der Forscher sind klar. „Wenn das Land sich in der Spitzengruppe des Länder-Rankings vorkämpfen möchte, muss es seine Wachstums- und Innovationsschwäche überwinden." Im Landeshaushalt müssten dafür konsequent Umschichtungen von konsumtiven Sach- und Personalausgaben hin zu investiven Ausgaben zur Förderung von Existenzgründungen und Mittelstand sowie Forschung und Entwicklung erfolgen. Noch einen Tipp haben die Experten für den neuen Ministerpräsidenten parat: Niedersachsen solle „neue Wege gehen, schon damit das Land zukünftig von Investoren als dynamisch, innovativ und risikobereit wahrgenommen wird". Das Ziel, im Länderranking die Postition Niedersachsens deutlich zu verbessern, wird allerdings in den nächsten Jahren nicht erreicht.

Der muss zunächst, bevor er loslegen kann, erst einmal sein Kabinett zusammenstellen. Auf die FDP-Minister Walter Hirche und Heinrich Sander hat er keinen Einfluss, weil die Liberalen diese natürlich selbst auswählen. Allerdings kennen und vertrauen sich Wulff und Hirche, so dass im innerkoalitionären Verhältnis kaum Gefahren drohen. Zum Finanzminister macht er den Abgeordneten Hartmut Möllring, der die ganze schwierige Oppositionszeit loyal zu Wulff gestanden hat. Er wird im Kabinett sein engster Vertrauter. Innenminister wird Uwe Schünemann, ebenfalls Mitglied der Landtagsfraktion. Seinen Kontrahenten Bernd Busemann macht Wulff zum Kultusminister – eine geschickte Umarmungsstrategie.

Zum Shooting-Star aber wird die neue Familien- und Gesundheitsministerin Ursula von der Leyen. „Alle anderen sind zweite Liga, aber sie ist Bundesliga", sagt ein CDU-Spitzenmann in Hannover. Die Tochter Ernst Albrechts ist mit ihren sieben Kindern bei gleichzeitiger Berufstätigkeit das perfekte Aushängeschild für die Familienpolitik der CDU, die sich nach Ansicht ihrer Kritiker noch immer nicht den Realitäten der Gesellschaft mit Patchworkfamilien, Alleinerziehenden und dem Wunsch vieler berufstätiger Mütter nach freier Entfaltung in der Arbeitswelt angepasst hat. Zweieinhalb Jahre später, im Herbst 2005, wird sie Familienministerin unter Angela Merkel – von Wulff dorthin befördert, weil, wie er selbst sagt, sie die Beste für diesen Job sei, weil, wie andere sagen, sie seine Aufpasserin im Kabinett werden solle oder weil, wie wiederum andere sagen, er sie als ernsthafte Gefahr für sich selbst ausgemacht habe für den Fall, dass es einmal nicht mehr so rund laufe mit dem Regieren zwischen Nordsee und Harz.

Neuer Arbeitsplatz: Wulff an seinem Schreibtisch in der Staatskanzlei kurz nach der Amtsübernahme.

Eine weitere Personalentscheidung, die sich schon bald als guter Schachzug herausstellt, ist der Wechsel des jungen, 32-jährigen David McAllister auf den Posten des Fraktionschefs. Hier wirkt er einträchtig mit seinem FDP-Counterpart Philipp Rösler, ein Freund aus Studentenzeiten, der noch ein Jahr jünger ist. Das Boy-Duo arbeitet nicht nur effizient zusammen – Probleme werden oft im persönlichen Gespräch gelöst, bevor sie überhaupt ans Licht der Öffentlichkeit geraten. Die beiden sind auch außerordentlich beliebt, gelten als Showtalente, die – zumal gemeinsam – immer für einen Gag gut sind. Zudem lassen die zwei Redetalente den neuen SPD-Fraktionschef Gabriel, der nach seiner Abwahl diesen Posten trotz früherer gegenteiliger Ankündigungen nun doch übernimmt, im wahrsten Sinn des Wortes alt aussehen. Rösler avanciert später zum Wirtschaftsminister, seit 2009 ist er Bundesgesundheitsminister.

Die Leute finden den ehemaligen Internatsschüler McAllister mit seiner lockeren, offenen Art einfach sympathisch. Und auch die lokalen Medien überschlagen sich geradezu, wenn McAllister zu einer Veranstaltung in ihrem Sprengel auftaucht. Er liefere den Zuschauern eine Politshow mit Witz und Verve, wie sie für einen Politiker nicht unterhaltsamer sein könnte, so der Tenor. Wenn der studierte Jurist und Rechtsanwalt zum Beispiel gegen den Bürokratismus – eines seiner bevorzugten Themen – zu Felde zieht, dann zitiert er einfach aus dem niedersächsischen Ministerialblatt die „Verordnung über punktförmig gelagerte Überkopfverglasungen als Schaufensterüberdachung", die es auf stolze 18 Seiten bringt. Die Botschaft McAllisters wird auch ohne viele zusätzliche Worte in der hintersten niedersächsischen Provinz verstanden.

Seine Botschaften und seine Wortwahl sind für Grüne und linke Sozialdemokraten oftmals schwer zu verdauende Provokationen. Innere Sicherheit, Sozialpolitik – McAllister hat die gleichen Themen im Visier wie Wulff und das immer noch eine Spur schärfer. Aber er provoziert und polemisiert viel mehr als der bedächtigere Ministerpräsident, hat mächtig Spaß daran, den Gegner aus der Reserve zu locken. Wenn er fordert, dass Heimat, Tradition und Geschichte wieder einen größeren Stellenwert brauchen, jaulen die Grünen im Landtag auf. Wie kann ein junger Mann in seinem Alter so etwas Altbackenes fordern, empört sich beispielsweise Grünen-Fraktionschefin Rebecca Harms. Da kann McAllister nur lächeln: „Ja, ich bin nun mal ein Konservativer."

Auch wenn er als Jugendlicher im Knabenchor sang, so ist er gewiss kein braver Chorknabe. McAllister kann austeilen, aber auch einstecken. Wenn er sich in Landtagsdebatten mal wieder die SPD vorknöpft, dann lässt sich Fraktionsvize Wolfgang Jüttner schon mal zu Zwischenrufen wie „Rotzfrech, der Bengel!" hinreißen. Für Sigmar Gabriel, der selbst keine Hemmungen beim Austeilen kennt, ist er schlicht „Wulffs Pitbull".

Darin steckt sogar ein Funken Wahrheit. Denn die Rollenverteilung bei Wulff und McAllister ist klar: Während Wulff den Staatsmann gibt, den Ministerpräsidenten, der präsidial über dem tagespolitischen Streit steht, ist McAllister sein Angreifer und Ausputzer. Das funktioniert deshalb gut, weil beide in diesen Rollen ihre ureigenen Vorteile ausspielen können und sich gar nicht verstellen müssen. Wulff, so vermuten Vertraute, imponieren an dem Nachwuchstalent genau die Eigenschaften, die ihm abgehen oder die er sich erst im Laufe langer Jahre aneignen musste: McAllister kann gut auf Menschen zugehen, kann aus sich herauskommen, ist gern gesehener Gast auf Partys. Er ist natürlich und locker, nicht steif, wie Wulff in seinen Anfangsjahren. Manche Beobachter in Hannover erinnert das Gespann an die Zeit von Ernst Albrecht und Wilfried

Hasselmann. McAllister ist jedenfalls ein großer Verehrer des in der niedersächsischen CDU längst zur Legende gewordenen Hasselmann: „Das war ein klasse Typ, der jeden Grashalm in Niedersachsen kannte."

Er lässt auch mal – anders als das Arbeitstier Wulff – alle Fünfe gerade sein. Wenn David McAllister abends im Büro über Akten brütet und ihn eine SMS von Fraktionskollegen erreicht, die gerade in lustiger Runde in der Kneipe sitzen, dann hält es ihn nicht mehr am Schreibtisch. Am nächsten Tag, wenn alle noch etwas lädiert sind, lassen sich nach einer solchen Runde dann manche Probleme viel einfacher lösen – wenn sie nicht schon am Abend vorher zwischen zwei oder nach mehreren Bieren aus der Welt geschafft sind.

Seinen Ministerpräsidenten hat McAllister manchmal schon ganz gut im Griff. Als einmal bei einer Fraktionssitzung nur wenige Regierungsmitglieder anwesend sind und am Ende nur noch Wulff selbst ausharrt, hat der Fraktionschef einen deutlichen Rüffel parat: Es wäre doch schön, wenn die Minister zukünftig ihre Aufgabe als Landtagsabgeordnete ernster nähmen! Prompt sorgt Wulff dafür, dass die Reihen der Minister beim nächsten Mal besser gefüllt sind. Doch wenn McAllister seine Rolle selbst beschreibt, wird er zurückhaltend: „Meine Aufgabe ist es, dem Ministerpräsidenten den Rücken freizuhalten."

Großen Wert legt McAllister auf seine schottische Herkunft. Als Sohn eines in Deutschland stationierten schottischen Soldaten und einer deutschen Mutter pflegt er intensive Kontakte in die Heimat der Familie. Auch politische, zum Beispiel zu den Tories. „Ich bin derzeit der einzige konservative britische Politiker in einer Regierungspartei", sagt er gerne über sich. In seinem Büro hängt das Wappen seines Clans: eine Hand mit Dolch, umrahmt von der Inschrift „Fortiter", was soviel wie Tapferkeit bedeutet, das Ganze auf schottischem Karo. Seine Hochzeit feierte er – wie auch sonst! – im Schottenrock. McAllister verfügt über die doppelte Staatsbürgerschaft, und die schottische will er auch behalten, denn: „Dann kann ich immer noch nach Schottland flüchten, wenn einmal die Linkspartei regiert!" Seit McAllister Fraktionschef ist, ist es in seiner Heimat Bad Bederkesa ein wenig unruhiger geworden. Da kommt es schon mal zu Demonstrationen vor seinem Haus, zum Beispiel gegen die Kürzung beim Blindengeld.

Klar, dass auch Olaf Glaeseker von der Partei- in die Regierungszentrale wechselt. Dessen Job als Sprachrohr der CDU übernimmt seine Frau Vera. Sie hatte den Job schon mehrfach von Wulff angeboten bekommen, aber jedes Mal dankend abgelehnt. Erst jetzt lässt sie sich breitschlagen. Sie ist eigentlich Journalistin und war Wulff bereits Jahre zuvor aufgefallen, weil sie einen Artikel zu einem bildungspolitischen Thema veröffentlicht hatte, der Wulff ausgezeichnet gefiel. Die Veröffentlichung hatte allerdings unter einem anderen Namen stattgefunden und Wulff hatte mehrfach und am Ende erfolgreich versucht, herauszufinden, wer den Text wirklich geschrieben hatte.

Schließlich kommt mit Wolfgang Gibowski noch ein ganz wichtiges neues Mitglied in die Mannschaft. Kennengelernt haben sich beide schon 1993 im ersten Wahlkampf Wulffs, als Gibowski Mitarbeiter in Helmut Kohls Bundespresseamt war. Er hat sich als Mitbegründer der Forschungsgruppe Wahlen ebenso einen Namen gemacht wie später als Vertreter der Bundesrepublik Deutschland bei den Verhandlungen über die Entschädigungszahlungen für ehemalige NS-Zwangsarbeiter. Gibowski gibt dem jungen, steifen CDU-Spitzenkandidaten keine Chance und sagt ihm das auch. Über die Jahre bleibt ein lockerer Kontakt erhalten. Im Wahlkampf 2002/03 engagiert sich Gibowski ein wenig für die CDU in Hannover, lädt mal Journalisten zu einem Hintergrundgespräch ein. Vor allem hämmert er Wulff, der selbst lange Zeit skeptisch ist, immer wieder ein, dass diesmal eine reelle Siegeschance besteht. Am Wahlsonntag bietet Gibowski Wulff seine Mitarbeit an. Da Gibowski lieber in Berlin bleiben möchte, einigen sich beide schließlich zwei Wochen später in einem Gespräch im Grandhotel Esplanade in Berlin auf den Job des Leiters der Landesvertretung in der Position eines Staatssekretärs. Die Voraussetzung, CDU-Mitglied zu sein, erfüllt Gibowski – anders als Olaf Glaeseker, der bis heute kein Parteibuch hat.

Zehn Jahre lang hat Christian Wulff warten müssen – jetzt kribbelt es ihm in den Fingern. Der neue Ministerpräsident legt vom ersten Tag an los, legt ein erstaunliches Tempo vor, mit dem er seine Reformen anpackt und durchsetzt. Er befolgt damit auch die alte Weisheit, dass man Dinge, die dem Wähler wehtun, tunlichst gleich am Anfang einer Regierungszeit tun sollte, damit sie bei der nächsten Wahl möglichst schon vergessen sind. Wie es enden kann, wenn ein Regierungschef als notwendig erkannte Schritte vor sich her schiebt, hat er in der letzten Legislaturperiode Helmut Kohl ja selbst hautnah erleben können.

Die Felder, die die neue Regierung als erste beackert, sind die, die Wulff schon lange als größte Probleme erkannt hat. Gleich zu Beginn widmet die neue Regierung sich der Bildungspolitik, einem symbolträchtigen

Steckenpferd Wulffs, und setzt das Versprechen um, die in den siebziger Jahren von der SPD mit Zustimmung der CDU eingeführte, aber zunehmend umstrittene und unbeliebte Orientierungsstufe für die Klassen fünf und sechs abzuschaffen. Ebenso wird das Abitur nach zwölf Jahren eingeführt. Schließlich hält Wulff sein im Wahlkampf auch vom jetzigen Koalitionspartner FDP kritisiertes Versprechen, 2500 neue Lehrer einzustellen, um dem Unterrichtsausfall entgegenzuwirken. Neue Wege geht Niedersachsen bei der Integration durch die Einführung eines Islam-Unterrichtes an den Schulen. Ein „Handlungsprogramm Integration" wird schon im August, wenige Monate nach der Regierungsübernahme, erlassen.

Auch an den versprochenen Bürokratieabbau wagt die neue Regierung sich sofort heran. Nach einem Jahr sind 38 als überflüssig erachtete Vorschriften und Regelungen abgeschafft. Anderthalb Jahre später werden es bereits 65 Gesetze sowie 1676 Verwaltungsvorschriften. Die Gesamtzahl aller Rechtsvorschriften wird damit um mehr als ein Drittel, von 4135 auf 2394, reduziert. Damit, so heißt es in der Halbzeitbilanz der schwarz-gelben Regierung im August 2005 stolz, sei das ursprünglich für 2008 angepeilte Ziel schon deutlich früher erreicht. Schließlich gelingt es auch, einigermaßen geräuschlos die Abschaffung der vier Bezirksregierungen durchzusetzen und damit 6700 Stellen im Öffentlichen Dienst entbehrlich zu machen. Damit fallen auch rund 170 Aufgaben und 119 Behörden weg. Dass Wulff nicht davor zurückschreckt, politische Gegner, von deren Fähigkeiten er überzeugt ist, einzubinden, zeigt er am Beispiel des ehemaligen grünen Landtagsabgeordneten Michael Golibrzuch, der vor allem durch den Glogowski-Untersuchungsausschuss bekannt geworden war. Ihn stellte er nach dessen Ausscheiden aus dem Parlament 2003 als wichtigen Mitarbeiter seines für die Verwaltungsreform zuständigen Sonderstaatssekretärs Wolfgang Meyerding ein.

Dass überflüssige Bürokratie auch abgebaut werden muss, um die Wirtschaft, vor allem den Mittelstand, nicht weiter zu strangulieren, predigt Wulff im Einklang mit der Wissenschaft seit Jahren. Gravierende Beispiele erlebt er im Alltag. In Reden erzählt er gerne von der Bäckerei, in der er sich eines Tages Backwerk zum Essen kauft. „Ich dachte, man darf das dann auch dort verzehren, wo man es gekauft hat. Großer Irrtum! Und wenn der Bäcker seinen Kunden auch noch Sitzplätze anbieten will, muss er erst einmal sechs Toiletten installieren lassen: zwei für Frauen, zwei für Männer und zwei für die Mitarbeiter. Das erinnert eher an die

Vorbereitung für eine Durchfallepidemie." Klar, dass das ankommt bei den Zuhörern – mehr aber noch Wulffs Beteuerung, dass diese Regelung in Niedersachsen nach seinem Amtsantritt abgeschafft worden sei. Das Ausmaß des Bürokratismus im Alltag habe ihn aber doch sehr überrascht. „Ich war ja ziemlich blöd, als ich Ministerpräsident wurde."

Auch auf dem Gebiet der Inneren Sicherheit machen sich Wulff und sein Innenminister Uwe Schünemann rasch an die Arbeit. Wie versprochen werden 150 neue Polizeibeamte durch Übernahmen aus anderen Bundesländern eingestellt. Vor allem aber wird – gegen leisen Widerstand des liberalen Koalitionspartners – ein neues Gesetz über die Sicherheit und Ordnung verabschiedet. Darin festgehalten sind die präventive Telefonüberwachung, die Erweiterung des Unterbindungsgewahrsams auf zehn Tage und der finale Rettungsschuss. Zudem wird das Schutzgut der Öffentlichen Ordnung wieder aufgenommen.

Die wichtigste Aufgabe aber – wie Wulff selbst sagt, die Eigernordwand, vor der er steht – ist die Konsolidierung des Haushalts. Sparen, sparen, sparen – das ist eigentlich das einzige Motto, das in Niedersachsen wie in allen Ländern gilt. Wulff setzt sich ein ambitioniertes Ziel: Bis 2008 will das Land einen verfassungskonformen Haushalt haben, in dem die Investitionen höher sind als die Neuverschuldung, bis 2013 soll der Haushalt ausgeglichen sein. Dafür müssen vor allem auch die Beamten des Landes bluten: Ihnen wird das Weihnachts- und das Urlaubsgeld gestrichen. Symbolträchtig für Wulffs Sparwillen wird der Streit über die Einschränkung des Blindengeldes. Das bringt zwar mit 15 Millionen Euro nur eine vergleichsweise niedrige Summe, zeigt aber, dass der neue Ministerpräsident vor keiner Gruppe Halt machen will, auch, wenn ihn das unsozial erscheinen lässt. Wie dramatisch die Haushaltslage in Niedersachsen ist, macht der Hannoveraner Finanzwissenschaftler Stefan Homburg klar. Dem Land drohe schlicht die Pleite, es laufe Gefahr, dass ihm eines Tages keine Kredite mehr gewährt würden. Um das zu verhindern, müsste Niedersachsen 2,5 Milliarden Euro oder zehn Prozent seiner Ausgaben zusätzlich streichen. Für Homburg kein Ding der Unmöglichkeit: Jeder zweite Ausgabenposten im niedersächsischen Landesetat sei kürzbar oder könne gleich ganz gestrichen werden. Für Wulff, der natürlich wie jeder Politiker lieber Geld verteilt als einspart, sind die Aussagen gleichwohl eine willkommene Schützenhilfe im Kampf gegen die Lobbygruppen. Ein Zufall dürfte das nicht sein, denn Homburg ist Mitglied in Wulffs Beraterkreis „Futureminds".

Der Start ist nicht schlecht, wird von den Medien durchaus positiv beurteilt und ist weitaus dynamischer als zum Beispiel der der neuen nordrhein-westfälischen CDU/FDP-Regierung unter Jürgen Rüttgers zwei Jahre später. Selbst Mitglieder der vorherigen Regierung wie der vormalige Justizminister Christian Pfeiffer müssen das in kleiner Runde eingestehen.

Experten sehen in Wulffs Bilanz zur Halbzeit seiner ersten Legislaturperiode als Ministerpräsident Licht, aber auch Schatten. „Niedersachsen konnte seine Abwärtsbewegung umkehren, die in allen Beobachtungszeiträumen festzustellen" gewesen sei, lobt die Bertelsmann-Studie zum Länderranking 2002 bis 2004 die CDU/FDP-Regierung. Die Regierung habe ein „forsches Reformtempo" vorgelegt und das Land einen „deutlichen Satz nach vorne gemacht". Wenn man sich daran erinnert, wie schwierig die Bertelsmänner die Situation zu Beginn von Wulffs Amtszeit eingeschätzt haben, ist das ein Lob, über das jeder Ministerpräsident stolz sein kann. Vor allem der Bürokratieabbau und die Reform der Verwaltung seien „vorbildlich". „Mut und Konsequenz der Verwaltungsmodernisierung sind lobenswert und in Deutschland vorbildlich." Anerkannt wird auch das Bemühen der Landesregierung um eine Haushaltskonsolidierung. Allerdings mahnen die Experten einen noch rigideren Sparkurs an. Laut Mittelstandsbarometer der Fachleute von Ernst & Young wird nur noch in Bayern die Bildungspolitik deutlich positiver bewertet als in Niedersachsen. Absolute Spitze ist Niedersachsen laut eines Rankings der „Initiative Neue Soziale Marktwirtschaft" vom Oktober 2005 bei den Unternehmensgründungen.

Bemängelt wird vor allem die zu geringe Investitionsquote im Haushalt und die nach wie vor niedrigen Ausgaben für Forschung und Wissenschaft. Auch die Zahl der Unternehmensinsolvenzen ist eine der höchsten aller Bundesländer. Ausgerechnet bei der Aufklärung von Straftaten hinkt das Land ebenfalls dem Bundesdurchschnitt hinterher, obwohl die Erfolgsquote steigt.

Zur Halbzeitbilanz Wulffs gehört natürlich auch an vorderster Stelle ein Punkt, der ihm immer sehr wichtig war: „Die Politik hat einen neuen Stil, der über die Landesgrenzen hinaus Anerkennung findet: Solidität, Gründlichkeit und Glaubwürdigkeit sind zu festen Größen niedersächsischer Politik geworden." Tatsächlich profitiert er nun von dem Image als glaubwürdiger Politiker, das er sich kontinuierlich und konsequent aufgebaut hat. Eine Emnid-Umfrage für die CDU im Jahr 2005 bestätigt das. Danach finden 66 Prozent der Befragten, der CDU-Mann verdiene Vertrauen, von seinem Kontrahenten Sigmar Gabriel sagen das nur 25 Prozent.

Vertrauen zu gewinnen ist für einen Politiker ein langfristiges Unterfangen. Er kann es schnell verlieren – durch Skandale, Affären oder Fehlleistungen. Es dauert aber lange, bis er es sich in den Augen der Wähler verdient hat. „Vertrauen kann schnell verloren gehen, aber nur langsam (wieder-)gewonnen werden. Die Zeitdimension von Vertrauensgenerierung macht existierendes Vertrauen für Politiker so kostbar, weil sie wissen, dass sie eine längere Zeit brauchen, verlorenes Vertrauen wieder aufzubauen. Die politische Konsequenz aus dieser Diagnose liegt auf der Hand: Es ist nötig, Vertrauensverluste zu vermeiden und zugleich kontinuierlich an der Generierung von Vertrauen zu arbeiten", schreibt der Berliner Politikwissenschaftler Bernhard Weßels nach einer im Jahr 2003 durchgeführten Befragung von mehr als 200 Bundestagsabgeordneten.

Den Parlamentariern ist dieser Tatbestand sehr wohl bekannt. Über das äußerst große Misstrauen, das die Wähler ihnen entgegenbringen, sind sie sehr besorgt. Sie machen dafür vielfältige Gründe geltend, an erster Stelle die Berichterstattung der Medien, aber auch eigene Skandale, nicht eingehaltene Versprechungen oder politische Misserfolge. Die Wahlforschung aber habe auch gezeigt, so Weßels, „dass von den Eigenschaften, die Politiker haben können, ihre Glaubwürdigkeit und Integrität das wichtigste Merkmal für das Entstehen von Vertrauen ist, diese Eigenschaft Wahlentscheidungen motiviert und wichtiger ist als zum Beispiel die Einschätzung der fachlichen Qualifikation eines Politikers." Glaubwürdigkeit und Integrität sei die zentrale Ressource von Politikern. Werde diese Ressource verspielt, könne auf eine Unterstützung durch die Bürger oder gar ihr Vertrauen nicht mehr gerechnet werden. Andererseits: Um Vertrauen zu gewinnen, reiche es nicht aus, keine Skandale, kein Fehlverhalten vorzuweisen. „Vertrauen bedarf der positiven Erfahrung mit der Politik. Dafür ist es nicht hinreichend, politischen Affären auszuweichen, vielmehr sind politische Leistungen gefragt."

Von Ehrlichkeit hat auch Wulff, wie die allermeisten Politiker, eine etwas andere Auffassung als die normalen Politikkonsumenten. Zumindest dann, wenn in der politischen Auseinandersetzung zuviel davon mit seinen politischen Zielen in Konkurrenz träte. Ein Beispiel dafür gibt die von der SPD angestachelte Diskussion um eine Große Koalition im Bundestagswahlkampf 2005, der ja just in vollem Gang ist, als Wulff seine

Halbzeitbilanz präsentiert. Die Debatte darüber liegt im Interesse der Sozialdemokraten, die im Sommer hoffnungslos in den Umfragen zurückzuliegen scheinen, während die Union das Thema möglichst tabuisieren will, weil sie einen schwarz-gelben Wahlkampf betreibt und auf eine Mehrheit hofft. Vehement weisen daher führende Unionspolitiker den Gedanken an ein schwarz-rotes Bündnis zurück. „Eine Große Koalition wird es nicht geben", tönt vollmundig Kanzlerkandidatin Angela Merkel. So etwas ist von Wulff, der eine solche Koalition bei einer Analyse der Umfragen natürlich nicht ausschließen kann, nicht zu hören. Sein Credo lautet, die Union strebe eine Mehrheit mit der FDP an, eine Regierung gemeinsam mit der SPD sei nicht ihr Ziel. Das ist kein wirkliches Dementi, auch wenn es die meisten Wähler wohl so verstehen. Dass Schwarz-Rot im Bereich des Möglichen liegt, sagt öffentlich Sachsen-Anhalts Ministerpräsident Wolfgang Böhmer. Dafür muss er sich auch von seinem Parteifreund Wulff Kritik anhören, denn soviel Ehrlichkeit störe den Wahlkampf, findet der. Wulff jedenfalls kann nach der Wahl von sich behaupten, nicht platt gelogen, sondern nur die Wahrheit ein wenig in die richtige Richtung gebogen zu haben.

Angela Merkel gesteht diese Art von Politiker-„Ehrlichkeit" an dem Tag im November 2005, als sie gemeinsam mit Edmund Stoiber, Matthias Platzeck und Franz Müntefering den Vertrag der schwarz-roten Koalition im Saal der Bundespressekonferenz in Berlin vorstellt, sehr offen ein, ja fast mit ein wenig Stolz. Auf die Frage, ob nicht Union und SPD die gegenseitige Verteufelung in den Jahren zuvor übertrieben hätten, antwortet die zu diesem Zeitpunkt Fast-schon-Kanzlerin, Politik lebe nun mal „von der Konzentration auf Teile der Wahrheit". Streit zwischen den Partnern werde es auch in der Zeit des gemeinsamen Regierens geben. „Wenn wir mal wieder Lust haben, dann gönnen wir uns eine Teilwahrheitsdiskussion, und dann geht es wieder weiter." Merkel will an diesem Tag vor allem die gute Stimmung zwischen Union und SPD demonstrieren – in Wahrheit gibt sie ungewollt einen Grund dafür, warum Politiker in Deutschland immer stärker das Vertrauen der Menschen verlieren. Sagen würde Christian Wulff einen solchen Satz vermutlich nicht, denken schon eher.

Sein Vorsprung an Vertrauen bewahrt Wulff allerdings im Sommer 2005 nicht vor seinen ersten wirklichen Schlappen in der Landespolitik seit der Regierungsübernahme. Mitten im Bundestagswahlkampf und wegen der Strahlkraft seiner Umfragewerte bleibt das allerdings zunächst weitgehend unbemerkt. Im dritten Jahr sind auch Wulff und sein Finanzminister Möllring weitgehend am Ende ihres Lateins, was Sparmöglichkeiten angeht. Das Ziel, die Neuverschuldung bis 2008 jährlich um 350 Millionen Euro zu senken, können sie nur noch mit den handelsüblichen Tricks, die auch in Berlin und den anderen Ländern angewandt werden, erreichen. Zumal neben dem ohnehin vorhandenen 1,8 Milliarden-Loch noch ein weiteres von 1,1 Milliarden Euro auftaucht, das unter anderem durch ausbleibende Steuereinnahmen entstand. Was also tun? Landeseigentum wie die zehn Landeskrankenhäuser und vor allem Kreditrückzahlungsansprüche des Landes für die nächsten 30 Jahre sollen verkauft werden, zudem Landesanteile an der Norddeutschen Bank. Tricks, für die Hans Eichel in Berlin auch von Hannover aus böse gescholten wird. Aber mehr Ausgabensenkungen seien nun mal nicht möglich gewesen und politisch auch nicht wünschenswert, verkündet Wulff nach einer Haushaltsklausur des Kabinetts im Juli.

Weh tun aber auch zwei Urteile des Bundesverfassungsgerichts in Karlsruhe und des Niedersächsischen Staatsgerichtshofes in Bückeburg. Die Karlsruher Richter hatten sich mit der Klage eines Kollegen aus Oldenburg zu beschäftigen, der gegen das „Niedersächsische Sicherheits- und Ordnungsgesetz" geklagt hatte. Nach dem Anfang 2004 eingeführten Gesetz darf Niedersachsens Polizei ohne konkreten Tatverdacht Telefongespräche abhören sowie Verbindungsdaten, Standortkennungen von Handys, E-Mail- und SMS-Verkehr auswerten. Betroffen von den Maßnahmen sind „Personen, bei denen Tatsachen die Annahme rechtfertigen, dass sie Straftaten von erheblicher Bedeutung begehen werden". Ihre „Kontakt- und Begleitpersonen" dürfen ebenfalls überwacht werden. Die Überwachung muss von einem Amtsrichter angeordnet werden.

Für den Kläger aus Oldenburg verstößt das Gesetz gegen das Grundgesetz – und die Bundesverfassungsrichter geben ihm Recht. Sie sehen darin eine Verletzung des im Grundgesetz verbrieften Fernmeldegeheimnisses. Es enthalte zudem keine ausreichenden Vorkehrungen zum Schutz der Privatsphäre, monieren die Richter. Eine schwere Schlappe für den Ministerpräsidenten und seinen Innenminister, die zugleich mit ihrem Gesetz bundespolitische Vorreiter sein wollten. Gerne überlässt Wulff die Interpretation der Niederlage seinem Innenminister, der das von seinem Urlaubsort auf Mallorca aus erledigen muss. Grundsätzlich überlässt er unangenehme Aufgaben und Themen gerne seinen Ministern, was den

Vorteil hat, dass er selten als Provokateur auftritt. Anders als Roland Koch, der gerade Provokationen wie eine Fahne vor sich her trägt.

In diesem Punkt zeigt sich auch eine Absetzbewegung der FDP, die von Anfang an gegen das Gesetz in seiner beschlossenen Fassung war, am Ende aber zugestimmt hatte – nachdem sie es als Erfolg verkauft hatte, dass sie gegen die Hardliner Wulff und Schünemann immerhin durchgesetzt hatte, dass Ärzte, Anwälte, Pfarrer und Journalisten nicht miteinbezogen wurden..

Auch das neue, Anfang 2004 in Kraft getretene Landesmediengesetz wird teilweise verworfen, diesmal von den Landesverfassungsrichtern in Bückeburg. Die schwarz-gelbe Regierung hatte sich, kaum ins Amt gelangt, daran gemacht, per Gesetz den Einfluss der SPD auf den privaten Rundfunk im Land zu begrenzen. Dazu wird im neuen Gesetz festgelegt, dass politische Parteien nur noch zu höchstens zehn Prozent an Rundfunkanstalten beteiligt sein dürfen. Wulff ist der Medieneinfluss der Sozialdemokraten, die in Niedersachsen indirekt an den Sendern ffn, Hit Radio Antenne und Radio 21 beteiligt sind, schon lange ein Dorn im Auge. Doch mit dem Gesetz, für das seine Staatskanzlei direkt verantwortlich ist, ist er nach Auffassung der Richter zu weit gegangen. „Die Grenzen der Beteiligungen verstoßen gegen die im Grundgesetz und in der niedersächsischen Landesverfassung gewährleistete Rundfunkfreiheit", urteilen die Bückeburger Richter. Das Gericht rügt ausdrücklich, dass es der Regierung und den Fraktionen von CDU und FDP vor allem um eine erhebliche Einschränkung der Beteiligungen der Verlagsgesellschaft Madsack, an der die SPD beteiligt ist, gegangen sei. Geklagt hatten die Sozialdemokraten, die faktisch die einzige betroffene Partei ist.

So gerät die schwarz-gelbe Landesregierung seit dem Sommer 2005 erstmals auch in die Negativschlagzeilen, was durch den Bundestagswahlkampf und Wulffs hervorragende persönliche Umfragewerte zunächst verdeckt wird. Das enttäuschende Ergebnis bei der Bundestagswahl von 33,6 Prozent kann die Landes-CDU auf das schlechte Ergebnis der Union auf Bundesebene zurückführen. Aber im Vergleich zur Landtagswahl beträgt der Verlust fast 15 Prozent. Die Niederlagen vor Gericht beim Polizei- und Mediengesetz, dazu die nach wie vor desaströse Haushaltslage, bei deren positiver Betrachtung durch die Landesregierung viel Autosuggestion mitspielt, und erste kleinere Unstimmigkeiten zwischen den Koalitionspartnern beginnen fast unmerklich an den Nerven zu nagen. Dass gleich zwei zentrale Gesetze der Regierung vor hohen Gerichten keinen Bestand haben, löst bei Beobachtern die Vermutung aus, mit der Solidität bei der Gesetzesvorbereitung sei es nicht immer allzu weit her in der neuen Regierung. Ein Vorwurf, der einen Christian Wulff besonders schmerzen muss.

Seiner Beliebtheit unter den Landeskindern schadet das nicht. Im September, so ergibt eine Emnid-Umfrage für die CDU, kommt der Ministerpräsident auf einen Wert von 2,5 auf der Skala zwischen plus fünf und minus fünf – ein sehr guter Wert. Im direkten Vergleich mit dem SPD-Landesvorsitzenden Wolfgang Jüttner, der 2008 gerne Herausforderer Wulffs werden würde, führt er mit 66 zu 25 Prozent und liegt vor allem in der jüngsten und in der ältesten Altersgruppe sehr weit vorne. Selbst 35 Prozent der SPD-Wähler würden Wulff ihrem eigenen Parteichef vorziehen – ein Wert, auf den nicht einmal Gerhard Schröder vor seiner Kanzlerkandidatur kam.

Während es auf der Landesebene nicht mehr ganz so rund läuft, reüssiert Wulff zunehmend in der Bundespolitik. Vor allem sein Kampf gegen die Rechtschreibreform schiebt den niedersächsischen Ministerpräsidenten im Sommer 2004 urplötzlich ins bundespolitische Rampenlicht. Das Thema erregt seit zehn Jahren die Gemüter wie wenige andere und Wulff weiß sich mit seiner Forderung, das 1996 beschlossene Regelwerk, das zum 1. August 2005 endgültig verbindlich werden soll, „vollständig außer Kraft" zu setzen, mit vielen Deutschen einer Meinung. „Die Rechtschreibreform war abwegig. Sie ist gescheitert", so sein eindeutiges Diktum. Rettungsversuche seien ausweglos.

Prompt kommt von den Befürwortern der Reform der Vorwurf des Populismus. Er geht allerdings in diesem Fall weitgehend ins Leere, denn Wulff bekämpft dieses Regelwerk schon aus Überzeugung seit Beginn der Diskussion. Schon im Oktober 1996 wollte er es „auf dem Müllhaufen der Geschichte" sehen und stellte sich damit auf die Seite von Literaten wie Günter Grass, Siegfried Lenz und Martin Walser. Schon damals hatte er kritisiert, dass die Angelegenheit „Bürokraten und selbsternannten Experten in Hinterzimmern" überlassen worden sei.

Wulff schürt den Populismusverdacht allerdings durch sein offensichtliches Zusammenspiel mit dem Axel-Springer-Verlag, der nicht nur eine regelrechte Kampagne lostritt, sondern wie einige andere Blätter auch zur alten Rechtschreibung zurückkehrt und damit einen großen Krach auslöst. In der Runde der Ministerpräsidenten versucht er, eine Rücknahme der Reform zu erreichen – die Chancen sind allerdings aussichtslos, denn dazu wäre eine einstimmige Entscheidung nötig und davon kann keine Rede sein. So rückt er zunächst von der Forderung nach Rücknahme ab und ersetzt sie durch die Forderung nach einer Verschiebung. Am Ende wird die Reform aber auch in Niedersachsen endgültig eingeführt, weil Wulff und sein Kultusminister Bernd Busemann erkennen, dass sie diesen Kampf nicht gewinnen können. „Steige ab, bevor das Pferd tot ist", lautet sein Kommentar. Den Kampf habe er „vorerst verloren". Es mache keinen Sinn, mit dem Kopf durch die Wand zu wollen. „Da gewinnt fast immer die Wand." Die Oldenburger NWZ meint dagegen mit Blick auf den Entschluss, das Reformwerk auch in Niedersachsen verbindlich werden zu lassen: „Konsequenz sieht anders aus."

Einen wahren Paukenschlag gönnt sich Wulff im September 2004 mit seiner Ankündigung, Niedersachsen werde aus der seit langem umstrittenen Kultusministerkonferenz (KMK) austreten. Zu teuer, zu langsam, zu wenig innovativ – so lautet seine Kritik. Wulff fordert eine radikale Reform: Das Sekretariat in Bonn solle mindestens 40 Prozent seiner 200 Stellen verlieren, die Angestellten sollten keine „Luxusgehälter" mehr bekommen, sondern gemessen am Durchschnitt der Besoldungen aller Bundesländer bezahlt werden. Außerdem solle sich die KMK auf ihre Kernaufgaben – Qualitätssicherung an Schulen und Hochschulen, Entwicklung von Bildungsstandards für den Unterricht – beschränken und die Zahl ihrer Gremien abbauen. Die Reformdiskussion läuft schon seit einem Jahr, doch Wulffs auch von seinen CDU-Kollegen als brutal empfundener Vorstoß beschleunigt den Prozess erheblich. Am Ende, nach weiteren Ausstiegsdrohungen, setzt der Niedersachse sich teilweise durch und hat mit seinem Kampf gegen die von vielen als bürokratisches Monster empfundene KMK in der Öffentlichkeit Punkte gesammelt. Nicht so in seiner eigenen Partei. Mit Baden-Württembergs Kultusministerin Annette Schavan gerät er im CDU-Präsidium heftig aneinander. In der KMK-Diskussion verbindet sich letztlich eine altbekannte Eigenschaft mit einem neuartigen Versuch. Seiner Linie bleibt Wulff insofern treu, als er sich für seinen Vorstoß ein Thema ausgesucht hat, das ihn bewegt und erzürnt. Ein Thema so öffentlich aufzugreifen, nur um prominent in die Medien zu kommen, ist seine Sache nicht. Neu aber ist die Art seines Vorgehens: Ohne parteiinterne Absprache einen solchen Vorstoß zu machen, mag in seinen Augen einen Versuch wert sein. Dass er ebenso wenig wie bei der Rechtschreibreform auf die Solidarität seiner Partei hoffen darf, weiß er genau. Aber zum zweiten Mal binnen kurzer Zeit erscheint er in der Öffentlichkeit als „Rebell“ gegen festgefahrene Zustände oder von vielen als unsinnig empfundene Reformen. Die Folge wird sich bald in den Meinungsumfragen ablesen lassen.

Auch ein anderer Streit, der um die Zukunft des Norddeutschen Rundfunks (NDR), interessiert durchaus die bundesweite Öffentlichkeit. Wulff, dessen einzige ureigenste Kompetenz als Ministerpräsident neben der Vertretung im Bundesrat und in Brüssel in der Medienpolitik liegt, hat sich nicht, wie von Kritikern behauptet wird, vorgenommen, den Sender mehr auf CDU-Linie zu bringen, auch, wenn die niedersächsische Union ihn insgeheim gerne als „Rotfunk“, weil zu SPD-freundlich, bezeichnet. Er regt sich vor allem über etwas anderes auf: dass über Niedersachsen, in dem 60 Prozent der Gebührenzahler leben, zu wenig berichtet werde, vor allem im Vergleich zu Hamburg, aber auch im Vergleich zu den beiden anderen am NDR beteiligten Flächenstaaten Mecklenburg-Vorpommern und Schleswig-Holstein. Das will er ändern und die Tatsache, dass die Verlängerung des Rundfunkstaatsvertrages Anfang 2005 anliegt, begünstigt die Durchsetzung seines Anliegens. Daneben will Wulff die Finanzgebaren transparenter gestalten und den Rundfunkrat aus Kosten- und Effizienzgründen von 58 auf 48 Mitglieder verkleinern. Anliegen, gegen die ernsthaft niemand etwas haben kann. Misstrauen erregt aber die Forderung, die Hälfte des 12-köpfigen Verwaltungsrates zukünftig von den Staatskanzleien bestimmen zu lassen – hier wäre der politischen Einflussnahme Tür und Tor geöffnet, heißt es vor allem von SPD-Seite und von Journalisten. Selbst der Bundeskanzler mischt sich in den schwelenden Streit ein, Gerhard Schröder wirft dem niedersächsischen Ministerpräsidenten „machtpolitische Spielchen“ vor. Diesen Punkt lässt Wulff nach einem Gespräch mit NDR-Intendant Jobst Plog aber wieder fallen.

Nachdem er auch beim NDR-Streit recht rabiat mit der Kündigung des Staatsvertrages gedroht hatte, setzt sich der Niedersachse mit seinen Forderungen weitgehend durch. Die Position der Landesfunkhäuser soll laut neuem Staatsvertrag gestärkt und die Berichterstattung aus den Flächenländern verbessert werden. Der Rundfunkrat soll verkleinert werden, alle vier beteiligten Landesregierungen schicken künftig einen nicht stimmberechtigten Vertreter in das Gremium. Zudem wird die Kontrollfunktion der Landesrechnungshöfe erweitert. Christian Wulff kann weitgehend zufrieden sein.

Natürlich muss ein niedersächsischer Ministerpräsident Kompromisse eingehen. Aber andererseits will Wulff auch demonstrieren, dass zielgerichtete politische Führung für ihn wichtig ist. Ein Ziel vorgeben, Wege und Möglichkeiten finden, es zu erreichen und dann losmarschieren – so stellt er sich das vor. Umwege nimmt er dabei in Kauf, der Weg ist für ihn nur dann das Ziel, wenn es gilt, eine Diskussion mit langfristiger Wirkung anzustacheln. Allerdings: Von Umfragen ist auch er wie jeder andere Politiker abhängig. Wenn sein Zahlenexperte Gibowski den Daumen senkt, kann Wulff ein Ziel auch wieder aus den Augen verlieren. Aber notwendige Ziele in Form von unpopulären Maßnahmen müssen erreicht werden, auch wenn die Mehrheit der Wähler dagegen ist. Wie zum Beispiel der Streit um die Kürzung des Blindengeldes zeigt. Den Menschen bedeuten, wo es lang geht, was am Ende erreicht werden soll, sie aber auch von der Notwendigkeit überzeugen, so stellt Wulff sich politische Führung vor. Der Konsens steht immer am Ende, nicht am Anfang, auch wenn die Menschen vielleicht am Anfang eines Prozesses noch gar nicht richtig verstehen, worum es geht und was es bringt. Aber der Politiker hat erreicht, dass man ihm vertraut und folgt.

Wie der Giraffenbulle in Wulffs geliebtem Osnabrücker Zoo, von dem er gerne erzählt. Dort war eines Tages ein neues Afrika-Panorama für die Giraffen, für die Wulff ein besonderes Faible hat, gebaut worden. Aber die Tiere nahmen die Neuerung nicht an, sondern blieben in ihrem angestammten Gehege. Die netten Tierpflegerinnen, die festen Fütterungszeiten; die Angst, sich vielleicht selbst um Nahrung kümmern zu müssen. Ob Giraffen solche Überlegungen instinktiv mit der Angst vor Neuerungen verbinden? Der Zoodirektor jedenfalls war schon ganz verzweifelt. Da habe er wohl eine Fehlinvestition getätigt, jammerte er. Doch dann machte ein Bulle den ersten Schritt – die anderen Tiere folgten und fühlten sich bald in der neuen Umgebung wohl. So wurde das neue Panorama ein voller Erfolg.

Der politische Führer muss auch ein gutes Fingerspitzengefühl für neue Themen haben. Sein innerer Kompass muss ihm signalisieren, wann welches Thema aktuell wird. Dann muss er sich dafür einsetzen, mutig voranschreiten. Schließlich wird er allmählich immer mehr Menschen überzeugen, bis er die Mehrheit hinter sich hat. Auch hier hat Wulff ein Beispiel aus der Tierwelt parat. Er hat Edmund Stoiber einmal ein Buch geschenkt mit dem Titel „Edmund der Elch“. Der hatte lange zusehen müssen, wie immer mehr Elche an einer viel befahrenen Fernstraße von

Autos angefahren wurden. Schließlich malte er sich selbst auf Schilder und stellte sie am Straßenrand auf. Die anderen Elche lachten ihn aus, verstummten aber bald. Denn im Ergebnis der Aktion ging die Zahl der Unfälle stark zurück. Edmund der Elch-Schilder-Erfinder – erst belächelt, dann geachtet. Das gefällt Wulff.

Der Politiker in Verantwortung muss schließlich seine Umgebung und die große Schar der Wähler motivieren, zum Mitmachen anstacheln. Wulff ist tief davon überzeugt, dass die Menschen sich nach politischen Führern sehnen, die sie lenken und denen sie vertrauen können. Gerade in Zeiten von Globalisierung sowie wirtschaftlichen und sozialen Problemen. Wenn das Vertrauen enttäuscht wird, wenden sie sich von ihnen ab. Er vergleicht Politiker gerne mit dem Leiter einer Wandergruppe. Wenn der sage, er wisse, wo es lang gehe, folge sie ihm. Wenn er nach 100 Metern die Landkarte heraushole und die Gruppe habe auch noch das Gefühl, er halte die Karte beim Lesen falsch herum, sinke ihr Vertrauen schon gewaltig. Wenn er aber nach weiteren 100 Meter eingestehe, er könne auf der Karte den richtigen Weg nicht finden und auch den Kompass nicht lesen, wendeten sich die Mitglieder seiner Gruppe von ihm ab und einem anderen zu, der mehr Vertrauen ausstrahle.

Der Führer dürfe seiner Gruppe aber auch nicht so weit vorauseilen, dass sie ihn aus den Augen verliere. Es hat ihn beeindruckt, wie Nelson Mandelas Vormund seinem Pflegesohn erklärt hat, was gute Führung ist: „Der gute Hirte führt die Herde von hinten. Er achtet darauf, dass sie den geplanten Weg nimmt, aber am Ende kein Schaf verloren geht." Und wichtig sei auch, den Gruppenmitgliedern zu erklären, warum ihr Führer sich für einen bestimmten Weg entscheide, sie auch am Entscheidungsprozeß beteilige. „Wie man entscheidet, ist mindestens so bedeutend wie die Frage, was man entscheidet", so sein Credo.

13. Aktenfresser und Zeitdiebe

Dienstags morgens um zehn Uhr hat Ursula von der Leyen regelmäßig Appetit auf frisches Obst. Das hat sie sich so angewöhnt, seit sie Mitglied im Kabinett von Christian Wulff ist. Denn in den Sitzungen im Gästehaus der Landesregierung in der Luerstraße wird immer etwas zu essen gereicht. Finanzminister Hartmut Möllring nimmt Brötchen mit Ei, sein Kollege Wissenschaftsminister Lutz Stratmann solche mit Fleischsalat. Christian Wulff bekommt Süßigkeiten zugesteckt. Nicht selten greift er beherzt zu, um sich anschließend über Figurprobleme zu beklagen. Ursula von der Leyen aber lebt gesund; sie isst Obst, denn im Gästehaus der Landesregierung, wo das Kabinett tagt, wird das beste Obst überhaupt gereicht. Meint jedenfalls die Familienministerin. Immerhin hat sie einen guten Einfluss auf ihren Chef. Der tauscht zusehends die Süßigkeiten nun ebenfalls gegen Obst ein – und verliert immerhin neun Kilo. Nun passe ihm erstmals seit weit über zehn Jahren wieder Konfektionsgröße 52, kann er im Winter 2006 stolz berichten.

Ein wenig Missmut gibt es, weil jedes Kabinettsmitglied pro Sitzung vier Euro in die Kasse einzahlen muss, für Kaffee und Brötchen. Das finden manche Teilnehmer bei allen Sparbemühungen dann doch ein wenig zu puritanisch. „Niemand wird uns deswegen wiederwählen, und außerdem bekommen die Leute das ja sowieso nicht mit", schimpft einer aus der Runde. Neidisch schielt er auf das montägliche Treffen der Staatssekretäre, die unter Leitung der Chefin der Staatskanzlei, Ursula Wurzel, tagen. Sie bringt Kuchen mit – den sie zuvor auf eigene Kosten besorgt hat.

Die Ministerrunden treffen sich schon seit 1947 in dem Gebäude, das im Neorenaissance-Stil oberitalienischer Prägung 1898 bis 1904 von einem Heizungsfabrikanten erbaut wurde. Platz nimmt das Kabinett auf schwarzen Stühlen am ovalen, hellbraunen Tisch in der Mitte des Kabinettraums, der mit den weißgetünchten Wänden und Decken schlicht, aber stilvoll und im Vergleich zu den Räumlichkeiten anderer Landesregierungen eher bescheiden wirkt. Der Raum ist eine der wenigen Hinterlassenschaften Gerhard Schröders, die dessen Nachfolger gerne übernommen hat. Besonders der ovale Tisch hat es dem Chef angetan. Der sei sehr kommunikativ, die Sitzungen seien geradezu ein gruppendynamischer Prozess, schwärmt er – jeder kann jedem ins Gesicht sehen, jeder kann die Mimik des anderen beobachten. Umstritten unter den Kabinettsmitgliedern sind zwei Bilder des deutschen Künstlers Horst Antes, eines Vertreters der neuen figurativen Malerei. Er ist berühmt für seine „Kopffüßler": Figuren, die keinen Hals und kaum Brust und Bauch haben, bei denen folglich Kopf und Füße ineinander übergehen. Dass das auch Ausdruck mangelnden Rückgrats ist, diese Anspielung möchte kein Mitglied der Ministerrunde auf sich bezogen wissen. Ebenso wenig wie die Tatsache, dass alle Stühle am Tisch wackeln.

Der Ministerpräsident hat es nicht weit zu den Sitzungen, denn er hat eine Wohnung im Gästehaus bezogen. Noch immer wohnt Wulff ja mit seiner Familie in Osnabrück. Als erster kommt der, der den weitesten Weg hat: Wolfgang Gibowski. Niedersachsens „Botschafter" in Berlin ist zwar nur Staatssekretär, zugleich aber einer der wichtigsten Rat- und Ideengeber. Als Umfrageprofi sammelt er oftmals Vorschläge der Kollegen oder des Chefs rasch wieder ein. „Wie kommt das bei den Leuten an", will der Ministerpräsident nicht selten wissen. Wenn Gibowski den Daumen senkt, ist eine gerade geborene Idee nicht selten schon wieder dem Tode geweiht. Wie alle Politiker blickt auch Wulff gebannt auf die Ergebnisse von Meinungsumfragen – und richtet seine Politik auch teilweise danach aus. Allerdings ist ihr Einfluss nicht so groß wie zum Beispiel bei Schröder, für den das Regieren aus dem Bauch heraus, das Schielen und Handeln nach Umfragen geradezu die Säule seiner Politik ist. Aber gegen eine klare Mehrheit in der Wählerschaft regiert auch ein Christian Wulff nur selten und ungern an. Einen wie Wolfgang Gibowski zu haben, ist da auf jeden Fall sehr viel wert, findet Wulff. „Der Neid der anderen Ministerpräsidenten ist mit Händen zu greifen."

Die Kabinettssitzungen laufen schematisch ab. Zuerst hält der Chef einen kleinen Vortrag über die Ereignisse der Woche aus Landes- und Bundespolitik, ein besonderes Ereignis wie die Ansiedlung eines großen Unternehmens in Niedersachsen oder mal eine Reise ins Ausland. Dann werden Personalien und Gesetzesvorhaben eines Fachministers besprochen. Größere Diskussionen oder gar Streit gibt es selten. Denn die Probleme werden meist schon im Vorfeld in der Runde der Staatssekretäre unter Staatskanzleichefin Gabriele Wurzel ausgeräumt. Oder in der Koalitionsrunde mit Wulff, McAllister, Wirtschaftsminister Hirche und FDP-Fraktionschef Rösler, die Woche für Woche unmittelbar vor der

Kabinettssitzung im Kaminzimmer ebenfalls im ersten Stock des Gästehauses tagt. Wenn das Kabinett so gut vorbereitet ist, dass die Minister nach ein bis zwei Stunden mit der Tagesordnung durch sind, haben sie Grund zur Freude, denn die Sitzungen sind auf drei Stunden angesetzt – wenn sie früher zu Ende ist, bleibt den viel beschäftigten Damen und Herren ein wenig Freizeit und Zeit, im eigenen Ministerium Liegengebliebenes aufzuarbeiten.

Für Christian Wulff ist die Kabinettsrunde mehr als ein schlichter Arbeitstermin. Es ist die einzige Gelegenheit, zu der alle Mitglieder regelmäßig zusammenkommen und auch zwischenmenschliche Kontakte pflegen können. Sollte es doch mal zu Unstimmigkeiten kommen, tritt der Chef als Moderator auf. Ein „Basta" ist von ihm nicht zu hören, wütende Äußerungen, gar Schreien und Brüllen sind ihm völlig wesensfremd. Er weiß, dass er den Gesichtsverlust eines der Mitglieder der Runde möglichst vermeiden muss, sonst bleiben Frust und Revanchegedanken zurück. Den Ministern lässt er die lange Leine, regiert nicht in ihre Ressorts hinein, sondern trifft nur die Grundsatzentscheidungen. Eigentlich arbeite er effizient und zielorientiert, heißt es in der Runde. Aber Entscheiden gehört nicht immer zu Christian Wulffs Stärken. Er wägt lange ab, hört sich viele Meinungen an, moderiert die Diskussion. „Er nimmt Umwege in Kauf, geht nicht brutal auf ein Ziel los", sagt ein Kabinettsmitglied. Das macht den Entscheidungsprozess allerdings manchmal langwierig. Im seltenen Streitfall gehen die Kontrahenten auch auseinander, ohne dass der Chef ihnen signalisiert hat, in welche Richtung sich die Sache entwickeln soll. Das sorgt dann für Unzufriedenheit, da hofft manchmal die Runde auf ein Machtwort. Wulff selbst sieht seine Angewohnheit, Entscheidungen hinauszuzögern, als Vorteil an. Oft erledigen sich Probleme von selbst, wenn man länger warte, weil am Ende die verschiedenen Möglichkeiten nacheinander ausfielen, bis nur noch eine übrig bleibe. Das erinnert an das berühmte „Aussitzen" von Problemen bei Helmut Kohl, der oftmals Lösungen auf die lange Bank schob – und am Ende fast immer den Vorteil hatte, genau zu wissen, wo die Mehrheiten lagen, bevor er eine Entscheidung traf. Was andere ab und an als Entscheidungsschwäche auslegen, sieht Wulff selbst jedenfalls eher als Ausdruck seiner politischen Führungskraft.

Eine besonders enge Zusammenarbeit pflegt Wulff mit Finanzminister Hartmut Möllring. Beide sprechen vieles vor den Sitzungen ab und ziehen dann auch an einem Strang. Anders würde es auch nicht funktionieren – wenn der Chef dem Finanzminister, der mit einem Vetorecht ausgestattet ist, in den Rücken fallen würde, würde der ganze Laden bald auseinander fallen.

Die Zusammenarbeit mit der FDP läuft in den ersten zwei Jahren so gut, dass sie nach dem schwarz-gelben Wahlsieg in Nordrhein-Westfalen im Mai 2005 sogar zum Vorbild für die dortigen zukünftigen Koalitionspartner Union und Liberale wird. Die Koalitionsverhandlungen in Düsseldorf zwischen beiden Parteien würden als Gespräche unter Freunden inszeniert, berichtet die Westfälische Allgemeine Zeitung (WAZ). „Abgeschaut haben sie sich das in Hannover."

In den Kabinettssitzungen ist ein Charakterzug Wulffs sehr gut zu beobachten. Wenn der stets kontrollierte Ministerpräsident mal genervt ist, äußert sich das nicht in lautstarken Meinungskundgebungen. Wulffs Mittel, Kritik und Distanz zu zeigen, ist dann eine spitze Ironie, die auch in blanken Zynismus münden kann. Er kann wie nur wenige Spott gezielt als Waffe einsetzen. Dann wird es für den Betroffenen ungemütlich, auch gefährlich, weiß jeder. Diesen Charakterzug haben schon viele bei ihm zu spüren bekommen, auch in der Zeit als Oppositionsführer. Da kann er sich dann manchmal nicht zurückhalten – die Folge sind oft Frustrationen bei seinen Opfern, die Wulff gar nicht bedenkt. Da sei er manchmal schlicht zu unsensibel, sagen Leute, die ihn gut und lange kennen. Wie ein Kabinett allerdings auch geführt werden kann, haben die Niedersachsen bei einer gemeinsamen Runde mit den Kollegen aus Hessen in Wiesbaden erfahren dürfen. Roland Koch leite die Sitzung völlig anders, mache wesentlich längere Ausführungen, gebe kurze Anweisungen und raunze seine Minister auch an, so ihre Feststellung. Danach sind die Niedersachsen wieder froh, in der nächsten Woche unter sich zu sein.

Andererseits lacht er mit Vertrauten gerne und viel. Ein einstiger enger Mitarbeiter aus der Fraktion, der in seinen 24 Jahren Parlamentstätigkeit immerhin fünf Chefs hatte, sagt: „Mit keinem anderen Fraktionsvorsitzenden habe ich so viel gelacht." Wenn Wulff mit Glaeseker und Gibowski unterwegs ist, können die drei sich derart biegen vor Lachen, dass ein Journalist, der anschließend ein Interview mit Christian Wulff macht, später die Antwort auf die erste Frage wieder streichen muss, weil der Ministerpräsident einfach so schnell noch nicht wieder „auf ernst umgeschaltet" hat.

Eine Sache hat Wulff mit Ernst Albrecht gemein: Beide gelten als Aktenfresser. Albrecht war als Ministerpräsident aufgrund des ausgiebigen Aktenstudiums so detailliert informiert, dass manche Minister klagten, sie würden sich in den Kabinettssitzungen vorkommen wie bei einer Abiturprüfung. Wulff ist geradezu versessen auf seine Akten. „Er ist eine Umwälzpumpe", sagt sein Sprecher Olaf Glaeseker. Wenn er Koffer mit Akten durchgearbeitet hat, schickt er sie per Boten in die Staatskanzlei – und lässt sich gleich neue mitbringen. Er liest sie im Dienst-Phaeton, für den er nach Ansicht Glasekers eigentlich einen eigenen Anhänger nur für die zahlreichen Akten bräuchte, zu Hause, in der Staatskanzlei, im Gästehaus, in der Berliner Landesvertretung. Freunde berichten, sie müssten ihn nach einem gemeinsamen Essen oft um halb zwei Uhr nachts noch zur Staatskanzlei bringen, weil er noch Akten bearbeiten wolle. Die nimmt er sich auch regelmäßig mit ins Gästehaus der Landesregierung, wo er bis vier Uhr am Schreibtisch sitzen kann, um nach wenigen Stunden Schlaf am nächsten Morgen die ersten Termine zu absolvieren. Auch Journalisten haben schon die Erfahrung gemacht, dass ihr Gegenüber nach einem langen gemeinsamen Abend zu seinen Akten strebt, während sie sich nur noch aufs gemütliche Bett daheim freuen. Schlaf brauche er eben nicht viel, sagt Christian Wulff – und kann doch häufig ein Gähnen nicht unterdrücken.

Für Christian Wulff ist es eminent wichtig, immer im Film, immer über alles informiert zu sein, was in der Kabinettsrunde auf der Tagesordnung steht. Nicht selten gibt er den Fachministern Nachhilfe. Er habe ein geradezu fotografisches Gedächtnis, rühmen Mitarbeiter. Bis ins kleinste Detail arbeitet er die Mappen durch und macht mit grünem Stift – wie es bei den Chefs in großen Wirtschaftsunternehmen üblich ist – seine Anmerkungen. Die Mitarbeiter der Staatskanzlei bekommen dann die intensiv bearbeiteten Mappen zurück. Das setzt sie zwar unter Druck, motiviert sie aber auch, weil sie sich ernst genommen fühlen. Kritik äußert er dann oft auf joviale oder auch witzige Art. Mit Lob hält sich der Chef allerdings nach Ansicht manches Mitarbeiters zu stark zurück, was manchmal für Frust sorgt und manchen im Unklaren darüber lässt, auf welcher Stufe der Sympathieskala er gerade steht. Das geht selbst langjährigen Mitarbeitern so, von denen er die gleiche Schlagzahl erwartet, die er selbst vorlegt. Wenn einer die nicht erbringen kann oder mag, weil er der Ansicht ist, es gebe auch noch ein Leben neben der Arbeit, und Wulff folglich nicht zufrieden ist, kann er ihn mit schlichter Nichtbeachtung belegen, was schlimmer sein kann als deutliche Worte. Vertraute haben auch festgestellt, dass er in der Einschätzung von Personen unsicher ist. Er entziehe Sympathien und verteile sie neu, ohne dass der Betroffene erkennen könne, warum das so sei. Für engere Vertraute steht seine Bürotür meistens offen, die anderen müssen sich vor einem Gespräch einen Termin geben lassen.

Über die Tatsache, dass der Ministerpräsident auch Leute mit SPD-Parteibuch auf Positionen, bei denen es um Vertrauen geht, nach dem Regierungswechsel im Amt belässt, wundern sich vor allem die Vertrauten Wulffs, die ein CDU-Parteibuch haben. Wulff geht davon aus, dass die SPD-Leute in erster Linie das Wohl des Landes und nicht das der eigenen Partei im Sinne haben – ziemlich weltfremd und naiv sei das, finden eingefleischte Christdemokraten in der Staatskanzlei. Unter ihnen sorgt das auch für Frust. Man müsse wohl erst aus der CDU austreten, um beim CDU-Ministerpräsidenten Karriere zu machen, klagen manche. Auch in der CDU-Fraktion sind viele nicht glücklich darüber, wenn plötzlich Berichterstatter aus der Staatskanzlei, die SPD-Mitglieder sind, auftauchen. Dass sie nicht der Versuchung erliegen, brühwarm den eigenen Leuten aus der nichtöffentlichen Sitzung der Christdemokraten zu berichten, mögen viele von denen einfach nicht glauben.

Manche in der Leitungsebene der Staatskanzlei sind der Ansicht, Wulff bringe die Ergebnisse der eigenen Experten, die einen guten Ruf auch in anderen Ländern haben, nicht genug bundespolitisch ein. Für einiges, was im Bund diskutiert werde, wie das Kombilohnmodell, lägen fertige Konzepte in der Schublade – nur Wulff lasse sie eben auch dort liegen. Über die Gründe können sie nur mutmaßen. Einer dürfte sein, dass Wulff nicht das gleiche Schicksal erleiden will wie Roland Koch, dessen ständige bundespolitische Präsenz von den Medien und auch in der eigenen Partei wie ein permanenter Angriff auf die Machtposition von Parteichefin Angela Merkel gewertet wird.

Klar, dass ein viel beschäftigter Mann wie Christian Wulff vor allem ein Problem hat: Zeit. Wenn ihm jemand seine kostbare Zeit raubt, kann er schnell ungeduldig werden und ein Gespräch auch abrupt abbrechen. Dabei nutzt er sie selbst gar nicht immer nur effizient, finden seine Berater. Es kommt vor, dass er sich Zeit für einen Termin mit zwanzig Teilnehmern nehme, während zugleich Journalisten großer Blätter, über die er hunderttausende Leser erreichen kann, sich für ein Interview gedulden müssen. Wie schon zu Oppositionszeiten, so bemüht sich auch der Ministerpräsident, möglichst viele Briefe an ihn persönlich zu beantworten. Und zwar durchaus auch ausführlich und detailliert. Von den positiven Schreiben lässt er einige in einem Ordner in der Staatskanzlei sammeln, die negativen werden nach der Beantwortung abgelegt.

Wulff selbst benutzt gerne das Wort „Zeitdiebe", eine Anlehnung an das Buch „Momo" von Michael Ende, wenn er über Leute spricht, die ihn unnötig in Anspruch nehmen. In diesem Zusammenhang kommt es zu einer kleinen Fast-Katastrophe mit David McAllister. In der Morningshow des Radiosenders ffn wird der Ministerpräsident um einen Satz gebeten, in dem die Hörer ein fehlendes Wort ergänzen sollen. Für jede falsche Antwort geht Geld in einen Jackpot, den derjenige Hörer knackt, der das richtige Wort findet. Auch McAllister ist Gast in der Sendung, während die Hörerschaft noch versucht, Wulffs Rätsel zu lösen. Satte 40 000 Euro haben sich schon angesammelt und warten auf den glücklichen Gewinner. Gefragt, was Christian Wulff am meisten aufregt, antwortet McAllister guten Gewissens: „Das sind Leute, die ihm seine Zeit klauen." Dem Moderator bleibt fast die Spucke weg, weil er glaubt, sein Gast kenne das gesuchte Wort. Doch das ist gar nicht der Fall, McAllister hat einfach das gesagt, was ihm spontan eingefallen ist – aber er wäre beinahe um 40 000 Euro reicher gewesen. Die skandalträchtigen Schlagzeilen nach dem Motto „Wulff und McAllister kungeln bei Jackpot-Gewinn" wären zweifellos unangenehm.

Auch sein Fahrer André Gechter kann sich zu dieser Zeit kaum retten vor Anrufen guter alter Freunde, die sich schon längst mal wieder hatten melden wollen und ganz nebenbei für einen Bekannten erfragen, ob Gechter denn nicht vielleicht das Wort wisse. Der weiß es zwar in der Tat nicht, würde es aber auch kaum weitergeben, wenn er es wüsste. Denn er hält viel auf seine Verschwiegenheit. Selbst kleine Freundschaftsdienste für Journalisten, ihnen nebenbei mal kurz mitteilen, wo sein Chef wann sein wird, damit sie sich vor dem Vorder- oder Hintereingang postieren können – das ist bei ihm anders als bei manchen anderen Fahrern schlicht nicht drin.

Ähnlich wie mit den „Zeitdieben" kann Wulff auch nichts mit Menschen anfangen, die sich persönlich wichtig nehmen. Auch hier kann er mit Ironie reagieren – und im Bedarfsfall auch mit Zynismus.

Neben Olaf Glaeseker, Wolfgang Gibowski und Finanzminister Hartmut Möllring gehört zu Wulffs engsten Ratgebern auch Volker Schmidt, der auch schon für Wolfgang Schäuble und Friedrich Merz und in der Wirtschaft gearbeitet hat. Mit ihm, der als strategischer Kopf gilt, arbeitete Wulff schon in den Oppositionsjahren vertrauensvoll zusammen. Nach dem Amtsantritt macht er ihn zum Leiter der politischen Abteilung. Schmidt versteht die Staatskanzlei als Denkfabrik, liebt das Brainstorming und ist Wulffs Krisenmanager, wenn es zum Beispiel Probleme mit einem Wirtschaftsunternehmen gibt. Gabriele Wurzel dagegen, die Chefin der Staatskanzlei, die diesen Job zuvor schon vier Jahre lang unter Berndt Seite in Mecklenburg-Vorpommern ausgefüllt und sich einen Ruf als effiziente und erfahrene Fachfrau erworben hat, beschränkt sich auf die eigentliche Aufgabe des Verwaltens. Das Ausbrüten neuer Ideen überlässt sie anderen. Mit ihrer Erfahrung erleichtert sie Wulff einen professionellen Start. Wulff ist zu Beginn seiner Amtszeit nur allzu klar, dass außer Walter Hirche, der schon unter Angela Merkel Staatssekretär im Bundesumweltministerium sowie Wirtschaftsminister in Niedersachsen und Brandenburg war, alle Kabinettsmitglieder völlig unerfahren im Regieren sind. Er selbst eingeschlossen. Dass Wurzel sich zudem noch für die Sache der Frauen stark macht, begrüßt Wulff ausdrücklich. Zum 1. Mai 2006 wechselt sie als Staatssekretärin ins Innenministerium. Nachfolger wird Lothar Hagebölling, den Wulff als das professionellste Mitglied aus der Runde der Staatssekretäre schätzt.

Neben Olaf Glaeseker oder Volker Schmidt spielen auch andere Mitarbeiter Wulffs, die er manchmal zu einem regelrechten Küchenkabinett versammelt, eine wichtige Rolle. Vor allem Julia Storm, die er während eines Besuchs bei Jassir Arafat in Ramallah kennen lernt. Die Islamwissenschaftlerin, die neben anderen Sprachen auch arabisch spricht, arbeitet im Büro der Konrad-Adenauer-Stiftung in Ramallah. Sie fällt Wulff sofort auf – wenn sie in der Lage ist, an einem so schwierigen Ort ein Büro zu leiten, dann tauge sie gewiss auch zur Betreuung eines Ministerpräsidenten, denkt der Niedersachse sich und macht sie zu seiner persönlichen Referentin.

Des Weiteren gehört zum engen Kreis sein Büroleiter Niels Kämpny, den Wulff schon aus seiner Zeit als Fraktionschef schätzt. Zum Abteilungsleiter Personal, Recht, Verwaltung und Medien macht Wulff Ernst Hüdepohl. Ein Mann, an dem ihm besonders dessen Standfestigkeit imponiert: Hüdepohl hat 16 Jahre lang, von 1987 bis 2003, alle Stationen der Weltausstellung EXPO 2000 mitgemacht – eine gute Voraussetzung für den Job in der Staatskanzlei. An diesen engen Mitarbeitern, zu denen auch noch andere zählen, schätzt Wulff vor allem eins: ihren großen Arbeitseinsatz mit bis zu 100 Stunden effektiver Dienstzeit pro Woche.

Ein ungeahntes Thema stellt sich bald nach der Regierungsübernahme. In der niedersächsischen CDU gibt es seit längerem Kritik an der Abschaffung des früheren Landeswappens durch die SPD-Regierung. Die war bemüht um ein modernes Erscheinungsbild. Die Ursprünge des niedersächsischen Landeswappens mit einem Pferd im Mittelpunkt gehen bis ins 14. Jahrhundert zurück. Niedersachsen ist das Land der weltberühmten Pferde und der Pferdezucht. So knüpfte man nach seiner Gründung nach dem Zweiten Weltkrieg an diese alte Tradition an und schaffte das weiße springende Pferd im roten Schilde als Wappentier. Der SPD-Regierung war dieses Wappen jedoch zu altmodisch geworden. Sie schuf daher ein neues, künstlerisch zwar durchaus ansprechend, aber von seinen Kritikern als „Hungerhaken“ verschrien. Mit der Tradition und dem Land hat es nichts zu tun, und zwischen den alten Wappen der anderen Länder im Bundesrat sieht das stolze Pferd natürlich auch besser aus als der „Hungerhaken“. Nun, an der Macht, hoffen CDU-Leute im Verwaltungsapparat, dass die neue Landesregierung sich wieder zur alten Tradition bekennt. Den Anfang macht Gibowski, der an seine Bürotür einfach ein Namensschild mit dem alten Wappen anbringen lässt. Dieses Vorpreschen ohne jegliche Absprache imponiert Wulff, der seinerseits, wie alle Minister vom ersten Tag ihrer Amtsübernahme an, Briefe mit dem Pferde-Wappen verschickt. Allerdings kann so ein gewichtiges Vorhaben auch bei einer Regierung, die eigentlich Besserung durch Bürokratieabbau versprochen hat, in den Mühlen der Bürokratie versacken. Mit dem Ergebnis, dass vorerst beide Wappen im Umlauf sind, weil eine Regierung, die ja auch eine neue Sparsamkeit gelobt hat, nicht einfach die Visitenkarten ihrer Mitarbeiter ungenutzt beseitigen lassen kann.

Und er hat viel Korrespondenz, zumal er nach wie versucht, möglichst viele an ihn gerichtete Briefe auch persönlich zu beantworten – auch deshalb kommt er häufig erst spät nachts ins Bett. Die Reaktionen auf Wulffs Auftritte sind häufig positiv, wie eine ganze Reihe von Zuschriften zeigen. „Als Niedersachse möchte ich Ihnen an dieser Stelle mal sagen, dass ich sehr stolz auf Sie bin. Noch nie hat ein Ministerpräsident ein Konzept zur Wahl vorgelegt und es auch so klar umgesetzt“, schreibt ein 47-jähriger Familienvater. Eine 37-jährige Mutter aus Braunschweig meint: „Ich könnte sie glatt zum Vorbild machen, Mutter Teresa war zwar auch nicht schlecht, aber ist schon ein wenig zu lange nicht mehr unter uns.“

Ein mittelständischer Unternehmer, der 1947 Mitglied der CDU wurde und 51 Jahre später die Partei verlassen hat, nennt ausdrücklich Wulff als Grund dafür, dass er wieder in die Union eingetreten ist. Ein jüngerer

Mittelständler meint: „Sie schaffen es mit Ihrer Person, Ihrem ehrenwerten, natürlichen Auftreten und Ihrer Politik vor allem uns jungen Menschen in diesem Land Perspektiven zu geben.“ Ein Bäckermeister schreibt: „Es hat mich sehr gefreut, Sie heute bei uns begrüßen dürfen. Es hat viel Spaß gemacht, doch tauschen möchte ich meinen geliebten Beruf mit Ihnen nicht.“

Auch über Niedersachsens Grenzen hinaus stößt Wulff zunehmend auf positive Resonanz. „Für mich und meine Frau sind Sie in jeder Beziehung ein absoluter Sympathieträger, der ein äußerst wirkungsvoller Widerpart gegen Politikverdrossenheit und für Glaubwürdigkeit ist. Wir haben die Hoffnung, dass Ihnen eines Tages der Sprung von Hannover nach Berlin gelingen wird, um Ihre Leistungen noch mehr als gegenwärtig für ganz Deutschland einzubringen“, schreibt ein Berliner. Und ein Varieté-Betreiber aus Düsseldorf findet: „Schade, dass Sie nicht auch in Nordrhein-Westfalen mitregieren können.“

Eine Brieffreundschaft der besonderen Art hat sich mit dem 1991 geborenen Schüler Laurent de Brabandt entwickelt. Der junge Mann aus Bielefeld, Sohn eines Arztes, besucht das renommierte Eton College in London, wo die zukünftige Elite für Wirtschaft oder Politik herangezogen wird. Trotz seiner jungen Jahre ist Laurent bereits schwer von der Politik begeistert – und nicht minder von Christian Wulff. Mit der Politik kam er bereits als 8-Jähriger in Berührung, als er für den privaten TV-Sender RTL als Kinderreporter durchs politische Berlin zog. Auge zu Oberschenkel stand er Helmut Kohl gegenüber und fragte das Schwergewicht, was er wohl zum Frühstück esse – doch sicher kein Müsli? „Werd nicht frech!“, war Kohls patzige Antwort auf die unflätige Journalistenfrage, ehe er sich umdrehte und am Tisch mit Horst Seehofer Platz nahm – zum Essen.

Auf Christian Wulff wurde der Junge durchs Fernsehen aufmerksam. Irgendwann schrieb er ihm einen Brief, Wulff antwortete persönlich. Seitdem diskutieren beide regelmäßig per Brief oder E-Mail über die Probleme, die gerade so anliegen: Globalisierung, Arbeitslosigkeit, Wirtschaftspolitik. Der Schüler ist begeistert von Wulffs Inhalten, von seiner Politik und von seinem Auftreten. Er hat – neben seinem Vater – in Christian Wulff ein großes Vorbild entdeckt. Der Ministerpräsident ist nicht minder begeistert von dem Schüler, der ihm gerne mal Vorschläge zur Steuerpolitik oder zum Abbau der Arbeitslosigkeit unterbreitet und die Problematik tiefer durchdringt als viele Erwachsene. Zweimal haben sie sich schon persönlich getroffen. Laurent, dem mit seiner Ausbildung und seinen Kontakten, die er an seiner Londoner Elite-Schule knüpft, alle nur erdenklichen beruflichen Perspektiven offen stehen, hat ein Traumziel: Irgendwann würde er gerne für Christian Wulff arbeiten.

14. Eintauchen in eine andere Welt

Wenn Christian Wulff abends nach getaner Arbeit wie jeder durchschnittliche Familienvater nach Hause kommt, dann vergisst er schon mal, dass er nicht mehr in der Staatskanzlei ist. Gewohnt an die Effizienz und Folgsamkeit seiner Mitarbeiter, kommt er dann gar nicht auf den Gedanken, in die Küche zu gehen und sich einen Tee selbst zu machen – bis ihn Christiane daran erinnert, wo er ist. Nicht dass Christian ein Macho ist oder ein altbackenes Rollenverständnis von Ehemann und Ehefrau hat – ihm gelingt es schlicht manchmal nicht, im rechten Augenblick aufs Private umzuschalten. Dann sieht er durchaus das Bedürfnis nach Resozialisierung ins Familienleben – und Christiane unterstützt ihn tatkräftig dabei. „Sie sorgt dafür, dass ich auf dem Teppich bleibe", erkennt er selbstkritisch.

Überhaupt: Das Familienleben und die Erziehung von Annalena sind Christianes Domäne. Das hat sie so für sich entschieden, als es um Christians Spitzenkandidatur 1994 ging. Für sich, nicht in erster Linie für ihn – so war es eine souveräne, selbstbewusste Entscheidung, die aber gleich im ersten Wahlkampf von eher SPD-nahen Medien begierig aufgegriffen wurde. Es passte ja auch zu schön ins linke Weltbild: Hier die moderne und selbstbewusste Landesmutter Hillu Schröder, auch schon mal als Hillary Clinton von der Leine bewundert, die politikbegeistert ist, sich einmischt und auch mal prominente Journalisten aus dem Arbeitszimmer des Gatten in der Staatskanzlei wirft, wenn sie gerade etwas mit ihm zu besprechen hat. Da das brave Hausmütterchen, das den Herd hütet, den Garten pflegt und das Töchterchen umsorgt. Nur: Mit der Realität von Christianes Leben hat das nur bedingt zu tun – und mit ihrer Selbsteinschätzung schon gar nicht. Kein Wunder, dass sie von der Medienberichterstattung zu dieser Zeit zusehends genervt ist. „Ich wollte mich nicht ständig dafür rechtfertigen müssen, dass ich zu Hause bleibe und unsere Tochter erziehe."

Eins gibt sie allerdings zu: „Als wir uns für die Karriere meines Mannes entschieden und gegen meine eigene, fiel ich zunächst in ein Loch." Der Anwaltsberuf war vielleicht kein Traumjob, hat aber Spaß gemacht.

Die Familie bildet neben der Politik den Mittelpunkt in Wulffs Leben.

Zunächst weiß sie gar nichts mit ihrer Zeit anzufangen, als sie plötzlich unendlich viel davon hat. Doch dann greift sie auf ihr altes Hobby, das Reiten, zurück. Seitdem ist sie regelmäßig auf einem Reiterhof in Vechta im Südoldenburger Land, etwa 40 Kilometer von Osnabrück entfernt. Darin geht sie auf, unterrichtet Kinder und arbeitet auch manchmal mit Behinderten zusammen. Als Christian mit ihr den Hof besichtigen fährt, hat er keine Ahnung, wie zeitintensiv sich die ganze Sache gestalten wird. „Ich dachte, man kauft da eine Zehnerkarte, reitet ein paar Mal und dann ist gut." Er ist längst eines Besseren belehrt worden. Auch Annalena ist dabei.

So teilt Christiane Wulff keineswegs das Schicksal zahlloser Politikerfrauen, sitzt nicht den ganzen Tag zu Hause und wartet auf ihren Mann. Wenn der freitags abends nach Hause kommt und sich auf die Familie freut, kann es passieren, dass Christiane und Annalena gar nicht da sind, weil sie über Nacht auf dem Reiterhof bleiben, um am nächsten Morgen an einem Turnier teilzunehmen. Den Abend muss er dann allein verbringen und sich im Ofen das vorgekochte Essen aufwärmen. Das kann schon mal zu Missmut führen, weil Christian manchmal findet, Christiane könnte auch daheim sein, schließlich hat man sich oft die ganze Woche nicht gesehen. Dass das Ganze auch eine gute Seite hat, muss Christian sich aber durchaus selbst eingestehen: „Es kann sehr lehrreich sein, wenn man selbst sieht, wie das ist, allein zu Hause zu sitzen." Da bleibt das Verständnis für die Situation des anderen wach.

Für Christiane steckt hinter ihrem eigenständigen Verhalten eine Lebenseinstellung. „Wenn man das Gefühl hat, man muss seinen Partner jeden Abend bei sich haben, dann funktioniert so ein Leben nicht. Ich bin nicht so ein Typ Frau und habe nie das Gefühl gehabt, ich muss ständig auf meinen Mann warten." Der hat sich damit zwangsläufig arrangiert. Sie kennt das Leben mit Christian aber auch gar nicht anders. Schon als sich beide kennen lernten, war der Jurastudent stark in der Politik engagiert. Das hat sie von Anfang an akzeptiert, auch wenn sie schon mal eine Trennlinie gezogen hat. Einmal, so berichtet ein Freund der beiden, hat sie sich in frühen Jahren über seine Passion für Kommunalpolitik beschwert. „Wenn Christian sich heute Abend wieder um einen Straßengully anstatt um mich kümmert, dann gibt es Ärger!" Wofür der sich damals entschied, ist nicht überliefert.

Gleichwohl müssen beide zusehen, dass sie irgendwie ein halbwegs geregeltes Eheleben auf die Beine stellen. Nie sind sie nach Hannover umgezogen, schon weil sie Annalena eine Umschulung nicht zumuten wollen. Sooft er kann, fährt Christian die 130 Kilometer von Hannover nach Osnabrück, um nachts zu Hause schlafen zu können. Annalena sieht er dann meist nur morgens vor der Schule, weil sie schon im Bett liegt, wenn er heimkommt. Oft muss sich die Familie mit dem gemeinsamen Sonntagnachmittag begnügen, manchmal trägt Christian aber auch einen „P-Tag" in den Kalender ein. „P" steht für Privat – und seine Mitarbeiter wissen, dass sie ihn dann nur in dringenderen Fällen stören sollten. An solchen Tagen muss Christiane manchmal einer Gewohnheit des Berufspolitikers entgegenwirken – nämlich den ganzen freien Tag von morgens bis abends vollkommen durchzuplanen. Sie sorgt dafür, dass Zeit für spontane Aktivitäten wie Radtouren, Kino-Besuche oder Essengehen bleibt. Auch das gemeinsame Shoppen in Osnabrücks Fußgängerzone oder manchmal auch in Hannover genießt die Familie. Gerne treibt sich Christian in den Krawattenabteilungen der Kaufhäuser und Boutiquen herum. Er hat im heimischen Kleiderschrank über 100 Schlipse hängen, und ein Ende ist nicht abzusehen. Es kann auch schon mal vorkommen, dass er als Berater auftritt. Als ein angehendes Ehepaar in Hannover eine Krawatte für den Hochzeitsanzug des Bräutigams aussucht und sich nicht entscheiden kann, fragen die beiden spontan den Ministerpräsidenten, der auch gerade im selben Geschäft stöbert. „Nehmen Sie die", rät er ihnen und zeigt auf eine bestimmte Krawatte. Die zwei folgen dem Rat. Perfekt binden kann er seine zahlreichen Krawatten allerdings nicht, am Ende gerät der Knoten immer ein wenig schief, und der Schlips hat einen leichten Rechtsdrall.

Die Familie ist das wichtigste in Christian Wulffs Leben. Ständig erzählt er seinen Kabinettsmitgliedern oder Parteifreunden von Christiane oder Annalena, da stört es ihn auch nicht, wenn Parteichefin Angela Merkel gerade eine wichtige Rede hält. Christiane gilt als lockerer, umgänglicher und unprätentiöser Typ, auch wenn sie auf den einen oder anderen Beobachter etwas spröde und zu zurückhaltend wirkt. In der Öffentlichkeit bietet sich oft bei gemeinsamen Auftritten das Bild eines Paares, das ein blindes Verständnis füreinander hat. Doch eins fällt vielen Beobachtern auf: Es ist Christian, der der umsorgende Partner ist. Wie überhaupt ein Mitglied seines Bekanntenkreises sagt: „Bei den beiden ist es anders als bei anderen Politikerehepaaren. Bei denen sitzt die Frau schmachtend zu Hause und wartet, bis der erfolgreiche und berühmte Mann nach Hause kommt. Bei den Wulffs ist es eindeutig Christian, der mehr an seiner Frau hängt, als umgekehrt." Mit einer Lebenspartnerin ohne eigenen Willen und eigene Ziele könnte er wahrscheinlich gar nicht viel anfangen. In einer Rede zur Eröffnung des Brokser Heiratsmarktes im August 2005 vergleicht er eine Ehe mit einem Freundschaftsspiel im Fußball: „Ein bisschen Konkurrenz zwischen beiden Partnern, um sich gegenseitig voranzutreiben, aber nicht zu viel, um sich nicht pausenlos den Atem zu rauben."

Die Rolle als klassische Landesmutter, die sich ständig an der Seite des Ministerpräsidenten zeigt, mag sie nicht spielen. „Ich mach mein Ding und Christian seins. Schließlich geht er ja auch nicht regelmäßig zu den Reitturnieren", sagt sie dazu. In die Politik, wie zum Beispiel Kanzlergattin Doris Schröder-Köpf, die im Wahlkampfsommer 2005 öffentlich Kanzlerkandidatin Angela Merkel angreift, mischt sie sich nicht ein. Sie weiß, dass ihre Meinung nur deshalb ein ganz anderes Gewicht bekommt, weil sie die Frau des Ministerpräsidenten ist. Gleichwohl fragt er sie um ihre Ansichten – seinen offiziellen Mitarbeitern gilt sie sogar als einflussreichste Beraterin überhaupt. Das würde sie weit von sich weisen. Im Gegenteil

Pferde sind ihr Leben: Mehrmals in der Woche verbringt Christiane ihre Zeit auf dem Reiterhof.

gesteht sie ein, oftmals politische Themen wie die Steuerreform gar nicht richtig zu durchschauen. Das lässt sie sich dann vom Ministerpräsidenten am Frühstückstisch höchstpersönlich erklären. In die CDU ist der Spross einer traditionsreichen SPD-Familie inzwischen eingetreten. Nicht aus Liebe zu ihrem Mann, sondern weil der Politiker an ihrer Seite sie davon überzeugt hat. Was nicht heißt, dass sie nicht auch mit ihrer Partei verquer liegen kann, wie zum Beispiel bei einem Streit in der Osnabrücker Kommunalpolitik, bei dem es um die Reduzierung von Mitteln für ein Frauennotruftelefon geht. Da kann sie sich dann sogar öffentlich gegen die eigene Partei engagieren. Auch sozial betätigt sie sich natürlich, wie jede Frau eines Ministerpräsidenten. Sie ist Schirmherrin des Vereins für krebskranke Kinder in Hannover, engagiert sich für Kinder- und Jugendtheater, Hospizbewegungen und die Aidshilfe. Öffentlich macht sie davon aber kein Aufheben – manchmal zum Leidwesen ihres Mannes, der ein wenig mehr Publicity durchaus begrüßen würde. „Ich will mich nun mal nicht fremdbestimmen lassen."

Selten tritt sie an seiner Seite als Frau des Ministerpräsidenten auf, vor allem, weil sie sich unter ständiger Beobachtung der Medien nicht wohl fühlt. Und wenn doch, dann sucht sie sich bewusst Termine aus, die sie interessieren, wie zum Beispiel einen Museumsbesuch. Manches ist natürlich unvermeidbar, wie die Pressebälle. Da trifft man sich dann mit Freunden, das ist okay. Da kann es aber auch zu Missgeschicken kommen, wie auf dem Landespresseball in Hannover im Winter 2004. Das Ehepaar soll vor allen Leuten den Eröffnungswalzer tanzen. Gerhard Schröder hat sich in seiner Zeit als Ministerpräsident geweigert, das zu tun, was allgemein akzeptiert wurde. Wulff denkt als Neuling in der Staatskanzlei an die drohende Gefahr gar nicht – und dann ist es zu spät. „Ich habe mich ordentlich bemüht, aber es ging nicht. Christian kann bestenfalls minimalistisch tanzen", so das harsche, aber ehrliche Urteil seiner Frau.

Ein hilfsbereiter Hotelier aus Lanzarote bietet ihm daraufhin einen Crashkurs in einem seiner Hotels an. Doch Wulff hat eine gute Ausrede: Geschenke im Wert von mehr als zehn Euro dürfe er als Politiker nicht annehmen. Die Teilnahme an einem Tanzkurs hat sich das Ehepaar Wulff schon lange vorgenommen, doch es fehlte immer wieder an der Zeit. Er weiß auch genau, warum er noch nie auf den Bundespresseball in Berlin gegangen ist. Auch in der Disco ist der blonde Hüne nicht gerade ein John-Travolta-Typ – auch, wenn er selbst das nicht immer wahrhaben will. Als er im Frühsommer 2005 mit einer größeren Delegation nach Japan fährt, gehen abends viele Reiseteilnehmer – Journalisten, Wirtschaftsvertreter, Mitarbeiter – noch in eine Disco. Alle finden sich auch auf der Tanzfläche ein, selbst Christian Wulff, dem ein Begleiter dringend davon abrät, weil er nun mal kein Bewegungstalent ist. „Das Ergebnis war dementsprechend", erinnert sich der gute Ratgeber.

Annalena ist Christian Wulffs Ein und Alles. Er leidet darunter, sie viel zu selten zu sehen. Das kompensiert er ein wenig, indem er seiner Umgebung regelmäßig von ihr gemalte Bilder zeigt oder sie mit Geschichten über sie versorgt, wenn auch nicht immer den neuesten, weil manch einer sie schon drei Mal gehört hat. Zum Beispiel die, in der seine Tochter nach Hause kommt und erzählt, dass sie in der Schule immer wieder darauf angesprochen werde, dass ihr Vater der Landesvater sei. Dann sage sie zu ihm: „Ich will nicht, dass du der Papa des ganzen Landes bist, ich will, dass du mein Papa bist." Das Ehepaar Wulff hat seiner Tochter von Anfang an beigebracht, möglichst normal mit dem Status als Spross des Ministerpräsidenten umzugehen – und der Vater ist stolz darauf, dass ihr das gelingt.

Interessiert und aufmerksam beobachtet der Vater, wie seine Tochter Annalena heranwächst.

Auch auf dem gesellschaftlichen Parkett in der Hauptstadt reüssiert der Niedersachse zunehmend. Wer in Berlin dabei sein möchte, muss sich regelmäßig auf den zahlreichen Empfängen und Stehpartys zeigen, muss zu Diskussionsabenden gehen, zu Filmpremieren oder auch einfach mal im Café Einstein Unter den Linden gesehen werden.

Im Sommer 2005 wird eigens für Christian Wulff ein prominent besetztes Diner veranstaltet. Der Filmproduzent David Groenewold und der mit beiden befreundete Schauspieler Thomas Heinze haben zu Ehren des niedersächsischen Ministerpräsidenten in den schicken „China Club" im Hotel Adlon am Brandenburger Tor eingeladen. 130 Schauspieler, Regisseure, Musiker sind der Einladung gefolgt, nur wenige haben abgesagt. Schlagerstar Udo Jürgens ist ebenso da wie die Filmemacher Sönke Wortmann und Helmut Dietl, und auch Schauspieler wie Heike Makatsch und Til Schweiger sind gekommen. Ein ungewöhnliches Ereignis ist dieser Abend schon, denn dass Filmleute ein feines Diner für einen Politiker geben – zumal für einen von der CDU –, ist in Deutschland nicht alltäglich.

Aber kein Zufall, denn Wulff interessiert sich sehr dafür, mit Vertretern aus der Film- und Musikbranche zusammenzutreffen.

Während Wulff im Small Talk vertieft ist, greift sie plötzlich an, die attraktive junge Dame mit dem ausgeprägten Dekolleté. „You are a smart blond politician", haucht sie Christian Wulff ins Ohr, „so we can take a photo together." Wulff, so vernehmen Zeugen der Situation, errötet ein wenig, kann sich der Attacke der 30-Jährigen aber nicht entziehen. Naike Rivelli, die italienische Schauspielerin, bekommt ihr Foto. David Groenewold, der Mann vom Fach, raunt Wulff zu: „Christian, das ist die Tochter von Ornella Muti." Das macht die Situation für den Politiker offenbar nicht viel besser. „Das hilft mir jetzt auch nicht weiter", zischt er zurück. „Ich kann ihr ja wohl schlecht sagen, dass ich lieber mit ihrer Mutter hier stehen würde."

David Groenewold, der 32-jährige Selfmademan, hat eine erstaunliche Karriere hingelegt. Mit Anfang 20 gründete er seine Firma „German Film Productions". Von einer schmucken Villa im feinen Berliner Grunewald aus besorgt er die Finanzierung ausschließlich für deutsche Filme, als einziger bislang in Deutschland überhaupt. Mit großem Erfolg: Auf seiner Liste stehen Quotenrenner wie „Das Wunder von Lengede" oder Kino-Hits wie „Der Wixxer". „Christian Wulff ist für mich der spannendste Politiker Deutschlands", sagt der CDU-Mann, der auch Sympathien für Gerhard Schröder und Otto Schily hegt. Einer, der was zu sagen habe und das Gesagte dann auch ernst meine. Vor allem rechnet er ihm hoch an, dass Wulff sich als einziger deutscher Spitzenpolitiker wirklich für den deutschen Film einsetze. Das schlägt sich sogar im Wahlprogramm der Union zur Bundestagswahl 2005 nieder – der einzige konkrete Satz zum Thema Kultur fordert eine stärkere Förderung deutscher Filmproduktionen. Dafür hat Wulff, der ansonsten nicht gerade als Kulturpolitiker bekannt ist, gesorgt. „Deutsche Erfolgsserien wie Tatort und Derrick, die in vielen Länder der Welt gezeigt werden, sind Botschafter deutscher Kultur und Lebensweise", findet er. Denn dadurch werde Deutschland, die Art hier zu leben, in aller Welt bekannt. Was das auch bedeuten kann, zeigt allerdings ein Bonmot, das in der Union schon lange die Runde macht. Nach dem Fall der Mauer hatte eine damals 35-jährige Frau aus der DDR heftige Bedenken, in einem westdeutschen Hotel abzusteigen. Denn, so klagte sie, in den westdeutschen Krimiserien fänden Morde allzu oft gerade in Hotels statt. Die Frau namens Angela Merkel dürfte ihre Furcht inzwischen abgelegt haben.

Groenewold und Wulff lernen sich bei den Dreharbeiten für „Das Wunder von Lengede" kennen. In Goslar haben die Produzenten die Szenerie von 1963 aufgebaut, als elf Männer tagelang in einer Grube verschüttet waren. Zuerst kommt Sigmar Gabriel, gerade abgewählter Ministerpräsident, der nun als SPD-Fraktionschef im Landtag vor sich hin frustet. Die Filmleute sind entsetzt: Arrogant stapft der gewichtige Mann vollkommen desinteressiert herum, nur darauf bedacht, schnell ein werbewirksames Foto mit den Filmstars zu bekommen, so ihr Eindruck. Kurz darauf kommt der frischgebackene Ministerpräsident, denn Wulff hat längst den Wert der Filmindustrie für sein Bundesland entdeckt. „Der kam einfach gut bei den Leuten an", erinnert sich Groenewold. Es wird ein typischer Auftritt des Ministerpräsidenten Christian Wulff: Offen geht er auf die Leute zu, plaudert mit ihnen, vermittelt jedem Einzelnen den Eindruck, er interessiere sich überhaupt nur für ihn. Die Mitarbeiter sind überrascht, dass ein so hoher Politiker so normal sein kann. „A rockstar comes down from heaven", fasst Groenewold die Szene im Deutsch der Filmleute zusammen. Und bekennt: „Ich war instant fan."

Thomas Heinze, einer der Hauptdarsteller, ist an diesem Tag nicht anwesend, ist aber nach den Erzählungen der anderen sehr gespannt auf Wulff, bevor er ihn das erste Mal auf dem Filmfest in Emden erlebt. Anders als Groenewold hat er mit der CDU nicht viel am Hut, eher im Gegenteil. Aber von Wulff ist auch er angenehm angetan. „Natürlich und unprätentiös", so empfindet er dessen Rede und seinen Auftritt. Wulff hat die Ehre, der Schauspielerin Hannelore Elsner einen Preis zu überreichen. Dafür muss er ihr eine Nadel ans Kleid stecken. Was ordentlich schief geht: Der Ministerpräsident lässt die Nadel zu Boden fallen, muss sie aufheben und einen zweiten Anlauf starten. Gerade diese kleine Ungeschicklichkeit macht ihn vielen im Publikum sympathisch, weil er dadurch authentisch wirkt. Mitten in Deutschlands SPD-Hochburg Nummer eins erobert der CDU-Mann die Herzen der Zuschauer im Sturm, erinnern sich die, die dabei waren.

Anschließend sitzt man nett beisammen und lernt sich kennen. Wulff berichtet über seine Staatskanzlei und seine Art, sie zu lenken. Nach der Premiere von „Das Wunder von Lengede" richtet die niedersächsische Landesvertretung in Berlin die Premierenfeier aus – wieder eine Gelegenheit, sich zu sehen. Später treffen sich der Ministerpräsident, der Schauspieler und der Filmproduzent auf manchem Termin eher zufällig wieder, und immer wieder plaudern sie sich fest. Daraus ist längst eine

Freundschaft erwachsen. Wenn es die Zeit der drei viel beschäftigten Männer zulässt, treffen sie sich immer wieder in Berlin auf ein Glas Wein und ein gutes Gespräch. Themen sind dabei weniger die Politik, sondern eher Gott und die Welt. Das ist für den Politiker wie ein Kurzurlaub. „Wir sind eine Oase von chaotischen, kreativen Menschen für Christian“, sagt Groenewold. „Er taucht dann in eine andere Welt ein.“ Vor allem interessiert sich Wulff auch für die Filmbranche. Manchmal bittet er Groenewold, doch mal ein Treffen mit einem Schauspieler zu organisieren – und freut sich wie ein kleines Kind, wenn das klappt. Es kann aber auch passieren, dass er einem bekannten Filmmenschen vorgestellt wird, ohne zu wissen, wen er vor sich hat. „Was machen Sie denn so von Beruf?“, fragt er dann ehrlich interessiert – und Groenewold muss die kleine Peinlichkeit möglichst charmant wieder ausbügeln.

Für seine Parteizwecke versucht Wulff Groenewold und Heinze nicht einzuspannen. Diese Erfahrung hat auch der Sänger Heinz Rudolf Kunze gemacht. „Das hat er noch nie versucht. Er weiß, dass mir das Probleme machen würde“, sagt Kunze, der wie Wulff aus Osnabrück kommt und zwei Jahre älter ist als er. Beide lernen sich aber erst auf einem Presseempfang Mitte der neunziger Jahre in Hannover kennen. Wulff ist seit langem Fan des Sängers, vor allem seiner sozialkritischen und politischen Texte wegen. Nach dem Empfang sitzen beide zusammen und plaudern. Daraus entwickelt sich eine inzwischen fast zehnjährige Freundschaft. Bei den Treffen reden beide viel über Musik. Über Politik reden sie seltener. „Man ist als Künstler ja grundsätzlich misstrauisch gegenüber Politikern, dass man benutzt wird. Christian hat das nie versucht“, so Kunze. Anders als Gerhard Schröder, der schon beim ersten Kennenlernen fragt, was Kunze denn für ihn tun könne. Der Sänger, einst SPD-Mitglied, hat in seiner Karriere schon viele Politiker kennengelernt, von Willy Brandt über Oskar Lafontaine bis Rudolf Scharping. Freundschaften haben sich nur zwei entwickelt: zu Ex-SPD-Chef Björn Engholm und eben zu Christian Wulff.

Der mag Kunzes Musik so sehr, dass er einmal dem Sänger hinterherfährt und drei Konzerte von ihm besucht. In Brilon geht das Ehepaar Wulff gemeinsam mit Unionsfraktionschef Friedrich Merz und dessen Frau zu einem Auftritt. Kunze hat echtes Lampenfieber, denn Brilon ist Merzens Heimatort und Kunze wäre es peinlich, wenn ausgerechnet beim Konzert mit solch hohem Besuch der Saal in der kleinen Stadt nicht voll werden könnte. Doch ist alles gut, das Konzert ist ordentlich besucht. Zu einem

Auftritt in Münster holt Oppositionsführer Wulff die betagten Eltern Kunzes persönlich mit seinem Privatwagen ab, damit sie ihren Sohn auf der Bühne erleben können. Die beiden alten Menschen sind fassungslos vor Glück und Staunen. Wulff hat eine hohe Achtung vor ihnen, denn sie haben etwas vorgelebt, was er selbst in seiner Familie nicht erleben durfte. Kunzes Vater kommt nach dem Krieg in russische Kriegsgefangenschaft und kehrt erst zehn Jahre später zurück. Seine Frau wartet die ganze lange Zeit auf ihn. Dieses Warten, diese Treue, dieses Vertrauen – das imponiert Wulff ungemein.

Obwohl sich Kunze von Wulff nicht politisch vereinnahmt fühlt, engagiert sich der ehemalige SPD-Mann inzwischen für die CDU. Wulff bringt ihn sogar als Sachverständigen in der Enquetekommission zur Kultur des Bundestages unter. Kunze ist sich auch sicher, dass der Ministerpräsident ihm eine andere schöne Sache ermöglicht hat. Für den Kirchentag 2005 in Hannover darf er die Hymne schreiben. Wulff nutzt auch schon mal die Gelegenheit, um für die CDs seines Freundes augenzwinkernd Werbung zu machen, wenn der zufällig anwesend ist – wie während einer Rede in Berlin im Sommer 2005. Wenn Wulff Kunze bei Gelegenheiten wie dem Kirchentag öffentlich als Freund bezeichnet, dann freut der so Angesprochene sich sehr. Andererseits hätte er durchaus auch Grund, sauer auf Wulff zu sein, denn er ist ein prominentes Opfer von dessen Willen zu sparen. Kaum im Amt, verhindert der neue Ministerpräsident die geplante Einrichtung einer Popakademie an der Musikhochschule Hannover. Kunze hatte sich eine Professur erhofft – doch aus dem Plan wird wegen Geldmangels nichts.

Ganz uneigennützig ist Wulffs Freundschaft mit Kulturschaffenden wie David Groenewold letztlich aber doch nicht. Der macht so seine Erfahrungen. „Christian Wulff ist ein absolut penetranter Interessenvertreter Niedersachsens. Dann ist er die Pest“, sagt er und meint das anerkennend. Da entpuppe sich der Politiker als Wolf im Schafspelz – ständig lächelnd, ständig freundlich, ständig fordernd. Immer wieder fragt der Ministerpräsident nach, wann der Filmproduzent sich in Niedersachsen engagiert und Arbeitsplätze schafft. Dahinter steckt ein Ziel Wulffs: Er will sein Land zu einem der Filmstandorte Deutschlands ausbauen. Dafür hält auch Olaf Glaeseker den Kontakt. Probleme mit Drehgenehmigungen werden unbürokratisch gelöst, sonstige Hilfestellungen wenn nötig geleistet. Verständnis für seine Belange, so der Filmemacher, herrsche in der gesamten Verwaltung vor. So fit sei sonst nur Berlins Regierender Bürgermeister Klaus Wowereit, der erlebt, wie werbewirksam für seine Stadt die zahlreichen Serien mit Drehort Berlin sind und zum Teil sogar den Namen der Stadt im Titel tragen. Beide, der SPD-Regierungschef aus der Hauptstadt und sein CDU-Kollege aus Hannover, teilen das Interesse für Stars und Filme, erlebt Thomas Heinze, der beide kennt, immer wieder. „Verliebt in Hannover" wäre eine Telenovela ganz nach dem Geschmack Wulffs.

Eine berufsspezifische Betrachtung Wulffs liegt den beiden Bühnenstars Kunze und Heinze geradezu im Blut. „Seine Performance auf der Bühne, bei Reden oder öffentlichen Anlässen wird immer besser. Allerdings wird er nie ein Showman werden wie Gerhard Schröder, der manchmal übertreibt", findet Heinz-Rudolf Kunze. Thomas Heinze, der Schauspieler, verbindet eine bestimmte Vorstellung mit Wulff. Wenn der Politiker eines Tages ins Filmmetier überwechseln sollte, wäre er die ideale Besetzung für eine Serie über einen Familienclan à la „Dallas" oder „Denver". „Da gibt es den alten Patriarchen, der das Imperium aufgebaut hat und den Sohn, der allseits als Versager angesehen wird. Und es gibt den Enkel – jung, sympathisch, ein Frauenschwarm und einer, dem der Alte die Führung des Familienimperiums zutraut. Das wäre Christians Rolle." Dann müsste er sich aus Altersgründen allerdings sehr rasch aus der Politik verabschieden. Die Rolle des Draufgängers oder des Revolverhelden in einem Western dagegen passe nicht zu Wulff. Dafür hätte Heinze zwei andere Politiker als Idealbesetzung: für die erste Rolle den verstorbenen FDP-Mann Jürgen Möllemann, für die zweite den CSU-Mann Günter Beckstein.

Kontakt pflegt Christian Wulff auch zu dem Journalisten und Schriftsteller Eike Christian Hirsch aus Hannover. Ihn lernte er bereits als junger CDU-Spitzenkandidat flüchtig kennen und er lauscht gerne seinen Reden auf Veranstaltungen, zu denen ihn immer mal wieder Gerhard Schröder einlädt. Nach der Niederlage von 1994 schreibt Hirsch ihm, er sei der Ansicht, bei der Wahl habe der Falsche verloren. Drei Tage später trifft er Wulff mit Christiane und der kleinen Annalena zufällig in der Hannoveraner Innenstadt. Er will er die junge Familie, die wenig Zeit miteinander hat, in Ruhe lassen. Man geht erst einander vorbei – doch dann läuft Wulff zurück und bedankt sich für den Brief.

Hirsch freut sich besonders darüber, dass Wulff sein Buch über den Gelehrten Gottfried Wilhelm Leibniz nicht nur als eines seiner Lieblingswerke angibt, sondern es tatsächlich intensiv gelesen hat. Das beweist er unter anderem, als ein Journalist ihn zu dem Buch befragt – und Wulff die Fragen souverän beantworten kann. Wulff lädt Hirsch zum Essen ein und bittet ihn, ihn zur Frankfurter Buchmesse zu begleiten. Auch für Tischreden engagiert er ihn gerne. Einmal, schon als Ministerpräsident, schenkt er ihm ein Bild des Schriftkünstlers Hermann Zapf, für den Hirsch ein großes Faible hat, mit dem Titel „Hommage à Leibniz", ganz ohne Anlass.

15. Das Kanzleramt fest im Blick

Mit dem Einzug in die Staatskanzlei bezieht Christian Wulff auch die moderne niedersächsische Landesvertretung in Berlin. Von seiner Dienstwohnung im fünften Stock des Gebäudes in den Ministergärten aus hat er einen guten Blick über die bekannteste Ecke Berlins. Unter ihm das Holocaust-Mahnmal, halb rechts das Adlon-Hotel, dann das Brandenburger Tor, der Reichstag, der Tiergarten. Und dazwischen hat er deutlich das Bundeskanzleramt im Blick. Hinter ihm, von der anderen Seite des Gebäudes, blickt er zum Potsdamer Platz und zur hessischen „Botschaft". Roland Koch seinerseits muss an Wulffs Residenz vorbeischauen, wenn er einen Blick aufs Kanzleramt erhaschen möchte. Im Arbeitszimmer unterhalb seiner Wohnung überlässt Wulff seinen Besuchern gerne den Platz mit der besten Aussicht über das Herz des Regierungsviertels – er kennt ihn ohnehin schon in- und auswendig.

Je mehr er sich in die Bundespolitik einzumischen beginnt, desto stärker gerät er ins Augenmerk der bundesweiten Öffentlichkeit. Anders als andere Unionsspitzen richtet er seine Vorstöße jedoch nicht gegen die Parteichefin, nicht einmal indirekt. Aber er macht mit der Rechtschreibreform und der Kultusministerkonferenz Schlagzeilen, die beim Volk ankommen und nichts kosten. Trotzdem birgt das monatliche Politbarometer des ZDF im Dezember 2004 doch eine große Überraschung. Nicht nur, dass Wulff überhaupt den Sprung unter die nach Auffassung der Befragten zehn wichtigsten Politiker schafft – das ist schon ungewöhnlich genug für einen Ministerpräsidenten, der zudem noch nicht einmal zwei Jahre im Amt ist. Er lässt auch gleich fast die gesamte Polit-Elite hinter sich und landet auf Anhieb auf Platz zwei der beliebtesten Politiker Deutschlands. Nur den ewigen Klassenbesten Joschka Fischer hat er noch vor sich. Zwei Monate später ist es dann soweit: Der grüne Außenminister stürzt in der Folge der sogenannten Visa-Affäre im Ansehen der Bevölkerung tief in den Keller. Der Weg für Christian Wulff ist frei, erstmals wird er zum beliebtesten Politiker der Republik gekürt, was er zunächst zehn Monate lang bleibt, ehe er vom neuen SPD-Chef Matthias Platzeck auf Platz zwei verdrängt wird.

Nun werden sie natürlich alle auf ihn aufmerksam: die Medien, besonders die, die ihn einst nicht so pfleglich behandelten; die eigene Partei und vor allem auch die eigene Parteichefin. Zwischen Ende 2004 und Mai 2005 liegt die rot-grüne Bundesregierung zwar am Boden. Doch davon, dass Kanzler Schröder am Abend des 22. Mai, dem Tag der vernichtenden Wahlniederlage in Nordrhein-Westfalen, Neuwahlen ausrufen wird, die dann am 18. September stattfinden, geht niemand ernsthaft aus. Auch Wulff nicht. Dem „Stern" sagt er im April zu möglichen vorgezogenen Neuwahlen: „Da müsste die Bundesregierung mitspielen. Aber sie ist eine Pattex-Regierung, die bis zum letzten Tag auf ihren Stühlen klebt. Bei denen werden wir noch die Dienstwagen zu Hause abholen müssen."

Die Frage der Kanzlerkandidatur in der Union für die ursprünglich im September 2006 geplante nächste Bundestagswahl läuft zwar auf Merkel zu. Doch viele Parteimitglieder sind von ihr nicht wirklich überzeugt, schon gar nicht unter den Funktionären. Im Streit mit der Schwesterpartei CSU um die geplante Gesundheitsreform muss die CDU Federn lassen, sowohl inhaltlich als auch im Ansehen. Zudem verliert sie profilierte Mitstreiter: Friedrich Merz zieht sich zurück, Horst Seehofer macht es ihm nach. Wolfgang Schäuble, von Merkel gebeten, Merz als Finanzexperten der Unionsfraktion zu ersetzen, verweigert sich. Nein, eine gute Figur macht die Partei- und Fraktionschefin zu dieser Zeit gewiss nicht. Da kommt so einer wie der Wulff genau zur rechten Zeit: beliebt in der Bevölkerung, angesehen in der Wirtschaft. Kein Wunder, dass rasch die Frage auftaucht, ob er nicht 2006 der bessere Herausforderer Schröders wäre.

Die Zahlen sprechen alsbald eine eindeutige Sprache. So ermittelt beispielsweise Infratest Dimap im März 2005 für den „Spiegel", dass 34 Prozent aller Wähler Wulff am liebsten als Herausforderer Schröders sehen würden, Merkel kommt mit 22 Prozent abgeschlagen auf den zweiten Platz, Roland Koch wollen nur zehn Prozent. Noch eindeutiger beantworten die Führungskräfte der Wirtschaft die Frage nach dem besten Kanzlerkandidaten. Im Februar sprechen sich bei einer Umfrage des „Handelsblattes" 38 Prozent der 800 befragten Wirtschaftsbosse für Wulff aus, wiederum 22 Prozent für Merkel. Auch beim Wirtschaftsdienst „markt intern" ist Wulff Liebling der Bosse. Unter 1369 befragten Unternehmern würden sich 78 Prozent für ihn als Kanzlerkandidaten aussprechen, nur zehn Prozent für Merkel. 97 Prozent halten ihn für sympathisch, 95 Prozent für glaubwürdig und 88 Prozent für kompetent. Merkels Zahlen liegen weit dahinter: 29, 55 und 49 Prozent.

An dem Bild ändert sich auch nichts, nachdem Merkel im Juni zur Kanzlerkandidatin von CDU und CSU gekürt wird. Ganz im Gegenteil: Ein detaillierter Blick in das ZDF-Politbarometer vom August, also wenige Wochen vor der Wahl, zeigt vor allem eins: Wulff wäre der perfekte Kanzlerkandidat. Insgesamt liegt er mit 1,6 Punkten deutlich vor den Zweitplazierten Merkel und Fischer, die gerade mal auf die Hälfte der Punktzahl kommen. Bei den eigenen Anhängern hat Merkel zwar mit 2,9 Punkten einen hauchdünnen 0,1-Punkte-Vorsprung vor dem Niedersachsen. Interessant ist aber, dass Wulff der einzige Politiker ist, der in allen Wählergruppen positive Werte hat: bei der SPD (0,7), bei den Grünen (0,9); bei der FDP ist er mit 1,8 Punkten deutlich beliebter als Parteichef Guido Westerwelle. Und selbst bei der Linkspartei.PDS kommt der wirtschaftsliberale CDU-Mann, der all das predigt, was die SED-Nachfolger verteufeln, auf einen knapp positiven Wert. Zudem ist er bei den erklärten Nichtwählern neben Fischer der einzige Politiker, der im Plus-Bereich liegt, wobei er den Grünen deutlich hinter sich lässt. Das Bild bleibt auch bestehen, nachdem die Wahl für die Union denkbar schlecht ausgegangen ist und Merkel um die angestrebte Kanzlerschaft bangen muss. In der ersten Woche nach der Wahl legt Wulff, der sich in diesen Tagen bewusst mit Äußerungen zum Wahlausgang zurückhält, nochmals deutlich zu. Gefolgt inzwischen von seinem Freund Friedrich Merz.

Schon bevor von Neuwahlen die Rede ist, macht sich bei solchen Zahlen im Merkel-Lager Misstrauen breit. Was will Wulff? Wie wird er seine Beliebtheit nutzen? Eigentlich soll die Frage der Kanzlerkandidatur erst zu Beginn des Jahres 2006 geregelt werden – eine lange Zeit von Ende 2004 aus gesehen, um Merkels Führungsposition noch zu gefährden. Denn sie gilt zwar als Favoritin, aber entschieden ist noch gar nichts. Klar, dass die Medien das Spiel mitspielen, Personalspekulationen sind ohnehin ihr liebstes Geschäft. Der „Spiegel" weiß zu berichten, Wulffs Berliner Statthalter Wolfgang Gibowski lote diskret die Aufstiegschancen seines Herrn aus. Wulff selbst erkundige sich unter den Unionsabgeordneten in der Hauptstadt, ob sie Merkel wirklich für die richtige Kanzlerin halten. Immer wieder sondiere er auch seinen eigenen Marktwert. Selbst die Tatsache, dass Staatskanzleichefin Gabriele Wurzel alle Mitarbeiter per hausinterner E-Mail auf TV-Auftritte ihres Chefs hinweist, erscheint den Journalisten plötzlich verdächtig. Dabei hätten sie nur einen kurzen Blick auf Wulffs Homepage im Internet werfen müssen – da können sich Interessierte nämlich auch über solcherart Ereignisse informieren. Der „Focus" erfährt aus Unionskreisen, Wulffs Popularitätsschub mache Merkel zunehmend misstrauischer, sie beginne an seiner Loyalität zu zweifeln. Das Münchner Magazin erinnert sich an ein Zitat Wulffs, über das es schon kurz vor seinem Wahlsieg berichtet hat. Demnach habe Wulff damals behauptet, bei einem Sieg „werde ich für alles gehandelt". Und nichts anderes, so wissen Journalisten zu berichten, habe Wulffs Umfeld gleich am Abend jenes Triumphtages kolportiert – was ja damals schon der Hesse Koch mit Missmut zur Kenntnis genommen hatte.

Wulff ist natürlich hocherfreut über die Umfragewerte und genießt zunächst die Spekulationen, die plötzlich allenthalben über ihn angestellt werden. Er hat so lange warten müssen, bis man ihn wirklich wichtig nimmt, nun zieht er plötzlich an allen Konkurrenten vorbei. Das befriedigt seine Eitelkeit, die wie bei jedem Politiker stark ausgeprägt ist. Zunächst geht er ganz unbefangen mit der neuen Situation um, kokettiert auch ein wenig mit seinem Status als beliebtester Politiker. Auch, wenn er unermüdlich darauf hinweist, dass er schnell wieder abstürzen oder sogar ganz aus der Tabelle fallen kann, wenn die Menschen ihn mal nicht mehr als wichtig genug erachten. Solche Umfragen müsse man gelassen betrachten, wenn Joschka Fischer auf dem ersten Platz logiere, sagt er mit einer typischen Prise Ironie. Doch er saugt seine Beliebtheitswerte auf, füllt seine Akkus für Tage, in denen er nicht mehr so hoch in der Gunst steht. Seinen Stolz kann er nicht immer verbergen. Wenn er in Journalistenrunden davon schwärmt, wie ihn kleine Kinder im ICE von Hannover nach Berlin anlachen und ihm zuwinken, wirkt das auf die Anwesenden eher ein wenig peinlich. Im Übrigen stellt er sich demonstrativ hinter Merkel, versucht, den Eindruck von Konkurrenz oder Illoyalität zu vermeiden.

Kurz nach dem CDU-Parteitag im Dezember verkündet er der Nation via ARD-„Tagesthemen": „Angela Merkel ist die klare Nummer 1. Ich stehe nicht zur Verfügung, denn ich habe enorm viel in Niedersachsen zu tun. Wer neun Jahre Opposition gemacht hat, um Ministerpräsident zu werden, der will erst einmal im Amt bleiben." Dem „Stern" sagt er im März: „Angela Merkel bringt viel bessere Voraussetzungen mit, sie ist viel stärker als ich in der Bundespartei, in der Bundestagsfraktion und der Bundespolitik überhaupt positioniert." Nun, daran stimmt wohl nur das mit der Fraktion. In der Partei ist Wulff beliebt, stark und tief verwurzelt und nicht zuletzt ist er ja auch ihr Vizechef. Und an seinem Rückstand in der Bundespolitik arbeitet er ja seit einigen Monaten. Wer das „Stern"-Interview vom April genau liest, der könnte glauben, Wulff habe einen versteckten Hinweis auf seine höheren Ambitionen gegeben oder wolle aus den Gerüchten um ihn wenigstens noch eine Zeit lang sein Ego befriedigen. Denn auf die These der Interviewer, dass kein Politiker seines Ranges bis ans Ende seiner Tage ein Bundesland regieren wolle, antwortet er: „Es gab vor mir schon einige, die nicht in die Bundespolitik wollten. Ernst Albrecht, Lothar Späth, Walter Wallmann …"

Das liest sich nun freilich fast wie Hohn, denn ausgerechnet Albrecht und Späth sind krasse Gegenbeispiele zu Wulffs Antwort. Ernst Albrecht trat als niedersächsischer Ministerpräsident mit Unterstützung des damaligen CDU-Vorsitzenden Helmut Kohl 1980 als Kanzlerkandidatenkandidat gegen Franz Josef Strauß an und unterlag in der Bundestagsfraktion. Und Lothar Späth war führend beteiligt am gescheiterten Putschversuch gegen Helmut Kohl auf dem Bundesparteitag 1989 in Bremen. Er hätte nach den Planungen der Putschisten Kohls Nachfolger werden sollen. Beide wollten Kanzler oder im Falle Späths mindestens Parteichef werden – wenn das keine bundespolitischen Ambitionen sind. Und auch Walter Wallmann war bundespolitisch tätig, als Umweltminister.

Doch solch eine Finesse – wenn es denn eine ist – braucht es gar nicht, um Merkel hellhörig werden zu lassen. Fast scheint es so, als wolle der Vize seine Chefin geradezu absichtlich reizen. Auf dem 50. Geburtstag seines eigenen, niedersächsischen Stellvertreters Friedbert Pflüger im Berliner Weinhaus Habel spricht Wulff nach Merkel und versichert ihr: „Ich schließe mich wie immer voll inhaltlich meiner Parteivorsitzenden an." Und setzt dann noch eins drauf: „Zwischen uns passt kein Blatt Papier." Ein Satz, der sofort unionsintern die Runde macht und auch an die Medien kolportiert wird. Mit den gleichen Worten hatte einst Oskar Lafontaine sein Verhältnis zu Gerhard Schröder beschrieben – das Ergebnis ist bekannt: Beide sind seit Lafontaines Rücktritt als SPD-Vorsitzender und Finanzminister 1999 tief verfeindet und haben seit Jahren kein Wort mehr miteinander gewechselt. Einer solch übertriebenen Loyalitätsbekundung bedürfe es gar nicht, wenn Wulff nicht irgendetwas vorhabe, munkeln sie in der CDU. Die Bundestagsabgeordneten werden unruhig: „Wenn es eine neue Parole gibt, dann müssen wir sie wissen, damit wir sie nach außen verkaufen können", signalisieren sie der Fraktionsführung. Und dort thront niemand anderes als Angela Merkel auf dem Chefsessel.

Kann Christian Wulff, dem zwar die aufgeregte, ja zuweilen hysterische Medienlandschaft in Berlin nicht so vertraut ist wie die heimische mit ihren wenigen Blättern, sich da wirklich beklagen, wenn kaum jemand seinen Beteuerungen Glauben schenken mag, nach denen sein Platz in Niedersachsen ist? Er wolle in Hannover noch viele Jahre bleiben, versichert er wieder und wieder – und je häufiger er das tut, umso weniger nehmen die Damen und Herren Medienvertreter seine Aussagen ernst. Lediglich nachdenklichere Blätter wie die „Zeit" halten seine Beteuerungen wenigstens für erwägenswert. Zwar klängen sie „brav und ein wenig abwegig", aber tatsächlich sei Wulff ja auf intensive Weise mit Niedersachsen verbunden.

Im angehenden Wahlkampf wird die brodelnde Gerüchteküche für Wulff dann aber immer unangenehmer. Dass er keine Ambitionen hat, als Minister nach einem allseits erwarteten Wahlsieg von Union und FDP in die Bundesregierung einzutreten, sei Ausdruck davon, dass er sich nicht in die Kabinettsdisziplin einbinden lassen wolle, um im Fall von Merkels Scheitern leichter zuschlagen zu können, vermuten die Medien. Auch die Tatsache, dass er am Tag von Merkels Nominierung nicht im Präsidium dabei ist und sich bei der anschließenden Pressekonferenz im Foyer des Berliner Adenauerhauses wie Koch oder Peter Müller unter die Heerscharen der Journalisten mischt, um gute Stimmung für sie zu machen und die Meute mit ein paar Häppchen aus der Sitzung anzufüttern, wird ihm als Distanz zur frischgebackenen und zu dieser Zeit umjubelten Kandidatin ausgelegt. Der Grund für seine Abwesenheit ist allerdings ein ganz banaler: Wulff war am Wochenende zuvor kurzfristig ins Krankenhaus eingeliefert worden, wo ihm ein Nierenstein entfernt werden musste. Seine Termine auf dem Kirchentag in Hannover hatte er noch unter großen Schmerzen absolviert. Doch an diesem Montag muss er sich noch ein Mal ins Krankenhaus begeben, schließlich ist die Entscheidung zugunsten Merkels ja intern längst gefallen und in der Präsidiumssitzung nur noch Formsache. Abend sitzt er schon wieder in Hamburg bei TV-Talker Reinhold Beckmann. Terminzusagen hält er ein, wenn es nur irgendwie möglich ist. Dass Parteifreunde ihm den Auftritt neiden und ihm einen Strick daraus zu drehen versuchen, weil er morgens bei Merkels Nominierung gefehlt habe, nimmt er inzwischen einigermaßen gelassen.

Im Wahlkampf hält er sich zunächst ganz bewusst zurück, was ihm prompt so ausgelegt wird, als wolle er Merkel nicht unterstützen. Ja, er fährt sogar mit Christiane und Annalena für zwei Wochen in die Schweiz in Urlaub. Was zu einer heftigen Auseinandersetzung mit Edmund Stoiber führt, denn der wirft ihm im Präsidium mangelnde Unterstützung vor. „Jeder von uns hat das Recht, mal Urlaub zu machen, die Union darf die Familienpolitik nicht nur auf dem Papier groß schreiben, sie muss Familienpolitik auch leben. Wir brauchen auch ausgeruhte Familienväter“, entgegnet Wulff ungewohnt scharf und wütend. Der Niedersachse hat den Bayern wie andere CDU-Granden auch seit dessen überaus unglücklichen Wahlkampfäußerungen über die Ostdeutschen als „Frustrierte“ und „dumme Kälber“ ohnedies auf dem Kieker. Der CSU-Chef, der sich zudem auch mit Blick auf seine eigene Zukunft in Berlin oder München zum Ärger der Unionsführung nicht entscheiden mag, erscheint dem Rest der Truppe immer mehr als Hindernis auf dem Weg zum Wahlsieg – wie sie später auch mit zunehmender Kritik dessen Rolle bei den Koalitionsverhandlungen in Berlin sehen werden. Deshalb legt Wulff auch gleich noch nach, nachdem er das Feuer auf Stoiber ohnehin schon mal vor versammelter Runde eröffnet hat. Es sei nicht hinnehmbar, dass Stoiber vorab einzelne Namen aus Merkels Kompetenzteam ausgeplaudert habe. Die Personalpolitik sei „das Heiligste, was der Kanzlerkandidatin zusteht“, fügt er hinzu – mit Pathos, wie der „Spiegel“ notiert. Dabei lässt er allerdings unter den Tisch fallen, dass auch er selbst mit seiner Ministerin Ursula von der Leyen Merkel praktisch ein zukünftiges Kabinettsmitglied diktiert und mit Friedbert Pflüger ein weiteres – auf dessen Intervention hin – nahe gelegt hat.

Bei der heiß umstrittenen Forderung der Union nach einer Erhöhung der Mehrwertsteuer um zwei Prozentpunkte bleibt Wulff zurückhaltend. Diese Forderung sei zwar ehrlich, was ja dem selbst gesteckten, bei Wulff abgeschauten Wahlkampfmotto entspricht, finden die Medien. Gleichwohl kommt die „Merkelsteuer“, wie sie die SPD nennt, natürlich bei den Wählern nicht gut an. Ehrlichkeit und Wahlkampftaktik können eben schon mal über Kreuz liegen, muss die Union feststellen. Vollends zum Merkel-Gegner, der in erster Linie auf sein eigenes Wohl bedacht ist, wird Wulff in den Augen der Medien, als er in der heißen Wahlkampfphase die steuerpolitischen Vorstellungen von Merkels Finanzfachmann, dem Heidelberger Professor Paul Kirchhof, öffentlich scharf kritisiert. Dessen Vorstellungen einer „Flat Tax“ mit einer für alle Steuerzahler gleichen Last von 25 Prozent bei gleichzeitigem Abbau praktisch aller Vergünstigungen sieht Wulff nicht als mit dem „deutschen Gerechtigkeitsempfinden“ kompatibel an. Richtig ist: Effektiver kann man für die SPD, die sich den Anti-Kirchhof-Kampf auf ihre Fahnen geschrieben hat, nicht Wahlkampf machen. Doch Wulff sieht, dass die Auseinandersetzung um

Kirchhof der Union entgleitet. Was zunächst wie ein echter Coup erschien, erweist sich mit zunehmender Wahlkampfdauer als Rohrkrepierer, mehr noch, als Eigentor. Mehr und mehr gelingt es den Sozialdemokraten, die Union als „sozial kalt" hinzustellen. Dem versucht Wulff entgegenzuwirken. Zwar denken nicht wenige in der Union wie er. „Aber ein solch harsches Verdikt wie Wulff hatte bislang keiner der Parteifreunde formuliert", schreibt die „Welt". Prompt lauten die Schlagzeilen mitten im Wahlkampf: „Die Union streitet." Es sei wahr, dass Wulff seit längerem Politik auf eigene Rechnung mache und die eigenen Interessen in den Vordergrund stelle, nicht die der Parteizentrale in Berlin, findet das der Union grundsätzlich freundlich gegenüber eingestellte Blatt, an dessen Spitze es eingefleischte Merkel-Fans gibt. Die „Financial Times Deutschland" ist noch eine Tonlage schärfer: „Unterstützung in einer kritischen Wahlkampfphase sieht definitiv anders aus. Dieses Verhalten lässt wenig Gutes für die Zeit danach erwarten."

Auch intern geht die Sache eher nach hinten los. Merkelianer wie Thüringens Ministerpräsident Dieter Althaus reagieren verärgert. Dass Merkel, die Wulff kurz vorher noch für seine deutlichen Worte im Präsidium gegenüber Stoiber gedankt hat, nun absolut nicht amüsiert über ihren Stellvertreter ist, kann man sich leicht ausmalen. Wulff hat aber aus seiner Sicht neben wahltaktischen Erwägungen noch einen anderen Grund, warum er sich in der Kirchhof-Frage nicht zu absoluter Loyalität verpflichtet fühlt. Denn Merkel hat den grandiosen Theoretiker, zugleich aber auch eigenwilligen und politisch gänzlich unerfahrenen Professor sehr kurzfristig und an den Spitzengremien der Partei weitgehend vorbei in ihr Kompetenzteam geholt. Ohne Vorbereitung der eigenen Partei und offenbar auch ohne konkrete Absprachen mit Kirchhof selbst. Für solch einen Schritt – der zudem geradezu erschreckend unprofessionell wirkt – muss sie nun auch selbst die Verantwortung tragen, findet Wulff. Ähnlich wie er selbst nicht auf Solidarität hoffen durfte bei seinem Vorstoß zum Austritt Niedersachsens aus der Kultusministerkonferenz, der auch die eigenen Parteifreunde unter den Ministerpräsidenten mächtig erzürnte und nicht intern abgesprochen war.

„Ich will Angela Merkel helfen", tut Wulff in Interviews kund. Allein, die Journalisten und immer mehr Parteifreunde glauben zusehends, dass er in der Berliner Politküche sein eigenes Süppchen kocht. Dass Wulff im Wahlkampf dort gelandet ist, wo sich Roland Koch schon vor Jahren selbst hineinmanövriert hat – nämlich in der „Merkel-Falle" –, wird am

Abend der Bundestagswahl klar. Wulff ist an diesem Abend wie schon beschrieben zunächst auf der CDU-Wahlparty in Hannover und fährt dann mit dem Zug nach Berlin. Ein bekannter Parteifreund, der weiß, dass er einen Auftritt in der TV-Talk-Show „Sabine Christiansen" hat, versucht ihn vergeblich per Handy zu überreden, das Feuer auf Merkel zu eröffnen. In der Sendung sagt er schließlich folgenden, eigentlich harmlosen Satz, der die Medien gleich wieder aufhorchen lässt: Er nennt als Ursache für das Wahlergebnis, „dass die Erzeugung von Angst bei den Bürgern doch gefruchtet hat und dass wir nicht hinreichend Hoffnung, Mut und Zuversicht verbreitet haben". Prompt wird der Satz so interpretiert, dass er gegen die Wahlkampfführung Merkels gerichtet gewesen sei, dabei ist er in erster Linie als Kritik an der SPD gemeint. Wulff versucht tatsächlich, einen Mittelweg zwischen seiner intern geäußerten Kritik und einem Mindestmaß an öffentlicher Loyalitätsbekundung zu finden. Denn zufrieden ist er mit dem Wahlkampf der Union keineswegs, ganz im Gegenteil. Er macht die Schuld daran aber nur zum Teil an Merkel fest. Zudem sieht er bei ihr weniger handwerkliche Fehler – dagegen zuhauf bei Stoiber oder bei Sachsen-Anhalts Ministerpräsident Wolfgang Böhmer, der im August im „Focus" als erster Unionspolitiker öffentlich eine Große Koalition nach der Wahl nicht ausschließen mochte. Nein, Merkel bringe manchmal nicht ausreichend rüber, wie ihr das Soziale am Herzen liege, sondern betreibe einen Wirtschaftswahlkampf, der viele Menschen entweder nicht erreiche oder ihnen gar Angst mache. Die Verbindung von Ökonomischem und Sozialem sei für die Volkspartei wichtig. Mit dieser Ansicht ist Wulff nun gewiss kein Rebell oder Einzelgänger in der Union.

Doch ist er während des Sommer-Wahlkampfs eindeutig in der „Merkel-Falle", in der Roland Koch schon seit Jahren aus eigenem Verschulden steckt. Alles, was Wulff macht oder sagt, nicht macht oder nicht sagt, wird nach Indizien für sein Verhältnis zur Merkel durchleuchtet. „Trägt er den Dolch im Gewand?", fragen die Medien. Vor einer solchen Situation hat er sich lange bewahren können, anders als der ehrgeizige Koch.

Der Hesse gilt als trickreicher, hemmungsloser, er entscheidet auch rascher. Er hat stärker als Wulff immer das taktische und strategische Kalkül im Kopf, die Frage: „Nützt es mir oder nicht?" Das macht ihn vielen verdächtig, vor allem auch, weil er diese Eigenart nicht vor der Öffentlichkeit verbergen kann. So unterschiedlich Koch und Wulff als Charaktere sind, so nah liegen sie andererseits in ihren politischen Überzeugungen beieinander. Beide gehören zum Reformflügel der Partei. Sie vertrauen sich gegenseitig, stehen in engem Kontakt, versorgen sich mit Nachrichten aus der Partei. Wenn einem von beiden zu Ohren kommt, dass in der Bundestagsfraktion über einen CDU-Ministerpräsidenten ohne Nennung des Namens gelästert wurde, beratschlagen beide, wer denn gemeint gewesen sein könne und welche Gefahr drohe. Beide sind harte Arbeiter, Aktenfresser, beide gelten in ihren Reihen als die besten Ministerpräsidenten der CDU. Dass Wulff einen großen, uneinholbaren Vorteil hat – den Ruf des ehrlichen, authentischen, verlässlichen Politikers –, dürfte Koch sehr schmerzen. Es ärgere ihn maßlos, dass er nicht so ankomme wie Wulff. „Da kann er nun mal machen, was er will", heißt mit Genugtuung in Wulffs Umgebung.

Doch in den Wochen nach der Wahl, als Gerhard Schröder und die SPD zunächst die Realitäten nicht wahrhaben wollen und auf dem Kanzleramt bestehen, steht die Unionstruppe ungewohnt geschlossen hinter der Kanzlerkandidatin. Keiner bricht aus, niemand kratzt zunächst an ihrem Führungsanspruch. Weniger aus Treue zur Parteichefin, sondern vor allem, weil keiner der potenziellen Anwärter einem anderen den Vortritt lassen will. Besonders Koch steht auffallend demonstrativ an Merkels Seite. Für ihn ist klar: Sollte Merkel stürzen, hätte Wulff aufgrund seiner Beliebtheit die besten Aussichten, Bundeskanzler zu werden. Das könnte das Ende von Kochs eigenen Träumen sein, denn ein Wulff könnte, erst einmal im Kanzleramt installiert, dort für eine lange Zeit fest im Sattel sitzen. Da ist dem Hessen eine schwer angeschlagene Merkel viel lieber, die möglicherweise nicht allzu lange durchhält. Und wer weiß, wie die Situation dann, vielleicht in zwei Jahren, ist. Ähnliche Überlegungen gibt es auch bei Wulff. Der will zwar nicht Kanzler werden – nicht jetzt. Aber er fürchtet, dass sein unbedingter Machtwille Roland Koch vielleicht doch ins Kanzleramt tragen könnte. Und dann könnte auch Wulff seine möglichen späteren Ambitionen, die er vielleicht doch hegt, ad acta legen.

Längst ist Wulff von den ständigen Gerüchten, Spekulationen, Medienanfragen genervt. Zumal das politische Berlin nach der Wahl, die Union und SPD nach einer ersten Phase des Auslotens, was mit den kleineren Parteien möglich wäre, zu einer großen Koalition zu zwingen scheint, noch hektischer ist als ohnehin schon. In Hannover schließlich platzt es in einer internen Runde mit Vertrauten ungewohnt scharf aus ihm heraus: „Ich habe null Bock auf Berlin!" Auf ihn könne Merkel sich ver-

Er gilt als Mann, der seine Zukunft möglicherweise noch vor sich hat: Christian Wulff

lassen, teilt er der Runde mit. Er werde sich aus der Berliner Politik zukünftig heraushalten, wenn er ständig immer wieder Opfer von Intrigen werde, sagt er seinen sichtbar erstaunten Zuhörern. Das mögen die dann aber doch nicht für bare Münze nehmen, und kurz darauf ist ihr Chef auch schon Mitglied in der Verhandlungsdelegation Merkels zu den Koalitionsgesprächen.

Allerdings gelingt es ihm nach dem Desaster-Sieg der Union, zumindest vorerst den Fuß wieder aus der Falle zu ziehen. „Es wird keinen Kanzler der Union namens Christian Wulff geben. Ich stehe nicht zur Verfügung", diktiert er den Interviewern der „Bild am Sonntag". Olaf Glaeseker unterstützt Wulffs Dementi durch Abwesenheit. Wie jedes Jahr fährt er mit seiner Frau Vera nach Südfrankreich, um es sich ein paar Wochen einfach gut gehen zu lassen. Das Signal, das damit an die Kollegen von den Medien verbunden ist, ist sehr willkommen, auch wenn es ursprünglich gar nicht beabsichtigt war: Wenn sein Sprecher und wichtigster Berater für drei Wochen von der Bildfläche verschwindet, wie sollte Wulff dann auf dem Sprung ins Kanzleramt sein? Damit es auch wirklich jeder begreift, ändert Glaeseker für die Zeit seines Urlaubs auch die Ansage auf seiner Handymailbox: „Ich habe Urlaub. Das heißt erstens: Christian Wulff wird nicht Kanzler und will auch nicht Kanzler werden. Und zweitens: Selbst wenn Sie mir eine Nachricht hinterlassen, werde ich leider nicht zurückrufen." Seinen Chef hat Glaeseker wegen dieses Ansagetextes nicht um sein Einverständnis gefragt.

Tatsächlich gelingt es Wulff zwei Wochen nach der Wahl, dass die Medien sich zusehends weniger um seine vermeintlichen Ambitionen kümmern. Das hat allerdings weniger mit ihm selbst zu tun, sondern mehr damit, dass die Sozialdemokraten in den Sondierungsgesprächen mit der Union nach und nach von Schröder abrücken – wenn auch zu einem extrem hohen Preis, wie ein Blick auf die aus sozialdemokratischer Sicht günstige Ressortverteilung zwischen Union und SPD zeigt.

Selbst in Wulffs engerer Umgebung in Hannover werden aber schon im Sommer vorbeugend Überlegungen für den Fall seines Weggangs nach Berlin angestellt, obwohl der Chef solche Ambitionen immer wieder bestreitet. Niemand kann sich das zwar wirklich vorstellen und in internen Gesprächen dementiert er auch jedwede Ambitionen vehement – aber man weiß ja schließlich vorher nie, welche überraschenden Entwicklungen die Politik manchmal nimmt. Zumal Wulff auch gerne betont, dass er mit Ursula von der Leyen und David McAllister zwei potenzielle Nachfolgekandidaten hätte.

Wulffs tatsächliche Gefühlswelt lässt sich wohl ganz einfach zusammenfassen. Er hat am Kanzleramt kein Interesse – im Sommer 2005 nicht. Er ist zu dieser Zeit gerade mal knapp zweieinhalb Jahre in seinem Amt als Ministerpräsident. Sein Ziel ist es zunächst, Niedersachsen voranzubringen. Er will gegen das ungeschriebene Gesetz, dass ein Ministerpräsident erst ein zweites Mal eine Wahl zu Hause gewinnen muss, bevor er ins Kanzleramt streben sollte, nicht verstoßen. Er ist 46 Jahre alt und hat Zeit. Wäre die Kanzlerschaft nach seiner Wiederwahl 2008 ein Thema geworden – die Sache hätte ganz anders aussehen können. Hinzu kommt: Christian Wulff ist gerne Ministerpräsident, er lebt und liebt seinen Job. Bürgerfeste eröffnen, zu Sportveranstaltungen gehen, Betriebsbesichtigungen machen, sich um selbst kleinste Probleme vor Ort wie den Bau eines Fahrradweges oder die Unterbringung der Polizei kümmern und vor allem immer wieder mit den Menschen reden – darin geht er auf. Das sagt er selbst von sich und das bestätigen alle, die ihn gut kennen. Er musste ja auch lange genug darauf warten. „Er hat neun Jahre sein Dasein unter der Erdoberfläche gefristet, nun kommt er gerade erst raus", sagt sein Vertrauter Olaf Glaeseker zu dieser Zeit.

Wulffs Verhältnis zu Angela Merkel ist jahrelang oberflächlich, aber unbelastet, ehe es während der Spendenaffäre eng wird. Doch daraus machen beide zu wenig, was allerdings in erster Linie Merkels Schuld ist. Sie vertraut niemandem wirklich, das gegenseitige Verhältnis kühlt allmählich sichtbar ab. Schon zu dieser Zeit beklagt Wulff, dass die misstrauische Chefin ihn nie mal danach fragt, was in der Partei so ablaufe, was die Mitglieder oder die Kollegen im Vorstand so denken. Wenige könnten ihr so viele Informationen geben wie Wulff, der seit den siebziger Jahren in der CDU verankert ist. Doch sie will einfach nicht. Ihn enttäuscht das, und aus der Enttäuschung wird zusehends Verbitterung. Wulff, selbst durchaus mit einem gesunden Misstrauen ausgestattet, nimmt Merkel ihr Misstrauen ihm gegenüber persönlich übel. Es ist für jemanden wie Christian Wulff, der so tief in seiner niedersächsischen Partei verwurzelt ist, auch schwer zu verstehen, warum Merkel ihre ostdeutsche Herkunft so systematisch verschweigt. Zudem fehle ihr menschliche Wärme, sie gebe zu wenig von ihrer Persönlichkeit preis – das sind Punkte, über die im Wahlkampf 2005 viel geschrieben und gemunkelt werden wird. Einen Neuanfang versuchen beide im Februar 2006, als Wulff Merkel an einem Sonntag Abend zu einem mehr als vierstündigen Vier-Augen-Gespräch im Kanzleramt besucht.

Hinzu kommt ein anderes Problem: Je länger Merkel im Amt ist, desto kritischer sieht Wulff seine Parteivorsitzende. Sie lenkt die Präsidiumssitzungen, die manchmal als schlicht chaotisch beschrieben werden, nicht stringent, sie bleibt inhaltlich zu unbestimmt. Immer wieder äußert er sich im Präsidium kritisch – bis es eines Tages zu einem seiner ganz wenigen Ausbrüche kommt. „So kann man eine Partei nicht führen", ruft er in die Runde hinein. So etwas setzt sich bei Merkel tief im Bewusstsein fest.

Spätestens seit diesem Vorfall fragen sich die anderen Präsidiumsmitglieder vor jeder Wulff'schen Wortmeldung, ob er nun wieder eine Granate in Richtung Chefin werfe. Intern gerät Wulff zusehends selbst in die „Merkel-Falle", in der Koch aus eigenem Verschulden schon lange zappelt. Disput aber muss nach seiner Auffassung in so einer Runde möglich sein, nur kontroverse Eingriffe bringen sie weiter. Manchmal löckt er ganz gerne gegen den Stachel, provoziert – manchmal auch zu vorschnell, zu scharf, zu provokant, wie er selbst anschließend erkennt. Dann bereut er manchen internen Vorstoß auch schon mal, weil seine verbindlich ausgesprochenen, zugleich aber auch provokant gemeinten Worte oftmals härter als gemeint klingen, wenn sie von den anderen Mitgliedern des Parteipräsidiums unter der Hand an die Journalisten weitergegeben werden und anderntags in den Zeitungen nachzulesen sind. Dieses Bild passt dann sicher nicht zum öffentlichen Image des smarten, zurückhaltenden, sachlichen Christan Wulff.

Einen allzu engen Kontakt pflegen beide nicht. Vielleicht alle zehn Tage telefonieren Merkel und ihr Stellvertreter. Das mag auch damit zusammenhängen, dass beide eine unterschiedliche Art der Kommunikation haben. Wulff schreibt SMS in einer Anzahl wie sonst wohl nur 15-jährige Gymnasiasten. Sein Handy aber zur Hand zu nehmen und damit zu telefonieren ist seine Sache nicht. Zumindest nicht von sich aus. Die Quote zwischen Anrufen an ihn und von ihm dürfte bei 99 zu eins liegen. Allerdings haben Parteifreunde die Erfahrung gemacht, dass kaum jemand so schnell zurückruft wie er. Seine Zurückhaltung kann zu Missverständnissen und Unmut führen. Als er beispielsweise eine Woche vor der Bundestagswahl 2005 gemeinsam mit Friedrich Merz via „Bild“ einen Vorstoß für dessen Einbindung als Finanzexperte macht – was hohe Wellen schlägt –, ruft er die Spitzenkandidatin zuvor nicht an. Seine Begründung, als sie sich beschwert, er habe sie am Sonntag nicht stören wollen, wirkt auf die misstrauische Merkel kaum glaubwürdig. Denn die schreibt zwar auch gerne SMS, hat sich aber bei Helmut Kohl abgeschaut, wie wichtig die Kommunikation übers Telefon ist.

Merkel weiß durchaus, wie sie sich bei ihrem unbotmäßigen Vize revanchieren kann. Nach der Wahl beruft sie Thüringens Ministerpräsidenten Dieter Althaus in das kleine Team für die Sondierungsgespräche mit der SPD, nicht aber den in der CDU ungleich wichtigeren Wulff. Kaum jemand war im Wahlkampf so Merkel-ergeben wie Althaus, und er hatte sich schon ein Jahr zuvor auf Merkels Seite geschlagen, als er eine „Intrige“ gegen sie vermutete und deren Heimat offenkundig, aber nicht ausgesprochen, in Hannover lokalisierte. Wulff war schon damals empört – wohl zu Recht, denn Intrigen spinnen gegen die Parteichefin gehört nicht zu seinen Methoden. Wegen dieses Vorfalls muss ihr klar gewesen sein, dass sie Wulff mit ihrem Schritt treffen würde – und der Schuss sitzt, wissen Vertraute des Niedersachsen zu berichten.

Wie unterschiedlich beide auch als Persönlichkeit sind, zeigt eine Episode von Wulffs Reise nach Japan im Frühsommer 2005. Da sitzt der Ministerpräsident mit zahlreichen Begleitern in einer lustigen Runde. Fern der Heimat überkommt die Truppe ein wenig Heimweh – und man stimmt das Niedersachsenlied an. Das soll der Parteichefin in Berlin doch nicht entgehen, findet Wulff. Er wählt Merkels Büronummer und hält sein Handy in die grölende Begleiterschar. Gedacht ist das als netter Gruß, doch Merkel kann über so etwas gar nicht lachen. „Sie war völlig verständnislos“, erzählt eine Parteifreundin, der sich die Vorsitzende anvertraute. Christian Wulff dagegen hat für eine solch trockene Reaktion wiederum kein Verständnis. Lachen, Spaß haben, auch mal Blödsinn machen, gehört bei ihm auch zur Politik.

Dagegen wundert sich Wulff nach dem Eindruck von Augenzeugen, als Merkel ihm zu seinem 46. Geburtstag im Juni 2005 im Präsidium eine Baccara-Rose überreicht und ein ZDF-Fernsehteam die Übergabe auch noch für ein Merkel-Porträt aufnimmt. Eine Baccara-Rose! Die verschenkt ein Liebhaber an seine Angebetete, aber nicht eine Parteichefin an ihren Stellvertreter.

Auch in ihrem Umgang mit Journalisten sind beide völlig unterschiedlich, und auch daraus saugt Merkel einen Teil ihres Misstrauens Wulff gegenüber. Merkel verträgt um sich herum nur Mitarbeiter, die verschwiegen und verschlossen sind. Ihre Büroleiterin Beate Baumann, ihre langjährige Sprecherin Eva Christiansen sind in Berliner Journalistenkreisen berühmt dafür. Das passt so gar nicht zu Wulffs Auffassung von einem guten und für beide Seiten fruchtbaren Verhältnis zu den Medien, dessen Vorteile ihm freilich Olaf Glaeseker erst nahe bringen musste. Denn ursprünglich war Wulff den Medien gegenüber ebenso vorsichtig wie denjenigen Mitarbeitern, die ein gutes Verhältnis zu ihnen hatten. Und das ja teilweise durchaus aus gutem Grund. Doch längst ist er da viel entspannter, und er profitiert davon. Journalisten schätzen einen Politiker, der ihnen Einblick gibt, auch unter dem Vorbehalt, nicht alles berichten zu dürfen, was er ihnen erzählt. Denn sie können sich so besser ein authentisches Bild machen – und fühlen sich nicht zuletzt auch geschmeichelt, wenn ein wichtiger Politiker ihnen traut. Dieses Vertrauen müssen sie sich allerdings erarbeiten, aber wenn sie es haben, können sie meist davon ausgehen, dass sie nicht oder zumindest weniger hinters Licht geführt werden. Wulff hat sich zu so einem Politiker entwickelt, und er will sich nicht verbiegen lassen. Er ist ein offenerer Typ, während Merkel selbst jede kleine Anekdote über sich in den Medien als Anschlag auf ihre Loyalität empfindet.

Aufsehen nicht nur bei den Verschwörungstheoretikern in Berlin erregt im November 2005, während der Berliner Koalitionsverhandlungen, die Aufnahme von Friedrich Merz in den Andenpakt. „Im sagenumwobenen Geheimbund ‚Pacto Andino' rotten sich die Gegner der künftigen Kanzlerin zusammen", berichtet schaudernd Hajo Schumacher in der Online-Ausgabe der „Süddeutschen Zeitung" über „Deutschlands mächtigste Polit-Loge". Der Vorgang geschieht auf dem Jahrestreffen des Pakts, zu dem Generalsekretär Bernd Huck diesmal just in die Hauptstadt einlädt. Will sagen: Der Kreis ihrer Kontrahenten und Kritiker um die Noch-nicht-ganz-Kanzlerin Angela Merkel wird immer enger. In der CDU heiße es bereits, nun seien alle wichtigen CDU-Politiker im Andenpakt versammelt, bis auf eine. Es sei aber fraglich, wie stabil die Nichtangriffs-Abmachungen von früher sein würden, denn die Mitglieder hätten doch einst den Grundsatz gefasst, nicht gegeneinander zu kandidieren. Diese falsche Behauptung wird aber auch durch ständige Wiederholung nicht richtiger. Christian Wulff dementiert jedenfalls wie bereits erwähnt, dass es überhaupt jemals einen derartigen Beschluss gegeben hat. Mit einem aber hat Schumacher Recht. Es ist in der Tat auffällig, dass aus der Riege der illustren Andenpaktbrüder außer dem Hessen Franz Josef Jung keiner ins Merkel-Kabinett drängte. Und Jung gilt nicht zuletzt als Aufpasser und Informant Kochs.

16. Rückzug und Neuanfang

Am Morgen des 19. September 2005 liegt ein milchiger Dunst über der Hauptstadt. Es ist der Tag nach der Bundestagswahl, die Meteorologen sagen einen schönen, milden Spätsommertag voraus, mit viel Sonne und angenehmen Temperaturen. Eine klare Ansage haben die Meteorologen gemacht, genauso klar wie lange Zeit im Sommer die Voraussagen der Meinungsforscher für die Bundestagswahl waren. Sie waren sich sicher, dass Union und FDP den vorgezogenen Urnengang gewinnen würden. Doch früh an diesem Tag ist nicht nur ein glühend roter Sonnenball am diesigen Himmel über Berlin aufgestiegen, sondern es gibt auch Wolken am Horizont. Weit hinter dem Reichstag, wenn man von Osten nach Westen blickt.

Berlin wacht auf, als sei in der Nacht zuvor nichts geschehen. Doch seit am Vorabend um 18 Uhr die Wahllokale geschlossen wurden und die ersten Prognosen der Meinungsforschungsinstitute über die Bildschirme in die Wohnzimmer der Republik flimmerten, ist eine schwarz-gelbe Welt zusammengebrochen. Wie siegessicher waren sie doch im Konrad-Adenauer-Haus, der Parteizentrale der CDU, gewesen, als im Juni Angela Merkel als Kanzlerkandidatin aufs Podest gehoben wurde. Die Umfragewerte sagten der Union bis zu 48 Prozent voraus, manche Christdemokraten träumten an diesem Jubeltag von der absoluten Mehrheit. Doch der Wahlkampf war aus Unionssicht gründlich danebengegangen – und zudem zeigte Gerhard Schröder nochmals seine gefürchteten Qualitäten als gewiefter Wahlkämpfer. Zwar läuft die Union knapp vor der SPD als Erste durchs Ziel. Doch an Stelle des erhofften Zuwachses von fünf, sechs, sieben steht am Ende ein Minus von rund drei Prozentpunkten. Ein Desaster aus Sicht der Union und ihrer Kanzlerkandidatin, denn damit hatte nun wirklich niemand gerechnet. Auch, wenn die Umfragen in den letzten Wochen stabil anzeigten, dass es zu einer Mehrheit aus Union und FDP nur schwerlich reichen dürfte.

Christian Wulff hat an diesem Morgen keinen Blick für das Farbenspiel am Himmel über Berlin. Niedersachsens Ministerpräsident eilt von der Landesvertretung nahe des Brandenburger Tores herüber zu den Gremiensitzungen der CDU ins Adenauerhaus am Tiergarten. Wundenlecken und Solidaritätsadressen für die angeschlagene Kanzlerkandidatin sind angesagt, erst im Präsidium, dann im Vorstand. Die Devise, die keiner aussprechen muss, ist klar: Bloß nicht zu deprimiert wirken, sich nur keine Blöße geben, angesichts eines Kanzlers, der den politischen Gegner wie die Medien fassungslos macht mit seinem vehement vorgetragenen Anspruch, auch weiterhin die Bundesregierung zu führen. Ebenso klar ist der selbst gestellte Auftrag: Sich Mut zureden angesichts der Tatsache, dass die Union trotz des vernichtenden Ergebnisses stärkste Kraft geworden ist – und damit das Recht hat, den Sessel des Bundeskanzlers zu besetzen.

Im schlimmsten Moment des politischen Lebens der Angela Merkel ist ihr Stellvertreter im Parteivorsitz nicht an ihrer Seite. Christian Wulff hat schon Wochen vor der Wahl entschieden, das Ergebnis am Wahlabend im Kreise seiner Parteifreunde in Hannover entgegenzunehmen, bevor er am Abend dann mit dem Zug in die Hauptstadt aufbrechen wird. 900 CDU-Mitglieder haben sich ins Ernst-August-Carré direkt am Hauptbahnhof der Landeshauptstadt aufgemacht, um den nach sieben Jahren Rot-Grün sehnlich angestrebten Regierungswechsel in Berlin zu feiern. Als die Prognose der ARD um 18 Uhr auf der großen, eigens im Innenhof aufgebauten Leinwand erscheint, herrschen Entsetzen und Fassungslosigkeit. 35,5 Prozent für Union, 34 für die SPD – das Ergebnis ist weitaus schlimmer, als sich jeder hier in seinen bösesten Träumen zuvor hätte ausmalen können. Schlimmer noch: Obwohl die FDP auf sehr gute 10,5 Prozent geschätzt wird, scheint das schwarz-gelbe Bündnis schon jetzt in weite Ferne gerückt. Erst bleibt es still, dann setzt ein Raunen und Zischen ein. „Was ist das denn?“ oder „Nein, das glaube ich nicht!“ lauten die ersten Kommentare und die mitgebrachten Plakate, die eigentlich als Ausdruck von Jubelstimmung in die Kameras gehalten werden sollten, bleiben unten.

Wulff kennt die Prognose schon seit dem Nachmittag, so dass er sich schon wieder ein wenig gefangen hat von dem Schock, als er kurz nach 18 Uhr in den Innenhof des Ernst-August-Carrés einzieht. Erstmals an diesem Abend brandet Jubel auf. Tapfer lächelt er in die enttäuschten Gesichter und versucht, Mut zu verbreiten. „Wir haben gesagt, worauf es ankommt, nicht immer, was ankommt“, sagt er. Die Mehrheit der Menschen in Deutschland sei für große Reformen, dafür aber seien „strukturelle Mehrheiten“ nötig. „Wir sind die stärkste Kraft, wir haben den Auftrag, die Regierung zu bilden und die Kanzlerin zu stellen. Deshalb wird Angela Merkel Bundeskanzlerin." Erstmals an diesen Abend sind wenigstens ein paar „Angie, Angie"-Rufe zu vernehmen. Leichten Jubel gibt es auch, als um 18.11 Uhr die erste ARD-Hochrechnung auf der Leinwand zu sehen ist, weil die Union ihren Vorsprung zu dieser Zeit auf drei Prozent ausbauen kann. Doch der lachende SPD-Chef Franz Müntefering und die feiernden Genossen im Berliner Willy-Brandt-Haus, die anschließend gesendet werden, schmerzen die Christdemokraten gleich wieder böse. „Unser Christian Wulff hätte das besser gemacht", lautet die Einschätzung eines CDU-Mitglieds. „Er hätte die Wahl gewonnen", sagt eine Frau. Und eine andere niedersächsische Parteifreundin ergänzt: „Wenn er Bundeskanzler würde, dafür würden wir ihn hergeben. Sonst nicht." Rasch setzt sich die Meinung in der Runde durch: Schuld am desaströsen Wahlergebnis ist vor allem Angela Merkel, die kühl wirkende Spitzenkandidatin aus dem Osten. Der eigene Mann an der Spitze in Hannover hätte die Sache ganz anders angepackt – und gewonnen.

An diesem bitteren Abend zieht Christian Wulff eigentlich nichts nach Berlin. Doch als Parteivize und einer der wichtigsten Ministerpräsidenten muss er vor Ort sein, zudem hat er um 21.45 Uhr einen Auftritt in der Talkshow „Sabine Christiansen". Also macht er sich auf den Weg und setzt sich mit einem kleinen Tross um 19.30 Uhr in den ICE nach Berlin. Dabei sind sein Sprecher Olaf Glaeseker, dessen Mitarbeiterin Nina Hacker und Filmproduzent David Groenewold. „Am liebsten würden wir jetzt abtauchen", sind sich Wulff und Roland Koch am Telefon schon um kurz vor 18 Uhr einig. Doch beide wissen, dass das unmöglich ist. Während der rund 90-minütigen Zugfahrt hält vor allem Glaeseker den Kontakt zur Außenwelt und versorgt seinen Chef mit den neuesten Zahlen, während David Groenewold Pralinen zur Nervenberuhigung verteilt.

Ein Vertrauter Wulffs aus der CDU-Spitze, dessen gespanntes Verhältnis zur Parteichefin kein Geheimnis ist, ruft an und will ihn dazu animieren, in der Christiansen-Sendung frontal auf Angela Merkel loszugehen. Wulff hat einst selbst erlebt, wie wichtig gerade in Stunden der Niederlage die Solidarität der Partei ist, und er ist auch nicht der Typ für solcherart Intrigen. Der eigenen Spitzenkandidatin jetzt in den Rücken zu fallen, das ist nicht sein Stil. „Nein", sagt er am Handy, „nein, das kann ich nicht machen." Gleichwohl liegt ihm die Analyse des Anrufers, nach der Merkel die Hauptschuldige an dem Ergebnis sei, nicht gar so fern.

In Berlin angekommen, gibt Wulff noch am Bahnhof Zoo einem ZDF-Team ein nichtssagendes Kurzinterview und fährt dann mit seinem kleinen Tross ins nahe gelegene Palace-Hotel an der Gedächtniskirche. Hier kommt Wolfgang Gibowski hinzu. Was tun, wie reagieren auf die Wahlschlappe? Die kleine Runde berät in der Lobby des Hotels darüber, wie Wulff bei „Christiansen“ auftreten soll. Christan Wulff erlaubt sich etwas, was man sonst selten bei ihm sieht: Er ist nicht richtig bei der Sache. „Hoffentlich bin ich gleich konzentrierter“, sagt er und versucht, sich zusammenzureißen. Was nach dem nervenaufreibenden Tag und den anstrengenden Wahlkampfwochen zuvor nicht so einfach ist. Die Meinungen gehen auseinander: Sagen, was Sache ist, Merkel zur Schuldigen machen, raten die einen; Zurückhaltung üben, genauere Analysen abwarten, die Kandidatin nicht öffentlich demontieren, die anderen. Wulff entscheidet sich für den zweiten Weg. Das Ergebnis sei Folge einer Angstkampagne der SPD, will er sagen und Merkel als beste Kanzlerkandidatin darstellen. Kleinste Details müssen besprochen werden, damit ja von den Medien anschließend nichts falsch interpretiert werden kann. Merkel ist die beste Kandidatin, soll sein Credo in der Sendung im Studio gleich auf der anderen Straßenseite sein, nicht sie war. Bei „Christiansen“ geht ihm dann doch das war durch. Der nicht unheikle Auftritt geht aber einigermaßen glimpflich ab, trotzdem wittert ausgerechnet die seriöse „Frankfurter Allgemeine Zeitung“ anschließend Verrat. Dass die Union in den letzten Wahlkampfwochen einer ausgeklügelten und professionellen SPD-Kampagne nichts Adäquates entgegenzusetzen hatte, wird dann zwar später auch die allgemeine Meinung im CDU-Bundesvorstand. Aber am Wahlabend heißt es auch im Konrad-Adenauer-Haus, Wulff sei aus der Solidarität ausgetreten und habe zu früh Kritik an der Wahlkampfstrategie der Union geübt.

Der schwarz-gelbe Traum ist nach der Wahl zunächst ausgeträumt. In Berlin kommt es zur Bildung einer Großen Koalition unter Merkel. SPD-Chef Franz Müntefering wird Vizekanzler. In der neuen Regierung sind die Spitzenpolitiker der beiden großen Parteien Union und SPD vertreten. Für einen Landesfürsten aus Niedersachsen bietet die neue Situation nicht sehr viele Profilierungsmöglichkeiten – es sei denn, er will ständig gegen die Kanzlerin stänkern. Und davon ist Christian Wulff weit entfernt. Er will Ruhe, und auch das Privatleben nimmt ihn bald stark in Anspruch. Rasch fällt er aus der Liste der wichtigsten Politiker heraus. Wer nicht mehr im Gespräch ist, wird auch nicht gequotet. Das neue Bündnis startet zunächst durchaus erfolgreich und Merkel leuchtet bald am internationalen Politik-Himmel wie ein heller neuer Stern. Mal sagt sie auf einem NATO-Gipfel US-Präsident George Bush, wo es lang geht, mal sammelt sie die Regierungschefs der EU wie die Lehrerin ihre Klasse um sich, mal punktet sie auf dem Weltwirtschaftsgipfel in Heiligendamm. Wulff ist klar, dass er gegen diese Präsenz von Hannover aus keine Chance hat. Warum sich verkämpfen? Das Konkurrenzverhältnis zwischen ihm und Merkel bleibt unterschwellig natürlich bestehen. Die immer misstrauische Kanzlerin traut ihrem Parteivize nie wirklich über den Weg. Wulff weiß das und er leidet auch durchaus darunter. An vielen Entscheidungen ist er nur indirekt über seine Funktion beteiligt, ins Vertrauen zieht Merkel andere. Daran ändert sich auch nach der Bundestagswahl am 27. September 2009 nichts, obwohl doch nun endlich Schwarz-Gelb regiert und er sich doch gut mit dem Koalitionspartner FDP auskennt. Kritik verpackt Wulff öffentlich in einen Stil, der ihn zwar unangreifbar macht, der Merkel gleichwohl auf der Hut sein lässt. Dem „Spiegel" sagt er im Januar 2010, knapp vier Monate nach dem Wahlsieg: „Mich haben die Zeiten fasziniert, in denen die Union starke Frauen und Männer für verschiedene Politikfelder herausstellte". Die Vergangenheitsform zeigt, dass sie das seiner Ansicht nach aktuell nicht mehr tut. Merkel sei eine herausragende Parteivorsitzende, neben ihr brauche die Union aber „Persönlichkeiten, die für die verschiedenen Strömungen der Partei stehen". Das kann man nicht anders denn als indirekte Kritik an der Kanzlerin und CDU-Chefin sehen, die sich – nicht nur nach Wulffs Meinung – immer mehr in ihr Küchenkabinett im Kanzleramt zurückgezogen hat. Zu dieser Zeit regiert sie allerdings seit kurzem mit ihrem Wunschpartner FDP – den Start holprig zu nennen, wäre gewiss eine Untertreibung. Wulff jedenfalls seufzt gegenüber seinen Vertrauten: „Ich werde besonders kritisch beäugt." Im Kanzleramt wäre die Antwort zweifelsohne: „Zu Recht."

Um den anhaltenden Spekulationen den Wind aus den Segeln zu nehmen, tut er in einem „Stern"-Gespräch schon 2008 kund, er sei kein Alphatier, ihm fehle „der unbedingte Wille zur Macht und die Bereitschaft, dem alles andere unterzuordnen". In Berlin löst das in der CDU und bei den Medien bestenfalls Stirnrunzeln aus, wenn nicht höhnisches Gelächter. Glauben tut ihm das keiner. Tatsächlich aber konzentriert er sich stark auf Niedersachsen, während in Berlin die Große Koalition regiert. Angela Merkel ist allerdings nicht die einzige Frau, die dafür verantwortlich ist. Die andere heißt Bettina und ist 32 Jahre alt. Bettina Körner und Christan Wulff lernen sich auf einer Reise des Ministerpräsidenten nach Südafrika kennen. Sie arbeitet als Pressereferentin bei dem Reifenhersteller Continental und begleitet den Regierungschef. Die Ehe mit Christiane dümpelt zu dieser Zeit nur noch vor sich hin, nach außen gedrungen ist davon aber noch nichts. Das Paar hat sich im Laufe der Zeit auseinandergelebt, unmerklich erst, aber dann eben doch unübersehbar. Vor allem für Christiane ist die Ehe nicht mehr das, was sie sich darunter vorstellt hat. Seit ihr Mann Ministerpräsident ist, wurde die Entfremdung immer größer. Christiane ist noch immer die eigenständige Frau, sie will ihr Leben leben. Christian hindert sie daran, wenn auch nicht mit Absicht, sondern durch seinen Beruf. In Wulffs Umfeld gibt es Menschen, die glauben, dass sie zu dieser Zeit längst auf dem Sprung ist. Seine Berater machen sich Sorgen um die Psyche des Chefs – aber auch darüber, wie die Öffentlichkeit die Trennung Wulffs von seiner Ehefrau aufnehmen würde. Geschiedene Spitzenpolitiker sind wahrlich keine Seltenheit; es reicht ein Blick auf die frühere rot-grüne Bundesregierung, in der es Kanzler und Vizekanzler zusammen auf immerhin neun Ehefrauen bringen. Doch Gerhard Schröder und Joschka Fischer haben auch niemals die traditionellen Werte von Ehe und Familie öffentlich so hochgehalten wie Wulff. Aber an so etwas denkt der etwas erschlaffte Ministerpräsident nicht, als er Bettina Körner kennenlernt. Für eine Woche ist er dem grauen Alltag entronnen, nicht nur dem kalten Januar. Es ist Sommer in Südafrika, die Sonne scheint und auch die Dienstreise eines Ministerpräsidenten hat hin und wieder ein wenig Freizeit vorgesehen. „1,80 Meter groß, blond, braune Augen – wo die attraktive Frau auftaucht, ist sie ein Hingucker", beschreibt sie „Bild". Da kann auch ein Politiker nicht nein sagen. Es muss Liebe auf den ersten Blick sein. Wulff bombardiert Daheimgebliebene mit SMS: „Mir geht es toll, die Sonne scheint." Die Empfänger im kalten deutschen Winter glauben, er wolle sie nur ein wenig neidisch machen, dass mehr dahintersteckt, ahnt niemand.

Zurück in der Heimat lernt man sich näher kennen. Das ist gar nicht so einfach, denn die Öffentlichkeit darf davon nichts mitbekommen, und Christiane natürlich auch nicht. Aber lange will Wulff diesen Zustand nicht beibehalten. Er beichtet Christiane alles. Und lange lässt sich die Sache nicht geheim halten. In Hannover und Berlin machen die ersten Gerüchte die Runde, im CDU-Bundesvorstand gibt es unter der Hand die ersten hämischen Kommentare, über Meister Proper, der nun auch sein kleines Geheimnis hat. Doch da will Wulff nicht mitmachen. Olaf Glaeseker, längst viel mehr als Sprecher, Berater und Stratege, sondern ein guter Freund, zeigt jetzt, wie perfekt er das Spiel mit den Medien beherrscht. Er kontaktiert die Hannoveraner „Bild"-Redaktion und bietet ihr einen Handel: Ich gebe euch die Exklusivnachricht und ihr berichtet freundlich. Das können die Journalisten nicht ausschlagen, und so hat das Boulevard-Blatt seine Schlagzeile. Damit ist für die anderen Blätter die Richtung der Berichterstattung vorgegeben. Es entbrennt nur eine kurze Diskussion darüber, ob ein katholischer Politiker sich von seiner Frau wegen einer anderen – jüngeren! – trennen darf, dann ist das Feuer ausgetreten. Seinem Ansehen schadet die ganze Sache außer bei streng katholisch Gläubigen nicht. Aber die kritisieren Wulff auch, weil er nicht jeden Sonntag in die Kirche geht. Ein Public-Viewing während der Fußball-Weltmeisterschaft im Sommer bietet eine gute Gelegenheit, sich Hand in Hand der Öffentlichkeit zu zeigen. Das Verhältnis zu Christiane ist inzwischen wieder gut – auf freundschaftlicher Basis und aus Fürsorge um Annalena. Sie leidet zunächst sehr unter der Trennung ihrer Eltern und redet kein Wort mehr mit ihrem Vater. Inzwischen aber, zu einer jungen Dame von 16 Jahren herangereift, hat sie ihren Frieden mit der Situation gemacht und versteht sich mit Bettina gut.

Für Bettina Körner beginnt ein völlig neues Leben. Die studierte Medienwissenschaftlerin, die in ihrer Freizeit joggen geht und Basketball spielt, hat sich nach einer gescheiterten Beziehung als alleinerziehende Mutter eines kleinen Sohns durchgeschlagen. Nun steht sie plötzlich im Rampenlicht, an der Seite eines Spitzenpolitikers. Das Scheinwerferlicht stört sie nicht, ganz im Gegenteil, sie fühlt sich auf den Tanzflächen der Bälle, bei Empfängen oder öffentlichen Auftritten an der Seite ihres neuen Partners sichtlich wohl. Und doch muss sie sich umgewöhnen. Ihr neues Leben sei „durchaus spannend, interessant und bereichernd", obwohl sie „vor der Hochzeit sehr nachdenklich war", ob sie „so ein Leben aushalten kann", gesteht sie nur wenige Wochen vor der Nominierung ihres Mannes als Bundespräsidentenkandidat öffentlich ein – ohne zu ahnen, was bald auf sie zukommen würde. „Verrückte Dinge tun in der Phase der frischen Verliebtheit, das ging nicht. Es fehlt Platz für Spontaneität, denn inzwischen ist auch mein Leben sehr viel mehr fremdbestimmt. Bevor wir uns kannten, war mir überhaupt nicht bewusst, wie das Leben eines Spitzenpolitikers aussieht."

Die Beziehung zwischen beiden wird bald immer ernster. Wulff zieht aus dem gemeinsamen Haus, das er mit Christiane in Osnabrück bewohnte, und bezieht mit Bettina eine Altbauwohnung in Hannovers Innenstadt. Christiane willigt in die Scheidung ein, und es dauert nicht mehr lange,

Die neue Frau an seiner Seite: 2006 lernt Wulff die 32-jährige Bettina Körner kennen. 2008 heiraten die zwei.

bis ein gemeinsames Kind unterwegs ist. Linus Florian wird im Mai 2008 geboren. Kurz danach ist Hochzeit – in einem Fünf-Sterne-Hotel bei Hameln im Weserbergland. Flitterwochen in Italien hängt das neue Paar gleich hintendran. Ihren Job bei Continental hat Bettina aufgegeben, um sich um Linus Florian zu kümmern. Was niemand weiß: Auch der Ministerpräsident denkt ernsthaft darüber nach, in Vaterschaftsurlaub zu gehen. Doch dann sieht er davon schweren Herzens wieder ab. Ministerpräsident ist eben doch kein normaler Job, bei dem man mal eben für zwei Monate aussetzen kann. Nach einem Jahr Babypause sucht sich die neue First Lady Niedersachsens einen neuen Job. Sie heuert in der Kommunikationsabteilung des Drogerie-Riesen Rossmann an. Sie akzeptiert zwar genauso wie einst Christiane, dass sie für den Haushalt und die Erziehung der zwei Kinder zuständig ist. Aber auf ein eigenständiges Leben will sie trotzdem nicht verzichten. Die vierköpfige Familie zieht nach Burgwedel vor den Toren Hannovers. Hier kennt sich Bettina aus, denn hier ist sie geboren und hier hat sie lange gelebt.

Zwar konzentriert sich Wulff in diesen Jahren auf die Landespolitik. Doch in Niedersachsen geht alles mehr oder weniger seinen ruhigen, norddeutschen Gang. Die Regierung kann mit einigen Erfolgen aufwarten. So gelingt es ihr, einerseits die Stellen im Öffentlichen Dienst um mehrere Tausend abzubauen, zugleich aber die Zahl der Polizisten um 3000 und die der Lehrer um 1000 zu erhöhen. Wirklich in Bedrängnis gerät Wulff das erste Mal vier Jahre nach der Wahl. Da geht es um den Nichtraucherschutz, der bundesweit für viel Wirbel sorgt. Zuständig sind die einzelnen Bundesländer. Wulff, der sich ja häufiger über die vielen Verbote und Vorschriften für Geschäftsleute mokiert hat, will zeigen, dass es auch ohne geht. Und mehr: Er will Niedersachsen gleich zum Vorreiter der Debatte machen. Das geht nun gründlich in die Hose. Seinen vehement gegen die Kritik der Opposition vertretenen Plan, den Gastwirten selbst die Entscheidung zu überlassen, ob in ihren Lokalen geraucht werden darf oder nicht, kann er nicht durchhalten. Es sind die Wirte selbst, die ihm einen Strich durch die Rechnung machen. Denn Wulff hat damit gerechnet, dass die große Mehrheit von ihnen sich auf die Seite der Nichtraucher stellt. Doch das Gegenteil ist der Fall, so dass deren Schutz ins Leere zu laufen droht. Unter den hämischen Kommentaren von SPD und Grünen macht er urplötzlich eine Kehrwende – und verficht nun eines der schärfsten Gesetze bundesweit überhaupt. Er habe feststellen müssen, dass „viele Bürger gewillt sind, in diesem Falle klare Verbote zu wünschen“. Ein dreiviertel Jahr vor der nächsten Landtagswahl ist das ein gefundenes Fressen für seinen Herausforderer, SPD-Fraktionschef Wolfgang Jüttner: „Der Ministerpräsident hat sich innerhalb von drei Wochen vom Raucher-Saulus zum Raucher-Paulus gewandelt.“ Er hänge sein Mäntelchen mal wieder nach dem Wind. Zwar ist die Schlappe tatsächlich peinlich, doch Wulff regiert in Niedersachsen so unangefochten, dass die Kritik an ihm abprallt. Es ist ein typischer Wulff – oder Glaeseker –, wie er der Opposition den Wind aus den Segeln zu nehmen versucht. „Ich ertrage den Vorwurf, dass ich Positionen auch überprüfe. Ich denke, dass ist allemal besser, als an einer falsch erkannten Position festzuhalten.“ Am Ende übersteht er die Sache ohne Blessuren.

Schließlich rückt die nächste Landtagswahl heran. Terminiert auf den 27. Januar 2008 ist die zweite Wahl für ihn wie für jeden Ministerpräsidenten eine wichtige Hürde: Besteht er sie überzeugend, steht ihm der Weg in höhere Ämter offen, wenn er sie denn anstrebt. Roland Koch hat das zuletzt vorgemacht, er gilt ja auch erst seit seiner Wiederwahl als potenzieller Merkel-Konkurrent. Auch Wulff weiß natürlich um die Bedeutung der zweiten Wahl. Aber für ihn ist es selbst auch ein Test. Wollen die Leute mich wirklich? Mache ich meine Sache so gut, dass ich wieder eine Mehrheit gewinnen kann? Dass er als Wahlverlierer nach Berlin gehen würde, ins Kabinett der Kanzlerin wie sein Vorgänger Gabriel, wäre noch längst keine ausgemachte Sache. Ernsthafte Sorgen muss er sich allerdings nie machen. Zu keinem Zeitpunkt zweifeln die Wahlforscher an einem CDU-Sieg, ebenso wenig allerdings daran, dass die Union Federn lassen wird. Denn die Wahl 2003 hat in einer Ausnahmesituation stattgefunden – der Frust über Rot-Grün im Bund ebenso wie das desaströse Auftreten des SPD-Ministerpräsidenten Sigmar Gabriel waren ausschlaggebend für Wulffs Wahlsieg, nicht er selbst. Das weiß er sehr wohl, aber er erinnert sich an seinen eigenen Spruch: „Überall, wo die Leute dich kennen, wählen sie dich auch."

Die Sozialdemokraten stellen ihren Fraktionschef und ehemaligen Umweltminister Wolfgang Jüttner als Spitzenkandidaten auf. Er ist ebenso honorig wie chancenlos. Während Roland Koch erneut mit einem Ausländer- und Kriminalitätswahlkampf in Hessen, wo wieder am selben Tag wie in Niedersachsen gewählt wird, für Erregung sorgt, zieht Wulff im Wahlkampf ruhig seine Kreise und vermeidet jede Polarisierung. Das wirkt zwar äußerst langweilig – aber eine Zuspitzung hilft im Normalfall der Opposition, nicht der Regierung. Warum sollte er den aussichtslos wirkenden Gegner ohne Not großmachen? Er bietet anders als Koch auch wenige Angriffsflächen. „Ich erzeuge nun mal bei den Leuten keine Aggressionen", sagt er selbst. Gregor Gysi, ein Meister der populistischen, aber oftmals inhaltsleeren Zuspitzung und Fraktionschef der Linken im Bundestag, der seine erstmals in Niedersachsen antretenden Genossen mit Auftritten unterstützt, findet den Wahlkampf „zum Kotzen langweilig". Mit Blick auf die nächste Bundestagswahl stellt Wulff gleich zu Beginn des Wahlkampfes auch klar, dass Schwarz-Gelb an der Leine auch ein Erfolgsmodell für den Bund sei. „Das ist meine Hoffnung, dass wir darlegen können: Schaut nach Niedersachsen, da funktioniert eine Regierung sehr konsequent mit sehr visionären Vorstellungen, nämlich eines schlankeren Staates, der sich um die wirklichen Kernaufgaben kümmert." Für die Bundestagswahl hat Wulff ein klares Ziel vor Augen: Auch im Bund soll danach eine Koalition aus Union und FDP regieren.

Die Themen des Wahlkampfes sind wenig überraschend: Bildung, Finanzpolitik, Soziales, Atompolitik, Zuwanderung. Auf keinem Gebiet gelingt es der Opposition, Wulffs Regierung ernsthaft in Bedrängnis zu bringen. Der Wahlabend bringt dann den erwarteten Erfolg. Zwar verlieren die Christdemokraten 5,8 Prozentpunkte, bleiben aber mit 42,8 Prozent die

Christian Wulff legt im niedersächsischen Landtag den Amtseid als Ministerpräsident ab.

stärkste Kraft. Zusammen mit den Liberalen (8,2 Prozent) reicht es, um die konservativ-liberale Koalition weiterzuführen. Die Sozialdemokraten fahren mit 30,3 Prozent ein dramatisch schlechtes Ergebnis ein. Landeschef Garrelt Duin versucht gar nicht, das Resultat schönzureden. Wulff hat seine Bewährungsprobe bestanden – nicht mit Bravour, aber ordentlich. Er kann sich mit seinem „langweiligen" Wahlkampf bestätigt fühlen.

Ein Grund für den Wahlsieg ist auch die erfolgreiche Haushaltspolitik. Wulffs schwarz-gelbe Regierung arbeitet hier dann vor allem nach der Wahl – kräftig gestützt durch die florierende Konjunktur – erfolgreich. Sie schafft es, die Neuverschuldung von 2,85 Milliarden Euro im Jahr der Amtsübernahme 2003 auf 550 Millionen herunterzufahren. Das Ziel, 2010 erstmals einen ausgeglichenen Haushalt hinzubekommen, scheint in greifbare Nähe zu rücken. Doch dann bricht die Finanz- und Bankenkrise auch in Deutschland aus. Die Neuverschuldung steigt weder – im Haushalt für 2009 und 2010 auf jeweils 2,3 Milliarden Euro. Auch das ist dem nationalen und internationalen Trend zu verdanken. Das Ziel, einen Haushalt ohne neue Schulden verabschieden zu können, verschieben Wulff und Finanzminister Hartmut Möllring auf das Jahr 2017. Manche Wahlversprechen, wie die kostenfreie Bereitstellung des dritten Kindergartenjahres, müssen verschoben werden. Klar, dass die Opposition diese Entwicklung scharf kritisiert. Dass die SPD der Regierung einerseits vorwirft, in den guten Jahren nicht genug gespart zu haben und in schwieriger gewordenen Zeit zu viel zu sparen, scheint für sie kein Widerspruch zu sein. Auch die Medien kritisieren die Finanzpolitik, wohl wissend, dass es sehr viel andere Spielräume angesichts der Haushaltslage gar nicht gibt. „Grundlegende und überzeugende Alternativen zu diesem bitteren Rückschlag hat in den Etatberatungen auch die Opposition nicht geboten", gibt die „Neue Osnabrücker Zeitung" aber zu bedenken. Zu Recht.

Ein peinlicher Fehler unterläuft Wulff Ende des Jahres 2008. Von Düsseldorf aus fliegt er mit Bettina und den beiden Kindern nach Florida in den Weihnachtsurlaub. Bettina hat kurz zuvor auf dem Geburtstag von Air-Berlin-Chef Joachim Hunold mit diesem über die geplanten Urlaube zum Jahreswechsel geplaudert und Hunold, den Wulff seit vielen Jahren kennt und der auch schon mal Veranstaltungen des Landes sponsert, schlägt vor, aus Sicherheitsgründen ein Update von der Economy- in die Business-Klasse zu machen. Gesagt, getan. Wulff unterlässt es allerdings, die Differenzsumme von 3056 Euro zu begleichen. Es dauert nicht lange, bis sich der „Spiegel" mit einer langen Frageliste an den Ministerpräsidenten wendet. Die Redaktion wittert eine große Story – ist nicht Wulffs Vor-Vorgänger just über eine solche Geschichte gestolpert? Und hat man es jetzt endlich geschafft, den Saubermann auf frischer Tat zu ertappen? Wulff macht genau das Richtige: Er gesteht die Sache ein, gibt sich im Landtag zerknirscht und zahlt ohne Umschweife die Summe nach. Staatsanwaltschaftliche Vorermittlungen verlaufen im Sande, denn ein Geschäft zwischen dem Ministerpräsidenten und dem Air-Berlin Chef kann nicht nachgewiesen werden. Schnell ist das kleine Strohfeuer wieder ausgetreten. Wulff aber weiß, dass er besonders vorsichtig sein muss – bei ihm schauen die Medien wegen seines Saubermann-Images ganz genau hin.

Seine größte Belastungs- und Bewährungsprobe erlebt Christian Wulff zu dieser Zeit gar nicht in der Politik, sondern in der Wirtschaft. Es geht um den Weltkonzern Volkswagen, der in Wolfsburg seinen Stammsitz hat und an dem das Land Niedersachsen einen Aktienanteil von 20,8 Prozent besitzt. Mit einem Gesetz wollen Bund und Land verhindern, dass ausländische Investoren eine Mehrheit an dem Konzern erlangen und ihn dann möglicherweise gewinnbringend zerschlagen. Sie können so zwar eine Mehrheit an den Aktien erreichen, ihr Stimmrecht ist aber auf 20 Prozent begrenzt. Durch diese Regelung hat das Land Niedersachsen eine Sperrminorität. Allerdings droht dieses VW-Gesetz vom Europäischen Gerichtshof aus Wettbewerbsgründen wieder einkassiert zu werden. 2005 kauft der Autobauer Porsche 21,2 Prozent der Aktien und kündigt an, diesen Anteil schrittweise auf 30 Prozent erhöhen zu wollen. Wulff sieht hier einen Interessenkonflikt, denn Porsche-Miteigentümer Ferdinand Piëch wird zugleich Mitglied im VW-Aufsichtsrat. Piëch drängt auch den bisherigen VW-Chef Bernd Pischetsrieder aus dem Amt und installiert dort einen Vertrauensmann, Ex-Audi-Chef Martin Winterkorn.

In einem unschönen Kleinkrieg gibt Wulff am Ende nach und arrangiert sich mit Piëch. Dass Porsche die Anteilsmarke von 30 Prozent anstrebt, begrüßt der CDU-Mann öffentlich. Porsche Chef Wendelin Wiedeking begründet die angestrebte Erhöhung mit dem Ziel, auf diese Weise die Zerschlagung von VW verhindern zu können. Mutmaßungen, Porsche wolle sich die Mehrheit der VW-Aktien sichern, weist er weit von sich. Als jedoch der Europäische Gerichtshof wie erwartet das VW-Gesetz in wichtigen Teilen für nichtig erklärt, kauft Porsche sich so viele Aktien hinzu, bis der Luxuswagen-Hersteller mit mehr als 35 Prozent hält und damit die faktische Mehrheit an dem 15-mal größeren Wolfsburger Autobauer hält. VW ist nun praktisch eine Tochter von Porsche.

Doch alsbald tritt zutage, dass Porsche-Chef Wiedeking zu hoch spekuliert hat. Sein Unternehmen hat sich mit den Aktienkäufen weit übernommen und hat mindestens 12,5 Milliarden Euro Schulden, für die es dringend Banken-Kredite benötigt. Auch bei der staatlichen Kreditbank für Wiederaufbau (KfW) fragt Wiedeking um einen Kredit nach. Nun wittert Wulff seine Chance. Öffentlich tritt er gegen jegliche staatliche Unterstützung für Porsche ein. Wenn das Unternehmen Schulden habe, müsse es eben einen Teil seiner VW-Aktien wieder abstoßen. Nun tritt Piëch auf den Plan und fordert, Porsche solle unter das Dach von VW schlüpfen und dort als zehnte eigenständige Marke bestehen bleiben. Die zweite Eigentümerfamilie Porsche widersetzt sich diesem Gedanken zunächst, doch in zähen Verhandlungen setzt sich Piëch durch. Wiedeking muss gehen. Anstatt dass VW eine Tochter von Porsche ist, wird nun in mehreren Schritten Porsche ein Teil von VW. Wulff eine gezielte Strategie zu unterstellen, wäre sicher weit gefehlt. Am Ende aber kann er sehr gut mit dem Ergebnis leben. Zwar muss er die Doppelfunktion Piëchs in Kauf nehmen, doch bleibt VW ein niedersächsisches Unternehmen, das zudem noch einen weltbekannten Hersteller von Nobelautos unter sein Dach bekommt.

Die Schlachten um VW bringen Wulff immer wieder Schlagzeilen. Die Große Koalition in Berlin lebt sich derweil im letzten Jahr vor der Bundestagswahl im September 2009 deutlich auseinander, vor allem, nachdem SPD-Chef und Arbeitsminister Franz Müntefering von seinen Ämtern zurückgetreten ist. Im Wahlkampf hält Wulff sich zurück. Angesichts der Ausgangslage scheint klar, dass Merkel auch nach der Wahl Kanzlerin bleiben wird – die Frage ist nur, ob der Koalitionspartner SPD oder FDP heißt. Öffentlich bezeichnet sie die Liberalen als Wunschpartner, intern glauben ihr das viele nicht. Wulff dagegen will Schwarz-Gelb, schließlich regiert er mit der FDP seit Jahren einigermaßen geräusch- und konfliktlos. Unter anderem setzt er sich im Wahlkampf für ein Thema ein: die längere Laufzeit der Atomkraftwerke in Deutschland, die Rot-Grün auf 32 Jahre begrenzt hatte. Wulff findet, 60 Jahre wären besser. „Es ist falsch, sie in Deutschland nach 32 Jahren abzuschalten. Ich bin für eine Beurteilung jedes einzelnen Kraftwerkes. Die Laufzeiten sollen individuell festgelegt werden – streng nach Sicherheitskriterien", sagt er der „Welt" zwei Monate vor der Wahl. Ein heikles Thema, bei dem SPD und Grüne die Mehrheit der Bevölkerung vermutlich nicht zu Unrecht auf ihrer Seite sehen. Klar, dass der populistische Sigmar Gabriel, seit vier Jahren Bundesumweltminister, diesen Strohhalm in einem aussichtslosen Wahlkampf ergreift. Doch seine barsche Kritik lässt Wulff kalt abperlen. Gabriel wolle „der SPD-Spitze zeigen, wie man ein Thema zum Wahlkampfthema machen kann – und spielt mit den Ängsten der Menschen ... Man sollte nicht die Kernkraftwerke herunterfahren, man sollte Gabriel herunterfahren".

Eine Zeit spielt Wulff während der Zeit zwischen den Bundestagswahlen mit dem Gedanken, sich als wirtschaftpolitischer Experte der Union zu profilieren. Die Stelle ist frei, weil sich Friedrich Merz aus der Politik zurückzieht. Wulff kündigt öffentlich mehr Engagement an und leistet sich mit dem selbsternannten Arbeiterführer Jürgen Rüttgers, der wie Wulff eine schwarz-gelbe Landesregierung anführt, einen kleinen Streit über den Vorrang von Wirtschafts- oder Sozialpolitik. Angesichts der Wirtschaftskrise sieht er im Februar 2009 eine Steuerungsrolle des Staates mit Skepsis. Durch die weltweite Finanzkrise werde der Staat „in eine zentrale Verantwortung gerückt, die für uns nur übergangsweise akzeptiert werden kann und sehr gewöhnungsbedürftig ist". Vehement tritt er für eine Steuerstrukturreform ein.

Zwar mäkelt er wieder ein wenig während des Bundestagswahlkampfes, doch diesmal geht die Sache so glatt, dass er sich weitgehend ruhig verhält. Das Ergebnis der Wahl ist allerdings erneut eine bittere Enttäuschung für die Union. Nur weil die FDP ein sensationell gutes Ergebnis einfährt –14,6 Prozent – reicht es für Schwarz-Gelb zum Regieren. Eine Diskussion über Merkel kommt diesmal aber nicht auf. Als CDU-Vize und einer der wichtigsten Ministerpräsidenten gehört Wulff natürlich auch zur Verhandlungsgruppe der Union. Das Wort führen dort allerdings andere, der Niedersachse hält sich zurück, wirkt nur im Hintergrund. Den erst holprigen, dann desaströsen Start der CDU/CSU/FDP-Regierung kommentiert er öffentlich kaum, nur intern kann er Häme über „Mutti", wie Merkel inzwischen genannt wird, nicht zurückhalten. Immer wieder wirft er ihr mangelnde Führungskraft und fehlende Kommunikation vor. Andererseits ist er in der Zwickmühle, denn Schwarz-Gelb war für ihn – anders als für Merkel – wirklich das Wunschbündnis. Da kann er nun nicht ständig Torpedos nach Berlin schießen, auch, wenn es in den Fingern juckt. Mit Missmut sieht er auch den Aufstieg von der Leyens zur Arbeits- und Sozialministerin. Sie ist seine Entdeckung – und nun droht sie, ihn auf der Erfolgsleiter abzuhängen. Das mögen Politiker nie gerne.

Aus dem Gesichtsfeld der politischen Öffentlichkeit verschwindet Wulff langsam aber stetig immer weiter. Mit Bettina zeigt er sich immer häufiger bei Festen, auf roten Teppichen oder auf dem Tanzparkett. Seine Kritiker in der Partei beginnen zu frotzeln, man sähe ihn häufiger bei Glamour-Veranstaltungen als in der Parteizentrale. Doch dann, am 2. Juni 2010, geht ein Ruck durch Christian Wulff. In Berlin ist gerade aus heiterem Himmel Bundespräsident Horst Köhler zurückgetreten – ein einmaliger, ein sensationeller Akt, der die politische Republik erschüttert. Die Zeit für die Wahl seines Nachfolgers ist knapp, das Grundgesetz sieht nur 30 Tage dafür vor. Die politischen Lager müssen in Windeseile Kandidaten finden. In der Union werden verschiedene Namen genannt – Wolfgang Schäuble, seit der schwarz-gelben Regierungsbildung Bundesfinanzminister, Bundestagspräsident Norbert Lammert, Ursula von der Leyen. Und Christian Wulff. Alles scheint auf von der Leyen zuzulaufen. Doch eine ernsthafte Chance hat sie in Wirklichkeit nie – Merkel braucht sie im Kabinett und fürchtet wohl auch, dass ihr von der Leyen vom Schloss Bellevue aus bald die Show stehlen würde. Als sie Christian Wulff anruft und ihn bittet, für ein Gespräch nach Berlin zu kommen, glaubt der, sie wolle seinen Ratschlag. Doch als er ins Kanzleramt kommt und in Merkels Büro auch FDP-Chef Guido Westerwelle und den CSU-Vorsitzenden Horst Seehofer antrifft, ist ihm klar: die wollen mich zum Präsidenten küren. Tatsächlich trägt die Kanzlerin ihm das Amt an. Wulff bittet sich eine kurze Bedenkzeit aus – und sagt am nächsten Tag zu. Keine vier Wochen später wird er von der Bundesversammlung zum 10. Präsidenten der Bundesrepublik Deutschland gewählt. Diesmal ist es kein langer Marsch des Marathonmannes; diesmal ist es ein kurzer Sprint ins Schloss Bellevue.

17. Meister Proper

Zehn Jahre hat Christian Wulff gebraucht, bis aus dem unbekannten jungen Osnabrücker Rechtsanwalt und Stadtratsabgeordneten Niedersachsens Ministerpräsident wurde. Keine zwei Jahre hat es dann gedauert, bis er sich in der absoluten Top-Etage der Bundespolitik etabliert hat. Das ist einerseits eine fast rasante Karriere, andererseits waren für ihn die Jahre in der Opposition eine quälend lange Zeit. Das ist sicher eine subjektive Sichtweise, denn Wulff hat tatsächlich lange auf den Tag des Triumphes warten müssen. Aber andererseits hat er auch praktisch keine Anlaufzeit für den Chefposten in Partei und Fraktion gehabt. Im Ergebnis bleibt festzuhalten, dass er es von null auf hundert in zehn Jahren geschafft hat – gar nicht schlecht für einen Politiker. Bei Roland Koch lagen zwischen Einzug in den Landtag und in die Staatskanzlei zwölf Jahre, bei Edmund Stoiber neunzehn.

Christian Wulffs Selbstgewissheit ist in langen Jahren aus seiner ursprünglichen Unsicherheit herausgewachsen. „Er hat eine starke Wandlung durchgemacht, ohne seine sympathischen Eigenschaften zu verlieren", sagt der Schriftsteller Eike Christian Hirsch, der ihn seit Mitte der neunziger Jahre persönlich kennt und beobachtet hat. In den Jahren seit seinem Eintritt zunächst in die Landes-, dann auch in die Bundespolitik haben sich bei Christian Wulff politische und menschliche Charaktereigenschaften herausgebildet, die im Folgenden in Form von fünf Thesen zusammengefasst werden sollen. Sie erheben nicht den Anspruch, den Menschen und den Politiker Christian Wulff komplett und umfassend zu charakterisieren. Wohl aber können sie eine Skizze sein, die andeutet, wer Christan Wulff ist und wo er herkommt.

1. Christian Wulff stellt den Stil der Politik genauso in den Mittelpunkt wie die Inhalte.

Seit dem Beginn seiner politischen Karriere legt Wulff auf Werte wie Glaubwürdigkeit, Ehrlichkeit, Verlässlichkeit und Authentizität großen Wert. Mit Erfolg: In Umfragen gilt er regelmäßig als glaubwürdig, ehrlich, verlässlich, authentisch. Authentizität ist das Stichwort, das fast allen Gesprächspartner als erstes einfällt, wenn sie seinen Charakter beschreiben sollen. Christian Wulff ist der „Meister Proper“ der deutschen Politik. Er weiß um diese Vorzüge sehr wohl und setzt sie auch gezielt in der politischen Auseinandersetzung ein. Gleichwohl ist diese Art des Auftretens nicht gespielt. Er ist kein Staatsschauspieler à la Gerhard Schröder, das liegt ihm nicht.

Das Vertrauen, das die Bürger einem Politiker entgegenbringen, hat im Übrigen keineswegs nur willkommene Auswirkungen auf dessen Wahlchancen. Der Politikwissenschaftler Daniel Dettling beschreibt die weitaus tiefer gehende Bedeutung eines Vertrauensverhältnisses zwischen Politik – oder besser: Politikern – und Wählern als entscheidend für den gesamten politischen und ökonomischen Zustand einer Gesellschaft. Dabei entlarve sich die häufig von Meinungsforschern geäußerte Ansicht, die Deutschen seien reformunfähig, als Mythos. Politiker würden nicht abgestraft, wenn sie sich an Reformen machten, sondern dann, wenn die Wähler ihnen dabei nicht vertrauten. Umgekehrt formuliert: Wenn ein vetrauenswürdiger Politiker sich ans Reformwerk macht, kann er davon sogar profitieren. Christian Wulff ist ein Beispiel dafür: Der Politiker mit den sehr guten Umfragewerten beim Stichwort Vertrauen hat als Ministerpräsident von Niedersachsen in seinem Land Reformen durchgeführt, die oftmals als schmerzliche Sparmaßnahme für die Betroffenen daherkommen. Trotzdem kommt er auf sehr gute Werte bei der Frage nach dem beliebtesten Politiker und nach der Zufriedenheit mit dem Landesvater. Dettling kommt aber auch zu dem frustrierenden Befund. „Wenn Vertrauen der Kernbegriff der Demokratie ist, ist es mit der Deutschen Demokratie schlecht bestellt. So wenig Vertrauen in die Politik war nie.“ Christian Wulff hat diese große Bedeutung des Themas Vertrauen nicht nur in Sonntagsreden erfasst, eher als „political animal“ denn wissenschaftlich.

Allerdings sieht der Niedersachse auch die Gefahren, die mit dieser Meister-Proper-Rolle verbunden sind. Wer auf so hohem Ross sitzt, kann auch tiefer fallen als andere. Jeder auch nur so kleine Skandal, der Wulff unterläuft, würde bei ihm mit größerem Interesse wahrgenommen, als bei anderen Politikern, bei denen es man dann ja immer schon gewusst hat. Die Hürde, über die Wulff stolpern könnte, ist niedriger als bei den meisten Kollegen. Das beunruhigt ihn durchaus, weil er weiß, dass führende Politiker manchmal auch für Fehlverhalten ihrer Kollegen und Mitarbeiter haftbar gemacht werden – mit allen erdenklichen Folgen.

2. Christian Wulff ist Prototyp einer neuen Politikergeneration.

In der Geschichte der Bundesrepublik haben bislang vier Politikergenerationen die Geschicke bestimmt, eine fünfte kommt jetzt auf die Sessel der Macht. Die erste Generation der Konrad Adenauers und Kurt Schumachers reichte noch aus der Zeit des Kaiserreiches und der Weimarer Republik in die neue Epoche hinüber. Sie war geprägt von den politischen Wirren der Zwischenkriegszeit, vom damaligen Versagen der demokratischen Kräfte in der Weimarer Republik und vom Widerstand oder der inneren und äußeren Emigration während der Zeit des Nationalsozialismus. Oder vom persönlichen Erleben des Weltkrieges. Im Mittelpunkt stand der ökonomische Wiederaufbau.

Die zweite Generation war die der im Dritten Reich aufgewachsenen und in der Nachkriegszeit politisch sozialisierten Generation vom Schlage eines Helmut Schmidt, Willy Brandt oder Franz Josef Strauß. Sie wollten es besser machen als ihre Väter und arbeiteten an einer Bundesrepublik, die sich zu einer stabilen, gleichwohl in vielen Traditionen verhafteten Demokratie und einer starken Wirtschaftsmacht entwickelte.

Aus diesen Erfolgen sog die dritte Generation, für die Helmut Kohl wie kein anderer steht, ihr Politikverständnis. Den Schrecken der Vergangenheit noch fast unmittelbar vor Augen, die schwierigen Jahre der Nachkriegszeit noch in direkter Erinnerung, erlebte sie eine dynamische Bundesrepublik, die nur einen Weg zu kennen schien: den Weg nach oben. Sie begann, das Erwirtschaftete großzügig zu verteilen, denn sie machte die Erfahrung, dass sich viele Freunde verschafft, wer den Klingelbeutel ausschüttet. Die Grundübel der deutschen Misere, unter denen das Land zu Anfang des neuen Jahrtausends so ächzt, wurden vor allem hier gelegt.

Es folgte die Generation, die als „68er" nur unzureichend beschrieben ist, weil zum Beispiel Gerhard Schröder, der für sie beispielhaft steht, im eigentlichen Sinne des Wortes kein „68er" ist. Wichtig im gegebenen Zusammenhang aber ist, dass sie nichts anderes kannte, als das Leben in einem Verteilungsparadies, als eine Gesellschaft, die sich durch massive staatliche Unterstützung immer weiter nivellierte. Es ist die Generation der Wohlfühlpolitiker und Staatsschauspieler, die sich gerne mit sich selbst beschäftigten, das begeistert-abgeschreckte Publikum mit ihren Affären, Skandalen, ihrem „Lauf zu sich selbst" (Joschka Fischer) unterhielten, von „Maßhalten" aber nichts hören wollten, es sich im zuvor erwirtschafteten Wohlstand bequem machten und keine großen Probleme damit haben, auf Kosten der nächsten Generation zu leben. Dass Deutschland längst auf der abschüssigen Bahn war, erkannten sie nicht oder wollten es nicht erkennen.

Anders die fünfte Politikergeneration, die etwa seit der Jahrtausendwende in die wichtigen Ämter aufrückt und sich im Jahr 2005 fast ruckartig durchsetzt. Zu ihr gehören auf Unionsseite Ministerpräsidenten wie Ole von Beust, Peter Müller – und eben Christan Wulff, aber auch ganz junge Politiker wie David McAllister oder Bundesfamilienministerin Kristina Schröder. Auch Angela Merkel steht für diese Gruppe, auch oder gerade weil sie einen anderen Hintergrund hat als die West-Männer der CDU. Sie haben zum Teil, wie vor allem Wulff, seit mehr als zehn Jahren vor den Risiken des „Weiter-so“ gewarnt, zum Beispiel in der Renten-, Gesundheits- oder Bildungspolitik. Sie kommen aus der Wohlstandsgesellschaft, haben diese aber als Politiker mit Verantwortung nur in ihrem bedrohten Zustand kennengelernt. Sie wissen, dass Änderungen nötig sind, zugleich fällt ihnen eine wirklich radikale Reformpolitik schwer.

3. Christian Wulff ist ein Menschenfischer.

Er kann zuhören, Verständnis zeigen und erwecken, er geht auf seine Gesprächspartner ein, zeigt ehrliches Interesse und gibt dem anderen das Gefühl, als habe er den ganzen Tag nur auf das Gespräch mit ihm gewartet. Auch dann, wenn er sich nicht mit einem wichtigen Politiker oder Wirtschaftsboss trifft, sondern mit einem seiner ganz normalen Landeskinder ins Gespräch kommt. Diese Fähigkeit musste er sich erst aneignen, aber er hat seine zurückhaltende, manchmal geradezu schüchterne Art dabei nicht verloren. Er verströmt nicht das, was Gesprächspartner bei anderen Politikern zu spüren glauben: die Kälte von Angela Merkel, die Egozentrik von Sigmar Gabriel oder die Arroganz von Guido Westerwelle. Der Hesse kann zwar in kleinem Kreise ein angenehmer, charmanter Gesprächspartner sein, in der Öffentlichkeit vermag er diese Eigenschaften aber nur selten herüberzubringen. Anders der Niedersachse, den man nicht in einen öffentlichen und einen privaten Gesprächspartner zerlegen kann.

4. Christian Wulff ist ein politischer Führer.

Trotz aller Freundlichkeit und Verbindlichkeit will Christian Wulff führen – und das auch mit Härte, wenn es sein muss. Gegen entschiedenen Protest hat er harte Sparmaßnahmen in Niedersachsen durchgesetzt, von der starken Kürzung des Blindengeldes bis zur Streichung des Weihnachtsgeldes für Beamte. Führung bedeutet für ihn, einen für richtig befundenen und eingeschlagenen Weg zu Ende zu gehen. Das gilt auch für den internen Regierungsapparat. Zwar ist er kein Mann schneller Entscheidungen, sondern lässt diese im Gegenteil häufiger nach Ansicht mancher seiner Minister zu lange offen. Er ist auch kein „Basta"-Mann, der auf den Tisch haut und Machtworte spricht. Aber er lässt sich keine wichtige Entscheidung aus der Hand nehmen.

Wulff sieht aber ebenso die andere Seite der politischen Führerschaft. Sie bedeutet für ihn auch Verantwortung. Die Menschen, die sich ihm – zum Beispiel per Wahl – anvertrauen, sollen das Gefühl haben, da ist einer, der weiß, was er will und wie er zu seinem Ziel kommt. Er will nicht Vorhaben gegen Schlagzeilen oder gegen die Partei oder wegen der nächsten Umfrage durchsetzen, sondern weil sie ihm wichtig erscheinen. Er verspüre eine Sehnsucht vieler Menschen nach einer solchen Art von Führung, seit er politisch aktiv ist, sagt Wulff gerne.

5. Christian Wulffs politischer Aufstieg ging geplant und kontinuierlich voran.

Er sagt selbst – und Weggefährten bestätigen ihn darin gerne –, dass er sich selten nach Ämtern gedrängt habe. Ein Blick in die Jahre seines Aufstiegs vermittelt ein anderes Bild. Sein erstes „politisches" Amt, das des Schülersprechers, strebte er gezielt an. Tatsächlich wollte er sich dann nicht zum Bundesvorsitzenden der SchülerUnion wählen lassen. Er ging doch ins Rennen – mit einer heute sehr interessanten Begründung. Er habe damals geglaubt, sein Vorgänger sei für das Amt nicht geeignet gewesen, habe es nicht zufriedenstellend ausfüllen können. Dieser Glaube, so Wulff, sei eine grundlegende Voraussetzung für ihn, gegen jemand anderen zu kandidieren oder daran mitzuwirken, ihn von seinem Amt zu entfernen.

Dass er nach diesem Grundsatz handelt, hat er auch bei seinem Vorgehen gegen den stellvertretenden CDU-Fraktionsvorsitzenden im Osnabrücker Stadtrat gezeigt. Dringend sei ein Generationswechsel notwendig, so war damals seine Begründung, mit der er sich zum Nachfolger des deutlich älteren und erfahreneren Vize wählen ließ. Allerdings wird er auch von der deutlichen Mehrheit der CDU-Abgeordneten getragen. Kurze Zeit später wird er komissarisch Vorsitzender, weil der gewählte Chef schwer erkrankt.

Entgegen der bisherigen weit verbreiteten Meinung kam Wulffs Spitzenkandidatur für die Landtagswahl 1994 nicht aus so heiterem Himmel, wie es nach außen hin aussah. Er hatte den Deal praktisch schon weit über ein Jahr zuvor mit Helmut Kohl ausgehandelt, ohne ansonsten darüber zu plaudern. Gezielt hat er sich mit dem Gedanken seiner Kandidatur, der anderen in der CDU zunächst so absurd vorkam, auseinandergesetzt und wirkte daher gar nicht überrascht, als der Landesvorsitzende Josef Stock ihm die Aufgabe antrug. Was diesen wiederum sehr erstaunte.

Die Kandidatur für den CDU-Landesvorsitz lag in der Natur der Sache, ebenso die heiß umkämpfte Übernahme des Fraktionsvorsitzes. Den stellvertretenden Bundesvorsitz strebte Wulff machtvoll an, wie Wolfgang Schäuble sich erinnert. Er drängte danach, könnte man auch sagen. Um den Posten des Bundespräsidenten hat er sich nach dem Rücktritt Horst Köhlers hinter den Kulissen massiv bemüht.

Nun ist Christian Wulff auf dem Gipfel der Republik angekommen, höher geht es nicht mehr. Wie hatte ihm einst sein Großvater auf dem Totenbett unter vier Augen gesagt: „Du musst in deinem Leben Verantwortung tragen und für andere da sein.“ Dass sein Enkel einmal der höchste Mann im Staate sein würde, hatte der alte Mann nicht vorhersehen können.

Personenregister